Otto Köhler
Wir Schreibmaschinentäter

Otto Köhler

Wir Schreibmaschinentäter

Journalisten unter Hitler – und danach

Redaktionelle Mitarbeit: Monika Köhler

Pahl-Rugenstein

Für Axel Eggebrecht,
der noch am 14. Februar 1933 in der Weltbühne
gegen den Krieg hetzte
und bis heute nicht kapituliert hat,
zum 90. Geburtstag

© 1989 by Pahl-Rugenstein Verlag GmbH, Köln
Alle Rechte vorbehalten
Umschlag: Hanne Seinsoth
Herstellung: Druckerei Locher GmbH, Köln

CIP-Titelaufnahme der Deutschen Bibliothek

Köhler, Otto:
Wir Schreibmaschinentäter : Journalisten unter Hitler –
und danach / Otto Köhler. – Köln : Pahl-Rugenstein, 1989
ISBN 3-7609-1267-2

Inhalt

1.
Sie haben es mir hineingeschrieben – Von der Vergangenheit
überwältigt: Werner Höfer   7

2.
Große Kunst der Camouflage – Der Wissenschaftler im
Wechsel seiner Auflagen: Emil Dovifat   21

3.
Volkskörperkunde aus Allensbach – Die Wunschadjutantin
des Propagandaministers: Elisabeth Noelle-Neumann   40

4.
Das Geheimnis der letzten Kriegsstunde – Hitlers Wunder-
waffe: Joachim Fernau   58

5.
Organisationsprozeß eines Lebens – Ein Mann schließt die
Tür: Ivar Lissner   70

6.
Journalisten ins Jenseits befördern – Vom Sprecher Ribbentrops zum Nachkriegschronisten des Unternehmens Barba-
rossa: Paul Carell   91

7.
Ein Gast-Kollege macht Ausländerradio – Der wissenschaftliche Hilfsarbeiter für NS-Propaganda: Kurt Georg Kie-
singer   119

8.
Jubel für die Juden am Roten Meer – Der Antisemit stellt
sich um: Hans-Georg von Studnitz   135

9.
Ein Journalist muß arisch sein – Aus der Blutrobe in Bam-
berg in die Rote Robe nach Karlsruhe: Willi Geiger   153

10.
Ein stets williger Mitarbeiter des SD – Vom Tatkreis zu
Christ und Welt: Giselher Wirsing   164

11.
Bittere Blumen von Hawaii – Als Deutscher in der Welt:
Klaus Mehnert   190

12.
Verrat unter Freunden – Zwei Männer der Tat: Hans Zehrer
und Ferdinand Fried   233

13.
Immer im Dienst für die Sicherheit – Ein Korrespondenten-
leben, kurzgefaßt: Heinz Barth   242

14.
Nichts mehr gegen Juden – Mit Globke, Neumann und Jahn
eine einzige Arbeitsgemeinschaft demokratischer Kreise:
Karl Willy Beer   245

15.
Kein Loch im Lebenslauf – Sorge um vorbildlichen Journalismus: Fritz Sänger   254

16.
Und hurtig wendet das Wort er zwischen den Zeilen –
Sprach-Meister mit vielfach gebrochenem Rückgrat: Karl
Korn   260

17.
Ja, ich bin es, Thersites! Unverschämter Geist des Widerspruchs und der Verneinung: Der unbekannte Journalist   272

18.
Nachwort   285

Anmerkungen   289
Literaturverzeichnis   321
Personenregister   327

1. Sie haben es mir hineingeschrieben – Von der Vergangenheit überwältigt: Werner Höfer

Er hatte den Führer geschmäht und die deutsche Wehrkraft zersetzt. Er hatte sich damit für immer ehrlos gemacht. Sie haben ihn eilends aufgehängt in der Nacht vom 7. zum 8. September 1943. Das Urteil hatte vier Tage zuvor der damalige Präsident des Volksgerichtshofs gesprochen: Roland Freisler. Und ehrlos machte ihn ein Kolumnist des Berliner *12 Uhr Blattes,* der einige Tage danach den Toten einen ehrvergessenen Künstler nannte, mit dem unnachsichtig verfahren werden mußte, weil er statt Glauben Zweifel, statt Zuversicht Verleumdung, statt Haltung Verzweiflung stiftete. Der Kolumnist hieß Werner Höfer.

Roland Freisler wäre in unserem Rechtsnachfolgestaat weiter aufgestiegen, der Mann, der Tag für Tag – im Schnitt – zehn Todesurteile sprach, hätte nach der Erkenntnislage des Bayerischen Landesversorgungsamtes auch auf freiheitlich-demokratischer Grundlage seine Karriere fortgesetzt, wäre nicht die Bombe gewesen, die ihn 1945 traf.[1]

Werner Höfer wurde, was er bis Ende 1987 war: der bekannteste und einer der einflußreichsten Journalisten unseres Nachfolgestaates.

Karlrobert Kreiten aber, der ehrvergessene Künstler, blieb vergessen bis in unsere Tage. Seinen Eltern hinterließ er: die Kostenrechnung fürs Erhängen und für den Gefängnisaufenthalt in Höhe von 639,20 Reichsmark.

Kurz vor Weihnachten 1987 kam der Anruf von Eberhard Rondholz, dem Redakteur der inzwischen eingestellten[2] allsonntäglichen *Kritischen Chronik* im Dritten Hörfunkprogramm des Westdeutschen Rundfunks. Über drei Dinge waren wir uns ohne lange Absprache einig:

1. Werner Höfer ist ein guter Kollege. Er hat in seiner Zeit als Direktor des WDR-Fernsehprogramms seine schützende Hand über Sendungen gehalten, die von Parteien, Gremien und Wirtschaftsverbänden angegriffen wurden.

2. Man mag über die Motive rätseln, die den *Spiegel* erst jetzt, am 14. Dezember 1987, dazu brachten, Werner Höfers Beifall für Roland Freisler vom 20. September 1943 zu publizieren – aber alles Räsonieren nutzt da nichts, es lenkt nur davon ab, daß der Name unseres Kollegen Werner Höfer unter Sätzen steht, die fürchterlich sind.

3. Gerade die *Kritische Chronik* darf zum Fall Höfer nicht schweigen. Und ich sollte – und wollte – nun sehen, wie ich 1 und 2 zusammenbringe und wieder auseinanderdividiere. Denn daß Werner Höfer ein guter Kollege ist, durfte, wenn wir unseren Journalistenberuf ernst nehmen, kein Grund sein, ihm Kollegenrabatt bei der Abrechnung der Vergangenheit zu gewähren.

Abrechnung? Eberhard Rondholz und ich, wir überlegten hin, wir überlegten her – wo eigentlich hatte es, abgesehen vom Einzelfall, der fast immer bestimmten Zwecken diente, wirklich die große Auseinandersetzung mit der NS-Vergangenheit der deutschen Journalisten gegeben. Ich hatte zehn Tage Zeit, darüber nachzudenken.

Und dann sprach ich meinen Text über Höfer, der bei Höfer allein nicht stehenbleiben konnte:

„Er stürzte nicht, weil unter seinem Namen vor 44 Jahren ein Artikel erschien, der die Hinrichtung eines Künstlers durch Justizmörder begrüßte. Er stürzte wegen des Schweigens, das sich in unserem Land ausgebreitet hat ausgerechnet über die Worte derer, die durch das Wort leben.

Ja, wir Journalisten, deren Beruf es ist, den Mund aufzumachen, wir sind es, die hartnäckig über unsere Vergangenheit schweigen wie keine andere Berufsgruppe im Land. Ärzte, Juristen, ja sogar Militärs haben in den letzten Jahren umfangreiche Bücher über ihr mörderisches Verhalten im Nazi-Staat vorgelegt – von uns Journalisten gibt es keine einzige systematische Untersuchung über unser Verhalten im Dritten Reich.

Es war ja wohl nicht Goebbels allein, der zum totalen Krieg rief. Wir Journalisten haben mitgeschrien und mitgeschrieben. Ich sage: wir.

Gewiß, ich genieße die Gnade der späten Geburt sogar mit fünf Jahren Aufschlag – 1945 war ich nicht fünfzehn, sondern zehn Jahre alt. Aber ich weiß sehr gut, was aus mir hätte werden können, wenn uns 1945 die Alliierten nicht die – ja Gnade ihres Sieges erwiesen hätten.

Damals hatte ich schon mein erstes journalistisches Werk vollbracht, niedergeschrieben in einem Schulheft, das ich stolz herumzeigte und das Verwandte zu dem Lob ermunterte: Ja, aus dem Jungen wird noch was.

Ich hatte auf die Linien eines leeren Heftes ein Kriegsbüchlein geschrieben über unsere Stukas, unsere herrlichen Sturzkampfflieger, die sich mit ohrenbetäubendem Lärm hinunterstürzen auf den zitternden Feind, ihn vernichten, ihn mit Mann und Maus und Kind und Kegel ausrotten.

Ich war stolz auf mein Werk. Denn es entsprach – für mein Gefühl – so ganz dem Vorbild, den bunten Heften der *Kriegsbücherei der deutschen Jugend*, von denen mir mein Vater immer mal eines für 20 Pfennige kaufte, wenn er sich für zehn Pfennig sein *8-Uhr-Blatt* am Schweinfurter Rathaus-Kiosk holte."[3]

Ich hatte für die Sendung in der Hamburger Staats-und Universitätsbibliothek Carl von Ossietzky die Titel-Liste der Kriegshefte nachgeschlagen und so manchen wiedererkannt. Kriegsheft Nr.52: „Panzer stoßen zum Meer", von Jupp Müller-Marein. Aus Jupp wurde Josef und eines Tages – von dem Jupp wußte ich längst nichts mehr – Chefredakteur der „Zeit" in jenen Jahren, als ich für dieses Blatt zu schreiben begann. Kriegsheft 125: Ludwig von Danwitz: Fernkampfflieger im Einsatz. Danwitz, nach dem Krieg Adenauers liebster NWDR-Korrespondent in Bonn, wechselte von der Propagandakompanie zur Arbeitsgemeinschaft Demokratischer Kreise in Bonn.
Kriegsheft 135: Walter Menningen: „Vorwärts, immer vorwärts" – er landete in der Chefetage des NDR-Funkhauses Kiel.
Die Kriegsbücherei der deutschen Jugend – das war mein Milieu. Ich blieb 1945 – soweit man das mit zehn Jahren sein konnte, und ich tat alles, was ich dazu konnte – ein kleiner Fanatiker, der für Hitler schwärmte und vom Werwolf träumte. Ich weiß noch, wie dankbar ich war, als mir im unterfränkischen Euerdorf ein Schulfreund den abgelegten „Mein Kampf" seines Vaters schenkte, eines Polizeioffiziers, der seinen Namen auf der ersten Seite wegradiert hatte und die letzte Seite vergaß, auf der heute noch über dem sorgfältig verschnörkelten Bleistift-Monogramm die Eintragung steht, die mich damals mit Neid erfüllte: „13.12.1943 besuchte ich die Führer-Zelle Festung Landsberg."
Drei der alten Kriegshefte, von denen ich damals nicht genug kriegen konnte, liegen jetzt vor mir, schwarzweiß, in Fotokopie. Die Farbe fehlt, aber gerade dieses eine Heft erkenne ich sofort wieder, mein Jugendtraum vom Vormarsch im Feindesland: „38 Mann stürmen Vichy."
Ich bin mitgestürmt, damals. Gegen die Zulukaffern in Frankreich, die „Negervisagen", die plötzlich aus den Holunderbüschen kamen. Ich las: „‚Hände hoch', brülle ich sie an", und ich brüllte mit. „Erbärmlich sehen sie aus, als ich ihnen die Flinten aus den Händen, das Koppelzeug vom Körper reiße. Zwei tragen hinter dem Koppel die berüchtigten Haumesser. Verschlagenheit und Hintergründigkeit lauern aus ihren Augen. Begabt sind sie in der Kunst, sich zu verstellen."
So lernte ich, daß Neger falsch sind, und wer für soetwas zuständig ist: „Die SS-Männer nehmen sich der Gefangenen an." Wir stürmen weiter auf Vichy und – ich erkenne nach 46 Jahren, als sei es gestern gewesen, die Zeichnung auf Seite 27 wieder – wir, acht Mann, stahlhelmbewehrt,

und ich im Geiste mit, rasen auf unserem Kettenfahrzeug mit aufge-
protzter Kanone durch Vichy, die Franzosen stieben davon, ja richtig:
„Wir rasen durch das pompöse Kurviertel, Luxus und Komfort an allen
Enden, unter jeder Arkade, in jedem Pavillon und um jede Fontäne.
Aber nun lustwandeln sie nicht hier, die Juden, die Pariser Kavaliere.
Über die Beete mit den Rhododendren, den Feuerbüschen und den
Gladiolen flüchten die Poilus, werfen die Gewehre in einen Tümpel, in
dem vielleicht Goldfische schwimmen, reißen ihr Koppelzeug herun-
ter . . . Und dann funken wir unseren Feuersegen hinüber. Tacktacktack-
tack keckern die braven Kanonen, auf die soviel Verlaß ist und deren
Schießen einem ungeheure Sicherheit verleiht, immerzu tacktacktack-
tack. Wie ein gewaltiges Feuerwerk prasselt die Wucht unseres zusam-
mengefaßten Feuers denen drüben entgegen."[4]
Und wer hatte damals für mich diese Tacktacktacktack-Prosa verfaßt?
Walter Henkels, danach jahrzehntelang der beliebte Bonner Hofchronist
der *Frankfurter Allgemeinen Zeitung*, der die „Prägekraft des Soldati-
schen" rühmte an Erich Mende, jenem Minister, der das öffentliche
Herumlaufen mit dem Nazi-Ritterkreuz gesellschaftsfähig machte.[5]
Ich war dabei – Kriegsheft 122: „Panzerspähtrupp überfällig" –, als
Leutnant Krahmer seinen Spähtrupp zusammenstellte: „Auf die Panzer
ist Verlaß, die Waffen schießen wunderbar, seine Männer sind gut
geschult, und ihr Kampfeseifer kennt keine Grenzen. Bereits vor dem
Krieg ist alles gebimst und gedrillt worden, so daß jeder Handgriff sitzt.
Im Polenfeldzug haben sich schon manche das Eiserne Kreuz verdient.
Mit diesen Männern ist es für einen Soldaten eine Freude, Krieg zu
führen."
So ging ich mit auf Spähtrupp, klagte mit: „Diese Feindfahrt kostet
wirklich Nerven! Wenn man doch einmal zum Schuß käme!" Die Lust
am Töten quoll, ungehemmt, auch in mir hoch: „Den ganzen Vormittag
fahren wir nun schon und noch nicht ein Franzmann ist vor unsere
Kanone gekommen. Die rostet ja bald ein!"[6]
Und wer war mein Kriegs-Vorbild, wer war der Verfasser dieser klobi-
gen Mordprosa? Jürgen Eick, später für Wirtschaft zuständiger Mitherausgeber der *Frankfurter Allgemeinen Zeitung*, der sich in ihren vornehm-
men Spalten nicht weniger kantig äußern konnte, wenn es gegen die
„halsbrecherische Dreistigkeit" der Gewerkschaftsführer ging, gegen
diese neuen Nazis, die „wie gehabt in der deutschen Geschichte – bei den
Wohlmeinend-Naiven auch Mitläufer finden".[7] Eick: „Da biegt sich
doch der letzte Balken. So weit sind wir schon. Das Leben wird immer
ärmer, wenn die Arbeitszeitverkürzung zum Selbstzweck wird."[8]

Aber Henri Nannen – Kriegsheft 144 „Störungsfeuer von ‚M17'" –, den mochte ich schon damals nicht. Er machte mir, wo ich tote Feinde sehen wollte, zuviel Lyrik („Die Luft flimmert unter der heißen Mittagssonne, in der Ferne scheinen die Auen zu brennen, aber es ist nur das Leuchten des wilden Mohns . . . "). Und wenn der den toten Franzosen endlich lieferte, dann – Gefühlsduselei – war der wie ein Mensch („Es ist der erste Gefallene, den Pleschke sieht. Der Tote hat ein schmales, bleiches Gesicht und schwarze Haare. Der Helm ist im Fallen nach hinten gerutscht. Auf der Oberlippe sitzt ein kleines Bärtchen. Er mag an die fünfunddreißig Jahre zählen").

Doch das war die Ausnahme. Und auch Nannens Bemühen um etwas weniger unmenschliche Töne änderte nichts an dem höheren Sinn der Hefte, dem Wehrmachts-Aufruf auf der letzten Seite: „Aus der Erzählung, die Ihr soeben gelesen habt, könnt Ihr erkennen, daß ein rechter Kerl überall seinen Einsatz finden und sich dabei bewähren kann . . . Niemand will und soll zurückstehen: auch Ihr nicht, deutsche Jungen! Wenn Ihr auch noch nicht das Alter habt, um in die wehrfähige deutsche Mannschaft aufgenommen zu werden, so sollt Ihr doch schon jetzt Stellung beziehen."

Und die bezog ich. Ja, ich war, nicht zuletzt dank der *Kriegsbücherei der deutschen Jugend* ein glühender kleiner Nazi und das noch zwei Jahre lang nach Hitlers Ende, bis ich einem vernünftigen Lehrer in die Hände fiel. So sagte ich es auch im WDR, und diese Worte müssen als selbstverständliche Voraussetzung über diesem Buch stehen: „Ich weiß also nicht, was aus mir geworden wäre, wenn nicht der Zusammenbruch, die Katastrophe – wie man das damals nannte – gnädig über uns gekommen wäre. Meine Talentprobe – das handgeschriebene Kriegsheft auf dem Schul-Linienpapier – blieb ungedruckt. Aber auch ich hätte, wäre ich so alt wie Werner Höfer gewesen, auch ich hätte die furchtbaren Zeilen schreiben können, die nach dem justizförmig begangenen Mord an dem Pianisten Karlrobert Kreiten am 20. September 1943 unter Höfers Namen im *12 Uhr Blatt* standen.

Der unversöhnliche Haß, der aus diesen Zeilen sprach gegen den Künstler, der den Krieg für verloren und Hitler für einen Wahnsinnigen hielt, dieser Haß war auch mein Haß, den ich als kleiner Junge nach dem verlorenen Krieg noch zwei Jahre lang gegen alle empfand, die dem Führer untreu wurden."

So sagte ich es im *WDR* und so druckte es zehn Tage später die *Zeit*[10] nach – nie in den drei Jahrzehnten meines Journalistenlebens bekam ich soviele Zuschriften wie zu diesem Beitrag. Dabei war einiger Beifall von der falschen Seite, dessen ich mich schäme. Und einige Kritik von der richtigen Seite, die ich trotzdem nicht in jedem Fall akzeptieren möchte. Prof.Dipl.-Ing. Gerd Schmutzler von der Universität Essen schrieb an die *Zeit:*

Wenn Herr Otto Köhler in dem o.a.Artikel bekennt, daß auch er die furchtbaren Zeilen von Werner Höfer anläßlich der Hinrichtung des Pianisten Karlrobert Kreiten gegen den „ehrvergessenen Künstler" hätte schreiben können, so muß man ihm das halt abnehmen.

Schwerer fällt es jedoch zu glauben, daß Herr Köhler nicht zu unterscheiden vermag zwischen den billigen Kriegsgeschichten à la „Panzer stoßen zum Meer" von Müller-Marein, Eick oder Henkels und den Höferschen Zeilen anläßlich der Hinrichtung Kreitens.

Wenn er aber differenzieren kann, warum tut er es nicht?...Was bezweckt Herr Köhler damit?

Nein, ich will nicht mehr, wir haben das viel zu lange getan, moralisch differenzieren zwischen der Mord-Propaganda der Nazis – und dazu gehört der Höfer-Artikel – und der Kriegs-Propaganda im Auftrag der Wehrmacht. Solche Unterscheidungen gehörten zum Geburtsfehler unseres Staates, der weniger ein Ergebnis demokratischer Bewußtwerdung als vielmehr ein Produkt des Kalten Krieges war – Deutsche wurden als Verbündete gebraucht.

Wir bezogen die raison d'être, die Daseinsberechtigung der Bundesrepublik Deutschland, auch wenn ihre Gründung der offiziellen Remilitarisierung vorherging, aus der Illusion, man dürfe zwischen den Taten der Wehrmacht und den Verbrechen der Nazis unterscheiden. Aber Norbert Blüm hatte recht, als er 1978 erklärte, daß Hitlers KZs nur solange standen wie die Front hielt.[12]

Der kalte Krieg, der unsere Republik gebar, bewahrte auch Werner Höfer davor, sich mit seiner Vergangenheit auseinandersetzen zu müssen. Sein sonntäglicher Frühschoppen, der erstmals im Januar 1952 aus dem Bonner Bundeshaus gesendet wurde – der Generalvertrag zur Ablösung des Besatzungsstatus war gerade verabschiedet, das KPD-Verbot beantragt und der Sicherheitsbeauftragte Theodor Blank drohte schon offen mit der allgemeinen Wehrpflicht –, der Frühschoppen hatte die Bundesrepublik mehr als 35 Jahre begleitet. Ich selbst habe mit Sicherheit mehr als die Hälfte dieser Journalistenrunden gehört oder gesehen, habe also rund 800 Stunden meines Lebens mit Werner Höfer verbracht. Er war für mich wie für viele Bundesbürger das Sonntagsritual, das den Gottesdienst ersetzte. Und nicht nur für die Bundesbürger. Als Albert Norden vom DDR-Nationalrat am 16.März 1962 auf einer internationalen Pressekonferenz seine Vorwürfe gegen Werner Höfer und andere Nazi-Journalisten vorbrachte, da schrieb sich der Angegriffene eine Ehrenerklärung, an deren Ende er mit Bedacht einen „Brief von drüben" stellte, diesen:

11.5.62
Sehr geehrter Herr Höfer,
als Anhänger Ihres „Frühschoppens" möchte ich Ihnen hiermit die herzlichsten Grüße aller Freunde, die im größten Zuchthaus der Welt sitzen und Ihre Sendung sehen oder hören, überbringen. Durch Zufall entdeckte ich Ihre ach so „grausame" Vergangenheit im Chemnitzer „Volksblatt" – alles lachte über diesen Artikel, aber diesen Volksverdummungsstrolchen ist eben jedes Mittel recht. Bitte, sind Sie mir nicht böse, daß ich Ihnen diesen Artikel schicke – meine Freunde und ich wünschen Ihnen und Ihrer Sendung ein langes Leben. Vor allem wird hier viel zu wenig über die wahren Zustände dieser Diktatur gesagt – Hitler war ein Waisenknabe gegenüber diesen roten Faschisten in Pankow! Nochmals alles Gute für Sie – und weiter die Wahrheit gesagt – oder wir gehen baden.[13]

Alles lacht über Ihre ach so „grausame" Vergangenheit – ein Mann, der einen solchen Brief als Persilschein für die Nazi-Zeit an das Ende seiner Ehrenerklärung setzt, hat damit ein Urteil über sich gesprochen – war ihm seine Ehre so wenig wert?

Werner Höfer wurde am 21. März 1913 in Kaiseresch in der Eifel geboren. Zwanzig Jahre später wußte er nicht, wie ihm geschah: „Ich bin im März 1933 von einem mir sehr wohlgesonnenen väterlichen Freund gegen meinen Wunsch und Willen, ganz gewiß nicht auf meine Veranlassung hin, in die NSDAP eingetreten worden." So ähnlich werden wir es noch von manch einem hören, dem wir in diesem Buch begegnen. „1937 bin ich sehr mit meinem Willen wieder ausgetreten", behauptete er ebenfalls 1977 in einem Interview mit dem *Playboy*.[14] Auf diese Interpretation seiner Vergangenheit kam er später nicht mehr zurück – sie war schwer vereinbar mit der These, die er nach seinem Fall vertrat, daß seine Rolle als journalistischer „Mitläufer" eine Frage von „Leben oder Tod" gewesen sei. Er entschied sich in der damaligen „totalen Unfreiheit und in der totalen Beherrschung durch ein totales System"[15] – wer sollte ihm das übel nehmen – für das Leben.

Das war der unschätzbare Vorteil der Totalitarismus-Theorie, die bis in diese Tage als verbindliche Staatsreligion unserer Republik galt. Weil der Vorgänger-Staat total war, mußte man alles mitmachen, wer den Befehl nicht befolgte, Juden umzubringen, wurde selbst erschossen (– diese beliebte Ausrede ist durch keinen einzigen Fall historisch erwiesen). Und, zweiter Vorteil der Totalitarismus-Theorie, auch alte Nazis konnten plötzlich Demokraten sein, wenn sie nur ihrem Antikommunismus treu blieben – im Kampf gegen die Rotfaschisten erwies sich der Nazigegner, so wurde aus der Bonner Republik ein Staat, der mit Globke und Kiesinger an der Spitze jedem Radikalismus, sei es von rechts oder links, eine entschiedene Absage erteilte. Die Totalitarismus-Theorie war keine Theorie, sie war ein Dogma. Wer bezweifelte, daß Braun gleich Rot sei, war – ohne jeden Zweifel – Verfassungsfeind.

Aktiver Widerstand gegen die Nazis – gewiß, das war eine Frage auf Leben und Tod. Aber das war nicht die Frage, die sich Höfer stellte, darum ging es nicht: „Ich hätte gar nicht gewußt, an wen ich mich hätte wenden sollen. Widerständler standen doch nicht unter ‚W‘ im Adreßbuch.“

Höfer sagte: „Ich konnte nicht verhindern, daß an meinen Texten rumgefummelt wurde.“ Seine Texte seien – etwas Besseres sollte es schon sein – von einem Freund des Propagandaministers Goebbels bearbeitet worden; aber er nennt den Namen nicht. Es muß ein Mann mit großem Einfühlungsvermögen gewesen sein. Die Texte mit Höfers Namen zeigen keinen Stilbruch.

Höfer sagte, daß er weder gegen die Juden geschrieben, noch Adolf Hitler gehuldigt habe, mehr noch: „Ich habe nicht ein einziges Mal auch nur das Wort ‚Jude’ oder ‚Führer’ erwähnt.“[16]

Doch Werner Höfer freute sich am 1. September 1942 über eine „entlarvende Zeichnung des Juden Shylock“ in einer Inszenierung von Shakespeares „Kaufmann von Venedig“.[17]

Doch Werner Höfer lobte Adolf Hitler, als „der Führer eine bewährte Auslese der deutschen Arbeiterschaft und des Landvolkes zu einem feierlichen Staatsakt geladen hatte.“[18]

Beides sind relativ harmlose Äußerungen, sie beweisen allerdings, daß Höfers Gedächtnis in diesen Dingen nicht zuverlässig ist.

Höfer sagte, da er nicht als Soldat an die Front wollte, deshalb habe er als Journalist weitergemacht. Ein ehrenwertes, ja ein sittliche Motiv; jeder Mensch, der sich dem Wehrdienst entzog, verdient unsere Hochachtung. Aber warum bezeichnete er dann zwei Wochen nach dem Artikel gegen Kreiten im selben Blatt die Folgen des Krieges als „Gesundbad gegen Zivilisationserkrankungen“?[19]

Schon im April 1943 war er höheren Ortes aufgefallen, nicht am höchsten, wenn auch Hitler das aufstrebende Talent kaum entgangen sein kann. Hitler las jeden Morgen das *12 Uhr Blatt* zuerst, neben der

Deutsche Allgemeinen Zeitung und dem *Völkischen Beobachter*. Die Wehrmacht benutzte sogar gelegentlich das *12 Uhr Blatt*, um Hitler durch Artikel ihrer Berichterstatter von den Propagandakompanien (PK) indirekt auf Probleme aufmerksam zu machen. Auf diesem „ungewöhnlichen Weg", behauptete nach dem Krieg der ehemalige PK-Mann Georg Schmidt-Scheeder, habe man dem Führer „notwendige Frontbegradigungen oder Verstärkungen des Nachschubs" nahegebracht.[20] Als Berichterstatter der Organisation Todt (OT), die für das militärische Bau- und Rüstungswesen zuständig war, blieb Werner Höfer nicht unumstritten. Im April und Mai 1943 veröffentlichte er in den drei großen Führerblättern *12 Uhr Blatt*, *Deutsche Allgemeine Zeitung* und *Völkischer Beobachter* Artikel über den Atlantikwall, der eine alliierte Invasion in Frankreich verhindern sollte. Dabei stieß er bei seinem offiziellen Chef, dem Rüstungsminister Albert Speer auf Widerspruch. Historiker Willy A. Boelcke nach Sichtung der Konferenzprotokolle des Ministeriums: „Im VB vom 16. Mai 1943 widmete Werner Höfer dem Atlantikwall einen Sonderbericht und erwähnte, daß das gigantische Bauwerk nunmehr sein Richtfest begehe. Speer kritisierte die pathetische Sprache Höfers."[21]

Sehr zufrieden war dagegen der SD, der Sicherheitsdienst der SS. Der SD war nicht nur eine brutale Mordmaschinerie, er war auch so etwas wie ein Allensbach des Dritten Reiches, ein vordemoskopisches Institut, das sich durch seine Spitzel überall im Land ein Bild über die Stimmung in der Bevölkerung zu machen suchte. Diese Berichte der SD-"Nachrichtenmänner" wurden etwa zwei bis dreimal wöchentlich zu den geheimen „Meldungen aus dem Reich" zusammengefaßt, die der Unterrichtung der NS-Führungsriege dienten.

Am 15. April 1943 hieß es in den SD-Meldungen, Presseveröffentlichungen zum Atlantikwall hätten „allgemein beruhigend" gewirkt, denn die „Volksgenossen" begriffen, daß damit „den Invasionsgelüsten des Gegners eine Warnung entgegengesetzt" werden solle. Artikel wie „Der Atlantikwall steht" von OT-Berichter Werner Höfer in der *Deutschen Allgemeinen Zeitung* hätten das „Gespenst der Invasion" weitestgehend gebannt.[22]

Tatsächlich hatte Höfer vollmundig geschrieben, Deutschland und Europa könnten „im Schatten dieses Atlantikwalles der kämpfenden Front weiterhin die Waffen schmieden, ohne Beunruhigung durch einen Gegner, der seinen Fuß auf den Boden des Kontinents setzen möchte".[23]

Im *12 Uhr Blatt* machte Höfer aus der Wall-Propaganda einen Kurbericht: „Wenn sie kommen wollen, so wird ihnen freilich eine ‚gute deutsche Saison' bereitet." Der Strand der Luxusbäder habe sein Aussehen gründlich verändert: „Wo einst die Kurkapelle spielte, ist jetzt Flak oder Marineartillerie aufgefahren, um die eventuellen Besucher mit ihrem tobenden Konzert zu empfangen."[24]

Am 20. September verzeichnen die geheimen SD-Berichte Klagen der „bombenbeschädigten Bevölkerung" über „zunehmende Schwierigkeiten" bei der Versorgung mit Kleidung und Schuhen.[25] Am 27. September ist von einer „Verschlechterung des Gesundheitszustandes der im verstärkten Arbeitseinsatz stehenden Volksgenossen" die Rede, insbesondere bei Frauen in Rüstungsbetrieben, so meldet der SD, seien „ganz allgemein Erschöpfungszustände festzustellen". Diese Entwicklung aber sei deshalb so besorgniserregend, weil sie „zu einer akuten Gefahr für die Produktionssteigerung werden könne".[26] Drei Tage später drucken die *Bremer Nachrichten* einen Artikel, den Höfer für die *Nationalsozialistische Korrespondenz* geschrieben hatte:

Wenn heute ein Volksgenosse an seinem Werkplatz oder im Luftschutzkeller schwach zu werden droht, so mag er bedenken, daß es nur noch eine übersehbare Spanne Zeit durchzuhalten gilt, um nach der ständig fortschreitenden Wirkung unserer Abwehr wieder zum Gegenschlag überzugehen.

Auch die Soldaten, behauptete Höfer, täten „schweigend und unverdrossen mehr als nur ihre Pflicht". Wenn sie auch zu „sentimentalen Erwägungen" keine Zeit hätten, so heiße das nicht, daß sie gefühllos seien für „die Leiden, die viele unserer Volksgenossen augenblicklich erdulden" müßten. Um „das Ausmaß dieser Leiden so weit wie möglich einzudämmen", müsse, so Werner Höfer, „das ganze Volk, seine kämpfenden und seine arbeitenden Teile, in einer einzigen Kameradschaft mit Hand anlegen"[27]

Zehn Tage vorher war der mit Werner Höfer unterzeichnete Kreiten-Artikel erschienen und noch einmal vier Tage davor, am 16. September, ein Hinweis in den geheimen SD-Berichten über die „Veröffentlichung von Todesurteilen gegen Defaitisten", der da lautete:

Die in den letzten Tagen in der gesamten Presse veröffentlichten Notizen über die Todesurteile, die gegen Defaitisten gefällt wurden, finden in allen Kreisen immer stärkere Beachtung. Es sei erfreulich, so werde bemerkt, daß hier endlich einmal durchgegriffen wird und daß man nicht nur ,den kleinen Mann' bestraft. Es sei dies das einzige Mittel, so heißt es vor allem in Kreisen von Parteigenossen, böswilligen Schwätzern, ,den Mund zu stopfen'. Man könne beobachten, daß Volksgenossen diese Urteile als warnende Beispiele vorhalten.

Die abschließende Kreiten-Passage im Höfer-Artikel vier Tage später verweist darauf, daß erst kürzlich „einem Kreis Berliner Künstler" in einem – was immer man darunter verstehen mag – „kameradschaftlichen Tone ins Gewissen geredet" worden sei. Und dann folgen die entscheidenden Sätze, deren Parallelität zum SD-Bericht auffällig ist:

Wie unnachsichtig jedoch mit einem Künstler verfahren wird, der statt Glauben Zweifel, statt Zuversicht Verleumdung und statt Haltung Verzweiflung stiftet, ging aus einer Meldung der letzten Tage hervor, die von der strengen Bestrafung eines ehrvergessenen Künstlers berichtete. Es dürfte heute niemand Verständnis dafür haben, wenn einem Künstler, der fehlte eher verziehen würde, als dem letzten gestrauchelten Volksgenossen. Das Volk fordert vielmehr, daß gerade der Künstler mit seiner verfeinerten Sensibilität und seiner weithin wirkenden Autorität so ehrlich und tapfer seine Pflicht tut, wie jeder seiner unbekannten Kameraden aus anderen Gebieten der Arbeit.[28]

Nun könnte diese Parallelität auch ein Beweis sein, daß ein dem SD verbundener Redakteur Höfer die Kreiten-Passage in den Artikel geschrieben hat. Doch sehr wahrscheinlich ist dies nicht. Zu oft tauchen solche Parallelen zwischen Höfer-Texten und SD-Berichten auf. Und wie hätte sich Höfer als Mitarbeiter der drei genannten Führer-Blätter halten können, hätte man ihm die richtige Linie immer erst hineinschreiben müssen? Es würde auch von einer hohen Toleranz der Nazis zeugen, wenn sie einen Mann, der glaubt, 1937 aus der NSDAP ausgetreten zu sein, als Autor in ihrer *Nationalsozialistischen Korrespondenz* schreiben ließen. Denn die NSK, die jede deutsche Zeitung abonnieren mußte, diente als Organ zur „Verlautbarung" der Parteimeinung.[29]

Werner Höfer, der damals seine Tage als Pressereferent mit Zeitungsausschneiden verbracht haben will, war eben doch schon ein bedeutender Journalist. Als Kriegsberichterstatter der Organisation Todt wurde er auch zur propagandistischen Auswertung an sich geheimer Rüstungskonferenzen herangezogen; über einen „Kriegsrat der Konstrukteure" unter Speers Führung berichtete er im Juni 1943 im *Reich*. Nicht ohne Hinweis auf die „überzeugenden Beweise" des Dr. Joseph Goebbels dafür, „daß wir am Ende dieses Krieges – wie der Marathonläufer bei den Olympischen Spielen – mit letzter Kraftanstrengung das Ziel erreichen".[30]

Noch kurz vor diesem Ende, am 1. Dezember 1944, stieg Höfer zum Sachbearbeiter mit Ministerialzulage im Rüstungsministerium auf. Zweieinhalb Monate zuvor hatte er sich durch eine besondere Leistung bewährt.

Der SD, der Sicherheitsdienst der SS, berichtete am 14. Juli 1944 der Parteikanzlei über den Einfluß der „Gerüchte" auf die Stimmung und Meinungsbildung der Bevölkerung seit Beginn der Invasion: die Wirkung der „Vergeltungswaffe" der V1 werde von der Bevölkerung nicht besonders hoch veranschlagt, sie sei, meinten die Volksgenossen, mehr „als Propagandamittel zu bewerten, jedoch nicht nur für uns, sondern auch für die Feinde, die die Anwendung von V1 vor der Weltöffentlichkeit als Beweis deutscher Brutalität anzuprangern versuchten, trotzdem ihnen mit diesem Vergeltungsmittel kein besonderer Schaden zugefügt würde."[31]

Eine Antwort kam von Werner Höfer am 10. August 1944 im Großdeutschen Rundfunk. Auf den feindlichen Vorwurf, die V1 sei ungezielt, erklärte er: „Ungezielt ist der Bombenterror der Briten und Nordamerikaner. ‚V1' fliegt zwar unbemannt, doch nicht willenlos, denn die Fernlenkanlage stellt, um einen Vergleich zu gebrauchen, eine empfindliche feinmechanische Gehirnmasse dar, die menschliche Willensimpulse zuverlässig aufnimmt und befolgt." Der Höfer-Text war in Verbindung mit dem Propagandaministerium von Rüstungsminister Speer persönlich zensiert und freigegeben worden. Das war wichtig, denn was Höfer erzählte, war zur Täuschung des Gegners mit Absicht gelogen; die V1 flog in Wirklichkeit nur mit einer Selbststeuerung.[32]

Drei Tage später beschrieb Werner Höfer auf der Frontseite der Wochenzeitung *Das Reich* als Erläuterung zum Leitartikel von Reichsminister Dr. Goebbels ("Die ersten Maßnahmen zur Herbeiführung eines totalen Kriegseinsatzes des ganzen deutschen Volkes sind nun getroffen") gleich daneben „Das Geheimnis einer Geheimwaffe". Die Informationen, die Höfer seinen Lesern bot, waren ebenso unwahr wie in seinem Rundfunk-Beitrag, dafür aber propagandistisch wertvoll.

Und auch dieser *Reich*-Beitrag war eine Hinrichtungshymne. Denn er bejubelte die V1, diese zur Ausrottung der Zivilbevölkerung bestimmte Mordwaffe, weil sie das Raketen- und das Fernlenkprinzip, das eine „robust", das andere „sensibel" – so formuliert Höfer – „auf das glücklichste" vereine. Ja, Glück, das ist das Wort, das ihm angesichts des Einsatzes dieser Vernichtungswaffe fünfmal einfällt, und durchaus nicht leichtfertig, wie er betont: „Wenn bei diesem Erfolg das Glück mitspielte, dann war es jenes durch Wissen und Mühen errungene Glück, das zuletzt nur dem Tüchtigen zuteil wird."[33]

Dem Tüchtigsten beim Töten. Diese Propaganda kostete Menschenleben. Die deutschen Soldaten – statt sich vernünftigerweise zu ergeben oder zu desertieren – hielten aus, ihre „Moral", pervers das Wort in diesem Zusammenhang, wurde gestärkt, sie kämpften weiter und brachten so nicht nur sich selbst, sondern auch Unschuldige ums Leben. Weil ich später geboren wurde als Höfer, blieb ich davor bewahrt, so etwas zu schreiben. Das sagte ich am Ende meines Beitrags für den WDR über Höfer und die Journalisten im Nazi-Staat. Und da ich aus einem Studio des NDR sprach, den ich nur noch betreten kann, um von dort für andere Sender zu sprechen, fügte ich hinzu:

„Ich rede hier als freier Mitarbeiter des WDR, der von einem Studio in Hamburg sprechend, von den internen Vorgängen im Kölner Funkhaus nichts weiß, der aber gern eine Erblast genießt, die gerade auch Werner Höfer diesem Haus hinterlassen hat: die Liberalität des freien Wortes, die anderswo nicht mehr selbstverständlich ist."[34]

Mir tut Werner Höfer leid, daß er nicht die Kraft hatte, reinen Tisch zu machen. Sie haben es mir hineingeschrieben – das war ein schlechtes Argument, wo es so vieles gab, was er nicht geschrieben haben sollte. Und kläglich war seine Berufung darauf, daß seine journalistische Tätigkeit im NS-Reich nach dem Krieg von den Besatzungsmächten geprüft worden sei und unbeanstandet blieb – die haben doch selbst die schlimmsten Kriegsverbrecher, die sie in Nürnberg zu lebenslänglicher Freiheitsstrafe verurteilt hatten, ganz schnell wieder auf uns losgelassen als sie unsere Wiederaufrüstung wollten.

Mein Respekt vor seiner journalistischen Leistung nach 1945 ist groß, vor deren Inhalt eher begrenzt: ich mochte es nicht, wie er in seinem Frühschoppen lange Zeit mit Arabern oder mit Frauen umsprang. Aber ich weiß von meinen Kollegen im WDR, daß er sich als Fernseh-Direktor vor die Redakteure und Mitarbeiter des Senders stellte, wenn sie von außen angegriffen wurden.

Werner Höfer war vielleicht unsere letzte Chance. Wie wäre es gewesen, wenn er spätestens nach Harald Wiesers *Spiegel*-Artikel („Tod eines Pianisten")[35], besser aber nach Peter Wapnewskis Beitrag in der *Frankfurter Allgemeinen* („Karlrobert Kreiten, ich und wir")[36], noch besser schon 1962 unaufgefordert an die Öffentlichkeit getreten wäre? Und hätte gesagt: Ja, ich habe damals Dinge geschrieben, die mich heute erschrecken. Ich werde jetzt aus den Archiven meine alten Artikel zusammenholen und sie mit jungen Leuten aus einer Journalistenschule gemeinsam durcharbeiten. Mir zur Scham und ihnen zur Warnung. Dies wäre, wenn Werner Höfer sich dazu hätte verstehen können, eine große journalistische Leistung in unserer Nachfolgerepublik gewesen.

Was geschah stattdessen? Er klagte erfolglos gegen die *Spiegel*-Formulierung „Schreibtischtäter", und wir erlaubten uns mit ihm die Torschlußbewältigung unserer Vergangenheit. Er ist vermutlich der letzte bekannte NS-Journalist, der noch in einer Schlüsselstellung saß. Das Mütchen, das endlich zu kühlen, wir Journalisten uns nach 42 Jahren entschlossen, mußte darum notwendigerweise ihn treffen. Sein Fall wurde ein Skandal – mehr nicht.

Es geht in diesem Buch nicht um „Vergangenheitsbewältigung" – das große Duden-Lexikon definiert dieses gräßliche Wort als „das (innere) Verarbeiten der Vergangenheit". Doch was bei uns unter diesem Zeichen ablief, das ist das Gegenteil. Verarbeitet wurde nichts, wohl aber bewältigt – früher hieß dieses Wort begewaltigen, im Sinne auch von vergewaltigen, und genau in diesem Sinne ist unser Staat das erfolgreiche Produkt der Bewältigung unserer Vergangenheit.

Es werden viele Namen in diesem Buch vorkommen, das läßt sich nicht vermeiden. Die meisten sind tot – einige leben noch. Vieles von dem, was sie hier wiederlesen müssen, werden sie selbst vergessen und verdrängt haben, verarbeitet mit Sicherheit nicht. Es war für mich ein erschreckendes Ergebnis meiner Arbeit, schwarz auf weiß sehen zu müssen, wie Journalisten lügen, wenn sie an ihrem Lebensabend ihre Memoiren schreiben. Das mag bei Künstlern und Politikern nicht anders aussehen – aber da müßten wir besser sein.

Natürlich kann keiner aus seiner Haut heraus. Aber wer nicht wenigstens den Versuch macht, neben sich zu treten, sich kritisch von außen zu sehen, der kann kein guter Journalist gewesen sein.

Dieses ganze Buch steht, ich wiederhole es, unter dem Satz, daß mich vielleicht nur die Gnade der späteren Geburt daran gehindert hat, Mordprosa im *Reich* oder im *Völkischen Beobachter* geschrieben zu haben.

Aber auch unter dem zweiten Satz, der am Ende meines ersten Höfer-Beitrags stand:

Wenn auch ich einmal Dinge geschrieben habe oder noch schreiben werde, deren ich mich schämen muß, dann möchte ich, daß jüngere Kollegen aufstehen und fragen: Warum hast du das getan?

Fragten sie mich nicht, dann müßte ich einsehen, daß ich mein Leben lang einem verkommenen Beruf diente.

2. Große Kunst der Camouflage – Der Wissenschaftler im Wechsel seiner Auflagen: Emil Dovifat

Es muß um 1960 gewesen sein. Ich rannte aus dem Henry-Ford-Bau – damals wußte ich nicht, wer dieser Henry Ford eigentlich war, dem zu Ehren meine junge Universität ihren wichtigsten Bau errichtet hatte, wußte nicht, daß der Konzern-Führer aus USA, zehn Jahre bevor ihm diese Ehrung widerfuhr, noch höher geehrt worden war, 1938 von unserem Führer mit dem erst viermal verliehenen Großkreuz des deutschen Adlerordens, Mussolini hatte es auch gerade erst bekommen, wußte nicht, daß diese Ehrung von Antisemit zu Antisemit wohlbegründet war – Ford hat in seinem Hauptwerk „The International Jew" entdeckt, daß Demokratie ein „Werkzeug der Juden" sei, und daß die bolschewistische Revolution in Rußland von jüdischen Bankiers in New York finanziert worden war, zum Ausgleich dafür bekam Hitler Ford-Spenden[1] – ich also renne, das alles nicht bedenkend und trotzdem schon etwas atemlos, aus eben diesem Henry-Ford-Bau der Freien Universität zur Haltestelle Garystraße der Linie 10, die mich nach Hause zur Grunewaldstraße Im Dol 50 bringen soll, zu der zum Studentenquartier heruntergekommenen, einst hochherrschaftlichen Villa, dort wo vor dreißig Jahren, also kurz vor mir, der Deutschbankier Arthur von Gwinner logierte – nein, hier nicht auch noch ein Exkurs über die Deutsche Bank und die Nazis, das weiß doch jeder – und drei Jahre nach mir, das war eine Ewigkeit, Rudi Dutschke seine Bude hatte, hier gleich um die Ecke im Vogelsang transportierte mich die Polizei ab, weil ich bei einem Adenauerbesuch vor dem Eigenheim seines Berlinbevollmächtigten Heinrich Vockel mit einem Transparent für den viel zu entspannungssüchtigen Kennedy demonstrierte, begleitet vom mißbilligenden Kopfschütteln meiner gutbürgerlichen Kommilitonin Angela Luther – sie wird inzwischen seit einanderthalb Jahrzehnten als mutmaßliche RAF-Terroristin gesucht – ich also, nun wirklich völlig ausgepumpt und vielerlei nicht beachtend, erreiche mit meinem letzten Atemzug den überfüllten Bus der Linie 10, stürze gerade noch durch die sich schließende Tür: ein halbunterdrückter Schmerzensschrei. Ich schaue an der mächtigen, dunklen Gestalt vor mir hoch – Liebergott, das darf nicht wahr sein, ich bin Emil Dovifat, dem Ordinarius für Publizistik, auf die Füße getreten, ach was nicht auf die Füße, auf *den* Fuß, auf seinen Heldenfuß.

Der junge Dovifat war dabei, als sich freiwillige deutsche Kanonenfut-
terstudenten, das noch heute gesetzlich geschützte „. . . über alles" hin-
ausschreiend, mit freudigem Gehorsam von unserem Feind direkt in das
Maschinengewehrfeuer ihrer angeblichen Feinde treiben ließen. Dovifat
überlebte, bekam „für mutiges und tapferes Verhalten in den Kämpfen",
mutmaßlich also für das Schießen auf Menschen, die ihm nichts getan
hatten, ein Eisernes Kreuz nach dem anderen und wurde dazu noch zum
Leutnant der Reserve und zum Batterieführer ernannt. Doch dann traf
ihn, was er selber anderen schon zugefügt hatte – die Splitter einer
Granate zerschlugen sein linkes Bein. Ein Jahr lang lag er im Lazarett,
der Fuß blieb gelähmt, lebenslänglich bereiteten ihm die nicht heraus-
operierten Splitter Qualen – aber gelernt hatte er daraus nichts, jedenfalls
trat er nicht der Deutschen Friedensgesellschaft, sondern dem Deutschen Reichskriegerbund Kyffhäuser bei, aus dem dann der NS-Reichs-
kriegerbund wurde. Doch, etwas lernte er. Ein Journalist, so schrieb er
1926, im Merkblatt der Deutschen Zentralstelle für Berufsberatung der
Akademiker e.V., ein Journalist dürfe „keine Gehbehinderung" haben.[2]
Etwas anderes aber darf er: in den Krieg ziehen, begeistert und dumm
wie Dovifat im ersten Weltkrieg. Seine Zeitungslehre über die Aufgabe
des Journalisten als Kriegsberichterstatter: „In Erfüllung seiner Berich-
terpflicht setzt er sich kämpfend ein und wagt – einem bestimmten
Wehrmachtsteil und einer bestimmten Waffe im Gefecht zugeteilt – sein
Leben. So gewinnt der Bericht Lebenswahrheit. Er wird 'feuergetauft'."[3]
Und da trete ich ihm auf den feuergetauften Fuß. Nichts konnte
peinlicher sein als dieser Fehltritt. Ich stieß ein verwirrtes „Oh-bitte-
verzeihen-Sie-Herr-Professor-es-tut-mir-so-leid" aus, aber ungeschehen
war da nichts mehr zu machen, ich konnte nur noch im Boden versin-
ken. Denn, es gab – wichtig, wie ich mich nahm – keinen Zweifel, er
mußte doch durch seine Zuträger wissen, daß ich es war, der ihm die
ganze Zeit schon auf die Füße getreten hatte.
Ein paar Monate zuvor hatte er wieder einmal seine Lehrmeinung über
den *Spiegel* geäußert ("das ist doch Gosse") und dann „eine Sache
traurig" und „nicht mehr vereinbar mit akademischer Würde und Ehre"
gefunden: „Hier in diesem Kolleg sitzt ein Mann, der Mitteilungen aus
meinem Kolleg für fünf Mark an den *Spiegel* weitergibt. Meine Damen
und Herren, wenn das, was in der Universität gesagt wird, Gegenstand
der Berichterstattung in solchen Blättern wird, dann kann ich einfach
nicht mehr alles sagen, was ich sagen möchte. Ich glaube, unsere
Universitätslehrer werden in der Freiheit der Gestaltung behindert,
wenn jeder lapsus linguae an die Öffentlichkeit gezerrt wird."[4]

Es waren etwas mehr als fünf, es waren ordnungsgemäß 30 Mark – auch Judas hatte 30 Silberlinge bekommen, weil er seinen Herrn verkaufte und ich, der ich damals soweit nicht dachte, konnte drei Wochen davon mein Mittagessen in der Mensa bezahlen; für die prompt wiederabgedruckte Rüge gab es sogar noch etwas mehr. Ich wähnte, ein Professor der Publizistik, ein Mann also, der sich von berufswegen zum öffentlichen und aktuellen Austausch von Nachrichten und Meinungen bekennt, der könne nur geschmeichelt sein, wenn er sich mit seinem publizistischen Tun im *Spiegel* wiederfindet. Irrtum.

Die Nachricht im *Spiegel* lautete: „Emil Dovifat, 68, Ordinarius für Publizistik in Berlin (in einer Vorlesung über die politische Rede zu Konrad Adenauers rednerischem Talent): ‚Er hat noch dieselbe Sprache, wie er sie als Referendar gehabt hat.'"[5] Ich hatte nicht geahnt, daß Emil Dovifat Berater Adenauers war und daß er deshalb sein wissenschaftlich durchaus haltbares Urteil schnell in einen Versprecher der eigenen Zunge umwandeln mußte. Außerdem wußte ich noch nicht, daß nach der reinen Lehre Dovifats der *Spiegel* „die größte Gefahr für die Demokratie" ist.[6] Vielleicht aber wollte Dovifat auch vermeiden, daß allzu weit bekannt werde, wie karg er das rednerische Talent des Nachfolgekanzlers beurteilt, weil sich da doch mancher seiner tiefgründigen Analyse des Vorgängers erinnern mochte.

1937 hatte Dovifat als Band 8 von Meyers Kleinen Handbüchern ein populäres Werk über „Rede und Redner – Ihr Wesen und ihre politische Macht" geschrieben, das über mancherlei Fragen ungeschminkt und offen Auskunft gab. Beispielsweise über „die Frau als Rednerin", wobei gleich festzustellen war: „Die Geschichte kennt nicht eine einzige große", und zwar aus einem natürlichen Grund: „Jede echte Rede ist eine starke Preisgabe innerster Kräfte für eine leidenschaftlich verfochtene Sache. Frauen wollen wir öffentlich so nicht sehen! Irgendwie verletzt uns das."

Freilich, das gab Dovifat vorurteilsfrei zu: „Als Vortragende .. kann sie, wenn sie in ihrer Art bleibt, Hervorragendes leisten", doch „als Rednerin versagt sie meist und kommt nie zu genialer Leistung". Paulus habe sein Gebot, daß die Frau in der Kirche schweige, „mehr für als gegen die Frau erlassen", und Dovifat hatte – „offen ausgesprochen" – noch einen Grund für das Rede-Verbot, der ihm sogar den Satzbau verwirrte: „Ist die Frau fraulich reizvoll, so werden, wollen oder nicht, ein gut Teil der Männer sie zunächst von dieser Seite werten. Ist sie fraulich neutral oder vielleicht sogar weniger bevorzugt, so ist das für die Zuhörer Anlaß, es umgekehrt zu wünschen oder ärgerlich zu sein, daß es nicht so ist."

Kurz, Dovifat konnte sich keine Rednerin anhören, ohne dabei immer nur an das eine zu denken. Doch genauso – wenn auch in sublimierter Form – hielt er es mit den männlichen Rednern. Hier fragte er, ob sie arisch seien oder weniger bevorzugt. Wenn letzteres, dann war das für ihn ein Grund, ärgerlich zu werden.

Ferdinand Lasalle beispielsweise, mit dem sein Buch anhebt, den lehnte Dovifat 1937 als Redner ab, weil der „mit dem sicheren Sinn seiner jüdischen Rasse für Wirkung und Aufmachung... ein Meister der überspitzten intellektuellen Formel" war und so die „klassenkämpferische Parole der Zersetzung" zu „bedrohliche[r] Größe" wachsen ließ. Im Führer dagegen, dessen rednerischer „Genialität" das ganze letzte Kapitel gewidmet ist, in seiner „leidenschaftliche[n] Hingabe" fand Dovifat am Ende jede Erfüllung, ja bei der Beschreibung der Dreiheit seiner Kräfte ("Glauben, Wollen und Tatbereitschaft, eins geworden durch eine leidenschaftliche, flammend bekannte Liebe zum deutschen Volk") gewann Dovifat selbst literarische Fulminanz von ungewöhnlichem Ausmaß:

„Sprechend legt Adolf Hitler gleichsam Quadern über Quadern, baut er die Sätze zunächst nebeneinander, um sie dann auf breiter Grundlage übereinander hoch und immer höher, fest und massiv zu türmen. Da stürzt nichts ein und bricht nichts zusammen! Kleinen Zierart liebt er nicht, dafür aber quillt oft unvermittelt in seiner Rede der Zauber echter Menschlichkeit. Den Gegner erledigt er nicht mit dem schlanken Degen – wie das Dr. Goebbels tut –, sondern mit dem breiten Zweihänder, dem Schwerte der gründlichen und einmaligen Exekution."[7]

Goebbels als er das Buch las, notierte am 23. Juli 1937 froh in sein Tagebuch: „Eine interessante Darstellung, ich komme gut dabei weg."[8] Daß die Zeitungswissenschaft die Wissenschaft war, die sich in Forschung und Lehre am meisten für die Nazis prostituierte, ist ein naheliegendes Urteil, tut aber den anderen Wissenschaften Unrecht, zuallererst vielleicht den Rechtswissenschaften, die sich nicht weniger leidenschaftlich für den NS-Staat engagierten. Richtig ist: auch die Wissenschaft von der Publizistik verfügte über viele vollelastische und extrem anpassungsfähige Professoren nach Art des Exekutionshumanisten Dovifat.

Der Münchner Zeitungswissenschaftler Karl d'Ester geriet 1933 vor Glück aus dem Elfenbeinhäuschen, weil ihm Goebbels durch die „großzügige Errichtung" eines Ministeriums für Volksaufklärung und Propaganda endlich einen „langgehegten Wunsch" erfüllte.[9] Und sein Leipziger Kollege Hans Münster, hatte 1933 sofort in der Herausbildung einer „von der Idee des Nationalsozialismus durchseelten jungen Journalistengeneration" die Hauptaufgabe seiner Wissenschaft erkannt.[10]

Das altgermanische Gebet „Händchen falten, Köpfchen senken, immer an den Führer denken", setzte er in seinem 1938 in zweiter Auflage erschienenen grundlegenden Werk „Der Wille zu überzeugen – ein germanischer Wesenszug in der Volksführung des neuen Staates" in modernste Prosa um: „Nur dann wird die uns Deutschen arteigene Volksführung erreicht, wenn der Führer jeden Augenblick weiß, daß sein Volk mitdenkt, aus vollem freien Herzen und mit klarem Verstand seine Politik billigt."[11]

Trotzdem war es schon eine bemerkenswerte Ausnahme, daß Münster nach 1945 nicht sofort im Universitätsbetrieb weiterarbeiten konnte, sondern in Kürschners Gelehrtenkalender lange den für tiefbraune Professoren vorbehaltenen Titel eines „o.UProf.z.Wv." führte, eines ordentlichen Universitäts-Professors zur Wiederverwendung (- was dann auch im reichen Maße geschah).

Dovifat dagegen zeigte sich von der ersten Stunde der Befreiung an wieder voll verwendungsfähig. Als die gottlose Rote Armee am 24. April 1945 in Berlin-Zehlendorf einmarschiert war, galt der erste Befehl der Sowjetischen Militäradministration vom 27. April der Wiedereröffnung der Kirchen. Dovifat, froh, sich wieder zu seinem alten Herrgott – zehn S-Bahn-Stationen weiter, in der zerschossenen Reichskanzlei, sammelte der noch leibhaftige Führer die zusammengestürzten Quadern seiner sieghaft aufeinandergetürmten Reden ein – bekennen zu dürfen, eilte am Sonntag, den 29. April zur ersten Messe ins Gotteshaus und besprach dort mit alten Freunden wie Johann Baptist Gradl die Vorbereitungen zur Gründung der nächsten Staatspartei. Bald entstand so die Christlich-Demokratische Union Deutschlands, die vorübergehend ein Bekenntnis zum „christlichen Sozialismus" ablegte, und Dovifat selbst wurde Mitverfasser einer Broschüre, die sich – man mußte ja nur das Wort „national" gegen „christlich" austauschen – „Unser Sozialismus" nannte.

Christlich war er schon vor 1933. Emil Alfons Wilhelm Dovifat, am 27. Dezember 1890 im Kleinstaat Neutral-Moresnet (heute belgisches Staatsgebiet) geboren, ging in Köln zur Schule, studierte in München und Leipzig und begann nach seinem Kriegsabenteuer eine journalistische Laufbahn. 1921 beteiligte er sich in Berlin an der Gründung des *Deutschen,* der Zeitung des Christlichen Gewerkschaftsbundes, deren Chefredakteur er 1927 wurde. Seit 1924 arbeitete er auch als Assistent des neugegründeten Deutschen Instituts für Zeitungswissenschaft mit, dessen Leitung er 1928 übernahm. Zugleich wurde er als außerordentlicher Professor für Zeitungswissenschaft berufen. Nach 1933 hatte er als engagierter Katholik anfangs Schwierigkeiten mit den Nazis, das Ministerium versetzte ihn im Juli 1934 als Professor (nicht als Leiter des Instituts, das der Deutschen Gesellschaft für Zeitungswissenschaften unterstand) in den Ruhestand. Das war sehr ungerecht und so empfanden es auch führende Nationalsozialisten. Der Amtswalter für politische Schulung: Dovifat habe mit seiner Vorlesung über „Der Kampf um den deutschen Namen und das deutsche Ansehen in der Welt" der „politischen Schulung unserer jungen Wissenschaftsstudenten eine Unterstützung angedeihen lassen, die wir nicht hoch genug einzuschätzen wissen". Das Ministerium sah seinen Fehler ein und hob die Versetzung in den Ruhestand nach zwei Monaten wieder auf. Obwohl Dovifat nie – soweit bekannt – Mitglied der NSDAP wurde, besserte sich sein Verhältnis zum nationalsozialistischen Staat mehr und mehr. Eifersüchteleien mit NS-Fachkollegen gab es verständlicherweise immer, besonders mit dem Zeitungswissenschaftler Walther Heide, doch der mußte schließlich 1942 auf höheren Wink, wie Biograph Klaus-Ulrich Benedikt annimmt, vor Dovifats Publizistik-Theorien zurückstecken.

Während des Krieges übte er eine ausgedehnte Vortragstätigkeit vor den Kriegsberichterstatterschulen des Heeres und der SS aus, obwohl es einzelne NS-Stellen gab, die das aus ungeklärten Gründen nicht gern sahen. Durchsetzen konnten sie sich nicht. Im März 1942 leitete Dovifat sogar einen Lehrgang für kroatische Schriftleiter in Zagreb, das damals Agram hieß – dort gab es besonders einwandfreie Faschisten –, um die dortige Presse in großdeutschem Sinn auszurichten. Zum bewegenden Zeugnis der Vaterliebe gestaltete sich seine Frontreise nach Charkow und Rostow, wo er zwischen zwei militärpropagandistischen Vorträgen seinen Sohn Claus aufsuchte und auf dessen Heldengrab – er war schon im August 1941 gefallen – ein schlichtes Holzkreuz aufrichtete, das er eigens mitgebracht hatte.[12]

Dovifat, jetzt in stolzer Trauer, hatte rechtzeitig – schon 1935 – vor der Arbeitsgemeinschaft Wehrpublizistik anregende Vorträge über die „Beziehungen der Wehrpublizistik zur Propaganda insbesondere im Kriege" gehalten.[13]

24 Jahre später, im Februar 1959 traf sich Emil Dovifat, auf Einladung von Major Fred Sagner in den exklusiven Räumen der Kölner Industrie- und Handelskammer mit einer erlesenen Schar von hochangesehenen Männern. Dem Professor war der Major wohlbekannt aus der Zeit, als der noch in der sowjetischen Besatzungszone als Vorsitzender der

Jungen Union arbeitete. Er war nach seinem Übertritt in den Westen bei der Bundeswehr im Rahmen der psychologischen Verteidigung mit wichtigen antikommunistischen Tätigkeiten befaßt, und dann zum Büroleiter des Friedensministers Franz Josef Strauß aufgestiegen. Aus diesem Büro kam die Einladung, denn es galt eine Vereinigung zu gründen, die es bisher so noch nicht wieder gab. Hier war keine fanatische Verbissenheit am Werke, sondern die nüchterne Sachlichkeit von Menschen, die sich der Bedeutung jener Werte bewußt waren, für die es ohne Haß, aber mit Entschlossenheit einzutreten galt. Und hier war keine von Übelwollenden – die gab es schon damals – prophezeite „McCarthy-Hysterie", sondern einfach nur der Mut zum persönlichen Bekenntnis, ohne das es Freiheit nicht geben kann.

So jedenfalls sah das später der Vorstand der neugegründeten Vereinigung. Sie nannte sich „Rettet die Freiheit e.V." und bestand nur aus Männern, die sich auf dieses Handwerk verstanden. Und das tat not in dieser Zeit. Es gab einen wahrhaft irrationalen Widerstand gegen Pläne der Bundesregierung, die Todesstrafe wiedereinzuführen. Oder gegen den verständlichen Wunsch von Franz Josef Strauß, vierzehn Jahre nach dem leider verlorenen Krieg die Bundeswehr mit treffsicheren atomaren Waffen auszurüsten. Von ihm und seinem hochverdienten Spezialisten für psychologische Verteidigung Dr. Eberhard Taubert war die Idee zur vereinsmäßig abgesicherten (wichtig wegen der Spenden!) Rettung der Freiheit ausgegangen; Dovifat kannte Taubert noch als befähigten Leiter der Antikomintern im Goebbelsministerium und der setzte jetzt nur fort, was er dort begonnen hatte.

Aktiv dabei war als Vorsitzender der Freiheitsretter CDU-Finanzierungsspezialist Rainer Barzel und als geistiger Mentor der bewährte Reservegeneral, Ritterkreuzträger und Rittervomheiligengrabe Friedrich August Freiherr von der Heydte mit seinem Wissensschatz: Er war Vorsitzender jener Abendländischen Akademie, die Anfang der fünfziger Jahre „im modernen Vielparteienstaat und in der durch ihn herbeigeführten Vergiftung des öffentlichen Lebens einen Ausdruck neuzeitlicher Willkür" erblickte und einen „Verfassungsneubau" nach korporativ-faschistischem Vorbild durchsetzen wollte[14] (- sein Assistent, der heutige Münchner Professor für Regierungslehre Heinz Laufer ging wütend und tobend auf mich los, als ich an der Universität Würzburg während einer akademischen Huldigung des Staatsrechtlers von der Heydte an das staatsmännische Genie des portugiesischen Diktators Salazar nach akademischem Brauch mit den Füßen scharrte). In Pressefragen teilte von der Heydte Dovifats Sachverstand: bald darauf trat der

Reservegeneral als *Spiegel*-Anzeiger hervor und löste so die berühmte Affäre aus. Auch dabei, bei der Rettung der Freiheit, war Spendenbeschaffer Karl Friedrich Grau, der Verbindungsmann zwischen NPD und CDU, der später umgebracht wurde, weil er zu viel wußte (- das letzte Mal sah ich ihn im Mannheimer Schloß auf der Siegesfeier des erfolgreichen Marinerichters Filbinger nach der Märzwahl 1983). Hans Globke und Hermann Josef Abs, die bewährten Dirigenten der bundesdeutschen Politik, hatten nur Begrüßungsadressen geschickt, aber vorher das ihrige zum Gelingen des Werkes getan. Kurz, es war ein weites Spektrum erfahrener Männer, denen sich Emil Dovifat im Februar 1959 anschloß, um mit ihnen gemeinsam unsere Freiheit zu retten.

Ich war nicht dabei, aber das Protokoll weist aus, daß ein Mann mit seiner Rede auf Dovifat einen besonders tiefen Eindruck machte: Ernst J. Salter, ein hervorragender Funktionär des Kalten Krieges, kämpfte dort gegen „die deutsche Intelligenz" und deren „bemerkenswert negative Haltung", ja er diagnostizierte bei einem großen Teil dieser Intelligenz einen – wie immer das geschehen sein mag – „Zerfall der öffentlichen Meinung"; und in der Bundesrepublik einen – da war es, das Wort, das Dovifat so gern benutzte – „zunehmenden Prozeß der Zersetzung". Daß die Intelligenz in allem, was über „intellektuelle Kommunalpolitik" hinausgeht, „fast ausnahmslos und sofort den Fragestellungen des Bolschewismus" unterliegt, sprach er offen aus. Und fügte hinzu, ein „besonders exemplarischer Vertreter dieser Gruppe" habe aus „dem Boudoir-Duft einer Prostituierten[15] einen Gasangriff gegen die Demokratie entwickelt". Er nannte den Namen, nicht ohne ihn mit einem zu vergleichen, mit dem man damals kurzen Prozeß gemacht hätte, wäre man seiner habhaft geworden. Salters Schlußsatz: „Die Kubys von heute sind die Ilja Ehrenburgs von morgen!"

Das hieß damals unter aufrechten Bundesdeutschen: Kuby schändet deutsche Männer und mordet deutsche Frauen oder umgekehrt, gehört also auch an den Galgen.[16]

Dies war eine Jagd, zu der Dovifat begeistert sein Halali blies: „Ich bin ihm besonders für die Schlußbemerkung sehr dankbar", meinte er zu Salters Rede und fügte etwas hinzu: „Wir als Universitätslehrer kennen die Form, in der gerade der junge Student unterlaufen wird." Er wußte ja, wovon er sprach und verlangte, man müsse „weiter arbeiten", um zu „verhüten, daß die junge Intelligenz diesen verderblichen Bewegungen verfällt". Und es sei da „noch ein Wort zur Freien Universität zu sagen".[17]

Nicht ohne Grund. Fünfzig Tage zuvor hatten wir dort – unmittelbar vor der Lieferung der ersten 300 atomar ausrüstbaren Starfighter an die Bundeswehr – den Studentenkongreß gegen Atomrüstung in Westberlin veranstaltet. Und nicht zuletzt unseretwegen wurde hier in Köln der Verein zur Rettung der Freiheit gegründet. Wir – das waren, wie wir am Tag darauf in den Westberliner Zeitungen lesen konnten – die „Totengräber unserer Freiheit", die dafür sorgten, daß „Genosse Ulbricht ... sich ins Fäustchen lachen" konnte, Mitglieder der studentischen Ausschüsse gegen Atomrüstung, viele vom SDS, dem Sozialistischen Deutschen Studentenbund. Wir waren ganz offensichtlich undankbar: Das Gebäude der Wirtschaftswissenschaftlichen Fakultät, in dem wir tagten, war ebenfalls mit Mitteln der Henry-Ford-Stiftung gebaut worden.

Und wir waren gekauft. 8000 Mark hatten wir dafür bekommen, daß der Kongreß linientreu und genau nach Regie ablaufen konnte. Es schien zu funktionieren. Unser Drahtzieher konnte zufrieden sein. Vor dem Kongreß hatte er in einem Interview mit *Konkret*-Herausgeber Klaus Rainer Röhl die Frage nach der Legitimität von Volksbefragung und Generalstreik gegen eine bundesdeutsche Atomrüstung „uneingeschränkt mit Ja" beantwortet.[18] Und auf dem Kongreß lief alles nach der Regie des SDS-Organisators Manfred Rexin und der Geldgeber. Die Resolution verurteilte die westdeutsche Rüstung als entscheidendes Hindernis auf dem Weg zur Entspannung, doch da passierte es.

Entgegen der Absprache wurde noch eine Resolution vorgelegt, die vorher nicht abgesprochen war und die – das war erschreckend – auch von der großen Mehrheit angenommen wurde. Wortlaut: „Die weltpolitische Lage wird in Kürze die beiden Teile Deutschlands zwingen, miteinander zu verhandeln. Damit solche Verhandlungen möglich werden, ist es nötig, daß Formeln wie ‚mit Pankow wird nicht verhandelt' aus der politischen Argumentation verschwinden. Das Ziel notwendiger Verhandlungen, die bisher stets von der Bundesregierung ungeprüft zurückgewiesen wurden, muß sein: 1. Die Umrisse eines Friedensvertrages zu entwickeln, 2. die möglichen Folgen einer interimistischen Konföderation zu prüfen."[19]

Das hört sich heute – dreißig Jahre danach – ganz harmlos an. Wir hatten 1959 die Regierungspolitik von 1974 gemacht. Und auch Helmut Kohl würde heute soetwas sofort unterschreiben, man müßte ihn nur aufklären, daß „Pankow" eine bei uns gebräuchliche Bezeichnung für die DDR war.

Aber damals, am 4. Januar 1959, war diese Resolution für die freiheitliche Presse im Freien Berlin noch schlimmer als der Einzug Fidel Castros in

Havanna am Tag zuvor. „Skandal in der Freien Universität" tobten die Schlagzeilen. „Ein Kongreß der politischen Scharlatane" hatte getagt. „Unter den Teilnehmern waren Abenteurer", „Studenten gingen Kommunisten auf den Leim" und boten „Peinliche Entgleisungen".[20] Entgleist waren wir, weil wir uns nicht an das vorgegebene Programm gehalten hatten, weil wir meinten, daß eine Ablehnung der atomaren Rüstung ohne gleichzeitige Gespräche mit dem sogenannten Pankow nur eine halbe Sache sei. Wir hatten damit gegen das Grundgesetz unseres Staates verstoßen: den Antikommunismus.

Gastredner Helmut Schmidt, damals Wehrexperte der SPD – ja, er war es, der in *Konkret* zu Volksbefragung und Generalstreik aufgerufen hatte – suchte wütend das Weite. Die achttausend Mark, die uns Walter Menzel, der Geschäftsführer der SPD-Bundestagsfraktion aus der Kasse seines Arbeitsausschusses „Kampf dem Atomtod" gezahlt hatte, waren für die SPD-Führung eine Fehlinvestition.

Schuld daran waren wir Leute der *Konkret*-Fraktion im SDS, die die Resolution eingebracht hatten. Und Erich Kuby, der mit aufrüttelnden Reden ("Die Atombombe in den Händen von Chruschtschew ist kein Spaß, aber in den Händen von Strauß ist sie eine Gefahr") und unziemlichen Vergleichen ("Man versuche sich vorzustellen, daß zwei Drittel Kölns seit 13 Jahren unter kommunistischer Verwaltung wären [und] daß dort 52 kommunistische Agentenorganisationen arbeiteten . . . ") den Kongreß auf die nicht vom Parteivorstand vorherbestimmten Abwege brachte.

Die SPD ließ den „Kampf gegen den Atomtod" dann bald im Stich, marschierte geschlossen nach Godesberg und trennte sich zwei Jahre später vom ungehorsamen SDS. Aber die atomare Aufrüstung der Bundeswehr, so wie sie Friedensminister Strauß und Bundeskanzler Adenauer verlangt hatten, kam nicht zustande. Der Westen war leichtsinnig genug, die Deutschen wiederaufzurüsten, aber nicht so selbstmörderisch, ihnen und ihren alten Hitler-Generalen auch noch Atomwaffen in die Hand zu drücken.

Konföderiert wurde allerdings auch nicht, so wie wir uns das damals vorgestellt hatten. Vielleicht zu unserm Glück. Denn ein neues Gesamtdeutschland – ohne die Mauer, die es damals noch nicht gab, wäre aus der Konföderation schnell ein Anschluß geworden – würde sich heute mit Sicherheit als unerträglicher Faktor in der Weltpolitik aufführen.

Für Emil Dovifat aber, der sich gern als Gründervater der Freien Universität ausgab – er kam erst, als er sich an der Universität unter den Linden keine Chance mehr ausrechnete und seine Bemühungen in

Westdeutschland scheiterten, beispielsweise um den Münchner Lehrstuhl d'Esters, der wegen seiner NS-Belastung ein wenig pausieren mußte[21] – für diesen selbsternannten Gründervater war unser Antiatomkongreß ein neuer Zusammenbruch seiner Glaubensinhalte. Der Mann, der jetzt wie ein Engel mit dem Flammenschwert auf der freiheitlichen Grundordnung stand – gegen seine Kollegin, DFU-Gründerin Renate Riemeck schmetterte er ein „Rin mit se in de Sowjetzone!"[22] –, wandte sich fast schon verzweifelt vor seinen Mitkämpfern vom eingetragenen Verein „Rettet die Freiheit" gegen das Mißverständnis, „als sei die Universität hinter den Elementen gestanden, die ... ihren freien Boden durch ihre Argumente und durch ihr Verhalten – ich sage bewußt – geschändet haben." So sei es nicht, der Rektor sei „von diesen Leuten abgerückt", und „wir bedauern es, daß wir unsere Räume zur Verfügung gestellt haben, und Sie, meine Damen und Herren, können sicher sein, daß das nicht wieder vorkommt." Schon aus einem ganz besonderen Grund: „Die Leute, die dort argumentierten, waren zum allergrößten Teil keine Berliner."[23]

So hatte Dovifat das Argument entdeckt, mit dem das Freie Berlin fortan die Behauptungen der in Berlin befindlichen Studenten schlagend – oft auch schlagend – widerlegte.

Dovifat war es gewohnt, daß ihm die Studenten verehrungsvoll und ohne Widerspruch begegneten, und das hatte weit bis in meine Studentenzeit gut funktioniert. Aber dann griff die Respektlosigkeit um sich. Am 21. Februar 1961 hatte er sich, weil er verhindert war, in der Vorlesung durch ein – vorzüglicher Einfall – Tonband ersetzt. Doch seine Beobachter berichteten ihm Schlimmes. Dovifat eine Woche später, live in der Vorlesung: „Ich habe mir sagen lassen, daß gegen Ende eine allgemeine Flucht aus dem Hörsaal entstand. Das ist verständlich, aber es ist nicht korrekt, auch dem Band gegenüber nicht korrekt."[24]

Sein Biograph Benedikt: „Das Auskommen mit der Studentengeneration der späten fünfziger und der sechziger Jahre war für Dovifat wesentlich schwerer. Sein Modell der ‚publizistischen Führung' bedeutete, daß auch ein Professor seine Studenten wissenschaftlich und meinungsmäßig führte. Einer kritischen und oft politisch-ideologisch gefärbten Diskussion seiner Positionen war Dovifat nicht gewachsen – er hat die ‚Studentenbewegung' nicht verstanden und auch nicht etwa als Modell eines publizistischen Führungsprozesses zu abstrahieren versucht. Die führenden Köpfe der Studentenbewegung waren für Dovifat nur eine ‚kleine Gruppe törichter, verführter Lärmmacher, die unser Ansehen untergraben'."[25]

Dovifats Ansehen wurde im Mai 1961 durch die Überreichung des Großen Bundesverdienstkreuzes gesichert, und schon ein halbes Jahr vorher hatte Bundeskanzler Adenauer ihm, „dem Altmeister der deutschen Zeitungswissenschaft und dem aufrechten verdienstvollen Vorkämpfer einer Erneuerung des deutschen Zeitungswesens" zum 70. Geburtstag gratuliert.[26]

Tatsächlich kämpfte Dovifat manchmal aufrecht, immer aber verdienstvoll für die jeweils fällige Erneuerung des deutschen Zeitungswesens, wie die häufig wechselnden Auflagen seiner zweibändigen „Zeitungslehre" bezeugen. In sieben Auflagen[27] ist sie erschienen, drei grundlegende Erneuerungen hat sie erfahren, je nach der Staatsform, die für den fest auf der jeweiligen Grundordnung stehenden Professor gerade angesagt war. Die erste Auflage trug noch den Titel „Zeitungswissenschaft" und erschien so rechtzeitig, 1931, daß jeder erkennen konnte, wie brauchbar Dovifat auch für einen Nicht-NS-Staat war. Er konnte- und man darf nicht vergessen, daß er in der Weimarer Republik ein Zentrums-Katholik war – entschiedene Bekenntnisse zu einer liberalen Ordnung ablegen:

Die Freiheit der Presse ist die unerläßliche Ergänzung ihrer öffentlichen Aufgabe. Sie muß gegenüber der staatlichen und gegenüber jeder anderen Gewalt des öffentlichen Lebens, gegen Zwangsmaßnahmen von außen oder von innen heraus gesichert werden.[28]

Sechs Jahre später, 1937, sah das ganz anders aus, die Pressefreiheit wurde in die Fürsorge geschickt:

Die liberalen Staatsformen haben im Sinne der Ideen von 1789 die Pressefreiheit als Recht des Individuums („droit individuel") derart gefaßt, daß sie theoretisch jedem einzelnen die absolut freie Verbreitung von Gedanken, Nachrichten und Mitteilungen und die Freiheit jeder geistigen Betätigung durch den Druck gestatteten. Der Führerstaat setzt dieser hemmungslosen individuellen Freiheit zum Nutzen der Gemeinschaft entschiedene Grenzen. Er sieht in der unverantwortlichen Freiheit einzelner die Ursache einer planlosen inneren Zersetzung und Zerreißung der Nation und wilder Parteizersplitterung. Er sieht in ihr, und die Erfahrung bestärkt ihn darin, auch die Gefahr, daß mit den höchsten Gütern der Gemeinschaft, dem Wohle und der Sicherheit des Volkes, nach Willen, Lust und Interesse Einzelner oder bestimmter Gruppen eigennützig verfahren wird. Er nimmt daher die Zeitungen als Mittel öffentlicher Führung rechtlich in Pflege.[29]

Für diesen Bekenntniswechsel brauchte er allerdings keine sechs Jahre, schon im Oktober 1933 hatte er die vom neuen Schriftleitergesetz vollzogene „Wendung um 180 Grad" mit ehrlichem Beifall aufgenommen. Der engagierte Katholik Dovifat verkündete im *Münsterischen Anzeiger*, die katholische Presse habe niemals „jene ‚absolute' Preßfreiheit" für sich in Anspruch genommen, die „in einem Krieg Aller gegen Aller endete". Von jeher habe sie „im Interesse des Staates und im Dienste ewiger Gesetze die Grenzen dieser Freiheit geachtet".[30] 26 Jahre später, im Sommer des Rettet-die-Freiheit-Jahres, klagte Dovifat in einem Vortrag auf den Universitätstagen in Zusammenhang mit dem *Spiegel*: „Es gibt in Deutschland einen starken, meist intellektuell bestimmten Leserkreis, dem eine kritische eine hyperkritische Darstellung aus nihilistischer Grundhaltung, aber in brillianter [sic] journalistischer Form zu lesen geradezu ein Bedürfnis ist. Die Sucht danach bleibt auch, wenn die Achtung vor jeder wirklichen Leistung dabei zu Bruche geht. An der zynischen Mißachtung jeder politischen Arbeit ist schon der Staat von Weimar zugrundegegangen. Hier droht die gleiche Gefahr."

Er erhoffte eine langsame Wendung zu „natürlichen und gesunden publizistischen Formen", wollte aber nicht ausschließen, daß „der Gesetzgeber eingreifen" müsse, um „gröbste Auswüchse zu verhüten" – freilich „in einer Weise, die der ernsten Presse nicht gefährlich wird".[31] Jeder, der im Saal saß, mußte Dovifat so verstehen: den *Spiegel* verbieten, ohne daß es der *Frankfurter Allgemeinen* schaden kann.

Tatsächlich gibt es zwischen Dovifats Äußerungen zur Pressefreiheit in den Jahren 1933 und 1959 mehr inneren Zusammenhang als zwischen den Äußerungen von 1931 und 1959 – er hat unzweifelhaft im Dritten Reich dazugelernt. Daß etwa publizistische Formen „gesund" sein sollen, ist eine Einsicht, die ihm nur der faschistische Staat mit seiner Lehre vom Volkskörper vermitteln konnte.

Natürlich mußten die Erkenntnisse, die ihm von 1933 bis 1945 zugewachsen waren, angemessen auf den Boden der freiheitlich-demokratischen Grundordnung übertragen werden, allzu krasse und leicht erkennbare Formulierungen galt es zu ändern.

Vergleiche zwischen der zweiten Auflage von 1944 und der dritten bis sechsten Auflage von 1955 bis 1976 erhellen, wie man die nationalsozialistische Lehre mit wenigen Handgriffen in die freiheitlich-demokratische Grundordnung übersetzen kann. Beispielsweise die Definition der Zeitung. Dovifat 1944 wie 1955:

Die Zeitung übermittelt im Dienste des Tages, aber ...

(so schrieb er 1944:) *in geschlossener Führung zur inneren Einheit des Volkes*

(so schrieb er 1955:) *verantwortlich, in öffentlicher Verpflichtung*
...jüngstes Gegenwartsgeschehen in kürzester regelmäßiger Folge der breitesten Öffentlichkeit.[32]
Die Aussage von 1944 ist klar und verständlich: die Presse ist gleichgeschaltet. Die Aussage von 1955 kann auf denselben Vorgang der Gleichschaltung hinauslaufen, ist aber diffuser gefaßt, verschwimmt in einer beliebig ausfüllbaren Bedeutungslosigkeit.

Es wäre darum völlig falsch, wollte man Dovifat als HWG-Professor, als Bekenner mit häufig wechselnden Gesinnungen anklagen. Seine Grundgesinnung blieb immer gleich. Sie stimmte nicht völlig mit dem Nationalsozialismus überein, obwohl er sich in seinen Ausführungen über „Charakter- und Begabungsvoraussetzungen" ausdrücklich zu dem Wort von Hitlers Feldwebel, dem Präsidenten der Reichspressekammer Max Amann bekannte: „Wer in seinem Innern nicht Nationalsozialist sein kann, handelt unehrlich, wenn er sich weiterhin pressemäßig betätigt."[33]

Ein Jahr später, 1945, im Juli, schrieb er an Eduard Spranger: „Zwanzig Jahre lang habe ich meinen Studenten vordoziert, daß publizistische Arbeit Gesinnungsarbeit ist, daß sie Mut erfordert und persönliche Opfer."[34]

Er betrachtet also die Jahre von 1925 bis 1945 als eine Zeit ununterbrochener Gesinnungsarbeit. Tatsächlich sieht sein Biograph Benedikt einen fließenden Übergang von Dovifats Lehrmeinungen in der Weimarer Republik zu denen, die er im NS-Staat bekannte. Benedikt: „Dovifat machte sich die Vorstellungen des totalitären Staates über die Aufgabe seiner Presse zu eigen: Mittel der Volksführung zu sein. Das ist eine konsequente Fortsetzung seiner Ansicht, daß die Presse durch die Gesinnung zur Tat führen müsse. Dovifat übertrug den von ihm geforderten Führungsanspruch jeder Zeitung auf den größeren Rahmen des Staates, auf eine Presse, die in *einem* Sinne wirkte."

Benedikt zitiert auch ein Wort Dovifats von 1932, daß eine Presse ohne Pressefreiheit, „krumme Wege und charakterlose Wege" suchen müsse und meint, Dovifat habe nach 1933 bewußt versucht, seine Ansichten so zu formulieren, daß sie nicht anstößig wirkten: Damit begab er sich auf die „krummen Wege", die er in den folgenden Jahren zur ‚Camouflage' verfeinert, ohne sie jedoch als ‚charakterlos' zu empfinden." Ja, Benedikt spricht sogar von einer „Zwischen-den-Zeilen-Publizistik", derer sich Dovifat im NS-Staat bedient habe. Überzeugende Beispiele für Camouflage, für Täuschung und Tarnung vermag er nicht vorzulegen.[35]

Das bedeutet nicht, daß Dovifat nie die Camouflage benutzt hätte. Die Frage ist nur: wann? Denn es ist nicht immer leicht zu bestimmen, wann der wahre Dovifat spricht: 1944, wenn er sich über die „durch Börne und Heine geschaffene, aus jüdischer, intellektuell überspitzter, scharf subjektiver Haltung arbeitende Kritik"[36] beklagt, oder wenn er 1962 an der gleichen Stelle die „Bilanz des Stiles und der Farbe, der Bewegtheit und der Treffsicherheit vollendeter Form, wie wir sie bei Börne und Heine finden"[37], bewundert. Wahrscheinlich war ihm, falls er sich bei seiner Äußerung von 1944 etwas gedacht hatte, der Antisemitismus nicht unbedingt ein Herzensanliegen. Wie aber würdigt er die beiden im nichtantisemitischen Staat? Was ist das – eine Bilanz des Stiles, eine Bilanz der Farbe, eine Bilanz der Bewegtheit, eine Bilanz der Treffsicherheit vollendeter Form, die wir seit 1945 bei Börne und Heine finden dürfen?

Oh heiliger Freud, daß du dies nicht mehr miterleben durftest. Dovifat wollte, freundlich wie er im neuen Staat zu solchen Leuten zu sein hatte, ihnen Brillanz des Stils, der Farbe, der Bewegtheit, der Treffsicherheit vollendeter Form zugestehen. Doch die „gesinnungsmäßige Beurteilung" in ihm, die man ja nicht wechselt wie eine Staatsform, sie sagte ihm: Heine, Börne – das sind Juden, also Geld, also nicht Brillanz, sondern Bilanz.

So erklangen die Gesinnungskräfte in der Tiefe seines Herzens und das Kuratoriumsmitglied der Gesellschaft für christlich-jüdische Zusammenarbeit, als das Dovifat von 1954 bis 1966 auftrat, hat es nicht gemerkt. Nicht 1962 in der vierten neubearbeiteten Auflage. Nicht 1967 in der fünften Neubearbeiteten. Und nicht einmal 1976 stieg sein Schutzengel aus der Hölle empor und verhinderte Dovifats posthume Bilanz in der sechsten Neubearbeiteten.[38]

Keiner hat es gemerkt. Tausende von Studenten, die dieser Nestor der Publizistik erziehen sollte, mit dem Wort umzugehen, sie haben sich die billigen Bändchen der Sammlung Göschen gekauft, haben ihren Dovifat gepaukt, während gute Journalisten zu werden – doch ein guter Journalist macht zuallererst die Augen auf, auch beim Lesen – keiner hat es gemerkt.

Und so kommen wir auch nicht um die Einsicht herum: Dovifats Bekenntnisse zur gelenkten Presse, seine Verachtung der Pressefreiheit waren ehrlicher und wahrhaftiger als die ihm unter dem Meinungsdruck des demokratischen Staates abgerungenen Beteuerungen über die Vorzüge des freien Wortes, die er ja nach all dem, was wir von seiner politischen Entwicklung nach 1945 wissen, für Nachteile halten mußte.

Mit dem freien Wort, so stellte er 1962 fest, geht es einerseits ganz gut: „In ihrer politischen Überzeugung ausgeprägte Blätter werden in jedem Fall zu den Tagesereignissen aus ihrer – zeitgebundenen – Auffassung sprechen und ihre Leser in ihre Überzeugung zu führen suchen." Vielerorts aber führt es zu schlimmen Folgen: *Andere Blätter werden allein die Tagesereignisse darbieten, werden versuchen, die sensationellen Einzelheiten des Ereignisses breit auszuwalzen. Sie werden die höhere Wertung dem Leser überlassen oder bewußt verzichten, sie wachzurufen, ja sie durch immer gesteigertes Nachrichtentempo und, indem sie peinlichstes Detail ausmalen, unausgesetzt aufs neue ablenken und die gesinnungsmäßige Deutung gar nicht zulassen.* So entstehe „Sensationsjournalismus", durch ihn werde „in vielen Köpfen eine konfuse Fahrigkeit" erzielt und die wiederum eröffne „der totalitären Überwältigung Tür und Tor".[39]

Kurz, uneingeschränkte Pressefreiheit führt zu Diktatur und totalem Staat – viel Camouflage um das eigentliche Bekenntnis. Wieviel klarer und überzeugender war Dovifats Haltung noch 1944, als er unverstellt und geradeheraus über die Aufgabe der Zeitung schreiben konnte: *Soweit sie verantwortungsbewußt führt – also nicht Klatsch und Sensation bewußt sucht – wird sie aus einer gesinnungsbestimmten Überzeugung heraus von einem festen Standpunkte her die Ereignisse beurteilen und also aus der tagesgebundenen zur zeitgebundenen Meinung aufwärts führen. In liberaldemokratischen Verfassungen wird sie damit Mundanwalt bestimmter im Staate um die Macht kämpfender Gruppen und Parteien sein. Im Führerstaat hat sie die ihr vertrauende und anvertraute Leserschaft im Sinne der Staatsführung zu lenken und ihr in diesem großen Zusammenhang die Tagesereignisse zu deuten ... Nicht Meinungskampf, sondern Meinungsfestigung zu echtem Glauben und bleibender Überzeugung, um aus ihnen die Tat des Einzelnen für die Gemeinschaft erstehen zu lassen, das ist die Aufgabe der Zeitung.*[40]

Wenn ich ihn Ende der fünfziger, Anfang der sechziger Jahre in seinen Vorlesungen für eine „Hygiene des öffentlichen Lebens" und gegen „intellektuell überspitzte Kritik", gegen „die Gosse" predigen hörte, blieben mir keine vernünftigen Zweifel mehr, daß dieser Mann da oben „gesinnungsmäßig" – wie er gern sagte – große Schwierigkeiten mit der Pressefreiheit hatte, die er aber auf der freiheitlich-demokratischen Plattform des Nachfolgestaates nicht mehr offen zu formulieren wagte. Denn er unterlag dem Anpassungsdruck, der natürlich auch vom demokratischen oder wenigstens demokratisch sich verstehenden Staat ausgeht. Gerade weil er kein Nationalsozialist war, hatte er sich nur mühsam und mit Vorbehalten zu vielen Ideen des NS-Staates durchgerungen. Aber das, was er sich damals errungen hatte, wollte er nicht wieder aufgeben, auch wenn er sich dazu – zumindest in den damaligen Formulierungen nicht mehr offen bekennen konnte. So mußte er zum Mittel der Camouflage greifen. Und wo er sich auch dies versagte, da setzte sich, wie im Fall Heine und Börne, die klassische Fehlleistung um so stärker durch.

Zum würdigen Abschluß seines deutschen Gelehrtenlebens bekam Dovifat 1961 aus der Hand seines guten alten Freundes, des Westberliner Kultussenators Joachim Tiburtius ein Bundesverdienstkreuz um den Hals gehängt, versehen mit dem Hinweis: „Wir haben ja keinen Nachfolger gefunden bisher im Sinn voller Kongruenz der Gebiete und der Person." Denn der Mann, der schließlich als Honorar-Professor nur halber Nachfolger geworden war, wurde auch dies nur gegen den entschiedenen Widerstand Dovifats und seines Freundes, des Senators: Fritz Eberhard, ehemals Intendant des Süddeutschen Rundfunks, der als Sozialist vor Hitler emigrieren mußte. Die Universität, die Freie, hatte sich nicht durchgesetzt mit ihrem klaren Willen, Eberhard zum Ordinarius und zum Leiter des Institutes zu machen.

Sie konnte immerhin eines: verhindern, was Dovifat wünschte: daß der Direktor des Kölner Verkehrsamtes Hans Ludwig Zankl als Ordinarius und Institutsleiter sein Nachfolger wurde. Der hatte das theoretische Fundament „für die wissenschaftliche Arbeit" bereits 1940 gelegt, daß nämlich „die nationalsozialistischen Grundgedanken selbstverständlich immer Ausgangspunkt und Blickrichtung" geben müssen. Die zur Berufung des Nachfolgers gebildete Fakultätskommission konnte sich nicht hinreichend über den Kandidaten orientieren, seine sicherlich hochinteressante Schrift über „Zeitungsbild und Nationalpropaganda" war rechtzeitig aus der Institutsbibliothek verschwunden. Zugänglich blieben nur Zeitschriften wie *Zeitungswissenschaft*, in denen der Dovifat-Kandidat allerdings eher praktische Ratschläge gegeben hatte.

Bei seinen Untersuchungen über „eine besondere Art der Anzeige", die jeweils durch die „Kriegsverhältnisse" Eingang in die Zeitungen findet und dem Anzeigenfachmann „eine schwere Aufgabe" stellt, nämlich die Gefallenenanzeige, hatte Zankl eine wissenschaftlich befriedigende Lösung gefunden: Zankl verlangte eine „verständige Beratung der Auftraggeber", denn: „Für den Hinterbliebenen besteht immer die Gefahr, daß er seinen unaussprechlichen Schmerz in Worte faßt, die dem stolzen Heldentum der Gefallenen nicht gerecht werden".[41]

Daß Zankl nicht zum Zuge kam, mußte Eberhard büßen. In einer ganzen Reihe von Blättern, die sich Dovifat verbunden fühlten – angefangen vom *Reichsruf* der Deutschen Reichspartei über das offiziöse *Neue Journal* des Bundespresseamtes, den rechtsextremistischen *Deutschen Studentenanzeiger*, das *Ostpreußenblatt* bis zum *Rheinischen Merkur* – gab es eine böse Kampagne gegen den Emigranten Eberhard. Am tollsten trieb es die damals als „katholischer *Stürmer*" bekannte *neue bildpost* : Der Emigrant Eberhard habe – das war eine glatte Fälschung – die Siegermächte „um die ewige Besetzung seines – darf man noch sagen? – ‚Vaterlandes'" gebeten. Das ganze unter der Überschrift „Lieb Vaterland – was steckst du ein!"

Die Redakteure der *neuen bildpost* waren wohlunterrichtet. Seit Jahren schon waren sie regelmäßig bei Dovifat erschienen, um sich von ihm publizistisch beraten zu lassen.

Ansonsten aber gab es für Leute, die Journalisten oder Zeitungswissenschaftler werden wollten, wenig von Dovifat zu lernen. Das hatte als einer der ersten Albert Vigoleis Thelen in seinem berühmten autobiographischen Roman „Die Insel des Zweiten Gesichts" durchschaut. Dovifat war 1928 vom Kölner Oberbürgermeister Konrad Adenauer maßgeblich am Aufbau der PRESSA beteiligt worden, einer großen internationalen Ausstellung des Pressewesens. Thelen, der als wissenschaftlicher Führer durch die Ausstellung angeheuert worden war, wußte, daß in den Ausstellungsvitrinen „alles falsch lag oder stand". Thelen: „Als Führer machte ich dann die Entdeckung, daß man eine Autorität ist und eine Macht darstellt. Ich dozierte das Blaue vom Himmel herunter... Die Krone der Wissenschaft setzte mir aber das Berliner Institut für Zeitungswissenschaft auf. Der Leiter war mit seinen Schülern nach Köln gekommen. Inkognito hatte er sich meiner Führung angeschlossen. Am Schluß überreichte er mir seine Karte. Ich kannte den Gelehrten natürlich aus der Wissenschaft selbst. Er bat mich, statt seiner die Führung des Seminars zu übernehmen... Ich stammelte ein paar Worte und wollte den Professor gerade darauf aufmerksam machen, daß in den Vitrinen ja nicht alles stimme und er da aufpassen müsse, als ich merkte, daß der Mann nichts gemerkt hatte und beriet mich abends mit Dr. Wohlers, dessen Münsterischer Musterschüler ich war. Wohlers sagte: führen, auf Teufel komm heraus, und wenn das hier abgelaufen ist, promovierst du bei mir über das Falsche in der Geschichte..."[42]

Bei Dovifat selbst waren die Doktortitel noch leichter zu holen. Allein in achteinhalb NS-Jahren von 1937 bis zum 20. April 1945 – da gab es die letzte Bescherung – teilte der Meister 116 Stück aus, es können aber auch ein paar mehr gewesen sein; denn einige wurden – kuriose Publizistik-Wissenschaft – als „geheim" eingestuft. Camouflage wohin man schaut.

Dovifat-Biograph Benedikt: „Die Zeitungswissenschaft galt als ‚Doktorfabrik', als ‚einfaches' Fach, und daher als unseriös oder sogar als ‚unwissenschaftlich'"[43] Richtige Journalisten konnten durch ein Dovifat-Studium allein nicht entstehen – es war eher hinderlich – und Wissenschaft mochten nur wenige das, was er betrieb, nennen. Er galt als unkomplizierter Prüfer – es genügte, wenn man die Merk- und Lehrsätze aus der jeweils aktuellen Auflage seiner „Zeitungslehre" auswendig gelernt hatte.

Trotzdem, Studenten, die etwas mehr taten, lernten fürs Leben. Wer die drei Haupt-Auflagen seiner „Zeitungslehre" gründlich und vergleichend durchgearbeitet hat, kann zwar nicht Zeitung machen – aber ein hervorragendes Studium der Opportunistik mit weithin benutzbaren gesinnungsmäßigen Einschlägen hat er absolviert. Das reichte immer für eine politische Karriere in Berlin und Bonn: der erste bundesdeutsche Informationsminister Hans Klein hat sein Handwerk bei Dovifat gelernt.

Beim Klein-Vorgänger hatte Dovifat auch die Hand im Spiel. Er verlor an Goebbels seinen Assistenten Karl Bömer, der Ministerialdirigent und Leiter der Abteilung IV B im Ministerium für Volksaufklärung und Propaganda wurde. Bömer endete früh, weil er im Suff mit dem bevorstehenden Angriff auf die Sowjetunion prahlte und von seinem Kollegen Paul Karl Schmidt – auf den kommen wir noch – denunziert wurde. Goebbels konnte Bömer nur mit Mühe vor dem Volksgericht retten, schickte ihn zur „Frontbewährung", wo er sich den Tod holte.[44]

Biograph Benedikt: „Dovifat gelang es..nicht, wissenschaftliche Nachfolger oder Erben zu finden und heranzuziehen...Zwei seiner Habilitanden scheiterten im Verlauf des Prüfungsverfahrens, der dritte bei der Lehrprobe."

Dovifat starb am 8.Oktober 1969 im Alter von 78 Jahren. Nur eine unter denen, die bei ihm promoviert hatten, war – auf Umwegen – zu professoralen Ehren gelangt: Elisabeth Noelle.

Doch die ist ein Kapitel für sich.

3. Volkskörperkunde aus Allensbach – Die Wunschadjutantin des Propagandaministers: Elisabeth Noelle-Neumann

Fast drei Jahrzehnte ist das her. Ich wollte von Elisabeth Noelle den Journalismus erlernen. Vor mir liegt mein Kollegheft mit dem Datum vom 11. Dezember 1961. Meine Notizen von damals erscheinen heute rätselhaft: „Freiburg, Oberbürgermeister, mußte schon getragen werden. Diese Umfrage hat Frage aufgeworfen, ob man nach der Krankheit einer Persönlichkeit fragen darf, starke Entrüstung hervorgerufen. Freiburger Umfrage, die erste, gegen die solche Polemik. Wir haben sie deshalb nicht ausgewertet. Frage, ob diese Krankheit Privatfrage. Erkältung Adenauers auch groß in der Presse. Warum also? Man versucht sich eine Position des Vorsprungs zu sichern. Man hat also den Zusammenhang zwischen Zählen und Herrschaft erkannt. Rechtsfrage aufgeworfen, ob Auftraggeber genannt werden muß. Natürlich stellen sich die Interviewer vor, nicht der Auftraggeber. Zwingender Grund: Unbefangenheit des Befragten ginge verloren."

Ich verstehe nicht, was ich damals bei meiner Lehrherrin mitgeschrieben habe. Doch hier – ein Ausschnitt, *Deutsche Zeitung* vom 13. Februar 1962: „Der Freiburger Oberbürgermeister Dr. Brandel will eine mehrmonatige Kur antreten und danach entscheiden, ob er noch länger im Amt bleibt... Als der langjährige Oberbürgermeister am 30. Oktober des vorigen Jahres seinen 60. Geburtstag beging, fand er unter zahlreichen Geschenken, Glückwünschen und Ehrungen auch eine demoskopische Umfrage vor. Die Freiburger wurden gefragt, ob sie schon gewußt hätten, daß ihr Oberbürgermeister krank sei. Reagierte der Befragte positiv und sprach er sich für den Rücktritt Brandels aus, so wurde er weiter gefragt, ob er den Rücktritt bald oder erst im nächsten Jahr wünsche. Schließlich kredenzte ihm die Umfrage auch gleich noch acht Kandidaten, von denen zum Schluß zwei in die engere Wahl gezogen wurden. Während Dr. Brandel die Umfrage als einen Akt der Unmenschlichkeit bezeichnete, sprach die Leiterin des Allensbacher Instituts, Dr. Noelle-Neumann, von einer Hexenjagd gegen die Demoskopen, wie sie im demokratischen Ausland nicht denkbar wäre."[1]

Rund 20 000 Mark hatte nach Angaben der *Deutschen Zeitung* die Noelle-Hatz auf den körperbehinderten Freiburger Oberbürgermeister gekostet. Irgendwann erfuhr ich auch, wer der damals unbekannte Auftraggeber ihres demoskopischen Schurkenstückes war: einer von den beiden Kandidaten, die bei Frau Noelles Umfrage in die engere Wahl kamen – CDU-Stadtrat Albert Maria Lehr, ein Parteifreund des gejagten Bürgermeisters.

Das alles wußte ich noch nicht beim Mitschreiben in der Vorlesung. Damals, 1961, als die 44jährige erfolgreiche Leiterin des Allensbacher Instituts, Elisabeth Noelle-Neumann, als Lehrbeauftragte für Publizistik an die Freie Universität nach Berlin kam, war ich dankbar für jede Alternative, die es zu dem heuchelnden Nestor der deutschen Publizistikwissenschaft gab – zu Emil Dovifat, der sich in seinen Vorlesungen als Widerständler aufführte, während seine alten Lehrbücher voll waren mit fiebrigen Bekenntnissen zu Adolf Hitler und seiner Bewegung. Ich schätzte die neue Lehrbeauftragte, weil ich sie nicht kannte, weil ich nicht wußte, wie sie sich schon betätigt hatte und wozu sie imstande ist für einen nur halbwegs lukrativen Auftrag.

„Geht das immer wieder los?" tönte zwanzig Jahre später auf den Hamburger Medientagen am 11.Juni 1981 kurz vor vier eine wütende Verleger-Stimme durch den Saal des Rathauses. Der Ärger galt nicht Frau Noelle, die gerade verkündet hatte, Journalisten brauchten für gutes Schaffen nicht Konflikte mit dem Verleger durch Mitbestimmung, nein, ein Journalist benötige „um sich herum Fröhlichkeit, wenn er Einfälle haben soll." Der Verleger-Tadel galt vielmehr der 60jährigen NDR-Autorin und Schauspielerin Inge Stolten, die da sagte: „Frau Noelle-Neumann, ich verstehe ja, daß ein Mensch, der Einfälle hat, fröhlich sein soll und nicht so nachdenken oder mitbestimmen. Vielleicht waren Sie auch sehr fröhlich, als Sie für die Nazizeitung *Das Reich* schrieben – vielleicht wäre es besser gewesen, Sie hätten damals nachgedacht und wären weniger fröhlich gewesen."[2]

Vierzehn Tage zuvor hatte Inge Stolten als Sprecherin an einer NDR III-Sendung über die Goebbels-Zeitung *Das Reich* mitgewirkt. Sie hatte gehört, wie die ehemalige *Reich*-Redakteurin Elisabeth Noelle-Neumann das vergnügte Treiben in der Wochenzeitung schilderte, in der der Reichspropagandaminister regelmäßig den Leitartikel schrieb. Elisabeth Noelle: „Ich hatte anfangs eine Seite zu redigieren, nämlich Briefe aus dem Reich, das war eine Seite, in der man sehr viel Allotria treiben konnte, sehr fröhlich und sehr gut redigieren konnte, Berichte, wie es in den verschiedensten Teilen Deutschlands aussah."[3]

Neben dem Allotria, das Elisabeth Noelle anrichtete, stand Besinnliches, was Erich Peter Neumann, ihr späterer Gemahl, unter dem Kampfnamen Hubert Neun aus Warschau berichtete: „Mit einem Blick kann man die ungeheure abstoßende Vielfalt aller jüdischen Typen des Ostens überschauen; eine Versammlung des Asozialen, so flutet es aus schmutzigen Häusern und schmierigen Läden, straßauf und straßab und hinter den Fenstern setzt sich die Reihe der bärtigen bebrillten Rabbinergesichter fort, ein grausiges Panorama." Ihr Mann habe, sagt Elisabeth Noelle-Neumann 1981 vor der Kamera, auf das Los der Juden aufmerksam machen wollen. Dem diente dann auch der Satz: „Es mag wohl kaum einen Ort des Kontinents geben, der einen so plastischen Querschnitt durch die Disziplinlosigkeit und Verkommenheit der semitischen Masse vermittelt."[4]

Doch ja, sagte Frau Noelle und schien verwundert, dies überhaupt noch erklären zu sollen, er habe sicherlich „massive Sätze reingeschrieben", aber doch nur, „um andere Sätze damit durchzubekommen." Und sie fügte hinzu: „Ich habe das nicht falsch gefunden."

Doch während der spätere CDU-Bundestagsabgeordnete Erich Peter Neumann – er ist inzwischen verstorben – nach Elisabeth Noelles Meinung eher „zwischen den Zeilen" schrieb, hat sie selbst nie – wie sie im NDR bekannte – einen Satz geschrieben, „den ich nicht auch gedacht habe".[5]

Und gedacht hat sie – beispielsweise im *Reich* vom 8. Juni 1941 zur Frage „Wer informiert Amerika" – so: „Juden schreiben in den Zeitungen, besitzen sie, haben die Anzeigenagenturen fast monopolisiert... Sie kontrollieren die Filmindustrie, besitzen die größten Radiostationen und alle Theater."[6]

Da mußte es auch – vier Jahre später – reizvoll erscheinen, Deutschland auf deutsche Weise zu informieren und damit ein wenig auch zu kontrollieren. Pünktlich im Jahr 1945 besannen sich Frau Noelle und Herr Neumann auf christliche Werte. Zusammen schrieben sie Dreigroschenhefte mit Adventsgeschichten – Serientitel: „Der Weihnachtsberg". 1946 heirateten sie, und 1947 gründeten sie gemeinsam das Institut für Demoskopie in Allensbach am Bodensee. Elisabeth Noelle war mit diesem Berufszweig wohlvertraut. Die 1916 in Berlin geborene Tochter des Juristen und Kaufmanns Ernst Noelle, Enkelin des Bildhauers Fritz Schaper (Denkmäler: Lessing in Hamburg, Goethe in Berlin, Bismarck und Moltke in Köln) und Urenkelin des Dichters Emil Ritterhaus ("Dem Papste!", „Für Oberschlesien", „Für die Notleidenden am Rhein") ging in Salem zur Schule, promovierte nach ausgedehnten Studienreisen in den USA und mehreren Ländern Asiens 1940 bei Emil Dovifat in Berlin über „Meinungs- und Massenforschung in den USA.

Umfragen über Politik und Presse". Ihren Doktor-Titel, den sie auch heute noch gern und ohne Bedenken führt, erwarb sie mit Erkenntnissen wie dieser: „Heuchelei" sitze bei amerikanischen Journalisten „einem Zug des angelsächsischen Wesens getreu, so tief, daß sie meist unbewußt ist". Oder jener: „Seit 1933 konzentrieren die Juden, die einen großen Teil von Amerikas geistigem Leben monopolisiert haben, ihre demagogischen Fähigkeiten auf die Deutschlandhetze" – was wiederum zu „Abstimmungsergebnissen" führe, die „wie eine Fieberkurve anmuten".[7] Solche Wissenschaft war eher zeitbedingt. Weiterführend bis in die Gegenwart erscheint jedoch, was sie über den Nutzen der Demoskopie gerade für uns Deutsche schrieb: „Doch die durch die Massenbefragung einmal eröffnete Aussicht, in die Gedanken, Gewohnheiten und Stimmungen einer beliebig großen anonymen Menge Menschen einzudringen, erscheint in unserem Zeitalter des Zusammenschlusses der Menschen zu gewaltigen Massen oder organischen Volkskörpern als ein so echter Gewinn, sei es für die Meinungsführung, die Geschichtswissenschaft oder irgendein anderes der Gebiete, die den Menschen in den Mittelpunkt ihrer Betrachtung stellen, daß es fast wie eine Verpflichtung scheint, auch unter europäischen, insbesondere deutschen Verhältnissen den Gedanken der Massenbefragung in irgendeiner Form auszuwerten." Aber natürlich ganz anders als in den USA, das „ergibt sich aus der deutschen Auffassung vom Wesen der öffentlichen Meinung, nach der, in den Worten des Reichsministers Dr. Goebbels, die öffentliche Meinung ‚zum größten Teil das Ergebnis einer willensmäßigen Beeinflussung ist'."[8]
Aus dieser Erkenntnis wiederum erwachse „für die deutschen Publizisten und ihre geistige Zentrale, das Propagandaministerium, die Aufgabe, einen möglichst engen Kontakt mit dem Volksganzen als dem Träger der öffentlichen Meinung herzustellen, um die Wirksamkeit der Einflüsse verschiedenster Art auf die Meinungsbildung zu kontrollieren".
Elisabeth Noelle erinnerte in diesem Zusammenhang an ein wahres Wort des Dr. Goebbels, das er bei Übernahme seines Propagandaministeriums gesagt hatte: „Das Volk soll sich nicht mehr selbst überlassen werden – die Regierung soll nicht mehr wie bisher vom Volke abgeschlossen sein… Das Volk soll anfangen, einheitlich zu denken, einheitlich zu reagieren, und sich der Regierung mit ganzer Sympathie zur Verfügung zu stellen." Das fand Doktorandin Noelle so gut, daß sie Dr. Goebbels anbot: „Bei der Erfüllung dieser Aufgaben wäre ein zuverlässiges System der Massenbefragung nicht nur wertvoll als eine Kontrolle der eigenen

Wirksamkeit, sondern auch als ein Hilfsmittel der Einfühlung in das wahre Wesen des Geführten."[9]

Sieben Jahre später schon hatte sie es geschafft. Nur auf den zugehörigen Dr. Goebbels mußte – und konnte – sie jetzt verzichten. Das gelang leicht: Ihre Art von Demoskopie ist längst eine Fortsetzung des Volksaufklärungsministeriums mit anderen, privatwirtschaftlichen Mitteln. Denn das ist Frau Noelles Gewerbe, jedem seriösen Kunden zu liefern, was er braucht. Und wenn der vielgeliebte Volkskörper nicht hergibt, was gerade als Volksmeinung nachgefragt wird, dann gebraucht sie – gemäß der deutschen Auffassung vom Wesen der öffentlichen Meinung – Gewalt durch willensmäßige Beeinflussung.

Das begann früh und – wie es scheint – auch im Eigenexperiment: „Die Frage, wie man sich im Jahre 1933 verhalten, ob man damals dem Nationalsozialismus zustimmend oder ablehnend gegenübergestanden habe, ist eine Probe auf das Gedächtnis und auf die Bereitschaft, sich zu erinnern. Es war keinerlei Neigung zur Verdrängung festzustellen."[10]

Zu diesem Ergebnis kam Elisabeth Noelle zusammen mit Erich Peter Neumann drei Jahre nach Goebbels' Tod in einer Pilotstudie an 100 Personen vom Oktober 1948. Beide wußten, daß auch sie selbst nichts zu verdrängen hatten. Sie waren aktiv im Widerstand. Noch 1986 wird sich Elisabeth Noelle in einer „Gegendarstellung" zur *tageszeitung* – dort hatte Professor Alphons Silbermann sie „Alt-Nazi" genannt und damit versucht, sie „bequem umzubringen" – ganz genau erinnern, welche „schockhaften Erfahrungen" sie machen mußte, als sie allenthalben dem Nazi-Terror ausgesetzt war: „1937 vom Gauleiter Wagner bei einer Diskussion mit Studenten angebrüllt: ‚Sie haben Ansichten, Sie!', womit er die Veranstaltung verließ, aber danach versuchte, das Stipendium des Deutschen Akademischen Austauschdienstes nach USA, das ich durch Befürwortung meines Professors und späteren Doktorvaters erhalten hatte, rückgängig zu machen." Nicht auszudenken, wenn ihm das gelungen wäre.

Und dies nicht allein: „Schwarz van Berk, Chefredakteur des *Schwarzen Korps* warnte mich, Reichsleiter Sauckel habe bereits gefordert: ‚Die gehört ins KZ.'" Gottlob war *Das Schwarze Korps* das Organ des Reichsführers SS, und der – und nicht Sauckel – bestimmte darüber, wer ins KZ gehört und wer nicht. Aber schwere Zeiten waren das damals schon – bei allem Allotria im *Reich*, wo Goebbels laut Noelle-Gegendarstellung erst Leitartikel schrieb, „als wir" – wir? – „eine Auflage von über einer Million erreicht hatten."[11]

Noelle und Neumann 1952: „Sieben Jahre nach der bedingungslosen

Kapitulation sprachen wir die Öffentlichkeit zum erstenmal auf Hitler an. Wir legen den Versuchspersonen eine Liste vor...".[12]
Versuchspersonen... Es ging also nicht um Meinungsforschung, sondern um ein sozialwissenschaftliches Experiment. Nicht irgendein mündiger Bürger war nach seiner Meinung gefragt, sondern der bekannte Volkskörper in Gestalt von Versuchspersonen. Zu den Versuchspersonen (Vp) aber gehört immer ein Versuchsleiter. Und den Versuchsleiter verbindet die Wissenschaft mit dem – besonders in der Parapsychologie bekannten[13], aber in der Allensbacher Demoskopie ebenso leicht auffindbaren – Versuchsleitereffekt. Solche Leute tendieren – gerade wenn sie in diesen Randbereichen der Wissenschaft tätig sind – dazu, „während des Experiments Bedingungen zu schaffen, die das Entstehen erwarteter Ergebnisse begünstigen: Die Versuchsleiterhypothese wird zur sich selbst bestätigenden Prophezeiung." Die Versuchsleiter drücken „in subtiler Weise ihre Erwartungen durch Mimik und Gestik aus (nonverbale Kommunikationskanäle) und benutzen u.U. sogar verbale Konditionierungstechniken zur Steuerung des Vp-Verhaltens".[14]
Unter Umständen sogar! Genau das also, was Sozialforscher so als äußerstes Extrem unwissenschaftlichen Vorgehens zur Steuerung des Verhaltens von Versuchspersonen bezeichnen, macht von Anfang an – und heute noch – die Kunst der Allensbacher Volkskörperkunde aus. Beweis?
Noelle und Neumann 1952: „Wir legen den Versuchspersonen eine Liste vor, die vier verschiedene Parolen enthielt. Sie sollten jeweils diejenige bezeichnen, die ihrer eigenen Ansicht über Hitler am nächsten kam."
Die vier Parolen unter denen man sich entscheiden mußte – etwas anderes gab es nicht – samt Prozentergebnis in Klammern:
1. Hitler hat zwar manches Gute vollbracht, aber seine verhängnisvollen Taten und Eigenschaften überwogen bei weitem (40%).
2. Hitler war ein gewissenloser Politiker, der an vielen Schrecken schuld ist (28%).
3. Hitler hat zwar einige Fehler gemacht, aber er war jedenfalls ein vorbildlicher Staatsführer (22%)
4. Hitler war der größte Staatsmann dieses Jahrhunderts; seine wirkliche Größe wird man erst später erkennen (10%).[15]
Verdummungsfragen für den Volkskörper. Gewiß, irgendwo ist es auch interessant, was Hitler für ein Mensch gewesen sein könnte und wie die Deutschen das einschätzen. Aber sollte aus dem deutschen Volkskörper ausgestoßen sein, wer nicht vergessen hatte, daß es Großkonzerne wie IG-Farben oder Daimler gab, bei denen das Plus oder das Minus in der

Bilanz nur noch davon abhing, ob Hitler an die Macht kam, oder nicht?[16] Solche Erklärungsmöglichkeiten waren längst schon in den nonverbalen Kommunikationskanälen des anbrechenden Konrad-Adenauer-Zeitalters ertränkt worden. Noelle und Neumann stolz: „Eine Sammlung kritischer Aussagen gegen den Nationalsozialismus steht in der Gefahr, lediglich den Argumenten der seit 1945 eingeleiten Gegenpropaganda aufzusitzen." Nochmal zum Buchstabieren: 1945 ist etwas geschehen. Nämlich es wurde etwas eingeleitet. Eine Gegenpropaganda, der wir nicht aufsaßen. Was sagt das Duden-Wörterbuch für „aufsitzen"? „Sich täuschen lassen; auf jmdn., etw. hereinfallen: einem Betrüger, einem Gerücht".

Weiter in diesem Noelle&Neumann-Text: „Die günstige Erinnerung an die sozialen Realitäten, die das Dritte Reich geschaffen hatte, zeigt aber, daß das selbständige Urteil nicht ausgelöscht ist; denn die – mannigfachen – Versuche, den sogenannten ‚deutschen Sozialismus' zu entlarven, Hitler unter die Agenten des Großkapitals einzureihen, sind wirkungslos geblieben."[17]

In dieser Beziehung ist das deutsche Volk mit dem 1933 eingeleiteten deutschen Sozialismus keinem Betrüger aufgesessen, zumindest nicht die Versuchspersonen der Allensbacher Volkskörpersondierungen.

So konsequent das alles in diesem Denkgebäude war, kurios blieb doch, daß ein Mann und eine Frau, die im Dritten Reich eine Rolle gespielt hatten, im August 1953 ohne Aufsehen zu erregen dem Volkskörper diese Frage stellten: „Was glauben Sie: Wäre es für Deutschland gut, wenn Männer, die im Dritten Reich eine Rolle gespielt haben, heute einen größeren Einfluß auf die deutsche Politik hätten?"

Ergebnis der Umfrage, die entgegen der Angabe nur in der BRD, nicht auch in der DDR stattfand: Wäre nicht gut 44%; teils, teils 24%; wäre gut 13%; weiß nicht 19%.

Selbst danach waren also nur 13% ausdrücklich für den Zustand, der in der Bundesrepublik eingetreten ist. Kommentar von Noelle und Neumann: „Zwar ist nahezu die Hälfte der Bevölkerung dagegen, aber es darf nicht übersehen werden, daß es fast zwei Fünftel sind, die – mit oder ohne Einschränkung – die politische Wiederkehr der Nationalsozialisten begrüßen würden. Die Motive dieser Bevölkerungsgruppe sind jedoch nur in verschwindendem Umfange weltanschaulicher Natur. Zumeist werden fachliche Qualität und die administrative Erfahrung ins Treffen geführt, um die eigene Meinung zu begründen."

Und die war begründet. Tatsächlich haben die wiedergekehrten Sonderrichter, Gestapobeamten und SS-Führer sich als verläßliches ordnungspolitisches Korsett für Justiz, Polizei und Verfassungsschutz in dem von ihnen erwarteten Sinn bewährt. Ja, es macht unserem Staat heute schon zu schaffen, daß ihm die formende Kraft dieser bewährten nationalsozialistischen Hoheitsträger aus Pensionierungsgründen immer mehr verloren ging und sich beunruhigende Erscheinungen wie Republikanische Richterbünde, kritische Polizisten, und neuerdings vereinzelt sogar demokratische Verfassungsschützer breit machen.

Solange der nationalsozialistische Anteil an Regierung und Verwaltung unseres Staates noch bedeutend war, tat Elisabeth Noelle alles, um mit ihren Umfragen, diese staatstragenden Kräfte zu stützen. Als Bundeskanzler Kiesinger, der ordnungsgemäß von der NSDAP zur CDU übergewechselt war, 1967 in Anschluß an die Weimarer Mordaufrufe gegen „Erfüllungspolitiker" das Wort von der „Anerkennungspartei" prägte und auf Kritik stieß, sprang ihm die Professorin sofort mit demoskopischen Daten zur Seite, geschäftliche Erwägungen dabei nicht unterschlagend.

Noelle in Zusammenhang mit den Wahlerfolgen der NPD, die ihr, soweit bekannt, keinen Auftrag erteilt hatte: „In dieser Situation ist es für den Bestand unserer Demokratie, für das Verhindern einer Radikalisierung von erheblicher Bedeutung, daß die Regierungsspitze durch regelmäßige demoskopische Berichterstattung – wie sie durch Verträge des Bundespresseamtes mit mehreren Instituten seit vielen Jahren gesichert ist – über Spannungsbereiche informiert wird und sorgsam abwägt, wieviel der Bevölkerung zugemutet werden kann."

Da wußte sie als versierte Volkskörperexpertin genau Bescheid. Denn sie hatte im März 1966 ihre Versuchspersonen gefragt: „Sollten wir Ihrer Ansicht nach die Ostzone jetzt als selbständigen Staat anerkennen oder nicht?"

54% ihrer Volkskörper waren dagegen und nur 20 % dafür. Noelle: „So ist es zu verstehen, wenn Bundeskanzler Kiesinger in seiner Rede vor dem Bundesvorstand der CDU (9.Oktober 1967) – bei der das berühmte Wort von der ‚Anerkennungspartei' fiel – sagte, daß durch das Anerkennungsgerede ein falscher Eindruck von der Politik der Bundesregierung geweckt und – darum wird der Ausspruch hier zitiert – der Wille der überwiegenden Mehrheit des deutschen Volkes verfälscht werde."

Genau daran hinderten den Kanzler ihre 54prozentigen Volkskörperchen, die diesen Willen transportierten – Elisabeth Noelle-Neumann erwähnt ausdrücklich, daß Kiesinger sich aufgrund dieser Umfrageergebnisse zur Kennzeichnung der SPD als „Anerkennungspartei" entschloß, denn, so Noelle: „Man kann nicht beliebig viel Spannungsstoff sich ansammeln lassen, ohne daß eine Radikalisierung einsetzt, wenn man auch als Politiker, dem die Bevölkerung vertraut – und Kiesinger besitzt großes Vertrauenskapital –, darauf rechnen kann, daß die Bevölkerung relativ viel akzeptiert."

Kurz und unsachlich: Trotz allem Kapitalvertrauen ist Kiesinger aufgefordert, auch Rücksicht auf die Gefühle der Bevölkerung zu nehmen, wie sie durch die Deutsche Volkskörpergemeinschaft der Allensbacher Versuchspersonen dargestellt wird. Dazu soll er sich demagogisch aufplustern und im Stil der Weimarer Rechtsextremisten und der Nazis die Sozialdemokraten als „Anerkennungspartei" denunzieren.

Noelle: „In diesem Sinne sollte die Demoskopie der Pflege des Konsens zwischen Regierung und Regierten dienen – und, grundsätzlich gesagt, dazu beitragen, das schlechte Gewissen über die im Grunde schlechte politische Staatsform der Demokratie einer anderen und klareren Betrachtungsart weichen zu lassen."

An dieser Stelle, spätestens aber beim darauffolgenden Schlußsatz, bekam sie mit Sicherheit – es handelt sich um eine Rede Elisabeth Noelles, aber ich war nicht dabei – heftigen langanhaltenden Beifall wie schon mancher vor ihr. Denn mit den Nachteilen der politischen Staatsform der Demokratie war ihr Publikum wohlvertraut.

„Es ist nur logisch, daß die Demokratie, die im Innern eines Volkes den besonderen Wert des Einzelnen negiert und einen Gesamtwert, einen Zahlenwert an dessen Stelle setzt, im Völkerleben genauso verfährt... und in ihren Auswirkungen so weit führt, daß endlich ein Neger in den Sitzungen des Völkerbundes präsidieren kann... Denn dies ist nicht Volksherrschaft, sondern in Wirklichkeit Herrschaft der Dummheit, der Mittelmäßigkeit, der Halbheit, der Feigheit, der Schwäche, der Unzulänglichkeit. Es ist mehr Volksherrschaft, ein Volk auf allen Gebieten des Lebens von seinen fähigsten, dafür geborenen Einzelwesen regieren und leiten zu lassen, als alle Gebiete des Lebens von einer jeweils diesen Gebieten naturnotwendigerweise fremd gegenüberstehenden Majorität verwalten zu lassen. Damit aber wird die Demokratie praktisch zur Aufhebung der wirklichen Werte eines Volkes führen."

Diese Sätze schwebten – als genius loci – im Raum, als Elisabeth Noelle empfahl, mit Hilfe ihrer Demoskopie die Demagogie zu mobilisieren gegen die erfolgreiche Anerkennungspartei – die Sozialdemokraten hatten bei der letzten Wahl bedrohlich zugenommen – und gegen die somit offenbar gewordene schlechte politische Staatsform der Demokratie. Ihr Schlußwort: „Unsere Politiker" – sie benutzte vermutlich das Possessivpronomen als Unterscheidungsmerkmal von den anderen – „werden nach meinen Erfahrungen aus zwanzig Jahren Demoskopie erstaunt sein, mit was für einer vernünftigen Bevölkerung sie es im Grunde zu tun haben." Elisabeth Noelle-Neumann sprach – es ist mir peinlich, das niederzuschreiben, weil ich den Eindruck vermeiden möchte, dieser billige Einfall stamme von mir und nicht von ihr – vor dem Düsseldorfer Industrie-Club. Sie sprach genau 35 Jahre und neun Monate weniger einem Tag nachdem dort Adolf Hitler – er war der zitierte Genius – zur Beseitigung der Demokratie unter stürmischem und langanhaltendem Beifall gefordert hatte: „die Wiederherstellung eines gesunden, nationalen und schlagkräftigen Volkskörpers, unduldsam und unerbittlich gegen jeden, der die Lebensinteressen der Nation nicht anerkennt".[18]

Während die Industrie damals, am 27. Januar 1932 ihren „Nibelungenschatz", ihren Geheimfonds zur Bekämpfung des Bolschewismus, für Adolf Hitler öffnete, konnte Elisabeth Noelle bei ihrem Termin in Düsseldorf das Auftragsbuch weit aufschlagen.

Die – für eine Dame schamlos offene – Rede, die sie vor dem Industrie-Club am 26. Oktober 1967 hielt, wurde keineswegs geheimgehalten. Sie erschien sogar, 1968 im Verlag für Demoskopie[19], im Druck, doch außer mir, der ich mich jetzt damit beschäftigen mußte, liest sowas ja keiner.

Irgendwann zwischen dem Hitler-Termin und dem Noelle-Termin beim Industrie-Club, bekam letztere ein attraktives Angebot, von dem sie meines Wissens in der Öffentlichkeit nur ein einziges Mal erzählte. In dem schon erwähnten Fernsehgespräch mit der NDR-Mitarbeiterin Jutta Ehmke brach plötzlich in Elisabeth Noelle die Erinnerung durch an den Frühjahrstag 1942, an dem Dr. Josef Goebbels um ihre Hand anhielt – rein professionell natürlich und nicht auf zwischenmenschlichem Gebiet. Sie wurde ins Propagandaministerium bestellt. Dort eröffnete ihr der persönliche Pressereferent von Goebbels, Moritz Augustus von Schirmeister, der Minister wolle einen seiner drei Adjutanten an die Front schicken, er lasse fragen, ob sie nicht dessen Nachfolgerin werden wolle. Das war offensichtlich ehrliche Anerkennung für hervorragende Leistung. Noelle 1981 vor der Kamera: „Ich hatte ihn nie gesehen, das heißt, er kannte diese Dinge nur aus meiner Arbeit, aus dem *Reich*."

Doch innerhalb einer Woche wurde Elisabeth Noelle schwer krank: „Ich bekam erst Scharlach oder Diphterie und anschließend noch eine schwere Gelbsucht – ich war ungefähr fünf Monate hindurch krank."[20] Der Reichsvolksaufklärungsminister reagierte wie ein verschmähter Liebhaber, mit Zensur, wenn man ihr glauben darf, ja nahezu mit Berufsverbot.

Elisabeth Noelle hat etwas versäumt, was ihr schon früh einen Teil jener Machterfahrungen vermittelt hätte, die ihr zweifellos auf ihrer Allensbacher Kommandobrücke der öffentlichen Meinung wenige Jahre später zugewachsen sind. Wilfred von Oven, der an ihrer Stelle der neue Goebbels-Adjutant wurde und mit dem Minister wohnen, essen und arbeiten mußte, hat 1949 im argentinischen Exil eine gewiß leicht übertriebene, aber doch eindrucksvolle Schilderung dessen gegeben, was auch sie an ihrem ersten Arbeitstag als Goebbels-Adjutantin nach dem festen Händedruck mit dem Minister erwartet hätte:

„Wenige Minuten später sitze ich in dem Konferenzsaal, sozusagen auf der Kommandobrücke der deutschen öffentlichen Meinung. Bisher bin ich selber ein Rädchen der Propagandamaschine gewesen, die von hier aus gesteuert wird. Ich habe täglich die Weisungen erhalten, die von hier ausgehen, und habe sie als gehorsamer Soldat befolgt, wie sie auch alle meine Kollegen im zivilen Leben befolgen, ob sie nun Schriftleiter, Filmproduzenten, Rundfunksprecher, Theaterintendanten, Künstler oder Schriftsteller sind. Jetzt stehe ich gewissermaßen selbst neben dem Kapitän, höre, wie er seine Kommandos gibt, wie sie unten im Maschinenraum wiederholt werden: ,Alle Kraft voraus!' oder ,Stop' und erlebe, wie die öffentliche Meinung in Deutschland exakt wie eine Maschine darauf reagiert, wie alle Organe den befohlenen Kurs steuern und ein ganzes Volk, ja darüber hinaus ein großer Teil Europas mehr oder weniger so denkt und fühlt, wie es dieser kleine Mann dort oben an der Spitze des riesigen Konferenztisches für gut und richtig hält."[21]

Das alles versäumte Elisabeth Noelle, weil sie damals von der tückischen Krankheit gepackt wurde – oder in sie flüchtete? Goebbels' Adjutantin wurde sie nicht, ausgerechnet sie nicht, die – wie niemand sonst – gemeinsam mit dem Minister die reizvollsten Spiele am Volkskörper hätte treiben können. Mag er auch damals verstimmt gewesen sein, daß sie sich ihm entzog – vierzig Jahre später ruhte, das was von seinem Segen blieb, wieder über ihr. Wilfred von Oven („Mit Goebbels bis zum Ende") vermittelt ihn. Der Ex-Adjutant, der immer mal wieder für die alten und neuen Kämpfer der „Deutschen Volksunion" des Nationalzeitungs-Verlegers Gerhard Frey auf Vortragskampagnen durch die deutschen Lande tingelt, hatte an eben demselben 12. Juni 1981, da Inge Stolten auf dem Hamburger Parlament für Informationsfreiheit Elisabeth Noelle vorwarf, sie habe nichts aus der Vergangenheit gelernt, ihr etwas Schöneres zu sagen. Im DVU-Parteiorgan *Deutscher Anzeiger* rühmte der über den Tod hinaus getreue Adjutant und Kapitänslehrling die verhinderte Kameradin als „anerkannte Meisterin, ja eigentliche

Begründerin der deutschen Meinungsforschung." Ihre Veröffentlichungen hatten in dem Goebbels-Helfer aufwühlende Fragen geweckt
wie: „Sind diese wenigen hunderttausend Wähler, die praktisch darüber
bestimmen, ob unser Staat von einer marxistischen Minderheit dirigiert
werden darf oder nicht, wirklich mündige Bürger? Ist Volkes Stimme
wirklich Gottes Stimme?"
Der Goebbels-Adjutant sah – und da wußte er sich mit der „ungewöhn-
lich klugen Elisabeth Noelle-Neumann" einig – nur einen Ausweg: Daß
die schweigende Mehrheit „unserer Demokratie wieder einen Sinn geben
möge".[22]
Die Berufung an die Seite des Volksaufkärungsministers schon in so
jungen Jahren – Elisabeth Noelle war 25 – durfte als eine wohlverdiente
Anerkennung gelten, die sie durch ihren späteren Lebensweg voll recht-
fertigte. Beide Seiten hatten sehr klug entschieden. Goebbels, indem er
sich die ungewöhnlichen Volksaufklärungsfähigkeiten der Demoskopie-
Doktorandin, die sie ihm ja in ihrer Dissertation gewidmet hatte, zu
sichern suchte – ihre *Reich*-Artikel interessierten ihn sicherlich weniger,
auch wenn sie tatsächlich so antisemitisch dachte wie sie schrieb. Aber
auch Elisabeth Noelle, die sich schließlich – ihre Krankheit war mit
Sicherheit psychosomatisch bedingt – verweigerte und aufbewahrte für
kommende Zeiten. Gewiß, das „Berufsverbot"[23], von dem sie bei passen-
den Gelegenheiten gern spricht, hatte Schwierigkeiten sie zu ereilen.
Vom *Reich* wechselte sie zur *Frankfurter Zeitung,* und als die 1943
eingestellt wurde, zum *Frankfurter Illustrierten Blatt.* Das erschien 1944
nicht mehr – Elisabeth Noelle ging zum *Frankfurter Anzeiger,* und fand
sich schließlich bis zum Kriegsende bei *tele* wieder, einem propagandistisch hochwichtigen Zeitschriftenprojekt des Auswärtigen Amtes
(Seite 102). Mancher Lehrer, mancher Postbeamte heute wäre über ein
solches Berufsverbot glücklich.
Diese vielseitige propagandistische Tätigkeit störte nach 1945 nicht, wie
ihre guterhaltene Entnazifizierungsbestätigung belegt. Wichtig war damals
gemäß unserer Auffassung von einer freiheitlich-demokratischen
Grundordnung nur eines: eine direkte, erkennbare Beziehung zu den
drei anerkannten Ungeheuern des Nationalsozialismus, zu Hitler,
Himmler und Goebbels vermieden zu haben – wer das nachweisen
konnte, war zweifellos Demokrat, wie auch das 131er-Gesetz bestätigte.
Es war auch ein Glück für sie, daß sie sich nach 1945 vom Journalismus
abwandte. Sie besaß ohne Zweifel die richtigen, die nachgefragten
Ansichten – aber als Journalistin wäre es ihr schwer gefallen, sie so
vollendet auszudrücken, daß sie es zu Rang und Namen gebracht hätte.

Später, 1986, bekannte sie selbst einmal, daß sie ihren Beruf als Journalistin aufgegeben habe, um als Demoskopin „handfeste Arbeit"[24] zu machen. Das ist ihr gelungen. Auf der Kommandobrücke am Bodensee, auf der sie nach dem frühen Tod ihres ersten Mannes allein stand, konnte sie fast so unbeschwert dirigieren und lenken wie der kleine Doktor an seinem großen Konferenztisch im Berliner Ministerium. Denn es war nicht einfach ihre Meinung, die sie da verbreitete und am nächsten Tag in allen Blättern unserer schönen neuen Republik wiederfand, es war Volkes Stimme, die Stimme der schweigenden Mehrheit, die durch den Mund der Pythia vom Bodensee an die Öffentlichkeit drängte.

Wie diese Stimme fabriziert wurde, das kam nur selten zutage. Ein Versuchs-Unterleiter plauderte bei passender Gelegenheit eines der wohlgehüteten Fabrikationsgeheimnisse aus. Es war beim Wewelsflether Gespräch im Februar 1987. Thema: Wer macht Meinung? Björn Engholm, der spätere Ministerpräsident von Schleswig-Holstein begrüßte als einer der Gastgeber die Demoskopin und beschwor alte Zeiten: „Ich erinnere mich daran, daß ich in meiner ganz frühen Studentenzeit – ich weiß nicht, ob das Ihr Institut war, gnädige Frau – für 30 Mark je Stück Tiefeninterviews für die Einführung einer neuen Zigarettenmarke machte. Anfang der 60er Jahre waren 30 Mark eine Menge Geld, und wir haben uns damals mit einer kleinen Gruppe befreundeter Menschen entschieden, uns in das Zimmer einer Kneipe zu setzen und uns wechselseitig zu befragen, und wir haben klassische Tiefeninterviews gemacht, aber nicht etwa mit dem Bürger und der Bürgerin auf der Straße, sondern unter uns und wir haben anschließend das Geld redlich geteilt und vertrunken."

Elisabeth Noelle setzte an: „Dazu muß ich aber etwas sagen" – ließ es aber, als sie das Wort bekam, und erläuterte lieber ihre Wissenschaft, daß die CDU im Januar soviel Stimmen verloren hatte, weil die Leute an den Feiertagen zuviel fernsehen konnten und dadurch beeinflußt wurden ("Ich habe eineinhalb Jahre vorher gesagt, wenn die nächste Bundestagswahl gleich nach Weihnachten kommt, dann gnade Gott der CDU!").[25] Tiefer in die Produktionsgeheimnisse der Volksbeschauerin vom Bodensee läßt ein vertrauliches Schreiben blicken, das sie ein Jahr vor ebendieser Bundestagswahl als Institut für Demoskopie Allensbach, Gesellschaft zum Studium der öffentlichen Meinung mit beschränkter Haftung, einigen ausgesuchten Großunternehmen schickte. Betreff: „Forschungsprojekt: Mehr über die Arbeitslosen wissen."

Es war ein Projekt reiner Forschung und vorurteilsloser Wissenschaft, das sie der Großindustrie zur Finanzierung anbot. Alle Philosophie beginnt mit dem Staunen, hatte einst Plato erkannt und nicht anders war es Elisabeth Noelle ergangen: „Angesichts der Tragweite und der öffentlichen Aufmerksamkeit für das Thema ‚Arbeitslosigkeit' ist es erstaunlich, wie wenig in der Bundesrepublik Deutschland die Möglichkeiten der heutigen empirischen Sozialforschung, die Repräsentativumfragen genutzt werden, um die Situation sorgfältig zu untersuchen.“ Es war nämlich ein Umstand eingetreten, der die Arbeitslosigkeit gerade für die von ihr nicht Betroffenen erst so richtig drückend machte: „Jetzt, ein Jahr vor der Bundestagswahl 1987, besteht die Aussicht, daß Arbeitslosigkeit zu einem Schwerpunktthema des Wahlkampfes wird. Die Versachlichung der Behandlung des Themas ist am wirksamsten zu erreichen durch gut fundierte Informationen auf aktuellem Stand.“ Dieser Versachlichung diente die mit viel Forschungsgeld zu fundierende Information: „Es besteht gegenwärtig Übereinstimmung, daß ein rascher Abbau der heutigen Arbeitslosigkeit nicht möglich sein wird.“ Andere Forschungsmöglichkeiten waren allerdings offen: „Es besteht zugleich die Befürchtung, daß wir in die nächste wirtschaftliche Abschwungphase mit einem hohen Sockel von Arbeitslosen hineingehen.“ So gesehen half nur noch handfeste demoskopische Arbeit, damit der Wahlkampf nicht verlorenging, kurz: „Es geht dabei zunächst darum, das demagogische Potential der Arbeitslosigkeit zu entschärfen...“ Bisherige Maßnahmen zur Entschärfung – das sprach der Brief vom Bodensee offen aus – waren erfolglos. Noelle: „Wie groß der Mangel an Information zum Thema Arbeitslosigkeit“ sei, habe sich kürzlich bei einer Umfrage gezeigt: „Zwei Drittel der Bevölkerung bestreiten, daß der Anstieg der Arbeitslosigkeit nach dem Regierungswechsel 1982 abgeflacht ist, oder wußten keine Antwort.“ Sogar bei den bewährten Versuchspersonen von Allensbach haben sich zwei Drittel der Befragten nicht der streng wissenschaftlichen Einsicht gebeugt, daß der Anstieg der Arbeitslosigkeit nach der Wende auf weit über zwei Millionen unwesentlich war gegenüber der Erscheinung, daß die Zunahme im Laufe der Monate prozentual manchmal geringer wurde. Diese Leute mit dem beschränkten Arbeitnehmerverstand sahen immer nur, daß die Zahl der Arbeitslosen größer und nicht geringer wurde. Darüber aber wollte sich nun Elisabeth Noelle mit einem Bündel volksaufklärender Untersuchungen hinwegschwindeln, deren Ziel sie im Brief an die Unternehmer offen darlegte: „Die geplante Untersuchung soll den Block der Arbeitslosen segmentieren.“ Segment heißt Teilstück.

Zu deutsch: der große Block der Arbeitslosen sollte so lange zerteilt, zerhackt und zerschnippelt werden, bis nur noch leicht faßbare Einheiten übrigblieben, gegen die das Allensbacher Institut gleich ein umfassendes, aber hochdifferenziertes Diffamierungsangebot vorlegen konnte. Bevor nämlich die offerierte Untersuchung auch nur begonnen hatte, konnte Elisabeth Noelle – damit die Großindustriellen die Katze nicht im Sack kaufen mußten – bereits das richtige Forschungsergebnis vorlegen. Und so wurde in Allensbach segmentiert: Arbeitlos gemeldete Hausfrauen? Die suchen doch in Wirklichkeit keine Arbeit. Hier muß volksaufgeklärt werden, daß „die Zahlenoptik – ‚zwei Millionen Arbeitslose'- als politische Strategie den Gedanken nahegelegt hat, Frauen, die früher berufstätig waren, aufzufordern, sich auf dem Arbeitmarkt zurückzumelden, sich beim Arbeitsamt registrieren zu lassen". Also von politischen Agitatoren verführte Betrügerinnen, die unbedenklich aus der Arbeitslosenstatistik herausgekippt werden können.

Trotzdem Trost: „Die Hausfrauenrolle vermindert die psychologische Belastung der Arbeitslosigkeit für Frauen oder hebt sie sogar ganz auf."

Ein anderes Segment speziell bei Dauerarbeitslosen: die gesinnungsmäßig auffällig Hervorgetretenen. Dauerarbeitslose sind extremistisch, protestantisch, atheistisch und treiben sich nachts herum. Dasselbe im ausformulierten Angebot von Frau Noelle an die Großindustrie: „Aus der Allensbacher Extremisten-Studie ist bekannt, daß Instabilität in der Schule, im häuslichen Verhalten, (über Nacht wegbleiben) und häufiger Arbeitswechsel unmittelbar in den Jahren nach Verlassen der Schule eng verbunden sind mit rechts- oder linksextremistischen Einstellungen … Die Bedeutung weltanschaulicher Faktoren zeigt sich unter anderem darin, daß nach Allensbacher Erhebungen Katholiken sehr viel weniger arbeitslos sind als Protestanten und die höchste Arbeitslosenquote findet man bei Personen ohne Konfession."

Als demoskopisch besonders leicht zu bewältigendes Segment unter den Arbeitslosen erwiesen sich für das Allensbach-Angebot die „freiwillig Arbeitslosen". Elisabeth Noelle gab ihre Zahl mit 700.000 an, fast ein Drittel. Es sind: „Alkoholiker, Drogensüchtige, jugendliche Sektenmitglieder" und sonstige Personen, die „nicht einsatzfähig sind".

Nicht zu vergessen, daß auch bei der nichtsegmentierten Gesamtzahl der Arbeitslosen höchst unerfreuliche Erscheinungen von Konsumpflichtverweigerungen festgestellt werden mußten: „Sie sind auch weniger an Haus- und Bodenbesitz interessiert und durch Haus- und Bodenbesitz gebunden". Obwohl dies doch eine durchaus erwägenswerte Alternative zum Leben eines Arbeitslosen wäre.

So war das Forschungsprogramm abgesteckt, und das Ergebnis lag schon vor, bevor es begonnen hatte: Wer nicht an Gott glaubt und sich kein Haus kauft, darf sich nicht wundern, wenn er arbeitslos ist – der Rest ist drogensüchtig, ständig betrunken oder Mitglied einer Sekte. Und damit war eigentlich auch schon alles ausgeforscht, was in den Führungsetagen der Großindustrie interessieren konnte. Aber noch nicht honoriert. Und deshalb bat Prof.Dr. E. Noelle-Neumann – von der Universität Mainz hat sie den Professorentitel, den sie trotz solcher wissenschaftlicher Sonderangebote bedenkenlos trägt – ihre Kunden: „Wir schlagen vom Allensbacher Institut aus vor, dieses Forschungsprojekt durchzuführen, weil die Erkenntnisse der Untersuchung auch verhindern sollen, daß das Thema im zweiten Halbjahr 1986 in der Wahlkampfagitation den Zündstoff liefert".[26]

Und natürlich fand Elisabeth Noelle, wie sie mir im August 1986 am Telefon mitteilte, eine Reihe von Verbänden und Großunternehmen die für ihr Arbeitslosendiffamierungsprojekt zahlten. Namen wollte sie nicht nennen.[27]

Aber sie hatte mir – ich rief sie für die Gewerkschaftszeitung *Metall* an – eine überraschende Mitteilung zu machen. „Wußten Sie eigentlich", so fragte sie mich durchs Telefon, „daß Arbeitslose unglücklicher sind als andere Menschen?"

Als sie dann die durchgeführte Untersuchung Anfang November 1986 der Öffentlichkeit vorstellte, war es ihr doch noch gelungen, den wissenschaftlichen Nachweis für eine überraschende Entdeckung zu führen. Vier Prozent der Dauerarbeitslosen bezogen auch noch nach 25 und mehr Monaten Arbeitslosengeld. Demoskopisch hochinteressant – nur, da mußte wohl ein Engholm gezählt haben. Denn in der Realität und nach dem Gesetz gibt es Arbeitslosengeld nur bis zum 24.Monat.

Schon damals ging die Bundesregierung überraschend auf Distanz. Während Frau Noelle aufgrund ihrer Wissenschaft in Bonn verkündete, daß „59 Prozent der Arbeitslosen keine Bereitschaft zeigen, einen Job anzunehmen, der ihnen keinen Spaß macht", distanzierte sich der Parlamentarische Staatssekretär im Bundesarbeitsministerium Wolfgang Vogt mit einer Sinus-Studie, nach der 86 Prozent der Arbeitslosen sich ernsthaft um Arbeit bemühen.[28]

Das war krasser Undank gegenüber einer Frau, die sich stets ehrlich bemühte. Denn sie hatte nicht nur ihren demoskopischen Wahlkampfbeitrag vorher mit Helmut Kohl abgesprochen ("– aber er hat keinen Einfluß darauf genommen", versicherte sie mir). Sie hatte sich von Anfang an fest und dauerhaft auf den Boden jener freiheitlich-demokratischen Grundordnung gestellt, wie sie so hervorragend durch die Regierungen Adenauer, Erhard, Kiesinger und Kohl verköpert wurde.

Sie hat, wie sie gern bekennt, in den entscheidenden Jahren die öffentliche Meinung der Bundesrepublik mit Suggestivumfragen in die richtige Form getrimmt: „Die Frage: ‚Wenn Sie sich entscheiden müßten: was ist Ihnen zunächst wichtiger – Sicherheit vor den Russen oder die Einheit Deutschlands?' wurde zwischen 1952 und 1959 fast unverändert beantwortet, eine klare Mehrheit der Bevölkerung gab der Sicherheit den Vorzug ... ").

Und sie hat sich immer energisch gegen das gewehrt, was sie „die Legendenbildung der ‚verpaßten Chancen zur Wiedervereinigung Anfang der fünfziger Jahre'" nennt.

Daß es sich nur um eine Legende handeln kann, beweist sie in einem wahrhaft demiurgischen Akt, der einen völlig glaubwürdigen Einblick in den Produktionsprozeß der öffentlichen Meinung in der Bundesrepublik bietet. Noelle: „Der Begriff ‚Legende' wird hier legitimiert durch eine Beobachtung, die sich strikt an das demoskopische Material hält: in der Zeitspanne zwischen 1952 und 1954, um die es sich handelt, finden wir im Allensbacher Archiv bei aller Breite, mit der die zeitgeschichtlichen Themen abgedeckt werden, keine Frage, ob eine Chance zur Wiedervereinigung aufgrund sowjetischer Neutralisierungsangebote ungenutzt von Adenauer vertan wurde."

Was nicht in ihrem Archiv steckt, was von ihren Versuchsleitern nicht in ihre Versuchspersonen hineingefragt wurde, durfte also nie gedacht gewesen sein, welch bessere Bestätigung gäbe es für die einst gemeinsam mit Dr. Goebbels geforderte willensmäßige Beeinflussung des Volkskörpers.

Sie legt sogar ein Reuebekenntnis ab, weil ihr Institut im Juni 1970 bei einer Umfrage neben der Zustimmung zu gesinnungsmäßig einwandfreien Ansichten („Wir wären Verräter am Selbstbestimmungsrecht des deutschen Volkes, wenn wir die DDR-Regierung anerkennen, solange sie die Bevölkerung unter Druck hält und freie Wahlen verbietet") auch undogmatische Meinungen als zustimmungsfähig anbot.

Elisabeth Noelle-Neumann über das Verhalten ihrer Leute 1970: „Aber nun, im Jahre des Aufbruchs zur ‚Ostpolitik', wird die Anklage pauschaler formuliert und so fast von der Hälfte der Bevölkerung (45%) voll unterstützt: ‚20 Jahre ist nichts getan worden, um zu einer Entspannung mit dem Osten zu kommen. Es wurde Zeit, daß etwas geschieht.'"

Für sie war es ein Zusammenbruch ihrer Welt, den sie laut beklagt: „Wie ausgelöscht war die Erinnerung an das Sicherheitsbedürfnis gegenüber dem Osten, das die Bevölkerung seit Kriegsende motiviert hatte. Mehr als 20 Jahre hindurch fühlte sich die Mehrheit der Bevölkerung durch die Sowjetunion bedroht, plötzlich, zum erstenmal gemessen im September 1969, war dies wie durch Zauber aufgehoben." Ein böser Zauber – auf die Frage: „Haben Sie das Gefühl, daß wir durch Rußland bedroht oder nicht bedroht sind?" antworteten 33%: „Bedroht", 55% „Nicht bedroht".

Die „Bevölkerung" – der „Volkskörper" also – war von einem „fiebrigen, auf Veränderung drängenden Meinungsklima" befallen. Eine geheime Infektion. Denn: „ohne erkennbare äußere Zeichen verwandelte sich bis zur Mitte der siebziger Jahre das Selbstbewußtsein der Westdeutschen gegenüber dem Osten in ein Gefühl der Schwäche." Mitte der siebziger Jahre war ein „Austausch der Positionen im großen ganzen abgeschlossen", den sie nur noch mit Mitteln der „modernen Revolutionsforschung" betrachten mochte: „Nicht mehr Amerika, sondern Rußland wird als mächtigster Staat der Zukunft gesehen, nicht der Westen, sondern der Osten ist militärisch überlegen, die westliche Lebensform gegen den Kommunismus zu verteidigen wird zweitrangig, als Hauptsache erscheint jetzt, den Krieg zu vermeiden" – ein offensichtlich ungesundes Verlangen.[29]

Spätestens als Gorbatschow im Juni 1989 Bonn besuchte, als in der Bundesrepublik der „Gorbasmus" – so der frühere Regierungssprecher Günter Diehl – ausbrach und der Russe, der nach 35 Jahren bundesdeutscher Verteidigung endlich gekommen war, in Umfragen anderer Institute die höchsten Beliebtheitswerte aller Politiker erreichte, da war das Lebenswerk der Volksbeschauerin vom Bodensee zusammengebrochen. Der Volkskörper, den sie einst Goebbels angeboten hatte, und mit dem sie in der Vergangenheit, so jedenfalls schien es, alles machen konnte, was sie wollte, hatte ihr mit nicht überbietbarer Drastik den Rücken gekehrt.

4. Das Geheimnis der letzten Kriegsstunde –
Hitlers Wunderwaffe: Joachim Fernau

1945, kurz bevor es zu Ende ging, ließ Goebbels den SS-Kriegsberichter Joachim Fernau in sein Ministerium mitten zwischen den rauchenden Trümmern von Berlin rufen. Der Propagandaminister: Wir müssen jetzt an die Zukunft denken. Wir müssen während der jetzt einbrechenden Jahre der Schmach die Erinnerung an Deutschlands Größe wachhalten. Und dabei habe ich an Sie gedacht, SS-Berichter Fernau. Sie werden ein Geschichtsbuch schreiben, das den Nationalsozialismus aus der Entwicklung der deutschen Geschichte rechtfertigt.

Fernau: Zu Befehl, Reichspropagandaminister, nur ich bin kein Historiker, ich habe keine Ahnung von Geschichte.

Goebbels: Macht nichts, Fernau. Sie sollen sich auch gar nicht groß anstrengen. Hauptsache, die Gesinnung ist richtig.

Fernau: Zu Befehl, Reichspropagandaminister, die Gesinnung bleibt richtig.

So stand es im April 1966 im Satireorgan *Pardon*. So stellte sich Kleinfritzchen die Geschichte vor. Kleinfritzchen war ich.

Ich hatte schlecht recherchiert. Aber nicht ganz so schlecht kombiniert, doch kräftig untertrieben.

Aber schließlich war ich am 30. August 1944 erst neun Jahre alt und las noch keinen *Völkischen Beobachter*. Peter Wapnewski aber war schon 21 und Angehöriger der – auch das gab es – Genesenden-Kompanie Panzer-Ers.Abt.4 in Wien. Und er hatte an diesem Tag den *Völkischen Beobachter* gelesen, doch davon später mehr.

1952 – die letzten verurteilten SS-Offiziere hatte man gerade gehängt, die ersten bereiteten sich auf eine Wiederverwendung in der in Planung begriffenen neuen deutschen Wehrmacht vor – 1952 schrieb der SS-Kriegsberichterstatter Joachim Fernau, der so zu einem der erfolgreichsten Bestseller-Autoren der bundesdeutschen Republik aufstieg: „Hitler glaubte noch in letzter Minute, eine völlige Umstellung der Waffen und Kriegführung herbeiführen zu können. Deutschland war im Besitz phantastischer Erfindungen, die sehr wohl imstande schienen, eine vollständige Wendung zu bringen. Die heutigen modernen Waffen der Sieger beruhen darauf. Aber die Zeit reichte bei weitem nicht mehr aus."[1]

Den Beweis für den sicheren Sieg, wenn die Zeit gereicht hätte, hatte der ehemalige SS-Kriegsberichterstatter – und das wußte ich 1966 nicht – seit acht Jahren in der Tasche. Er stammte von ihm selbst und hieß: „Das Geheimnis der letzten Kriegsphase", stand am 30. August 1944 im Kampfblatt der nationalsozialistischen Bewegung Großdeutschlands *Völkischer Beobachter* und lief so: „Diese Zeit, die wir jetzt, unmittelbar jetzt, durchmachen, ist das Dramatischste, was die moderne Weltgeschichte jemals erleben kann. Spätere Zeiten werden einmal klar und deutlich sehen, daß es auf Millimeter und Sekunden ankam und daß es auszurechnen gewesen sein mußte, warum Deutschland siegte."

Das wird er – wie wir noch sehen – auch acht Jahre später mit der exakten Formel 1762 = 1945 einwandfrei aufgrund der historischen Gesetzlichkeit beweisen. Damals, im August 1944, ließ er keinen Zweifel, daß die Lage verzweifelt und eben darum der Sieg sicher ist: *Es ist ein phantastischer Gedanke, sich vorzustellen, daß es so sicher ist, denn im Augenblick sieht die Welt für uns ja ganz anders aus. Charkow fiel, Stalino, Dnjepropetrowsk, Uman, Smolensk, Plekau, Witebsk fielen, die Sowjets kommen immer näher. Kiew ist gefallen, Lemberg ist gefallen, sie stehen vor Warschau, vor Krakau, vor Ostpreußen, Divisionen werden ihnen entgegengeworfen und müssen zurück, ununterbrochen zurück, Regimenter gehen zugrunde, unendliches Material versinkt in russischem Schlamm, Flieger fehlen oder Artillerie oder Panzer, irgendetwas muß sie doch endlich zum Stehen bringen. Aber der nächste Tag bringt auch nichts. Langsam aber ständig kommen die Sowjets heran. In Italien bricht das Nettuno-Geschwür auf, Rom fällt, die Engländer marschieren, marschieren, marschieren, ziehen ihre wahnsinnigen Mengen von Artillerie und Fliegern nach und stehen nun in Florenz. Am 6. Juni beginnt die Invasion mit einem wütenden Inferno von Bomben und Granaten, die Engländer und Amerikaner fressen sich fest in der Normandie, die Gegenstöße scheitern. Und ohne Unterbrechung rollt die englische Bomberwaffe über Deutschland und zerschlägt unsere Städte. So sieht der Juni und der Juli aus. Mit diesen kalten Worten muß es einmal gesagt werden, denn das ist die Wahrheit und das ist die Ehre unserer Soldaten.*

Gewiß, schon Goebbels hatte seit Stalingrad immer wieder einmal den Ernst der Lage beschworen, um die letzte Anstrengung aus seinem Volk herauszuholen. Das gehörte zu seiner Art von Volksaufklärung, war aber auch sein Privileg. Wenn jetzt ein anderer so schwarz malte – im allerhöchsten Nazi-Organ! – dann nie aus eigenem Entschluß, dafür sorgten schon die Kontrollinstanzen für PK-Berichte, die alles Ungeeignete aussonderten, bevor es überhaupt die Redaktionen erreichte. Dieser

Artikel mußte mit Goebbels abgesprochen, ja von ihm veranlaßt sein, sonst wäre er so nicht möglich gewesen – oder er hätte noch am selben Tag seinem Autor den Tod an der Laterne gebracht, der für alle Defätisten vorgesehen war. Denn so düster hatte noch keiner die ausweglose Situation Nazideutschlands geschildert – das war Götterdämmerung. Und war nur möglich, nur erlaubt, weil der Autor zugleich als der reitende Bote auftrat, der in der letzten Verzweiflung vor dem unausweichlichen Ende doch noch die Gnade des Schicksals brachte. Fernau:

Es ist ein schreckliches Gemälde. Aber dieses Bild ist falsch.

Und jetzt, mit dem Glaubensanspruch dessen, der nichts beschönigt, der schonungslos die ganze bittere Wahrheit so offen ausgesprochen hat, wie keiner vor ihm, reißt er den Vorhang auf zur Zukunft, zur Rettung:

In einem halben Jahr wird es ohnehin jeder wissen. Dann wird es ein Gefühl sein, als wenn nach einer tosenden, lärmerfüllten, dunklen Gewitternacht am nächsten Morgen ein Tag anbricht, ganz still, ganz klar, alles ganz einfach, alles nichts Furchteinjagendes mehr, nichts Bedrohliches. Die ganze vergangene Nacht ist einem dann fast unverständlich. Ich schreibe den Aufsatz an der Front der Normandie und bin selbst Soldat.

Nichts sei ihm fremd. Nicht die Bombenangriffe auf unsere Städte in Deutschland. Nicht die Sorge um Frau, Krankheit und Not. Und doch sei ihm etwas Seltsames geschehen, es müssen – das wird aus jedem seiner Worte klar – übermächtige Visionen gewesen sein:

Seit mir diese Gedankengänge klar geworden sind, und seit ich sie auf Schritt und Tritt bestätigt finde, hat der Kampf und haben alle Meldungen aus dem Osten nichts von ihrer Schwere, aber ihren ganzen Schrecken verloren.

SS-Kriegsberichterstatter Fernau kann das einwandfrei beweisen, mit einem Argument, das sich jedem erschließt:

Schon als wir vor einem Jahr das riesige russische Land Stück für Stück zu verlieren begannen, befanden wir uns im Irrtum, wenn wir darüber erschraken. Wir waren in der Lage eines Menschen, der hinter einer Glastür steht und drei Skatspielern zusieht, ohne etwas zu hören. Er betrachtet die Karten des Spielenden, typische Grandkarten, und beginnt zu erschrecken, als er sieht, wie ein Junge nach dem anderen verloren geht. Er erschrickt zutiefst. Dann ist das Spiel aus und er sieht mit Staunen, daß die zwei anderen dem Spielenden gratulieren. Was er nämlich nicht wußte war, daß gar nicht Grand gespielt wurde. Dies ist die in Wahrheit sehr einfache Erklärung für die Wichtigkeit oder

Unwichtigkeit all unserer Landverluste. Nur muß man dazu vorher das nötige Land gehabt haben. Und das hatten wir. Dies war der Sinn der vergangenen Jahre, ohne Zweifel.

Dieses Skatspiel Zweiter Weltkrieg war von Anfang an sorgfältig und mit überlegener Spieler-Taktik ausgereizt, aber – und das ist das besondere Raffinement dieses Durchhalteartikels – nicht einmal der Führer konnte letztlich in dem ihm aufgezwungenen Krieg alle Entwicklungen überschauen. Denn man muß sich einmal folgendes überlegen: 1939 beginnen England und – da ist Fernau großzügig – die USA den Krieg, in einem Jahr, das denkbar ungünstig für sie war; denn „beide Staaten sind noch nicht fertig". Sie müssen also eine frühe Entscheidung vermeiden, und auf die Erschöpfung Deutschlands hinarbeiten.

Der Führer hat das genau gewußt. Er hat versucht, diesen Plan zu durchkreuzen, die ganzen von England zu diesem Zweck vorgeschobenen Länder schnell zu besiegen und eine strategische Entscheidung 1940 zu erzwingen. Wir waren sehr nahe am Sieg, doch – ja der Führer täuschte sich:

Aber es mißlang, weil die Sowjetunion die beispiellose Tat beging, sich mit dem Kapitalismus zu verbünden und in den Krieg einzutreten. England atmete auf.

Und Fernau beläßt es nicht dabei, daß die Sowjetunion 1941 durch ihren Überfall auf Deutschland Hitler den Dolchstoß versetzte, er wischt auch brutal die Parole von damals hinweg, daß der Bolschewismus in drei Monaten[2] besiegt sei:

Durch eine strategische Tat, durch eine Schlacht war die Sowjetunion nicht zu bezwingen, der Krieg zog sich hin, die Zeit verging. England und USA rüsteten, wir aber hingegen waren blutig beschäftigt.

Das waren wir. Doch jetzt ist der Krieg kein Skatspiel mehr, er ist ein Autorennen, Fernau kann die Situation nur mit diesem „Beispiel aus dem Alltag" erklären:

Zwei Autos fahren auf ein gemeinsames Ziel zu. Es ist ungewiß, ob sie mit ihrem Benzin auskommen, ohne sich mit Tanken noch einmal aufhalten zu müssen. Der eine wählt den kürzesten, aber schwersten Weg und ist überzeugt, daß sein Sprit ausreicht. Aber er schafft die Steigung des Weges nicht und muß nun auf die große Straße zurück. Der andere war bereits zu Anfang zurückgeblieben, weil er schon nach dem ersten Drittel vorsätzlich tankte. Jetzt fahren sie auf gleicher Höhe – nur mit dem Unterschied, daß der eine, England, bereits neu getankt hat. Er ist jetzt absolut zuversichtlich.

Das war die Situation 1943. Die Engländer und Amerikaner hielten praktisch die Hände im Schoß und ließen den Krieg laufen. Sie errangen die See- und Luftüberlegenheit, zerschlugen Deutschland langsam, aber sicher und hielten sich vom Kriegsschauplatz fern. Mit dieser Ruhe hätten sie den Krieg nun bis zum Ende abwarten können. Es geschah jedoch etwas ganz Merkwürdiges.

1944 begann ein ungeheurer Ansturm gegen Deutschland. Kein Mensch zweifelte daran, daß dies äußerster Kraftüberschuß sei. Die Engländer kamen nicht mehr mit hundert Bombern, sondern mit Tausend... Sie machten am 6. Juli [gemeint Juni] Generalinvasion. Im Osten griff Stalin mit allen Reserven an. Es war imponierend für die Welt.

Doch in Wirklichkeit war dieser Ansturm nur ein letztes verzweifeltes Aufzucken. Denn Churchill wußte längst Bescheid, was ihm drohte. Sein Innenminister Morrison habe, so zitiert Fernau, auf die Frage, was mit Deutschland los sei, geantwortet: „Ich weiß von furchtbaren Dingen." Fernau interpretiert dieses wahre Wort so:

Der riesenhafte Ansturm 1944 ist nicht Kraftüberschuß, sondern höchste Not und panische Angst, wie wenn ein Autofahrer merkt, daß das Ziel doch weiter entfernt ist, als er glaubte, und daß das Benzin vielleicht nicht mehr reicht. In dieser Psychose pflegen alle Autofahrer sinnlos und fürchterlich auf den Gashebel zu treten. Es ist nämlich, um bei diesem Beispiel zu bleiben, nun so gekommen, daß die beiden Autos nicht mehr nebeneinanderfahren, sondern das eine, Deutschland, ist, weit zurückliegend, wieder von der Straße abgebogen. Wir selbst glaubten, daß es wieder versuchen wollte, einen kürzeren Weg zu finden. In Wahrheit entschloß es sich, unmittelbar vor Schluß noch zu tanken. Churchill erfuhr das sehr früh, schon vor zwei Jahren. Für ihn selbst war der Vorsprung nicht groß genug, dasselbe noch einmal zu tun. Es kam nun alles darauf an, daß sein Wagen mit dem Sprit, das heißt innerhalb der zweiten Kriegsphase noch ans Ziel kam. Das ist das Geheimnis, das Churchill kennt. Das Beispiel aus dem Alltag erklärt es haargenau.

Und die Zahlen beweisen es. Fernau kann sich 1944 sehr gut erinnern, daß die „Terroristen in Frankreich" im vergangenen Jahr Zeichen an die Wände schrieben: „1943 = 1918" – 1943 sollte das Jahr der deutschen Niederlage sein. Jetzt, 1944, weiß er, das war keine Propagandatheorie, das war Churchills Programm, 1943 mußte ihm den Sieg bringen, sonst reichte sein Sprit nicht mehr bis zum Ende. Der deutsche Wagen dagegen hatte aufgetankt – mit Wunderwaffen. Fernau:

Churchill kann nämlich rechnen! Er kannte Termine, die nicht einmal wir selbst kannten und heute noch nicht kennen. Wir fanden bei einem

Gefangenen eine einige Jahre alte englische Zeitschrift, in der die V1 abgebildet war, falsch aber immerhin ungefähr. Als ich das sah, war mir alles klar, es beweist:

1. *Churchill hat von den kommenden Waffen frühzeitig gewußt.*
2. *Er hat den Bau nicht verhindern können.*
3. *Er hat sie nicht vor uns konstruieren können.*
4. *Er hat keine Abwehr gefunden.*
5. *Er wußte damit, daß es einen Termin geben würde, an dem eine dritte Kriegsphase beginnt und an dem nun Deutschland genau wie er im Jahre 1942, den Krieg noch einmal von vorne anfangen würde. Und in dieser Phase würde dann Deutschland oben sein.*

Da schon damals die Deutschen geistig im ADAC steckten, konnte man ihnen mit dem Autobeispiel auch in aussichtsloser Lage den Glauben an den Endsieg wieder beibringen. Fernau, der zu Beginn seines Artikels wahrheitsgemäß das Ende schildert, das Deutschland bevorstand, konnte jetzt zur reinen Durchhalteprosa vorstoßen: *Wir haben in diesem Kriege noch nie in einer kritischen Lage aufgegeben. Wir werden den letzten Preis, den wir noch zu bezahlen haben, eben bezahlen. Mit allen Mitteln und mit allen Kräften. Der Sieg ist wirklich ganz nahe.* [3]

Fernaus Artikel, der in vielen Zeitungen nachgedruckt wurde, machte die Leute besoffen, er wirkte als Fanal, bei Nazis und Nichtnazis. Am 2.September schreibt Hans-Georg von Studnitz, Journalist und Propaganda-Mann im Auswärtigen Amt, in sein Tagebuch: „Aufsehen erregt der Artikel eines SS-Kriegsberichters in der *Börsenzeitung* ... unter der Überschrift ‚Geheimnis des Endkampfes‘." [4]

Zwei Tage später, am 5.September 1944, notiert die Berliner Journalistin Ursula von Kardorff in ihrem Tagebuch: „Brüssel und Antwerpen sind gefallen. Wenn es in diesem Tempo weitergeht, wäre jedenfalls das Ende mit Schrecken bald da und der Schrecken ohne Ende hörte auf, um eine dieser entmutigenden Redensarten zu gebrauchen, die in aller Munde sind. Ein Zeitungsartikel von einem PK-Mann, Fernau, hat größtes Aufsehen erregt; er schreibt von einer Wunderwaffe, als sei die Entscheidung schon gefallen und Churchill müßte darauf gefaßt sein, mit der ganzen Insel in die Luft gesprengt zu werden. Durch solche Artikel wird das Volk immer wieder zum Durchhalten hochgepeitscht." [5]

Eine Woche danach schickte der Filmproduzent Ludwig Metzger mit den besten Grüßen und Heil Hitler dem sehr verehrten Herrn Ministerialrat Hans Fritzsche vom Propagandaministerium einen Antwortbrief über das, was not tut, um in dieser schweren Zeit, „die Moral und den

Glauben an unseren Endsieg zu stärken." Er nannte Beispiele: „So wurde mir der Satz von Dr. Goebbels, er ‚habe eine Waffe gesehen, bei deren Anblick sein Herz nicht nur höher schlug, sondern für Momente still stand' von mindestens einem Dutzend meiner Bekannten erzählt . . . Auch Ihre Formulierung, daß ‚die V1 nur die erste Umdrehung einer Schraube sei, die mit dem weiteren Verlauf des Krieges immer kräftiger angezogen werden würde', war überall im Umlauf. Und geradezu eine Sensation war der Artikel von Fernau in der Nachtausgabe. Er wanderte von Hand zu Hand, und hier wurde er sogar den höheren Klassen in der Schule vorgelesen."[6]

Im Februar 1945 erlebt der PK-Berichterstatter Georg Schmidt-Scheeder, selbst fanatisch genug, 1945 nach seinem verlorengegangenen Heerhaufen, dem Stab der 6. Armee zu suchen, wie der Fernau-Artikel noch immer – ein halbes Jahr nach seinem Erscheinen – an der Front wirkt. Nach einem mißlungenen Angriff von SS-Grenadieren gegen sowjetische Panzer liegt der PK-Mann eingekesselt mit Verwundeten im Graben. Sie ahnen, daß ihr Kampf verloren ist, wollen es sich aber nicht eingestehen. Es wäre ein Verbrechen, stöhnt einer, diesen Krieg auch nur noch einen einzigen Tag weiterzuführen, wenn wir nicht noch eine entscheidende Waffe hätten. Hitler habe von Professor Hahn eine Bombe, er habe etwas gehört von Atom und Kernspaltung. Der Führer zögere nur noch.
Ein Obergefreiter skeptisch: „Und woher weißt du das so genau? Das mit der Bombe?"
Da mischt sich ein SS-Mannn ein: „Du liest wohl auch keinen *Völkischen Beobachter*? Schon im letzten Sommer hat's dringestanden, ich hab's mir genau gemerkt: daß wir bloß noch ein halbes Jahr durchzuhalten brauchten, dann wär's soweit, – – und das halbe Jahr ist jetzt um . . . Du, den Bericht hat ein Kollege von dir geschrieben – aber einer, der mehr weiß als du, – ein Kriegsberichter von der SS."[7]
Und der Germanistik-Ordinarius Peter Wapnewski erinnerte sich noch 23 Jahre danach in der *Zeit*, wie damals in seiner Genesenden-Kompanie der „schändlichste Durchhalteartikel dieses Krieges" wirkte: „Der wurde inbrünstig gelesen und wieder gelesen, und ging von Hand zu Hand, und den Briefen an die Soldaten war er beigefügt, und ein jeder sprach davon. Er wirkte, wie Dinge nur in finalen Stadien sich ausbreiten können, wenn die Ordnung des Verstandes außer sich ist, weil das Geschehen über alles Verstehen hinaus geht . . . Dann wird das Volk, zerstört durch Schuld und Not, wider alles Wissen, und wider jegliche Vernunft sich der Beschwörung des Gesundbeters anheimgeben."[8]

Der Gesundbeter, der vielen Tausenden, die endlich verzweifelt waren, zu neuem Übermut verhalf, und damit vielen von ihnen – und den anderen, ihren Opfern – zum Tod, er blieb selbst lebenslänglich unheilbar gesund.

Joachim Fernau reagierte 1967 auf die Vorwürfe Wapnewskis mit einem Leserbrief an die *Zeit* : „Ich habe nie gehetzt und nie ein verherrlichendes Wort über den Nationalsozialismus, nie ein Wort gegen das geschrieben, ich habe überhaupt nicht freiwillig geschrieben, sondern in meiner Pflicht als Kriegsberichter."

Und dann verlangte er Dank von Peter Wapnewski, weil er ihm mutmaßlich das Leben gerettet haben könnte. Der Artikel sei nämlich ursprünglich, so behauptete er, als Rede in französicher Sprache über Radio Paris gesendet worden: „Der Sinn der französischen Sendung war, bei den Partisanen den Glauben an eine etwa schon gefallene Kriegsentscheidung und den Glauben an den Erfolg ihres Terrors zu erschüttern. Das gelang schlagartig und hielt, wie Sie in Akten sicherlich nachlesen können, wochenlang an. In jener Zeit hätten auch Sie durch das Partisanengebiet fahren können, ohne aus dem Fenster eines Bäckerladens hinterrücks erschossen zu werden."

Schlußbemerkung Fernaus an Wapnewski: „Und nun möchte ich Sie um den geringen Anstand bitten, mich in Ruhe zu lassen. Deutschland gehört Ihnen nicht allein."[9]

Deutschland gehörte Fernau. „Deutschland, Deutschland über alles . . . ", sein 1952 erschienenes Hauptwerk, erreichte 1967 in zehnter Auflage einen Verkauf von 74.000 Exemplaren, blieb bis heute, 37 Jahre nach der ersten Auflage, im Angebot, und es ist das Testament des Dr. Josef Goebbels. Sieben Jahre vor der Erstauflage, am 12.April 1945, sah der Volksaufklärungsminister den Endsieg zum Greifen nahe – Roosevelt war gestorben.

„Mein Führer", rief Goebbels aufgeregt ins Telefon und sein Adjutant Rudolf Semler war Zeuge, „ich gratuliere Ihnen, das Schicksal hat Ihren größten Feind zu Boden geschlagen. Gott hat uns nicht verlassen. Ein Wunder ist geschehen." Hitler sagte etwas, was Semler nicht verstehen konnte. Darauf Goebbels: „Das ist wie der Tod der Kaiserin Elisabeth im Siebenjährigen Krieg."

Doch Goebbels war im April 1945 ein schlechter Goebbels. Schon am Abend des beglückenden Todestages war angesichts der Meldungen von der heranrückenden Front sein schöner Mut wieder gesunken: „Vielleicht hielt uns das Schicksal nur zum Narren und zeigt sich wieder von seiner grausamen Seite."[10]

Fernau war der bessere Goebbels. Er schrieb 1952 über den preußischen Friedrich II. und seinen siebenjährigen Krieg im Jahre 1761, und meinte zwischen den Zeilen in der nach dem Zusammenbruch gebotenen Vorsicht einen anderen im Jahre 1945: „Immer noch ist der Krieg nicht beendet. Was Friedrich aufrechterhielt, weiß der liebe Gott. In diesem Stadium tat er nicht mehr und nicht weniger als das, was im Jahre 1945 in Nürnberg verbrecherisch genannt wurde: Er wollte es nicht glauben, er konnte es nicht fassen und war entschlossen, bis zur Selbstvernichtung seines Volkes zu kämpfen. Ja, so war das damals."

Recht hatte Friedrich und recht hatte nach dem so entdeckten, wenn auch unerklärlichen Gesetz der Geschichte vom Nichtglaubenwollen, Nichtfassenkönnen und Entschlossensein grundsätzlich auch Adolf Hitler, denn, so Fernau 1952: „In diesem Augenblick griff das Schicksal unerklärlich ein. Innerhalb von Stunden fast wurde aus Friedrich der Sieger des Siebenjährigen Krieges! Ein Wunder geschah. Am 5.Januar 1762 starb Elisabeth von Rußland. Der neue Zar war ein glühender Bewunderer Friedrichs. Wie alle damals insgeheim. Die russischen Soldaten machten eine Kehrtwendung von 180 Grad. Sie waren plötzlich Preußens Verbündete."

Fernau an seinen Leser, der so von ihm erfährt: 1945 = 1762 – das Jahr 1945 hätte nach dem Gesetz der Geschichte eigentlich wie 1762 enden müssen: „Sie atmen auf, vermute ich. Ja, das taten die Menschen damals auch. Die fürchterliche Angstpartie, der schreckliche Opfergang Preußens war zu Ende. Es war Friede, Friede, Friede."[11]

Und in der äsopischen Sprache, die SS-Kriegsberichterstatter im Nachkriegsdeutschland erlernten, verkündet er, wie gut der Führer war: „Wenn damals ein preußischer Gardeoffizier zu Besuch seiner Tante ins ‚Ausland' nach Mannheim oder Weimar oder Wien reiste, so wurde er auf den Gesellschaften mit jener leicht gruseligen Neugier betrachtet, mit denen [sic] 1940 Frankreich die ersten Gestalten der Waffen-SS auf den Champs Elysées anstarrte. ‚Was ist denn Euer Preußen nur für ein Land, Monsieur, wie ist Euer König, wie ist das alles nur seltsam, mon Lieutenant, und Geld gilt bei Euch nichts, und Ehre alles . . .'"[12]

Und Fernau verrät 1952 auch schon, daß Adolf Hitlers gutes Wollen auf Dauer nicht ohne Anerkennung bleiben wird. Das nämlich weiß unser „Ur-Ur-Großvater" 1789 im Dialog mit einem Besucher, der ihn nach Friedrich II. fragt: „War Friedrich der Große wirklich groß'? Was ist das: ‚groß'? Gewonnene Schlachten, Land?"

Fernaus und unser angeblicher Ur-Ur-Ahn „Non, mon Cher, Ihr wißt es genau wie ich: Lebensinhalt geben, Glauben geben, Stabilität geben."

Der Besucher: „Und wenn der Alte Fritz den Krieg verloren, sein Land zugrunde gerichtet hätte und gefallen wäre, was wäre er dann?" Unser sogenannter Ur-Ur-Großvater; „Vielleicht fünf Jahre lang ein Kriegsverbrecher." Frage: Und dann? Die Antwort: „Der gute Wille, das Wollen, das Ziel, das Ideal, das Streben ist entscheidend."[13]

Adolf Hitler, der Friedensfürst, der immer nur das Beste gewollt hat – Joachim Fernau läßt Joachim Fest schon mal grüßen.

Der Führer grüßt allenthalben aus der Geschichte. Am schönsten als Siegfried, den der Dolchstoß – tückisch von hinten – traf. Deutsche Helden, lehrt Fernau 1966 in seiner Bestandsaufnahme der deutschen Seele, in „Disteln für Hagen", sterben immer am Dolchstoß: „Und so endete auch tatsächlich der letzte hybride Recke der Deutschen: Hitler. Er wird ein Mythos werden, ob wir wollen oder nicht."[14]

Die NPD-nahe *Deutsche Wochenzeitung* seines SS-Kameraden Waldemar Schütz pflichtete in ihrer Jubel-Rezension ("Ein faszinierendes, ein geniales Buch") bei: Kennzeichnend für die Deutschen sei, „sich stets nach einer Siegfriedsgestalt zu sehnen, sie aber, wenn sie tatsächlich in Erscheinung tritt, nicht ertragen zu können und augenblicklich umzubringen."[15]

Oder hieß der Führer Chlodowech? Fernau wieder 1952 in seinem bis 1989 durchhaltenden Dauerseller „Deutschland, Deutschland über alles..":

Der hieß Chlodowech. Ich sage das so formlos, einfach „Chlodowech".
Er soll ein Barbar gewesen sein, ein brutaler Raufbold, der nichts als seine persönlichen Triebe und Leidenschaften kannte, und die waren angeblich nicht edel. Ein Mann, der einen tieferen Sinn nicht sah.
Ich glaube das nicht. Er war natürlich skrupellos, ich sagte es schon. Aber Karl der Große ließ bei der Bekehrung der Sachsen an der Aller Tausende wegen Widerspenstigkeit hinrichten. Das war auch nicht fein. Wir dürfen nicht einfach beiseiteschieben, daß er es fertig brachte, fast alle Germanen zu etwas zu vereinen, was so was Ähnliches wie ein „Reich" war. Zu diesem Zeitpunkt konnte das nur ein „Schurke" fertigbringen. Kein Arminius.
Er wurde am 20.April 1898 als Sohn armer österreichischer Eltern in Braunau am Inn geboren und hieß mit vollständigem Namen Napoleone Buonaparte.

Und darum hätte er auch etwas Besseres verdient als den elenden Tod im Führerbunker der Reichskanzlei. Denn also spricht Fernau über unseren Führer und Reichskanzler seit nunmehr 37 Jahren zu seiner Lesergemeinde:

*Niemand krümmte ihm ein Haar. Als sich Europa von ihm befreit hatte,
schickte man ihn zwar nach Elba, aber mit dem Titel Fürst und...
...oh, Verzeihung! Jetzt merke ich, ich bin fälschlich in zwei andere
Kapitel geraten!
Sie könnten es vielleicht als einen Scherz nehmen, aber es war keiner.* [16]
Nein, kein Scherz: dieser Napoleon, dieser Friedrich der Große, dieser
Karl der Große, dieser Chlodwig, dieser Siegfried – und wer Fernaus
Werk gewissenhaft studiert wird dem Führer noch öfter in historischer
Gestalt begegnen und ihn achten lernen –, dieser aus allen Winkeln der
gesamten Weltgeschichte hervorquellende Sohn armer österreichischer
Eltern, er sagte „lauter Dinge, die entwaffnend wirkten", er arbeitete
„Tag und Nacht mit berserkerhafter Arbeitswut". Die Taxi-Morde und
Kabarett-Zynismen verschwanden 1933, dank Hitler, „er baute die
Wehrmacht neu auf, er legte Tausende von Kilometern Autobahnen
durch das Land, er lud die Jugend der Welt zu glanzvollen Olympischen
Spielen, er fuhr die Arbeiter und kleinen Leute im Urlaub nach Ma-
deira."
Hitler könnte längst Adolf der Große sein, die „alte deutsche Ostmark"
lag ihm begeistert zu Füßen. Doch das Ausland war „entschlossen, Kopf
zu stehen" und – diesmal macht Fernau es andersherum: „Die wildesten
geschichtlichen Erinnerungen wurden wach, man sah schon wieder
Barbarossa auf seinem Rappen durchs Land reiten."
Und so kam es zum Krieg. Das Ausland brach „den Stab über Hitler".
Warum? „Hitler hatte die Autarkie, die völlige Einschränkung und
wirtschaftliche Selbstgenügsamkeit verkündet." Und diese „Loslösung
aus der Verquickung mit der Weltwirtschaft" ging an den „Lebensnerv".
Darum wurde der „Wechselbrief dieses Krieges..von England in Umlauf
gesetzt".
Den Krieg verloren wir 1945 – vorerst – , weil die Zeit nicht mehr
ausreichte für den Einsatz unserer phantastischen Erfindungen, die sehr
wohl – das wissen wir schon – „imstande schienen, eine völlige Wendung
zu bringen." Die Sieger fielen über uns her: „Da wurden Landstriche
verschenkt, Städte zum Plündern freigegeben, Industrien in Pakete
verpackt und nach Hause geschickt". Aber: „Da setzte die Geschichte
ihre unerbittliche, vernünftige Korrektur an. Die Allianz zerfiel... Man
hatte den Falschen, Deutschland, beerdigt. Nun wurde er exhumiert." [17]
33 Jahre lang hat SS-Berichterstatter Joachim Fernau seinen Führer
exhumiert. Er wurde darüber Auflagen-Millionär. „Vielleicht ist
Joachim Fernau heute der einzige Autor", so lobte der Adenauer-
Preisträger und langjährige Chef der Siemens-Stiftung Armin Mohler,

vielleicht ist Fernau der einzige, der „mit der deutschen Situation ganz ernst macht. Alle andern schleppen Ballast mit sich, der sie am Sehen hindert . . . Fernau hat die erforderliche ‚Marscherleichterung' wirklich durchgeführt."[18]

Zum Weitermarschieren, bis alles in Scherben fällt.

Joachim Fernau, wohnhaft auf einem Hügel voll Olivenbäumen bei Florenz, starb nach einem langen, schlauen und erfüllten Leben am 24. November 1988 im Alter von 79 Jahren. Sein Verlag Herbig aus dem republikdeckenden Fleißner-Springer-Verbund Ullstein-Langen-Müller dankte dem „unaufdringlichen Geschichtslehrer und -deuter" – so Nation Europa – mit einer ganzseitigen Anzeige „Dank an Joachim Fernau" in dem Traditionsorgan der Neonazis.[19]

„Seine Spezialität war es", so rief ihm die Welt nach, Geschichte lebendig „und nachvollziehbar" zu machen.[20] Getreu den Sätzen, die er am Ende seines unvergessenen Durchhalteartikels schrieb:

Wir haben in diesem Kriege noch nie in einer kritischen Lage aufgegeben. Wir werden den letzten Preis, den wir noch zu bezahlen haben, eben bezahlen. Mit allen Mitteln und mit allen Kräften. Der Sieg ist wirklich ganz nahe.[21]

Joachim Fernau hat seine Opfer mehr als 43 Jahre überlebt. Er wurde viermal so alt wie jene von ihm verrückt gemachten Schüler, die als letztes Aufgebot im Schlachtendreck verreckten.

5. Organisationsprozeß eines Lebens – Ein Mann schließt die Tür: Ivar Lissner

Sie mußten sich ganz einfach hassen: beide waren gleich alt, stammten aus Riga und gingen nach Berlin, wurden Reiseschriftsteller und Journalisten, aber man kann sich kaum zwei gegensätzlichere Menschen vorstellen als Ivar Lissner und Arthur Nikolai.

Der 23jährige Ivar Lissner arbeitete in einer Rechtsanwaltskanzlei, als Hitler am 30. Januar 1933 die Macht übergeben wurde. Voll Sarkasmus schildert er, wie eilig es manche Klienten hatten, die Wende mitzuvollziehen. Frau Lempke ruft an und will Rat: „Mein Mann war aktives Mitglied der Sozialdemokratischen Partei. Er mußte ja mitmachen, denn schließlich ist er Beamter der Gehaltsstufe sechs und man hat seine Verantwortung." Ja, und da überlege man jetzt, „ob es nicht besser wäre, jetzt gleich in die NSDAP einzutreten." Schließlich, da Hitler nun mal im Sattel sitze, wäre es da klug, „sich gegen die allgemeine Entwicklung zu stemmen?"

Trotz aller Warnungen, zwei Monate später, im März 1933, waren die Lempkes der NSDAP beigetreten. Ivar Lissner bitter: „Die Nazis nannten diese neuen Anhänger die Märzgefallenen."

Arthur Nikolai, der Jahrgangsgenosse aus Riga, der immer wieder Ivar Lissners Weg kreuzen wird, ohne daß die beiden sich je richtig kennenlernen, er ist kein Märzgefallener. Der blonde, blauäugige Balte tritt am 1.April 1933 in Berlin aus Überzeugung und nicht aus Opportunismus der NSDAP bei und bekommt die Mitgliedsnummer 1.790.809. Er besucht die SS-Junkerschule, trägt die schwarze Uniform mit dem Totenkopf, läßt sich zwei Jahre lang bei der SS-Standarte 6 Berlin und der SS Godesberg paramilitärisch ausbilden. Arthur Nikolai wird Mitglied der Reichsschrifttumskammer, erfolgreicher Schriftsteller und Mitarbeiter des Goebbels-Organs *Der Angriff* .[1]

Ivar Lissner erlebt derweil in der Anwaltskanzlei, in der er tätig ist, den Zusammenbruch des Rechtsstaates. Er bewundert den Mut seines Chefs, der in dieser Zeit „Tag und Nacht gegen das große Unrecht der Naziverfolgung" arbeitet. Der Rechtsanwalt versucht auch zu helfen, als Lissners Freundin von einigen SS-Männern in schwarzen Uniformen abgeholt wird. Aber er kann nicht verhindern, daß das Mädchen wegen eines angeblichen Verstoßes gegen die Devisenbestimmungen der Nazis zu 15 Jahren Zuchthaus verurteilt wird. Am Sterbebett der Mutter hatte die damals noch Minderjährige – in Gelddingen ahnungslos – von der Existenz eines Schweizer Kontos mit 20.000 Franken erfahren und versäumt es anzugeben – das war ihre ganze Schuld. Die Freundin kommt schon nach kurzer Zeit im Zuchthaus ums Leben, und in derselben Nacht geht Lissners Wohnung in Flammen auf. Er nimmt ein Zimmer bei zwei alten jüdischen Damen, die in ständiger Angst leben. Wenn einer das ganze Ausmaß der Brutalität von Nazis und SS kennt, dann Ivar Lissner.

Arthur Nikolai hat inzwischen sein erstes Buch geschrieben. Der fanatische Antisemit beweist „von den Pharaonen Ägyptens über die Cäsaren Roms bis zu den plastischen Gestalten der deutschen Kaiser, welche Rolle Rassebewußtsein für die Haltung einer Kultur und einer Nation spielt und wie jedes Volk untergeht, das einer Gastrasse die Rolle des Wirts überläßt." Der glühende Nazi stabreimt Parlamentarismus auf Pestilenz und sieht Rettung nur für die, denen es in ihrer Schicksalsstunde so geht, wie jetzt Deutschland: „Glücklich dabei sind noch solche Völker, denen in letzter Stunde ein Führer ersteht, der das Schicksal der Müdgewordenen in die Hand nimmt. 1795 konnte Frankreich einen solchen nicht mehr hervorbringen. Aber Napoleon kam aus Korsika. Unser Volkskanzler verbrachte seine Jugend im Grenzland, den Blick gerichtet auf das ganze Deutschtum!" Nikolais Buch erscheint 1935 in der Hanseatischen Verlagsanstalt, wo zugleich sein prominenter Parteigenosse Walter Frank eine „wahrhaft großzügige Leistung nationalsozialistischen Denkens" veröffentlichte, wie der *Völkische Beobachter* lobte. Walter Frank beklagte das „Inferno der Korruption" in Frankreich und Arthur Nikolai macht der jungen Generation im Nachbarvolk klar, daß sie Adolf Hitler vertrauen solle und fragt: „Werden sie sich noch einmal vor der Unversöhnlichkeit der Greise von 1870 beugen, oder werden sie in die dargebotene Hand des Führers einschlagen?"

Da es „immer offenkundiger wurde, daß Deutschland mit aller Kraft auf einen neuen Krieg" zusteuerte, beschloß der junge Ivar Lissner, dagegen etwas zu tun: „Mein Plan war, ein Buch zu schreiben, in dem ich die Ideen und Ideale anderer Nationen schildern wollte." Und das, obwohl ihm wirklich nicht zum Bücherschreiben zumute gewesen sein konnte. Er hatte die Bücherverbrennung miterlebt und verzweifelt notiert, was da „unter schmetternden Nazi-Liedern" verübt wurde: „Tausende und aber Tausende von Büchern, die Früchte jahrelangen Nachdenkens, Beobachtens und Forschens, die geistigen Kinder der Intellektuellen der Welt wurden hier verbrannt. Alle jene Autoren, die versäumt hatten, die

Nazi-Weltanschauung gutzuheißen, sollten für die Nachwelt gestorben sein, und von ihrem Vermächtnis an die Gesellschaft sollte nichts bleiben als Asche."

Aber gerade darum mußte Ivar Lissner die Millionen unzufriedener Seelen, die bei Hitler, „diesem marktschreierischen Heiland Hoffnung und Erlösung fanden", endlich aufzuklären suchen, er wollte über Völker berichten, „die mit Sicherheit niemals nachgeben würden, wenn Deutschland versuchen sollte, einen harten Kurs zu steuern". Und er fand, was er kaum zu hoffen wagte, am Potsdamer Platz das Büro eines Verlages, dessen Inhaber „von der neuen Naziideologie noch nicht infiziert schien." Ivar Lissners erstes Buch „Blick nach draußen" erschien. Es wurde kein großer Erfolg, aber die Kritiken waren ermutigend: „Die Rezensenten priesen den Stil und meinen Mut, verwarfen aber die Idee des Buches als zu pazifistisch. Mein Verleger ließ sich freilich dadurch nicht entmutigen, vor allem, als Sieburg, der Pariser Korrespondent der nicht-nazistischen *Frankfurter Zeitung*, mein Buch in einem Leitartikel als ‚die beste Arbeit des Jahres über Frankreich' bezeichnet hatte."

Derweil wirbt der Nazi Arthur Nikolai in seinem Erstling für die Riesenleistungen des neuen Deutschland: „Europa vor dem Bolschewismus schützen, vier Millionen Arbeitslose wieder an einen Arbeitsplatz bringen und dabei noch Mittel für neue schöpferische Leistungen in Wissenschaft und Kunst". Auch er findet Lobenswertes an Frankreich: „die Blauhemden, die ihre faszistische Zeitung ausrufen: Le Franciste!" und „das gesteigerte Interesse der Jungen an wahrheitsgemäßer Kenntnis Deutschlands". Aber er wütet gegen die französische „Hetzliteratur, aus der der Bourgeois das Gruseln lernen soll: *La Menace allemande, Hitler veut la Guerre*." Und die Engländer macht er darauf aufmerksam, daß es „nur eine für die englische Ideenwelt gefährliche Lehre" gibt: „den Bolschewismus". Er treffe England „bis ins Mark" und sei für „die weiße Rasse absolut tödlich". Darum sollte es froh sein, daß es „ein starkes Deutschland" gibt, aber nein: „Die Leute von der Labour Party nehmen uns das Aufräumen im Innern übel und ereifern sich für gefallene marxistische Größen, die sie längst zum Teufel gejagt hätten, wenn sie das Vergnügen gehabt hätten, diese Herrschaften in ihrem Wirken am eigenen Leib kennenzulernen."

1936 wird Ivar Lissner von seinem Verleger für ein neues Buch auf Reisen geschickt. Er durchquert die USA in der Absicht, „nach meiner Rückkehr in Deutschland meine Stimme zu erheben und die tollkühnen Kriegstreiber zu warnen". Er glaubte, es gebe „noch eine Chance, die Leute zu Hause davon abzuhalten, sich ins Unglück zu stürzen".

Auch Arthur Nikolai wird nach seinem ersten Buch von der Hanseatischen Verlagsanstalt ermuntert, weiterzuschreiben. Der NS- und SS-Mann ist inzwischen Leitartikler im Goebbels-Kampforgan Der *Angriff* geworden. Und auch er fährt ins Ausland, freilich mit ganz anderen Absichten. Seine Aufgabe ist, für die „Deutsche Hausbücherei" des Verlags überall in der Welt – nur nicht in Deutschland – „scharf hinzusehen, ob da hinter glitzernder Fassade Raffertum und Verbrechen am Werke sind, oder ob noch echter, zäher Wille zu schöpferischer Arbeit die Menschen antreibt".

Ivar Lissners zweites Buch heißt schlicht „Völker und Kontinente", das zweite Arthur Nikolais trägt den pompösen Namen „Ein Mann hört den Herzschlag der Welt". Lissner will Deutschland warnen, Nikolai der Welt drohen.

Ivar Lissners Buch wurde ein großer Erfolg. Mehr als 130.000 Exemplare wurden von „Völker und Kontinente" verkauft. Später zweifelte er daran, ob seine deutschen Leser damals alle seine Ansichten guthießen, entscheidend war wohl, daß „dieses Buch so ganz anders war als alles, was den Deutschen seit Jahren von den Nazis eingeimpft wurde."

Ivar Lissner kämpfte mutig gegen die Kräfte in den USA, die sich um die Nazis in Europa keine Gedanken machten, gegen die „Pazifisten, Isolationisten und radikalen Minderheiten aller Art", die „jeden amerikanischen Rüstungsindustriellen schlicht als antisozial beschimpften" und lobt „die weitsichtigeren Leute, die schon begriffen hatten, daß man gegen die Diktaturen gerüstet sein muß", die aber „als Kriegshetzer verschrien" wurden.

Arthur Nikolai aber setzte gerade auf den Isolationismus in den Mittelstädten und Provinzen der USA, auf das, was er „Middletown" nennt. „New York und die anderen Riesenzentren des Reiches könnten eines Tages allzuviel Interesse an innereuropäischen oder asiatischen Angelegenheiten haben." Doch über „die Schlachtfelder der Zukunft, über die Massengräber der besten Amerikaner, über die Verwendung der Milliarden für Kriegsabenteuer oder Universitätskathedralen" entscheide allein „Middletown", der Mittelstand in den mittleren und kleinen Städten der USA, die „fest eingeschraubte Sicherung im Staatsgetriebe." Und dort sei man „mit Kriegsandenken noch reichlich versorgt" und „die Idee, von Europa fernzubleiben, ist Religion". Der Nazi froh: „Da glauben wir an Middeltown. Und darum glauben wir nicht an einen Krieg der Amerikaner während der nächsten zwanzig Jahre!"

Ivar Lissner, Freund der Demokratie und Feind eines jeden Rassismus nahm „all meine geistige Kraft zusammen, um zu beweisen, daß die

Demokratien durchaus nicht dekadent waren und ihre Staatsform ganz bestimmt nicht kampflos aufgeben würden". Um seinem Amerika-Bild die richtigen Proportionen und Perspektiven zu geben, schilderte er „wie sehr die öffentliche Meinung des amerikanischen Volkes, wenn sie erst einmal aufgerüttelt ist, die ganze Politik der Großmächte verändern könnte". Vor allem aber beschrieb er „auch die Standpunkte anderer Rassen".

Für Arthur Nikolai ist „Ein Mann hört den Herzschlag der Welt" eine Gelegenheit, seinen zügellosen Nazi-Rassismus auszutoben gegen den „drohenden Schatten" des „schwarzen Amerika", der über dem Kontinent liegt, gegen die „schwarze Flut", die in den USA anschwillt, gegen die „Negerbevölkerung", die sich „unaufhörlich" vermehrt. So schlimm, daß nur „die hohe Sterbeziffer der Schwarzen" noch „ein Trost" ist. Nikolai kennt den „für Weiße unerträglichen Geruch, der dort entsteht, wo Neger hausen". Er weiß: das „Grundgesetz schwarzen Lebens" hat „mit Ethik und Moral nichts" zu tun. Im Norden findet er Public-Schools, „wo der schwarze Tom neben dem weißen Jim sitzt". Keine Rede von „Rassenschutz", wenn „der Amerikaner seinen ärmsten weißen Landsmann in der Stickluft der Gruben, im Blutdunst der Schlachthäuser von Chicago, in den dampferfüllten Tellerwäschereien der Luxushotels, wo das Fett nicht mehr von den Händen herunterzubekommen ist, bei der Müllabfuhr und in den Abdeckereien und auf den sonnenglühenden Äckern der Farmen Seite an Seite mit dem schwarzen Mann, und – was noch schlimmer ist! – mit der schwarzen Frau arbeiten läßt." Hier finde, empört sich Nikolai, „die hemmungsloseste Vermischung statt, und der Kindersegen schillert in allen Regenbogenfarben". Fürchterlich, was er bei einer Subwayfahrt in New York in der frühen Morgenstunde erleben muß: „Da sitzen sie, die freien Amerikaner, todmüde und abgehärmt, zwischen übermodern eleganten Negern mit schmutzigen Kragen und zerlöcherten Schuhen." Das „Großverdienertum in New York", das durchschaut er schnell, ist „der zu Geld gekommene jüdische Geist". Aber, tröstlich, einige Plätze an der Küste von Rhode Island sind für Juden nicht mehr käuflich: „Dort sitzen nämlich die Leute, die noch mit ihrem eigenen Schweiße Geld verdienten, und sie wollten sich nicht länger mit gewissenlosen Emporkömmlingen verwechseln lassen. Darum ist das Land für Juden ein verschlossenes Paradies."

Anfang 1937 kehren der Antifaschist Lissner und der Nazi Nikolai von einer Weltreise zurück. An ein und demselben Morgen wird jeder von ihnen, wenn man den späteren Erzählungen glauben darf, von durchdringendem Läuten und wütendem Klopfen geweckt. Vier SS-Leute in der Nikolai so vertrauten schwarzen Uniform der SS stürmen herein, zwei Männer in Zivil folgen.

„Gestapo", knurrt der eine, „Wie heißen Sie?"

Hier nun hätte, wenn diese Gestapo-Geschichte wirklich so stimmt, was möglich, ja wahrscheinlich ist, eine falsche Auskunft keinen Sinn mehr gehabt. Gestehen wir also. Unser Delinquent heißt nicht einfach nur Ivar Lissner, er heißt auch nicht einfach nur Arthur Nikolai.

Ivar Lissner, der aufopferungsvolle Widerstandskämpfer, und Arthur Nikolai, der fanatische Nazi, sie sind ein- und dieselbe Person names Ivar Arthur Nikolai Lissner. Die hier wiedergegebenen Lissner-Zitate stammen alle aus seinen 1970 erschienenen Memoiren mit dem aufschlußreichen Titel „Vergessen, aber nicht vergeben"[2]. Und die „Nikolai"-Zitate sind aus den Lissner-Büchern „Blick nach draußen"[3] von 1935 und „Ein Mann hört den Herzschlag der Welt"[4] von 1937.

Ivar Arthur Nikolai Lissner, NSDAP-Mitglied, SS-Mann, überzeugter Nazi, der Mann, der all das schrieb, was wir unter seinem zweiten und dritten Vornamen Arthur Nikolai zitierten, dieser Ivar Lissner ist nach den dummen und dreisten zoologischen Einteilungen der Nazis „Halbjude". Er ist Sohn eines jüdischen Börsenmaklers aus Riga, der vor seiner Hochzeit seinen Namen Robert Hirschfeld in Robert Lissner geändert, seine Religion abgelegt hatte. Ahnungslos durchlief Ivar Lissner die SS-Junkerschule, pflegte seinen Antisemitismus, seinen arischen Rassenstolz – und da meldete sich keine Stimme des Blutes in ihm zu Wort, kein arteigner Geruch verriet ihm, daß er in Wahrheit „Jude" sei.

Ivar Lissner war, egal ob er aus einem katholischen, evangelischen, jüdischen oder atheistischen Elternhaus stammte, ein Deutscher von einer nicht untypischen Sorte. Denn er hatte sich, wie der Hamburger Psychiater Hans Bürger-Prinz 1969 herausfand, „in zwei in sich selbst durchaus abgeschlossene und funktionierende, defektiöse Hälften gespalten".

Schizophren? Überhaupt nicht. Die Schauspielerin Ruth Niehaus ("Weg ohne Umkehr", "Reichshauptstadt Privat") war viele Jahre glücklich, wie sie sagt, mit Ivar Lissner verheiratet, aber sie kannte ihn nicht. Einem Gespräch über die Vergangenheit wich er immer aus. Erst nach seinem Tod lernte sie das Leben ihres Mannes kennen, so wie es sich ihr aus seinen nachgelassenen Papieren bot. Sie gab seine fragmentarischen und in englischer Sprache geschriebenen Memoiren 1970 unter dem Titel „Vergessen aber nicht vergeben" heraus und beauftragte Bürger-Prinz, die hinterlassenen Papiere zu begutachten.

Der Psychiater, der selbst eigene Vergangenheit im NS-Erbgesundheits-wesen und seine Mitwisserschaft bei der sogenannten „Euthanasie" zu verdrängen hatte, schrieb in seinem einfühlsamen Gutachten über Liss-ner, daß „hier eine hochdifferenzierte und sehr begabte Persönlichkeit", sich als „der nationalsozialistische Einbruch" kam, „gewissermaßen nach zwei Seiten hin spaltete und weiter aufbaute".

Doch nur der Laie würde hier von einem ausgesprochen „schizophre-nen", also einem „gespaltenen" Dasein sprechen. Bürger-Prinz über die Zeit nach 1945: „Nach Abschluß dieser belastenden Jahre blieb wohl sicherlich Dr.L. nichts anderes übrig, als die Tür zu diesen Jahren zuzumachen, um mit der – bildlich gesprochen – anderen Hälfte weiter-zuleben".

Dr. Lissner oder Wie die Deutschen lernten, ihr Leben zu spalten. Der durch und durch sachverständige Dr. Bürger-Prinz: „Man kann dies ganze Geschehen nicht unter dem Aspekt einer geistigen Krankheit sehen, dazu bietet sich nicht der geringste Anlaß, sondern man muß es sehen als den Organisationsprozeß einer entsprechend fülligen und differenzierten, auch im Ausmaß ihrer inneren Kraft, sicher hochge-spannten Persönlichkeit, die nur so einen Modus fand, um durch die Jahre der NS-Zeit, bzw. des Krieges durchzukommen, bzw. um sich später den Anschluß an das Leben zu ermöglichen. Man kann diesen Prozeß als einen neurotischen Mechanismus verstehen, der es erlaubte, die rechte und die linke Hand unabhängig voneinander arbeiten zu lassen, um späterhin mit der Aktion eine[r?] Hälfte weiterzuleben."[5]

Die eine Hälfte erinnert sich nach 1945: „Ich kämpfte einen verzweifel-ten Kampf gegen den Nazismus. Ich forderte den Teufel heraus mit seinen eigenen Waffen, die gleichzeitig auch die tödlichsten waren, und wechselte die Farbe nicht, bis ich besiegt und zum Schweigen gebracht wurde, bis Deutschland selbst meinen Namen auf die Todesliste gesetzt hatte, auf jenes Himmlersche Verzeichnis derer, die zur Vernichtung bestimmt waren."[6]

Und die andere Hälfte wird von Adolf Hitler persönlich bald nach dem gelungenen Überfall auf die Sowjetunion auf eine andere Liste gesetzt. Am 19.August 1941 ordnete Hitler an, daß Leningrad unverzüglich zu nehmen sei, „Ziel muß dann sein, das gesamte Staats-, Rüstungs- und Verkehrszentrum um Moskau dem Gegner noch vor Eintritt des Win-ters zu entziehen"[7], und schließlich gab es dann noch etwas, was sein Keitel, der Oberbefehlshaber der Wehrmacht, am nächsten Tag unter-zeichnete: „Der Führer hat entschieden, daß der Schriftsteller Dr.Ivar Lissner deutschblütigen Personen gleichgestellt wird." Er ist in die Liste

der Ehrenarier aufgenommen. Zugleich erhielt Lissner ein Glück-
wunsch-Telegramm: „Glückwunsch zum wohlverdienten Kriegsverdienstkreuz II.Klasse mit Schwertern."[8] Die Gratulation kam vom
Agenten-Führer – doch davon später.

Wie der SS-Mann mit der Totenkopf-Uniform im Kleiderschrank mit
der Entdeckung fertig wurde, daß da bis zum vollkommenen Führerab-
laß 1941 halbjüdisches Blut durch seine Adern hastete, können wir nur
ahnen. Wer die Artikel – und Leitartikel! – liest, die Lissner jetzt erst
recht im antisemitischen *Angriff* schrieb, kann sich nicht vorstellen, was
dieser Mann empfand, wenn er morgens in den Spiegel guckte.

Er stellte seine Welterfahrenheit in den Dienst der Volksberuhigung:
„Wer aber das Draußen und das Drinnen vergleichen kann, der darf
seinen Landsleuten sagen, daß sie als neue Weltmacht jenen Mächten des
Draußen durchaus gewachsen sind. Sei also eisern ruhig, deutscher
Mann!" Er entdeckte in Nazi-Deutschland „ein einziges Feld der Kraft
und Arbeit mit politischem Rückgrat unter starkem Schutz." Und dieser
Schutz war der Führer, Adolf Hitler: „Derselbe Mann sprach zur Welt,
klar, unverrückbar, ein deutliches Schach allen verdeckten Rochaden, ein
festes Wort, aus dem aber gerade auch England erkennen konnte, wo der
Weg zum Frieden liegt."

Nach 1945 erinnerte sich Ivar Lissner, was er damals mit seinem
publizistischen Wirken im Sinn hatte: „Ich wußte, daß das deutsche
Volk seit Jahren von seinen Führern belogen wurde und daß man es
glauben machen wollte, unter der Herrschaft der Nazis würde es sich
über die ganze Welt erheben können. Darum mußte ich zeigen, was die
übrige Welt in einem solchen Fall zu tun imstande war und auch tun
würde."[9]

Er zeigte. Einen Monat vor Kriegsbeginn schrieb Lissner von Tientsin
aus den Leitartikel auf Seite 1 im *Angriff*: „Hier in Tientsin kann man
sich nur den Bauch halten über die englische Sicherheitspolitik für
andere. . . England will uns Grenzen ziehen. England kann uns keine
Grenzen ziehen, weder durch Drohungen noch durch Pakte. Wenn es
überhaupt Grenzen anzubieten hätte, dann solche, die wenigstens den
Briten in der Welt verständlich wären: Kolonien und alle Gebiete, die
Deutschland vor dem Versailler Diktat besaß."[10]

Im Frühsommer 1938 reist er für den *Angriff* nach Japan und von da
nach Mandschukuo, wie die vier Staaten (San Salvador, Italien, Franco-
Spanien und seit Februar 1938 Deutschland), die das dortige Besatzungs-
regime anerkannten, damals die besetzte Mandschurei nannten. Dort
wurde gerade – so die Auskunft von Meyers Lexikon – „mit japanischer

Hilfe die Ausrottung des drohenden Bolschewismus"[11] betrieben. Und Lissner erwies sich als große Hilfe. Am 13. Juni 1938 lief der sowjetische Sicherheitskommissar Genrich Samailowitsch Ljuschkow vermutlich aus Angst vor Stalin – der „säuberte" gerade die Rote Armee – zu den Japanern über. *Angriff*-Korrespondent Lissner sprang ein, wurde mit Ljuschkow in ein Sechs-Zimmer-Apartment nach Tokio gebracht, wo er bei allen Vernehmungen zugegen war. Ljuschkow kannte ganz genau Stützpunkte, Ausrüstung und Truppenstärke der Roten Armee in Sibirien, aber auch an den Westgrenzen der Sowjetunion, und er plauderte hemmungslos. Lissner meldete alles nach Berlin weiter – an den *Angriff*, der so als „Telegramm Lissners an uns" am 22. Juli 1938 „das bisher einzige und ausführliche Interview über die Gründe der sensationellen Flucht Ljuschkows" veröffentlichte.[12] Und Lissner berichtete auch auf hundert Seiten an die deutsche Spionage-Organisation des „Abwehr"-Chefs Wilhelm Canaris. Der Schaden wäre unermeßlich gewesen, hätte nicht Richard Sorge, der Tokioter Korrespondent der *Frankfurter Zeitung*, sich die Durchschläge von Lissners Berichten an Canaris verschafft und das Wichtigste sofort nach Moskau gefunkt.

Sorge später: „Eine der Gefahren von Ljuschkows Bericht war die Drohung einer gemeinsamen deutsch-japanischen militärischen Aktion gegen die Sowjetunion."

Tatsächlich glaubten jetzt die Japaner, die Sowjetunion befände sich am Rande des Zusammenbruchs und überfielen im unübersichtlichen Grenzgebiet Tschangkufeng, südwestlich von Wladiwostok sowjetische Truppen. Lissner war als Korrepondent des *Angriff* dabei und berichtete nicht als Journalist, sondern als Sprecher auf einer eigens ihm zu Ehren einberufenen Pressekonferenz vor 60 Journalisten über die Ruhmestaten der japanischen Armee. Doch die Rote Armee war gewarnt, nach einem Monat mußten die Kämpfe eingestellt werden, das umstrittene Gebiet wurde neutralisiert. Aber noch im Dezember lobte Lissner im *Angriff* einen „großartigen Eindruck", den „die disziplinierte und unnachgiebige Verteidigung der japanischen Truppe" auf ihn gemacht habe. Er sei „sicher, daß nur die abwartende Haltung Tokios eine russische Katastrophe verhindert hat".[13]

Lissner, bei den japanischen Militärs hochangesehen, wurde Vertrauensmann des deutschen Botschafters Eugen Ott, ging im japanischen Kriegsministerium ein und aus und predigte von Tokio aus die alsbaldige Wiederauferstehung des Kapitals in der Sowjetunion: „Und ihr werdet noch oft von ihnen hören, den Abenteuern des sowjetischen GPU, bis ... ja, bis ein zweites Tschangkufeng der kommunistischen Unternehmungslust ein Ziel setzt. Freilich es kann ein Ende sein, bei dem der ganze Spuk zusammenbricht,... das Ende, das der Welt den riesigsten Wirtschaftsraum zurückgeben wird, der ihr je entrissen werden konnte..."[14]

Wieder in Berlin, ließ sich Lissner als Agent von der Abwehr anwerben und zugleich als Fernost-Korrespondent des *Angriffs* und des *Völkischen Beobachters*. Seit Mai 1939 wechselt er zwischen Tokio, Shanghai und Harbin hin und her. Doch Mitte September 1939 macht ihm seine jüdische Hälfte wieder zu schaffen. *Angriff* und *Völkischer Beobachter* wollen keinen Korrespondenten mehr mit 50% falschen Blutes, die Reichsschrifttumskammer wirft ihn hinaus, und nur die NSDAP zeigt sich vergleichsweise tolerant, sie leitet lediglich ein Ausschlußverfahren ein, ohne ihn sofort vor die Tür zu setzen. Und die Abwehr hält ihren Mann. Und der bewährt sich, bewährt sich so gut, daß sein von der Gestapo verhafteter Vater im September 1940 Deutschland verlassen darf und nach Shanghai auswandert. Ivar Lissner macht auch danach weiter. Vom mandschurischen Harbin aus, dem Zentrum russischer Emigranten, baut er mit Hilfe des faschistischen Donkosaken-Ataman Rodschajewski, dessen Leute nachts über die Grenze wechseln, ein Agentennetz in der Sowjetunion auf.

Heinz Höhne, der Geheimdienstspezialist des *Spiegel*: „So verfügte Lissner über eine Fülle verschiedenster Quellen, als der Augenblick des Einsatzes kam: am 22. Juni 1941, dem Tag an dem Hitlers Armeen zum Angriff auf die Sowjetunion antraten. Jetzt mußte sich bewähren, was Lissner aufgebaut hatte... Wo immer neue sowjetische Truppen auftauchten, Industriewerke entstanden, Militärpersonalien gesucht wurden, Unruhen ausbrachen – Lissner kannte die Details. Fast stets erwiesen sich seine Lagebeurteilungen als richtig. Er kündigte die Verlagerung eines Teils der sowjetischen Rüstungsindustrie nach dem Fernen Osten an, er prophezeite, Japan werde nicht – wie Hitler hoffte – die Sowjetunion angreifen, er sah den Krieg zwischen Japan und den angelsächsischen Seemächten voraus. Er kannte die internen Vorgänge im sowjetischen Konsulat von Harbin ebenso wie die Stimmung im Oberkommando der sowjetischen Fernost-Armee, er meldete die Verlustziffern der russischen Luftwaffe, er wußte zuweilen sogar, was in den nichtasiatischen Teilen der UdSSR vorging."[15]

Und der deutsche Spionage-Chef lobte Lissner, als der erneut in Schwierigkeiten kam. Canaris: „Dieser Agent ist die einzige Quelle der Auslandsabteilung der Abwehr, die ausführliche Berichte über das asiatische Rußland und das Grenzgebiet zwischen Mandschukuo und Rußland liefern kann. Die Berichte, die wir bekommen haben, vor allem die der letzten Zeit sind äußerst umfassend und stellen unser einziges Aufklärungsmaterial über Reserven, neue Einheiten usw. vor allem der sowjetischen Luftwaffe in Sibirien dar."[16]

Dieses glänzende Canaris-Zeugnis stammt vom 31.Mai 1943, doch tags zuvor hatte der Führer vom Obersalzberg seinem Ehrenarier von 1941 Valet sagen lassen mit den Worten: „Das Beste wäre, solche Leute sofort zu erschießen."[17]

Hitler irrte, denn Lissner handelte ganz in seinem Sinne. Gewiß er hatte sich in Harbin unautorisiert und großmäulig als Sonderbeauftragter des Führers mit unmittelbarem Vortragsrecht ausgegeben. Aber angefangen hatte das doch nur, weil er im höchsten Interesse Hitlers seine Mitmenschen denunzierte.

Im Oktober 1941 war Richard Sorge von den Japanern wegen Spionage für die Sowjetunion verhaftet worden. Sorge erklärte beim Verhör, er habe lediglich für den deutschen Botschafter Ott spioniert. Vielleicht wäre er damit durchgekommen. Denn der Botschafter und der ihm attachierte brutale Gestapo-Oberst Josef Meisinger – er wurde 1947 wegen hunderfünfzigtausendfachen Mordes vom obersten Gerichtshof in Polen zum Tode verurteilt und gehängt – , beide hatten alles Interesse daran, daß Sorge kein Spion der Sowjets sein konnte. Sie hatten den Korrespondenten der hochgeachteten *Frankfurter Zeitung* in die geheimsten Unterlagen einsehen lassen, und sie hatten sich von dem erfahrenen Japankenner immer wieder beraten lassen – er durfte in ihrem ureigenen Interesse nicht für Kommunisten gearbeitet haben. Gestapo-Attaché Meisinger meldete nach Berlin, die von den japanischen Behörden vorgelegten Niederschriften seien gefälscht und er bezweifle, ob deren Verfasser den Nachrichtendienst der Komintern kenne, die Aufzeichnungen enthielten zahlreiche organisatorische und sachliche Fehler.[18] Das Ganze sei, erklärte Botschafter Ott, eine deutschfeindliche Intrige der japanischen Polizei, und Meisinger drohte, er werde „jeden ins KZ bringen", der Sorge einen Agenten nenne.

Doch da griff Lissner ein, um Sorge ans Messer zu liefern. Seinem Agentenführer in Berlin telegrafierte er am 23.März 1942: „Sorge, der über künftigen Kurs Achsenpolitik aus bestwissender Quelle ständig und vertraulich informiert wurde, hat seit Jahren für Sowjetrußland und speziell Rote Armee gearbeitet. Schwerster Schaden japanischer Interessen sowie vor allem Deutschlands. Deutsche Informationen flossen von deutscher Seite Tokio. Infolge seines Verrats soll japanisches Blut geflossen sein. Folgen sehr nachteilig."

Es half nicht, daß Ott auf Nachfrage Ribbentrops nach Berlin kabelte: „Agenten-Meldung Lissner darstellt Sammlung zum Stillstand gekommener völlig unsinniger Gerüchte, die auch hier zeitweise umliefen." Die Nazis kamen dahinter, daß Lissners Angaben begründet waren, Botschafter Ott mußte gehen, aber der Denunziant hatte auch keine Freude. Lissner-Biograph Höhne: „Die ganze Ämteranarchie des Dritten Reiches entlud sich plötzlich in einer gespenstischen Hexenjagd. Diplomaten, Parteifunktionäre und Gestapo-Männer rotteten sich zusammen, den einzig" – Höhne kennt Klaus Mehnert schlecht – „erfolgreichen Geheimagenten Deutschlands im Fernen Osten zur Strecke zu bringen."[19]

Meisinger denunzierte Lissner bei den Japanern kurzerhand als Mitarbeiter Sorges. Und so geschah die Groteske: Lissner, der – zumindest nach seinen Memoiren – als Widerstandskämpfer gegen Hitler zu Canaris gegangen sein wollte und jedenfall beim Überfall auf die Sowjetunion die allerbesten Dienste leistete, wurde von den Japanern als „kommunistischer Agent" festgenommen und, weil er nicht gestand, den schlimmsten Folterungen unterworfen. Erst 1945 kam Lissner – voll rehabilitiert von dem Vorwurf, gegen die Nazis und ihre japanischen Verbündeten gearbeitet zu haben – frei. Nach der japanischen Kapitulation entging er den Sowjets, die ihn – ihrerseits allerdings völlig berechtigt – eifrig suchten.

Links gelähmt, rechts fast blind – so war er der japanischen Folter entkommen. Die körperlichen Gebrechen heilten, mühsam. Er schrieb seine Memoiren und brachte sie nicht zu Ende. Immer, wenn er sich in späteren Jahren wieder mit dem Manuskript beschäftigte, litt er unter Lähmungserscheinungen, schreibt seine Witwe, Ruth Niehaus-Lissner im Vorwort zu den unvollendeten Erinnerungen, die erst drei Jahre nach seinem Tod 1970 erschienen. Sie verweist darauf, daß er in dem Buch mit keinem Wort seine „jüdische Abstammung" erwähnt, weil er der festen Überzeugung gewesen sei, daß „mit dem Zusammenbruch von Hitlers Deutschland das jüdische Problem nicht aus der Welt geschafft war."[20] Jüdisches Problem? Es gab immer nur das Problem der Antisemiten. Lissner war – dafür spricht vieles in den Jahren bis zu seinem Tod im September 1967 an seinem Schweizer Wohnort – den Nazi nicht losgeworden, der er war. Und darum wollte er nicht der Sohn eines Juden sein. Und darum überwältigten ihn, wann immer er nach Jahren die Arbeit an seinen Erinnerungen wiederaufnehmen wollte, die Lähmungserscheinungen. Aber rasch lernte er, nicht zurück-, sondern vorwärtszuschauen.

Im August 1947 war Lissner nach Deutschland zurückgekommen. Im Mai 1946 war dort eine neue Zeitschrift erschienen. Am Anfang des ersten Heftes stand der Beitrag: „Warum zurückblicken?" Er begann so: *Als Sodom im Schwefelregen des rächenden Gottes verbrannte, entrann Lot als einziger Gerechter. Ihm war verboten worden, sich umzuschauen. Sein Weib tat es dennoch. Auf der Stelle wurde sie zur Salzsäule. Es wird uns nicht deutlich gesagt, ob zur Strafe oder aus Entsetzen über das, was sie sah.*

So unterschieden sich seit jeher die Menschen in solche, die vorangehen, ihrem Schicksal blindlings getreu, und andere, die immer wieder zurückblicken müssen.

Einiges aber hat sich seitdem verändert im Verhältnis dieser beiden Wesensarten zueinander. So wird nun recht gern gerade denen, die sich umwenden, der Vorwurf gemacht, sie täten's wohl, um durch Rückschau und Vergleich als Gerechte, als Selbstgerechte nämlich, sich bestätigt zu sehen. Auch wird keiner mehr, der hinter sich blickt, zur Salzsäule; nicht einmal heute, da nicht eine vernichtete Stadt hinter uns liegt, sondern ein verwüsteter Erdteil.

Ein scheinbar gesundes Gefühl läßt manche jetzt fragen: Warum zurück in den Abgrund starren, dem wir gerade noch, elend und zerschunden, entronnen sind? Was kann das helfen?

Die so fragen, geraten indes in den Verdacht, dieselben Überklugen zu sein, die damals, als das Reich Sodoms noch prahlerische Gegenwart war, ihre Augen sorgsam und vorsichtig verschlossen hielten; weil sie ja nicht zu deutlich die Greuel und das grelle Leid ringsum erkennen wollen.. Nein. Der Gott unserer Zeit ist ein anderer. Er will, daß wir wissen.[21]

Gut gesagt, und schrecklich geirrt. Der Gott dieser Zeit – und er amtiert noch immer – war der alte. Er wollte, daß wir Augen, Ohren, vor allem aber den Mund zuhalten, daß wir nicht wissen, wie es war, damit wir auch für die Zukunft nicht auf andere Gedanken kommen. Gelähmt sollen wir sein, wenn wir uns und andere an die Vergangenheit erinnern. Der Mann, der so falsch lag und so recht hatte, war Axel Eggebrecht. Er hat 1945 den Rundfunk in Hamburg mitbegründet. Und er hat dort unter britischer Besatzung eine Zeit der Freiheit für deutsche Journalisten erlebt, wie sie nie wieder kam. Daß der NDR von Ernst Albrecht zerschlagen wurde, hat er an der Spitze eines kleinen Volksaufstands verhindert. Daß der NDR unter die Räuker und die Schiwy fiel und gleichgeschaltet wurde, das zu verhindern, lag nicht in der Macht seines Wortes – eine andere hatte er nie.

Und er gründete im Mai 1946 die *Nordwestdeutschen Hefte*, in deren erstem Heft er den Gott anbetete, der will, daß wir wissen – noch heute als Neunzigjähriger bekennt der gläubige Atheist sich zu ihm. Wie anders, wie vorbildlich bundesrepublikanisch sein Mitherausgeber, der damals im selben Heft eine Welt verkündete, „die nach Sozialismus drängt, weil anders der Bankrott der Menschheit nicht aufzuhalten ist".[22] Peter von Zahn aus der Propagandakompanie 501, der sich bald für die CDU engagierte,[23] endete – so jedenfalls habe ich das damals notiert – damit, daß er am 19. Februar 1976 zwischen 17.55 Uhr und 18.00 Uhr im ZDF-Werbefernsehen zu der Einsicht kam, Biolecithin helfe „gegen nachlassende Vitalität von innen".

Der Verleger aber war Axel Springer, und damit ist alles gesagt. Das kurze Glück der *Nordwestdeutschen Hefte* dauerte eineinhalb Jahre, dann war dieser Versuch, die Tradition der *Weltbühne* wieder zu beleben, beendet. An die Stelle der *Nordwestdeutschen Hefte* trat *Kristall*. Und mit *Kristall* wurde etwas ganz anderes reanimiert.

Denn nach einem Interregnum, während dessen *Hörzu*-Chefredakteur Eduard Rhein *Kristall* mitregierte, übernimmt im Herbst 1949 der zurückgekehrte Ivar Lissner die Leitung des von Axel Eggebrecht gegründeten Blattes. Ein neuer Geist zieht ein – der alte. Erst einmal schreibt der welterfahrene Lissner aus der – so der Titel – „Reiche(n) und unglückliche(n) Mandschurei", dem Land, das er zuletzt im Juni 1943 als Nazi-Agent gesehen und Mandschukuo genannt hatte, einen topaktuellen Reisebericht: „September in der Mandschurei! Wie ein wütendes Tier stürzt sich der eiskalte Nordwestwind auf das weite Land . . . Jetzt wird die Mandschurei Volksrepublik . . . Die Stadt Harbin hat immer den Anhauch Altrußlands behalten. . . . letzte Zuflucht des untergegangenen Zarenreiches . . . Das ist vorbei!"[24]

Mit dabei ist ein alter Korrespondenten-Freund aus Japan Werner Crome vom *Hamburger Fremdenblatt*, der manchmal Lissners Arbeit für den *Völkischen Beobachter* miterledigen mußte, wenn die Spionage-Aufgaben Vorrang hatten.[25] Crome, wohl nie ein fanatischer Nazi, berichtete für *Kristall* zuerst, was „ein deutscher Arzt in Harbin, in der Mandschurei" über Akupunktur zu sagen hat und dann im Mai 1950 über den Kriegsverbrecher-Prozeß in Tokio 1946.[26]

Auch Lissners Vorgänger als völkischer Beobachter in Tokio, der *VB*-Korrespondet Albrecht Fürst von Urach fand Brot von *Kristall* mit zeitgemäßen Betrachtungen über Rom, die „Stadt der Frommen" und den wunderlichen Dingen, die dort geschehen: „Die jungen Römerinnen sind erstaunlich selbständig und selbstbewußt. Sie rauchen, gehen allein ins Kino, ins Café. Sie lesen Zeitungen und amerikanische Autoren."[27]

In Lissners *Kristall* meldet sich auch gleich der alte Nazi Hans Georg von Studnitz – den lernen wir noch kennen (Seite 135) – wieder zu Wort und macht seinen Faschismus vorerst noch ganz harmlos und familiär. Überschrift: „Bin ich das Idol meines Mannes?" Text: „Es gibt Frauen, die sich großartig anzupassen verstehen, eben weil sie den Aufstieg ihres Mannes nicht nur mitansahen, sondern mit-lebten. Donna Rachele Mussolini lebte nur für ihren Mann. Er sah in ihr lediglich die Mutter seiner Kinder; das genügte ihr. Heute backt Rachele wieder ihr Brot wie zu der Zeit, da Benito um sie freite. In den Tagen der Macht blieb sie anspruchslos."[28]

Bei der Präsentation eines anonymen Beitrags ("Wieder ein Atomskandal?") verantwortete Lissner Journalismus, wie man ihn beim *Völkischen Beobachter* lernte. Bildunterschrift: „Frankreichs berühmteste Atomforscher sympathisieren mit dem Kommunismus. Haben die beiden Männer ein reines Gewissen?" Gezeigt wurden mit Foto der Chemie-Nobelpreisträger Frédéric Joliot-Curie (Unterschrift: „Ein Franzose mit Vorbehalt") und sein Schüler Lew Kowarski (Unterschrift: „Ist das ein ehrliches Gesicht?").

Wie kriminell Joliot-Curie als „führender Mann der Widerstandsbewegung" war, erläutert der Text: „Er fälschte Pässe und verschob Waffen und trat noch während des Krieges, 1942, der kommunistischen Partei bei." Und täuschte dabei unzulässigerweise den deutschen Professor, den man ihm zur Überwachung ins Labor gesetzt hatte.[29]

Zugleich kam Lissner in einer neuen Serie zur alten Sache. Angekündigt hatte er sie so: „Darf der Arzt Leidende töten? *Kristall* stellte diese Frage zur Diskusssion. Aus allen Gegenden Deutschlands und aus dem Ausland gingen viele hundert Briefe ein. ... Tiefe Menschlichkeit, sehr feines Abwägen von Recht und Unrecht, echtes Mitempfinden kleideten sie in Worte, wie sie kein Journalist hätte besser und treffender finden können." Alles weitere im nächsten Heft.[30]

Da stand es dann unter dem völlig zutreffenden Titel „Menschenleben auf der Waage". Und da durften auch wieder einige als zu leicht befunden werden – eingebettet in Sprechblasen von hoher Verantwortung: „Hunderte von Lesern legen dieses Zeugnis ab. Ihnen ist das Leben jedes einzelnen Menschen noch unsagbar wichtig, während heute Staatsmänner durch einen Federstrich ganze Völker ins Verderben führen können. Ungeheuer groß ist die Verantwortung, über Leben oder Tod eines Kranken zu entscheiden... Das sind die Stimmen der Menschen, die ernsthaft um Wahrheit ringen. Das sind die Leser von *Kristall*."[31]

Die über anderer Menschen Tod entscheiden – verantwortungsbewußt. Es war das Jubiläum der finstersten Volksseele, hervorragend geeignet, die Leser-Blatt-Bindung zu festigen.

Diese Volksseele war genau neun Jahre zuvor geformt worden. Tagebuch-Notiz des Reichsministers für Volksaufklärung vom 4. Februar 1941: „Mit [dem Schauspieler und Regisseur Wolfgang] Liebeneiner einen neuen Filmstoff über Euthanasie besprochen. Ein sehr schwieriges und heikles, aber auch ein sehr dringendes Thema. Ich gebe Liebeneiner einige Richtlinien."[32] Obwohl er voll mit den Vorbereitungen für den Angriff auf die Sowjetunion ausgelastet war ("Der Atem der Geschichte ist hörbar. Große, wunderbare Zeit, in der ein neues Reich geboren wird."), fand Goebbels am 21. Juni 1941 Zeit für eine ihm ebenfalls sehr wichtige Eintragung: „Neuer Liebeneiner-Film ‚Ich klage an'. Für die Euthanasie. Ein richtiger Diskussionsfilm. Großartig gemacht und ganz nationalsozialistisch. Er wird heißeste Debatten entfachen. Und das ist sein Zweck."[33]

Die große *Kristall*-Debatte neun Jahre später: „Hunderte von Lesern haben an *Kristall* geschrieben. Alle Briefe gehen von der Voraussetzung aus, daß Frau Borroto durch die Hand des Arztes gestorben sei. Bei weitem die meisten Einsender befürworten, was der Arzt getan hat und fordern leidenschaftlich eine Änderung der Gesetze."

An die Hundert Einsender ließen sich mit Foto abdrucken, wie die Hamburger Filmdramaturgin Madeleine du Mont: „Möge jeder Mensch, der sich bemüht ‚Mensch' zu sein, den noblen Arzt finden, der ihm wie ein guter Freund die Pforte zum Jenseits öffnet."[34]

Anweisung des Referenten Denecke im Reichspropagandaamt vom 2. September 1941: „Die Besprechung des Films ‚Ich klage an' wird nunmehr freigegeben. Das in dem Film angeschnittene Problem darf weder positiv noch negativ behandelt werden, sondern der Film soll nur rein sachlich besprochen werden. Der Film behandelt das Problem der ‚Euthanasie'. Dieser Ausdruck ist keineswegs zu gebrauchen. Dagegen kann erwähnt werden, daß in dem Film das Problem angeschnitten wird, ob einem Arzt das Recht zugestanden werden kann, auf Wunsch unheilbarer Kranker deren Qualen zu verkürzen. Bei Behandlung dieses Films ist natürlich größter Takt am Platze."[35]

Taktvolle Ausführung der Anweisung im *Film-Kurier* vom 22. September 1941: „Wie sehr der Film in den Bereich ernster Betrachtung und Diskussion gerückt ist, konnte sich nicht deutlicher zeigen, als bei der Sondervorstellung des großen Tobis-Werkes ‚Ich klage an', die von der Breslauer Pressestelle der Tobis im Capitol veranstaltet wurde. Ein umfassender Kreis von Sachverständigen war geladen und erschienen. Die Gauleitung und das Oberpräsidium, die Staatsanwaltschaft und das Erbgesundheitsgericht. Vor allem aber waren die Mediziner der Einladung gefolgt. Man sah die Chefs wohl aller Universitätskliniken, der Breslauer Krankenhäuser und Lazarette neben den bekanntesten Spezialärzten. Dies bedeutet eine Anerkennung der filmischen Leistung, wie sie von Fachkreisen aus vor einigen Jahren noch nicht möglich gewesen wäre. Anschauungen, die sich durch solche Filme bei den maßgebenden Stellen bilden, bleiben nicht auf den einzelnen Fall begrenzt."[36] Gewiß nicht, im Hitler-Reich gab es Zehntausende dieser von Fachkreisen ausgeführten „Euthanasie"-Morde. Danach schrieb *Kristall*-Leserin Edith Darius aus Mettmann 1950 ernst und verantwortungsvoll an ihr Blatt: „Ich möchte nur an den Gnadentod erinnern, den man dem Lieblingshund oder dem Lieblingspferd ohne Bedenken gibt. Man sage nicht, das sei etwas anderes. Leben ist Leben und Qual ist Qual."[37] Lissners *Kristall* über solche Rufe nach neuem Gnadentod: „Diese Briefe zeigen, wie ernst und verantwortungsvoll unsere Leser die *Kristall*-Diskussion aufgefaßt haben. Wir weisen nur darauf hin, daß das Problem der Tötung unheilbar Kranker, die selbst den Wunsch zur Beendigung ihrer Qual nicht aussprechen können, innerhalb unserer Diskussion nicht zur Debatte stand."[38] Der Goebbels-Liebeneiner Film hatte für die Doppelproblematik auch schon eine anerkannt elegante Lösung gefunden. Lagebericht des Sicherheitsdienstes der SS vom 15. Januar 1942: „Der Film ‚Ich klage an' zeigt eine doppelte Problematik auf. Als Hauptthema wird das Problem der *Tötung auf Verlangen im Falle einer unheilbaren Erkrankung zur Diskussion gestellt*. In der Nebenhandlung findet die Frage der Beseitigung lebensunwerten Lebens ihre Darstellung. In den hier aus allen Teilen des Reiches vorliegenden Meldungen zeigt sich, daß der größte Teil der deutschen Bevölkerung der Tendenz des Films grundsätzlich, *wenn auch mit manchen Vorbehalten zustimmt*, daß man schwerleidende Menschen, für die es keine Heilung mehr gibt, auf einem durch Gesetze vorgezeichneten Wege einem rascheren Tode zuführen möge."[39] Und genau so hatte neun Jahre später *Kristall*-Leserin I. Stahlmann den Sinn der *Kristall*-Debatte richtig verstanden. Ernst und verantwortungsvoll schrieb sie: „Heute wird jeder Kranke und Schwachsinnige mit jedem zur Verfügung stehenden Mittel von Geburt an am Leben erhalten, gleich welche Unsummen an Geldern dafür aufgebracht werden müssen. Auf der anderen Seite sind aber für gesunde Menschen keine Mittel da, um ihnen ein einigermaßen erträgliches Leben zu gestalten."

Da war es gerade vier Jahre her, daß Axel Eggebrecht am Anfang dieses Blattes das Programm formulierte – und am Ende irrte: *Beschrieben und erläutert werden Spielarten des Giftes, das unaufhörlich in alle Fugen noch des privatesten Lebens einsickerte. Daher sind die Darstellungen eigentlich Beiträge zur Erkenntnis jener Teufelskunst der Massenbeeinflussung, die mit nie dagewesener Meisterschaft an uns geübt wurde. Wie tröstlich, daß die braune Magie zuletzt doch keine Geschichte machte, den Erfolg nicht erlisten konnte.*

Die List der Unvernunft siegte doch. Selbst der zitierte *Kristall*-Hinweis auf die Staatsmänner, die ganze Völker ins Verderben führen dürfen, dem Einzelnen aber das Recht zum eigenen Tod verweigern, war von Liebeneiner und Goebbels vorgeprägt. Der SD-Bericht über die Zuschauer-Reaktion auf den „Euthanasie"-Film: „Die allgemeine Bejahung gipfelt in der Zustimmung zu den Worten des Majors im Film: ‚Der Staat verlangt zwar von uns die *Pflicht* zu sterben, dann muß er uns auch das *Recht* zum Sterben geben!'".[40]

Ein halbes Jahr später veröffentlichte Lissner in *Kristall* eine große, nicht namentlich gezeichnete Serie, die unter dem Titel „Die Katze im Kreml – Stalins Rote Kapelle" enthüllte, wer daran schuld war, daß Deutschland auch seinen zweiten Weltkrieg verlieren mußte: „Niemand kann einen Krieg gewinnen, der den Feind in den eigenen Kommandostellen sitzen hat. Stalin hatte im letzten Krieg deutsche Offiziere, Diplomaten, Beamte, Sekretärinnen in seinen Diensten. Er war auf alle wichtigen geheimen Reichs- und Kommandosachen des Dritten Reiches gewissermaßen abonniert."

Dabei war der Kremlchef mit aller Heimtücke, die ihm zu Gebote stand, ans Werk gegangen: „Während Stalin mit Hitlers Abgesandten prostete, waren seine Agenten im Dritten Reich am Werk, um Position um Position zu erobern. Stalin hielt nichts von Freundschaft. Mehr hielt er von seinen Agenten."

Die gesamte deutsche Führung sei – das veröffentlichte Ivar Lissner, Hitlers bester Agent in Fernost, der Mann, der entscheidend zum Gelingen des Überfalls auf die Sowjetunion beitrug, in dem Springer-Blatt, das drei Jahre zuvor noch eine neue *Weltbühne* werden sollte – die gesamte deutsche Führung sei von Stalins Agentennetz durchzogen gewesen und – diese erpresserische Drohung galt allem, was sich in Deutschland geändert hatte – „heute wagt noch niemand eine umfassende Veröffentlichung; denn Hunderte von deutschen Männern des öffentlichen Lebens würden dadurch kompromittiert"[41].

Sechzehn Jahre später legte Lissner selbst Wert darauf, Mitglied eines

Widerstands gewesen zu sein. Den Oxforder Historiker F.W. Deakin, der zusammen mit seinem Kollegen G.R.Storry in einem Buch über Richard Sorge Lissners Agententätigkeit erwähnt hatte und ihn mit „dem deutschen Sicherheitsdienst" in Verbindung brachte, bat er um folgende Textänderung: „Yet he was a valuable source of information to the powerful anti-Nazi Intelligence service of Admiral Canaris" – er, Lissner, sei vielmehr eine wertvolle Informationsquelle für den mächtigen antinazistischen Geheimdienst von Admiral Canaris gewesen. Ja, er versuchte dem Historiker einzureden, Canaris habe ihn nur darum beauftragt, die Stärke der sowjetischen Streitkräfte auszukundschaften, weil der Abwehrchef Hitler von seinem Angriff auf Rußland abhalten wollte – kurz, aus Liebe zur Sowjetunion hat er gegen sie spioniert.[42]

Daß Ivar Lissner selbst Autor der anonymen *Kristall*-Denunziation gegen die Hunderte von deutschen Männern des öffentlichen Lebens war, ist durchaus möglich. Die presserechtliche Verantwortung trug er in jedem Fall. Denn das Redaktionsimpressum enthält nur einen einzigen Namen, den seinen, als Chefredakteur.

Nicht anonym dagegen schrieb Lissner kulturhistorisch wertvolle *Kristall*-Serien, die sich anschließend zu leicht verderblicher Bestsellerware ("So habt ihr gelebt", „Aber Gott war da", „Rätselhafte Kulturen") verarbeiten ließen. Zu dieser Art von Erzeugnissen gehört auch sein 1967 erschienenes 640-Seiten-Bekenntnisbuch „Wir sind das Abendland" – schönes, dummes Zeug über „Gestalten, Mächte und Schicksale Europas durch 7000 Jahre".

Lissner macht da die verblüffende Entdeckung, daß wir die letzten 2300 abendländischen Jahre allein dem mazedonischen König Alexander III (356-323) verdanken: „Und hätte Alexander nicht mit Titanengewalt die mächtigen Brücken in alle Welt geschlagen, dann hätte das winzige verblühende Hellas seine und unsere – die europäische – Kultur mit sich ins Grab nehmen müssen. Dann wärest du nicht du und ich wäre nicht ich. Dann hätten wir niemals etwas von einem demokratischen Ideal gewußt. Dann hätte Christus uns nicht erreicht. Dann wüßten wir nichts von Nächstenliebe. Dann hätten wir keine Dome – aber den Harem."

Besonders ärgerlich: Wir hätten auch keinen *Reader's Digest*. Denn der Erfolg der „eindeutig christlich orientierten" Gründer dieser Fast-food-Lektüre mit einem – wie Lissner in diesem Zusammenhang rühmend erwähnt – Anzeigen-Seiten-Preis von damals 26.500 Dollar spricht „dagegen, daß das Christentum im Abendland im Abklingen ist".

Lissner, der im Erscheinungsjahr seines Abendlandwerkes starb, war am Ende so gut wie ein ganzes Jahresabonnement von *Reader's Digest*.

Vorletzte Seite: „Ihr stürzt nieder, Millionen? Paulus hätte euch aufgerichtet. Alexander hätte vielleicht nur durch sein Erscheinen dem Osten das Abendland wiedergebracht. Platon hätte euch zur Ruhe gemahnt. Augustus hätte euch zusammengeführt und in Frieden geeint. Voltaire, oh, ihm wäre ein sprühender Witz eingefallen, und er hätte euch die geistvolle Kultur der Geselligkeit zurückgegeben. Wäre Dante unter uns, würden wir seinen visionären Wanderungen durch die drei Reiche des Jenseits folgen oder vor ihm im Lebensüberdruß weglaufen? Ich sehe, Columbus mischt sich in das Gespräch. ‚Man hat mich zu lange warten lassen, sieben Jahre, das war zuviel.' Aber Diogenes antwortet ihm, es habe ihm einfach an Geduld gefehlt, das sei ein großer Fehler gewesen. ‚Vertane Zeit, vertanes Leben. ihr hättet euch der Liebe zuwenden sollen', flüstert der venezianische Ritter Casanova aus seinem Grab. ‚Ein wenig Frivolität, und das Leben ist gemeistert.' Ein feuriger Blick trifft Casanova aus den Augen Philipp II."[43]

Hi, this was the best of all Europe. So endet ein besonders wertvoller Nazi-Agent als abendländischer Kultur- und Euthanasiewart.

Aber genau hier sind wir bei einer Hinterlassenschaft Lissners, die uns blieb. Er begründete die Bestsellerkultur dieser Jahre: Herbert Wendt, Werner Keller, Anton Zischka und viele andere begründeten ihren Erfolg mit Serien und Vorabdrucken in *Kristall*. Ganz besonders aber einer.

Eines Tages kommt der Mann, der Lissners Leiden in Tokio von Berlin aus, aber durchaus von zuständiger Stelle, zugeschaut hatte, der Mann, dessen Bedeutung im NS-Propagandawesen man immer nur unterschätzt hat, mit seinem freundlich schwanzwedelnden Dackel fröhlich in die *Kristall*-Redaktion. Er verheißt Aufklärung. Aufklärung über „die ganz großen Geheimnisse". Und so beginnt ein Jahr nach Ivar Lissners Machtübernahme, drei Jahre, nachdem Axel Eggebrecht den Traum von einer neuen *Weltbühne* begraben mußte, die große *Kristall*-Geisterserie: „1. Teil: Spiritismus – Was suchen über hunderttausend gebildete Deutsche in jenseitigen Geisterwelten? … wie ist die große Untergrundbewegung entstanden? … "

Der neue *Kristall*-Autor ist auf einer spiritistischen Sitzung in Hamburg, wo ein Teilnehmer den großen Korsen im Jenseits fragt: „Napoleon Bonaparte gibt es einen dritten Weltkrieg?" Die Antwort des Kaisergenerals lautete: „Oui – ja."

Mehr war aus dem Hohen Gast zum – wie wir noch sehen werden – aufrichtigen Bedauern des Verfassers nicht herauszubekommen. Gewiß: „Gesehen habe ich Napoleon nicht. Doch seine Anwesenheit stand fest."

Entscheidend: „Wir alle standen im Bann des unzweifelhaften ›ouis‹."
Und dann berichtet der Autor von einem erregenden Angebot, das ihm
jüngst gemacht wurde: „,Wollen Sie Hitler sehen? Wir haben ihn schon
oft zitiert', forderte mich kürzlich ein Spiritist auf... "[44]
Wer ist der geheimnisvolle Herr, dem solche Offerten offen stehen und
den *Kristall* seinen Lesern als „unser Psychologe Dr. Kießling"
vorstellt? Wird er alles tun, was in seinen Kräften steht, um das Versprechen des großen Korsen zu erfüllen? Wird es ihm gelingen, den Geist
Adolf Hitlers zu beschwören?
Fortsetzung folgt im nächsten Kapitel.

6. Journalisten ins Jenseits befördern – Vom Sprecher Ribbentrops zum Nachkriegschronisten des Unternehmens Barbarossa: Paul Carell

Ich war blamiert vor zweiundzwanzig Jahren, wie sehr, das wußten nur die wenigsten Leute, und die hielten eisern den Mund. Ich selbst habe manches erst jetzt während der Recherchen für dieses Buch herausgefunden. „Wenn Caesar wüßte...", überschrieb ich am 13. Februar 1967 meine *Spiegel*-Kolumne. Und mokierte mich, daß Springers damals acht Tages- und Sonntagszeitungen ihm den Streich spielten, das – wie ich meinte – umstrittene Buch eines umstrittenes Mannes einhellig zu loben, obwohl sie doch innerhalb der von ihm eingeschlagenen vier Pflöcke – Bekenntnis zur Wiedervereinigung, Ablehnung eines jeden Extremismus, Bejahung der freien sozialen Marktwirtschaft und „Aussöhnung zwischen Juden und Deutschen"[1] völlige Freiheit hatten zu schreiben, was sie wollten.

„Springer hätte", so höhnte ich, „solche Einhelligkeit nie gewollt." Und schon gar nicht bei einem Mann, von dem man im Hause Springer wissen mußte, daß er Morddrohungen gegen seine Kollegen ausgestoßen hatte und Sprengstoff in Synagogen legen lassen wollte.

Dieser Mann hatte viele Namen. Der, unter dem er damals gerade am bekanntesten war, lautete Paul Carell. Und das Buch, das innerhalb weniger Wochen den einmütigen Beifall aller, oft hochgestellter Springer-Rezensenten gefunden hatte, hieß „Verbrannte Erde" und war der zweite Teil zum „Unternehmen Barbarossa". Beide Bände sind dem – wie der Untertitel hieß – „Feldzug in Rußland" gewidmet und in Springers Ullstein Verlag erschienen.

Das war nicht einfach, wie ich unterstellt hatte, Springer-Kumpanei, dies sicherlich auch – es war der Geist der Zeit, der Springers Redakteure zum Weihrauch greifen ließ, wo ein entschlossener Wurf in den Papierkorb angebracht gewesen wäre.

11.400 Mark brachte meine – nur teilweise gespielte – Naivität dem *Spiegel* am 6.März 1967 ein. Soviel mußte Axel Caesar Springer zahlen, um die Reputierlichkeit eines Mannes wiederherzustellen, von dem ich Tor meinte, öffentlich sehen lassen könne er sich mit dem nicht mehr.

Unsinn, sie grüßten ihn alle unter den Linden, keiner schämte sich des Herrn Carell. Aufgemacht wie meine *Spiegel*-Kolumne bot die Annonce unter der Überschrift „Darf Anspruch auf größtmögliche Objektivität erheben' *Münchner Merkur*" kommentarlos „Pressestimmen über Paul Carell".

Das begann mit der *Zeit*, die vier Monate zuvor in einem verzückten Beitrag ihres damaligen Redaktionsmitgliedes Alexander Rost zu dem Ergebnis kommt: „Dieses Buch bewältigt Vergangenheit."[2]

Dazwischen das Urteil einer angesehenen und – wie ich damals glaubte, weil ich sie nicht kannte – wissenschaftlichen Zeitschrift, das „Historisch-Politische Buch". Sie urteilte enthusiastisch: „Man liest das Buch mit atemloser Spannung und legt es erschüttert aus der Hand ... Sorgfältige Forschung und saubere Geschichtsschreibung verbindet er ..." – und so fort.

Es endete mit Lobsprüchen der *New York Herald Tribune* und der *New York Times* („One of the most ingenious accounts of a military campaign ever written").

Das Schönste: vor den beiden Lobesstimmen der New Yorker Zeitungen noch ein Beifall aus unserer Republik: „Vergleichbar den ebenfalls weithin bekanntgewordenen amerikanischen und französischen Kriegswerken ‚The Longest Day' von Cornelius Ryan und ‚Le Débarquement de Provence' von Jacques Robichon, unternimmt es auch Carell, im Handeln und im Schicksal einzelner, meist sogar bei Namen genannter Frontsoldaten beider Seiten und aller Stufen das Bild des Krieges in seinen vielfachen Schattierungen zu erfassen. Bei Carell sind es jedoch viele ‚lange Tage', viele Wochen und Monate, über die der Leser in packender Sprache bis zum Untergang der Armee Paulus in Stalingrad geführt wird ... Neben dem Einzelerlebnis der Vielen vermittelt das Buch ein gutes Stück echter Kriegs- und Vorkriegsgeschichte."

Diese Rezension stand – verkündete die Springer-Anzeige stolz – im *Spiegel*.

Nicht zu vergessen das Allerschönste: ganz unten in der Ullstein-Anzeige stand als Erläuterung zu Paul Carell: „Autor erfolgreicher *Spiegel*-Serien".[4]

Er war die authentische Stimme des freiheitlichsten Staates, den es je auf deutschem Boden gab – und ich hatte geglaubt, Springer mit ihm in Verlegenheit bringen zu können.

Und war ich etwa der *Spiegel*? Ganz gewiß nicht – 1972 setzte mich Verlagsdirektor Hans Detlef Becker vor die Tür mit der Begründung, daß „zu keiner Zeit eine tragfähige Übereinstimmung über Thematik,

Gestaltung und Kontinuität der Beiträge bestanden" habe – ich hatte das deutsche Nachrichtenmagazin fünf Jahre lang mit meiner Kolumne vergewaltigt.

Ich Traumtänzer war da in eine Situation geraten, deren ganze Peinlichkeit mir erst heute bewußt wird.

Ja, wenn Axel Caesar wüßte. Caesar wußte. Er wußte wie Carell richtig hieß, und was er gemacht hatte. Vielleicht war Carell gerade darum einer seiner engsten Berater. Und wenn Augstein gewußt hätte...

Walter Warlimont, Carells *Spiegel*-Rezensent, stammte – das habe ich auch erst jetzt herausgefunden – aus einer hoch angesehenen terroristischen Organisation der Weimarer Republik, dem Landesjägerkorps General Maercker. Es hatte sich erhebliche Verdienste bei der Ausmerzung von Kommunisten und jeglicher Sympathisanten erworben. Ganz ausleben aber durfte er sich – er schrieb im *Spiegel* als Sachverständiger – beim Unternehmen Barbarossa, beim Überfall auf die Sowjetunion, für den er seit Dezember 1940 die Pläne entwarf. Er hatte auch die Federführung bei der Ausarbeitung des sogenannten Barbarossa-Erlasses, der am 13.Mai 1941, sechs Wochen vor dem Kriegsbeginnn, verabschiedet wurde.

Dieser Barbarossa-Erlaß machte kurzen Prozeß mit dem Völkerrecht. Er schaltete die rechtsförmigen Institutionen für das Umbringen von Kriegsgefangenen und Zivilisten, die Kriegsgerichte und Standgerichte, weitgehend aus. Freischärler seien von der Truppe „schonungslos zu erledigen" und wo „Maßnahmen dieser Art versäumt wurden oder zunächst nicht möglich waren, werden tatverdächtige Elemente sogleich einem Offizier vorgeführt. Dieser entscheidet, ob sie zu erschießen sind." Und dessen Entscheidung ist von vorneherein klar, denn: „Es wird ausdrücklich verboten, verdächtige Täter zu verwahren, um sie bei Wiedereinführung der Gerichtsbarkeit über Landeseinwohner an die Gerichte abzugeben." Für Handlungen, die Angehörige der Wehrmacht gegen feindliche Zivilpersonen begehen, besteht „kein Verfolgungszwang, auch dann nicht, wenn die Tat zugleich militärisches Verbrechen oder Vergehen ist." Kriegsgericht gegen die eigenen Leute gibt es „nur dann, wenn es die Aufrechterhaltung der Manneszucht oder die Sicherung der Truppe erfordert."[5]

Diesen Barbarossa-Erlaß, der aus deutschen Soldaten Mörder machte, hatte Warlimont formulieren lassen als Chef der Landesverteidigung im OKW – damit wir für alle Zeiten wissen, was militärische Verteidigung auf deutsch bedeutet.

Und dieser Mann, der erfolgreich gebot, daß Mord und Massenmord kein Verstoß gegen die Manneszucht der deutschen Wehrmacht sei, sondern geradezu von ihr geboten werde, der in Nürnberg zu lebenslänglicher Haft verurteilt wurde und schon 1957 wieder frei herumlaufen durfte, den konnte mir das Haus Springer völlig zu Recht vorhalten: Was ereifere ich mich im *Spiegel* über Lobeshymnen der Springerblätter auf Carell, wenn doch im deutschen Nachrichtenmagazin selbst ein Mann, der an krimineller Energie Carell in nichts nachstand, den Ullstein-Autor kaum weniger schön lobte als alle Springer-Redakteure zusammen.

Gewiß Warlimont erhob, von Fachmann zu Fachmann, auch einige Einwände gegen Carell. Nicht an „Verrat", wie Carell schrieb, sondern an „Hitlers Hybris" sei der „Feldzug in Rußland" gescheitert. Entscheidend für den Gast-Rezensenten im *Spiegel* aber war Carells „wertvolle[r] Beitrag zu dem Kernproblem unserer Zeit", nämlich „die Anwendung bewaffneter Gewalt für immer aus dem Register zwischenstaatlicher Beziehungen zu tilgen".

Wie? Der vorbestrafte Aggressions-General im *Spiegel* war sich mit Carell von Springer völlig einig: „Da jedoch statt dessen bisher noch nichts Besseres ersonnen worden ist als die Drohung mit der bewaffneten Gewalt und da diese ‚Abschreckung‘ glaubhaft sein muß, wenn die ‚Freie Welt‘ sich vor dem Kriege schützen, aber auch vor dem Absinken in die Tyrannei bewahren soll, will uns ein Soldatentum, wie Carell es schildert, bis auf weiteres als verpflichtendes Vorbild erscheinen."[6]

Blamiert. Bis auf die Knochen blamiert, das war ich, auch wenn ich das damals nicht richtig wahrhaben wollte. Ich hatte nachweisen wollen, daß nur die eifrigen Diener des Axel Caesar Springer es fertig bringen, Paul Carell hochzuloben. In Wahrheit stand die Freie Welt hinter ihm, seiner „Verbrannten Erde" und dem „Unternehmen Barbarossa."

Mit Barbarossa hatte es Paul Carell von seinem ersten Schrei an zu tun. Denn geboren wurde er als Paul Karl Schmidt 1911 in Kelbra am Kyffhäuser, dort wo der Sage nach Friedrich Barbarossa sitzt und auf Deutschlands Erwachen wartet. In Wahrheit ertrank dieser deutsche Kaiser schon 1190 auf einem christlichen Raub-, Mord- und Kreuzzug nach Jerusalem im Saleph, als er gegen den Strom schwimmen wollte. Kriegsberichterstatter Imad ad-Din: „Man zog ihn noch atmend aus dem Fluß, und der Teufel brachte den deutschen Teufel mit Familie und Gepäck in die Hölle."[7]

Paul Karl Schmidt dagegen zog es eilends mit neunzehn – noch als Oberprimaner – in den Schoß der Partei. Das war am 12. Januar 1931.

Schmidt (NSDAP-Mitgliedsnummer 420.853) wurde schnell Kreisredner, Gauführer des NSD-Studentenbundes, sowie Funktionär einer Burschenschaft, Führer des Kameradschaftshauses der Universität Kiel. Noch 1931 war er in die SA eingetreten, die er wie sein AA-Mitkämpfer Kiesinger (Seite 121) wieder verließ, ebenfalls 1934, als dies opportun war. Die SS (Mitgliedsnummer 308.263) verhalf dem Träger des „Winkels für alte Kämpfer" sofort zu höheren Ehren.

„Bei Aufnahme in die SS und gleichzeitiger Beförderung zum SS-Führer wird gebeten, dem Pg.Schmidt den SS-Degen verleihen zu wollen", beantragt die Dienststelle des Beauftragten für außenpolitische Fragen der NSDAP im Stab des Stellvertreters des Führers dringlich beim SS-Hauptamt in der Prinz-Albrecht-Straße. Innerhalb von zwei Jahren stieg er vom Hauptsturmführer zum Obersturmbannführer auf.

Gleich nach Ende seines Studiums war er am 1. Januar 1937 in die obige Dienststelle mit dem umfangreichen Namen eingetreten, die kurz Dienststelle Ribbentrop hieß. Benannt nach Joachim von Ribbentrop, einen zwecks Adelsprädikat adoptierten und zuvor in das Haus Henkell eingeheirateten Sekt-Vertreter, der erst eineinviertel Jahre nach Schmidt der Partei beigetreten war. Wegen der diplomatischen Manieren, die man als Schampus-Repräsentant sammelt, machte Hitler den gesinnungsstarken Ribbentrop 1933 zu seinem außenpolitischen Berater. Der Führer meinte, Ribbentrop sei „größer als Bismarck"[8], blieb aber mit diesem Urteil allein. „Ausgerechnet mein dümmster Schwiegersohn wird Reichsaußenminister", mokierte sich Frau Henkell, als Ribbentrop im Februar 1938 seinen national-konservativen Vorgänger Konstantin Freiherrn von Neurath verdrängt hatte.[9]

Doch zum Denken benutzte der neue Minister in seinem Persönlichen Stab längst seinen Schmidt, den er 1940 als Gesandten I.Klasse zum Chef der Nachrichten- und Presseabteilung im Auswärtigen Amt machte. Schon bevor er dem Ministerium formell angehörte, saß Schmidt dort in einem eigenen Büro und baute für Ribbentrop das auf, was man in der Diplomatensprache vornehm einen „Nachrichtenbeschaffungsapparat" nennt.[10]

Freigeboxt hatte Schmidts neue Chef-Stelle Albrecht Haushofer, der Lyriker und Spion (siehe Seite 221), den die Nazis 1945 umbrachten, weil er Rudolf Heß zu gut kannte. Am 2. März 1938 schrieb er für den frischgebackenen Außenminister einen Bericht über die Zuverlässigkeit der Diplomaten im Auswärtigen Amt, inbesondere im Hinblick darauf, wieweit sie „ihrer geistig-politischen Einstellung nach die Nützlichkeitsgrenze ihrer Verwendung erreicht haben". Den damaligen Leiter der

Presseabteilung beurteilte er so: „Aschmann ist sehr gewandt, aber undurchsichtig und etwas müde. Seine Unsicherheit gegenüber der Partei hat den Presse-Einfluß des A.A. vielfach verkümmern lassen."[11] Schmidt baute die Presseabteilung, die unter seinem Vorgänger Gottfried Aschmann ein schläfriges Ausschnittbüro war, zu einem schlagkräftigen Instrument Ribbentrops aus. Und damit begann eine Karriere, „die selbst bei den Aufstiegsmöglichkeiten im Dritten Reich märchenhaft genannt werden konnte", wie sein damaliger Parteifreund und AA-Kollege Hans Georg von Studnitz gut dreieinhalb Jahrzehnte später urteilte.[12]

Verblüffend, wie wenig die Zeithistoriker diese wichtige Figur des NS-Staates beachteten, obwohl – oder weil? – sie noch lebt. Erst 1987 erschien eine gründliche Studie ("Propagandisten im Krieg") des am Institut für Zeitgeschichte in München tätigen jungen Historikers Peter Longerich über die Presseabteilung des Auswärtigen Amtes unter Ribbentrop. Trotzdem gibt es immer noch ernstgemeinte Darstellungen von Presse und Propaganda im Dritten Reich, in denen der Name Paul Schmidt nicht vorkommt – und wenn doch, dann ist es, selten zum Schaden des einen, meist ein anderer.

Denn wir müssen unterscheiden zwischen dem Ministerialdirigenten und Gesandten I.Klasse im Auswärtigen Amt Dr. Paul Schmidt und dem Ministerialdirigenten und Gesandten I.Klasse im Auswärtigen Amt Dr.Paul Schmidt. So stehen zwei Paul Schmidts ununterscheidbar im Geschäftsverteilungsplan[13] des Auswärtigen Amtes und sind doch nicht eine Person. Der andere war der ebenfalls sehr gelenkige Paul Otto Gustav Schmidt, geboren 1899, gestorben 1970. Er war seit 1923 Dolmetscher und von Stresemann bis einschließlich Hitler Chefdolmetscher der jeweiligen Reichsregierung, und er wurde nach dem Krieg bekannt durch seine 1949 erschienenen Memoiren „Statist auf diplomatischer Bühne".

Unser Schmidt dagegen schrieb leider keine Memoiren und heißt mit beiden Vornamen Paul Karl, woraus er nach dem offiziellen Ende seiner NS-Karriere Paul Karell, und dann Paul Carell machte.

Paul Karl Schmidt wurde bald neben dem Reichspressechef Otto Dietrich, der Hitler direkt unterstand, und Hans Fritzsche, der im Goebbels-Ministerium für Volksaufklärung und Propaganda die Abteilung „Deutsche Presse" leitete, der dritte Presselenker unter den Funktionären des Dritten Reiches. Er war persönlich einflußreicher als die beiden anderen. Denn Otto Dietrich und Hans Fritzsche waren nur die Mittelsmänner zwischen Hitler, beziehungsweise Goebbels und der Presse. Gerade der sogenannte Reichspressechef Otto Dietrich gewann erst nach dem Krieg richtig Statur, weil Schmidt und Fritzsche im Nürnberger Prozeß jedwede Verantwortung auf ihn abzuwälzen versuchten.[14] Für einen ständigen Beobachter der Reichspressekonferenz wie Fritz Sänger war Dietrich nur „ein Klaqueur an der Schreibmaschine", der „kein eigenes Gesicht" hatte.

Schmidt aber hatte, und die Schreibmaschine benutzte er zum Schießen und das auch noch nach dem Krieg. Er diktierte dem ihm intellektuell unterlegenen RAM, dem ReichsAußenMinister Ribbentrop die Pressepolitik und oft nicht nur die. Hans-Georg von Studnitz, sein Mitarbeiter in vielerlei Hinsicht, notierte im Januar 1944: „Schmidts Position bei Ribbentrop beruht darauf, daß er in der Sache hart bleibt und nicht daran denkt dem RAM nachzugeben, weil er sein Chef ist. Es spricht nicht gegen Ribbentrops Charakter, daß er einem solchen Untergebenen – den er übrigens selbst entdeckt hat – eine Ausnahmestellung zuerkennt."[15]

So freundlich formulierten es andere, die mit ihm zu tun hatten, nicht. „Einen unbedeutenden Fettwanst namens Schmidt", nannte noch US-Korrespondent William L. Shirer („Aufstieg und Fall des Dritten Reiches") den 29jährigen, den Ribbentrop am 9. April 1940 der Auslandspresse als seinen neuen Sprecher vorstellte.[16]

Einer der bedeutendsten Exponenten des Naziregimes und die rechte Hand seines Chefs war er drei Jahre später, 1943, für Arvid Fredborg, den Korrespondenten des *Svenska Dagbladet*. Er hatte Paul Karl Schmidt seit 1941 nahezu jeden Tag mittags um eins auf seiner Pressekonferenz im Auswärtigen Amt erlebt. Fredborg konnte sehr gut verstehen, was die obersten Naziführer an Paul Schmidt schätzten: „Er ist sehr intelligent, sehr schlagfertig und witzig, bissig in seinen Antworten, er hat keinerlei moralische oder andere Skrupel und kann jederzeit und in jeder Situation die Verlautbarungen so auslegen, wie sie sich gerade am besten für Ribbentrops Ziele eignen." Und dabei ist er sich voll seiner Bedeutung bewußt: „Jedes Wort, was er sagt, wird sozusagen vor einem Auditorium gesprochen. Er ist schauspielerisch sehr begabt, seine Mimik ist außerordentlich, und auch seine Widersacher müssen anerkennen, daß er sich selbst in schwierigsten Situationen sehr elegant und nonchalant bewegt, daß er nie die Fassung verliert und immer Herr der Situation ist." Das sei freilich nicht erstaunlich, meinte Fredborg, weil Paul Schmidt einfach keine Konkurrenten habe.

Peinlich empfand der Schwede Schmidts „Theaterdonner", seine gespielte Indignation. Fredborg: „In seinem Register gibt es alles.

Manchmal schüttelt er ganz traurig den Kopf, wenn er über Churchills oder Roosevelts Dummheit spricht, manchmal tritt er wie ein Löwe auf, wenn er über ihre Gemeinheit spricht, er kann eben alles." Zynismus sei Schmidts größte Stärke. Fredborg: „Jeder weiß, daß er für jedes Regime eintreten würde, wenn es ihm diese Position anbieten würde, er ist ein reiner Machtmensch. Da er überhaupt keine Hemmungen hat, ist er seinen Widersachern überlegen, weil die zögern, die gleichen Mittel gegen ihn anzuwenden."

Dieser rücksichtslose homo novus ohne jede Erziehung benehme sich Damen gegenüber unvorstellbar, was übrigens die AA-Angestellte Marie ("Missie") Wassiltschikow in ihren Memoiren bestätigt, zweimal kommt er darin vor, einmal mit dem klassischen Satz: „Im Verlauf des Abends goß Gesandter Schmidt ein Glas Wein über Madonnas Schoß."[17].

Die Pressekonferenzen eröffnete er, auch wenn Journalistinnen dabei waren, mit der Aufforderung: „Meine Herren, ich bitte um ihre Fragen." Im Presseklub in der Fasanenstraße hat er einen Ukas erlassen, daß alle Damen ihn zuerst grüßen müssen. Fredborg: „Er denkt sich immer aufs neue solche Machtdemonstrationen aus. Ausländern gegenüber zeigt er einen Mangel an Kultur, der alle Leute verblüfft. Auch wenn das Niveau innerhalb der Nazi-Führerschaft sehr niedrig liegt, fällt er selbst im Vergleich mit denen noch unangenehm auf. Im Ausland benimmt er sich total daneben. In der Slowakei ist er wie ein orientalischer Fürst aufgetreten und ließ sich als Repräsentant der Reichsregierung anhimmeln. Und er hat alles gehamstert, was dort gut und begehrenswert war."[18]

Nicht einmal sein engerer Kollege, der Auslandsprecher des Oberkommandos der Wehrmacht Martin H. Sommerfeldt, fand irgendetwas Erfreuliches an Schmidt: „Er gehörte zum SD Himmlers und fuhr einen Kübelwagen. Seine Passion war Boxen. Seine Dialektik war verschlagen und erstaunlich gewandt, lieber aber handelte er direkt und brutal. Ein kleiner Hitler."[19]

Im Kompetenzdschungel des Dritten Reiches kämpfte sich Schmidt mit wütender Energie zur Spitzenstellung im Presse-und Propagandawesen durch. Sein Konkurrent Reichspressechef Otto Dietrich war schwer angeschlagen, seit er am 9. Oktober 1941 in einer großen Pressekonferenz vor in- und ausländischen Journalisten den soeben vollzogenen Endsieg über die Sowjetunion verkündete und prahlte, der englische Traum eines Zweifrontenkrieges sei ausgeträumt.[20]

Goebbels sowohl wie das Auswärtige Amt waren entsetzt über die peinliche Blamage, und Schmidt nutzte taktisch klug nicht nur diesen Fehler, sondern, wie Dietrich 1942 Schmidt vorwarf, immer wieder einzelne „Mißgeschicke" von Untergebenen, um ihm dann „vom Grundsätzlichen her ‚eine reinwürgen'" zu können.[21] Und im Kompetenzkampf gegen Goebbels durfte sich Schmidt auf die totale Beihilfe Ribbentrops verlassen. Die beiden Reichsminister des Großdeutschen Reiches verhielten sich – man lese nur das Goebbels-Tagebuch mit den ständigen Wutanfällen gegen Ribbentrop – wie Hund und Katz. Wo sie einander sahen oder auch nur von weitem rochen, verbissen sie sich ineinander. Und der Führer – gut so, denn Katz war so schlimm wie Hund, wenn auch aus dem Krieg der Tiere später Widerstandlegenden gefertigt wurden – der Führer gab ganz nach Laune mal dem einen einen Tritt, mal dem anderen, grundsätzlich entscheiden zwischen den beiden wollte er sich nie. Der Futterneid zwischen Ribbentrop und Goebbels führte zu grotesken Erscheinungen, half aber, als alles vorbei war, manchem engagierten NS-Journalisten wieder auf die Beine, indem er sich als Goebbels-Verfolgter zum Widerstandshelden umdekorierte.

„Die damals führenden deutschen Journalisten", so schrieb AA-Mann Erich Kordt schon 1950 ohne Namen zu nennen, bekamen „sehr vorteilhafte pekuniäre Angebote für die Mitarbeit in Ribbentrops Informationsabteilung", hätten dann aber mit Berufsverbot von Goebbels rechnen müssen.[22] Doch wenn die Goebbelsleute Schmidts AA-Journalisten von der Berufsliste strichen – und das geschah häufig –, ließ der den Goebbels-Schreibern Auslandsreisen verweigern. Mancher willige Journalist, der journalistische und andere Dienste für SS-Obersturmbannführer Paul Karl Schmidt leistete, konnte sich dann nach dem Krieg darauf berufen, Goebbels habe ihm Berufsverbot erteilt, während er doch unter dem AA-Schutz fröhlich und in reiner NS-Tonart weitergeschrieben hatte. Die Auslandskorrespondenten lockte Schmidt mit seinem hochkomfortablen Auslandspresseclub in der Fasanenstraße von Goebbels und seinem Deutschen Auslandsclub im alten Bleichroeder-Palast am Leipziger Platz weg. Die Geschäftsführung des Schmidt-Clubs hatte sein AA-Untergebener, der spätere Bonner *Bayernkurier*-Korrespondent Karl Friedrich Grosse, jedenfalls solange bis die Trunkenheitsexzesse dort überhand nahmen. Gut gemästet aber wurden Schmidts Auslands-Gäste auch noch in Zeiten schlimmer Not. Frau Reichsaußenminister Annelies von Ribbentrop vermißte eines Tages ein Schwein aus Bukarest. Mangels genauer Adresse war die Sendung routinemäßig – wie der Historiker Peter Longerich 1987 feststellte – an den Auslandspresseklub geliefert worden, wohin, wie Schmidts Abteilung der Frau Minister mitteilte, das

Schwein „dann auch seinen Weg nahm und dort von den Herren Auslandsjournalisten ... verzehrt wurde."[23] Solche Fürsorge, zu der auch Urlaubsreisen nach Oberstdorf zählten, wo die Auslandsjournalisten in „netter Lagerform" mit „einer speziell uns eigenen Lebensform vertraut" gemacht wurden, zahlten sich aus. Schmidts Arbeitsbericht für den Februar 1941 verzeichnete den Erfolg, daß sich das „kameradschaftliche Verhältnis" zu den Korrespondenten „außerordentlich vertiefte" und „eine Art Zellenbildung innerhalb der Auslandsjournalisten erfolgt" sei, die „politisch von großer Bedeutung ist".[24]

Schmidt weiß nicht nur, wie man sich Journalisten kauft, er baut für das Auswärtige Amt auch ein eigenes Zeitschriftenreich auf. Wie man mit wenig Geld Einfluß auf Publikationen nimmt, das hatte er schon als Ribbentrops junger Mann heraus. Er empfahl seinem Chef Zeitschriften zu subventionieren und tat dabei manchen guten Griff. Schon für 8000 Mark im Monat, so setzte er Ribbentrop auseinander, könne man Zeitschriften wie *Volk und Reich* übernehmen und so durch die „repräsentativste politische Zeitschrift in Deutschland" die Öffentlichkeit im In- und Ausland beeinflussen.[25]

Volk und Reich hatte durch vorzügliche Greuelpropaganda den Einmarsch in Prag propagandistisch mitvorbereitet und war tatsächlich eine auf gutem Papier gedruckte Qualitätszeitschrift, die Zeitschriften wie *Das Schwarze Korps* oder den *Stürmer* ohne Schwierigkeit auszustechen vermochte.[26]

Schmidt gründete die Antikominternpakt-Zeitschrift *Berlin – Rom – Tokio*, über die wir im übernächsten Kapitel mehr erfahren werden. Er gab diverse Pressedienste, Bücher und Broschüren heraus, und er griff im Ausland zu, wo er zugreifen konnte.

1943 wurde er Verwaltungsratsvorsitzender eines europaweiten, aber auch in China und Brasilien tätigen großen Medienkonzerns, der Mundus AG, in die beispielsweise auch die durch das AA „erworbenen" Beteiligungen an der Librairie Hachette und der Agence Havas in Frankreich eingebracht wurden. Wer – wie der belgische Zeitungsverlag La Legia – zögerte, dem von Schmidt dirigierten Konzern beizutreten, dem wurde unmißverständlich mit der deutschen Besatzungsmacht gedroht. Anderswo – bei Het Steen in Antwerpen – half der SD beim Plündern, indem er den rechtmäßigen Eigentümer mitnahm.[27]

Schmidt unterstand auch die Kriegs-Illustrierte *Signal*, die seit April 1940 alle 14 Tage für das besetzte und – soweit es sowtas gab – auch für das befreundete Ausland erschien und bis 1943 ihre Auflage auf 2,5

Millionen Exemplare in insgesamt 20 Sprachen steigerte. Ihr aufwendiger Mehrfarbenbuchdruck erforderte allein einen Stab von 200 bis 300 Personen.

„Das Heft enthält", so wunderte sich der *Daily Express* schon am 25. April 1940, „Seiten im besten Farbdruck, den ich je gesehen habe. Konzentrierte, geschickte Propaganda zu einem Preis, den jedermann zahlen kann und geschrieben in fast jedermanns Sprache."[28]

Ursprünglich war *Signal* eine Idee des Oberkommandos der Wehrmacht, Abteilung Wehrmachtpropaganda, aber Schmidt schaltete sich sehr schnell ein, und das Auswärtige Amt übernahm die Hälfte der Kosten, um sich die Mitsprache zu sichern. Zwar versuchten auch Reichspressesprecher Otto Dietrich, vor allem aber Goebbels bei *Signal* mitzureden, doch am 12. August 1942 konnte Lohse seinem Chef Schmidt melden: „Versuche des Propagandaministeriums, Einfluß auf die Gestaltung der Zeitschrift zu gewinnen, sind 100%ig gescheitert." Die Vertreter des Goebbelsministerium, die anfangs an den Redaktionssitzungen als Aufpasser teilgenommen hatten, waren bald schon nicht mehr erschienen. Der Einfluß der Presseabteilung des AA auf *Signal* sei damit absolut gesichert.[29] Angesichts seiner ständigen Rivalität mit Ribbentrop hätte Goebbels mit Sicherheit nicht aufgegeben, wenn er mit der Gestaltung des Blattes nicht zufrieden gewesen wäre. Außerdem bekam *Signal* 1943 einen Chefredakteur, den er sehr zu schätzen gelernt hatte: Giselher Wirsing (siehe Seite 178). *Signal* gefiel – trotz des AA-Einflusses – dem Propagandaminister schließlich so gut, daß er im August 1944 im Rahmen der Einsparungen für den totalen Kriegseinsatz lieber die offizielle OKW-Zeitschrift *Die Wehrmacht* einstellen wollte, als auf *Signal* zu verzichten.[30]

Schmidt schaltete sich sofort ein, als in Portugal eine ähnlich aufgemachte Zeitschrift unter dem Titel *Esfera* erschien und wies die Botschaft in Lissabon an, gegen die Nachahmung einzuschreiten.[31]

Besonders in Ungarn, wo man sich heute leichthin mit dem Springer-Konzern zu arrangieren weiß, leistete sich damals noch das faschistische Regime unter Admiral Horthy mit Rücksicht auf die wirtschaftlichen Interessen seiner schwachbrüstigen Illustrierten-Verleger Widerstand gegen eine *Signal*-Ausgabe in ungarischer Sprache. Doch Paul Karl Schmidt boxte die ungarische Ausgabe gnadenlos durch. Aus deutscher Sicht, so ließ er der protestierenden ungarischen Regierung durch die Botschaft mitteilen, spreche nichts gegen den *Signal*-Vertrieb in Ungarn. Ein Verbot der ungarischen Regierung wurde von Schmidt einfach nicht beachtet.

Nicht einmal der Duce konnte sich mit seiner Abwehr gegen *Signal* auf Dauer durchsetzen, obwohl das erste September-Heft 1941 Italien mit einem Nachhilfeunterricht über militärische Strategie ("Die dritte Lektion: Vernichtung! Oder: Die Idee von Cannae") schwer beleidigt hatte. Mussolini protestierte, doch Schmidt setzte *Signal* durch.

Denn der Segen des Führers ruhte auf dem Blatt, er zählte es, wie Botschafter Hewel, der AA-Verbindungsmann im Führerhauptquartier mitteilte, zu den ernsthaften Blättern von Format.[32]

Zur Rettung der heiligsten Güter Europas vor der Flut des Bolschewismus lag gegen Kriegsende ein seltsames Zeitschriftenprojekt namens *tele* bereit. Dort arbeitete der Abendland-Propagandist Rudolf Kircher (*Frankfurter Zeitung*), beraten vom SD-Erschießungs-Spezialisten Professor Six (Einsatzgruppe B), auf den kommen wir noch zu sprechen.

tele sollte in Stockholm erscheinen, produziert wurden einige Null-Nummern von der im Sommer 1943 gegründeten „Nordischen Verlagsgesellschaft" in Berlin, seit Anfang 1944 im südlich-sicheren Wien, und bezahlt wurde alles von Paul Karl Schmidt in der Wilhelmstraße. Eine Kulturillustrierte und zugleich eine „äußerst mysteriöse Angelegenheit", wie AA-Spezialist Peter Longerich meint. Er fragt: „Was konnte das deutsche Auswärtige Amt dazu bewegen, unter großem Aufwand von Devisen (die für die Beschaffung kriegswichtigster Güter dringendst gebraucht wurden) und unter Einsatz von hochqualifiziertem Personal ein Organ zur vorsichtigen Sympathiewerbung in einem für den weiteren Kriegsverlauf kaum entscheidenden Land zu einem Zeitpunkt aufzuziehen, als die Existenz des Dritten Reiches bereits deutlich auf dem Spiel stand?"

Die damalige Journalistin Elisabeth Noelle glaubt an eine Vorsehung. *tele* sei betrieben worden, so erzählte sie Longerich, um ein – sie war dabei – „erstklassiges journalistisches Potential für die Zeit nach dem erwarteten Zusammenbruch zu erhalten". Mit *tele* habe man dem neutralen Ausland und Großbritannien dokumentieren wollen, „daß ein solches Potential für eine künftige freie Presse zur Verfügung" stünde.[33]

In Wahrheit hatte Paul Karl Schmidt – und darauf verweist auch Longerich – noch während des Siegens 1942 *tele* geplant. Hitler liebte bunte Bilderblätter. Wann immer er von Hitler etwas wollte, brachte er ihm ausländische Journale – wie *Life* und *London Illustrated News* – mit. Der Führer blätterte sie begeistert durch. Doch die Lektüre blieb ihm versagt – Fremdsprachen waren etwas, was er nicht beherrschte. *tele*, mit vier Buchstaben wie „Life", war auch als Geschenk für Adolf Hitler gedacht – Europa dankt seinem Führer.[34]

Schmidt hatte da nämlich gerade die damals noch klein geschriebene „europäische Gemeinschaft" erfunden – *die* zur Beseitigung von Juden und Bolschewisten und zur Ausschaltung ihrer Zuhälter, nämlich Englands und Roosevelts.[35] Und *tele* wäre schließlich nicht die einzige Zeitschrift des Auswärtigen Amtes gewesen, mit deren Apparat sich nicht auch Ausforschungs- und Spionage-Aufträge hätten erledigen lassen – von den später gesuchten Möglichkeiten diskreter Kontaktanbahnung und eines ebenso diskreten Abflusses von NS-Notgroschen ins Ausland einmal abgesehen.[36] 1942 aber beim Kampf für die Europäische Gemeinschaft suchte Schmidt-Carell das Propagandaministerium noch zu übertrumpfen. Am 3. Oktober 1942 drohte Goebbels im „Reich" Stockholm und Zürich als Exponenten für Kleinstaaten, die „keine Gelegenheit versäumen, den gleichen Widerwillen gegen die europäische Neuordnung an den Tag zu legen, wie diejenigen, die von der deutschen Kriegsmacht ausgeschaltet worden sind".

Doch dem SS-Obersturmbannführer Schmidt war das noch nicht deutlich genug. Zwölf Tage später machte er seine Pressekonferenz im Auswärtigen Amt zum Tribunal und leistete sich einen Auftritt, den selbst die zurückhaltend formulierte fünfbändige „Geschichte der Schweizerischen Neutralität" noch 28 Jahre später – Carell war längst ein auch in der Schweiz vielgelesener Bestsellerautor – als „unerhörte Anpöbelung von seiten hoher deutscher Amtsstellen" bezeichnete. Schmidt drohte den Schweizer Journalisten mit Mord. Das Geschichtswerk: „Anläßlich einer der üblichen Pressekonferenzen vor versammelten Auslandsjournalisten in Berlin schleuderte der Sprecher des Auswärtigen Amtes, Gesandter Paul Karl Schmidt, am 15. Oktober 1942 einem Teil der Schweizer Presse Anschuldigungen entgegen, ‚wie noch niemals seit dem Bestehen des Dritten Reichs', urteilte ein Ohrenzeuge: Die Schweizer Presse beginne langsam, in eine unanständige Polemik gegen Deutschland einzutreten. Für die Redaktoren, die gegen das neue Europa schrieben, werde darin kein Platz sein. Man werde mit ihnen kurzen Prozeß machen. Vielleicht würden sie ihre Heimat in den Steppen Asiens finden; aber vielleicht werde es noch besser sein, wenn man sie ins Jenseits befördere."[37]

Noch ein Vierteljahrhundert danach erinnerte sich Dr. Waldemar Epp, einer von Schmidts ehemaligen Untergebenen, an die Morddrohungen seines Chefs: „Ich sehe ihn noch hereinkommen, den Herrn Gesandten I. Klasse, wie er sich – schon leicht erregt und etwas nervös – auf seinen Stuhl an dem großen Konferenztisch setzte und die Schweizer Zeitungen vor sich liegen hatte ... Es war ein Generalangriff auf die gesamte Schweizer Presse, deren Redakteure mit gesenkten Köpfen an dem großen Tisch saßen oder hinter den Stuhlreihen standen und sich die Philippika anhörten ... Die Ausführungen Schmidts in jener Pressekonferenz knallten den Schweizer Journalisten wie Peitschenhiebe um die Ohren, aber sie blieben standhaft und straften Schmidt durch Nichtachtung. Wenn man dann aber nach einigen Stunden das Protokoll über diese Pressekonferenz durchlas, waren nur noch unterdrückter Haß und ohnmächtige Wut herauszulesen, und man mußte sich fragen, wie diese Pressekonferenz solch einen Eindruck auf die neutrale und – damals – gegnerische Welt machen konnte."

Hitler aber, schrieb Augenzeuge Epp 1967 dem *Spiegel*, habe über diese Drohveranstaltung ein „lobendes Urteil" abgegeben.[38]

Wut und Haß? Er war doch nur für ein sauberes Europa. Während eines Besuches in der Slowakei erklärte Schmidt nach einem Bericht der Belgrader *Donauzeitung* vom 3.Juli 1943: „Die Judenfrage ist keine Frage der Humanität und auch keine Frage der Religion; sie ist einzig und allein eine Frage der politischen Hygiene." Genauso sahen es auch die Führer der Einsatzkommandos, die jüdische Frauen, Männer und Kinder zu Zehntausenden abschlachteten. Von „Judensäuberungsaktionen" sprach auch der Kommandeur der Einsatzgruppe des SD Dr. Walter Stahlecker.[39]

Ein guter alter Kollege Schmidts. Dr.Stahlecker saß vor Aufnahme seiner Mordtätigkeit neben ihm in der Kulturpolitischen Abteilung des Auswärtigen Amtes und sorgte sich darum, daß die deutsche Kulturpolitik „keinen Selbstzweck" verfolge. Es handele sich „nicht darum, dem Ausland Begriff und Bedeutung beispielsweise der Deutschen Kunst zu vermitteln, um ausländische künstlerische Kreise anzuregen und sie zu befruchten, sondern um dadurch eine Gesinnung gegenüber Deutschland zu erwecken, die der deutschen auswärtigen Politik eine bestmögliche Wirkung im Ausland gewährleistet".[40]

Um bestmögliche Wirkung ging es dem Schmidt-Kollegen auch bei seinen Säuberungsaktionen. Als Chef der Einsatzgruppe A war Dr. Stahlecker der erste, der zwei Tage nach dem Überfall auf die Sowjetunion am 24. Juni 1941, damit begann, auch jüdische Kinder und Frauen zu erschießen.[41]

Der Kulturpolitiker des Auswärtigen Amtes konnte Himmler bis zum 15.Oktober 1941 eine Zahl von 125.000 getöteten Juden melden, die seine Einsatzgruppe allein umgebracht hatte, jeden Tag im Durchschnitt mehr als tausend Morde.[42]

Natürlich wußte Schmidt über solche Erfolgsmeldungen Bescheid. Nachweisbar ist jedenfalls, daß der Tätigkeits- und Lagebericht Nr.10 der Einsatzgruppen der Sicherheitspolizei und des SD in der UdSSR über seinen Schreibtisch lief[43] wie über den seines Kollegen Gustav Hilger, der gleich nach dem Krieg als offiziell gesuchter und in die USA von seinem Freund George Kennan eingeschmuggelter Kriegsverbrecher „bald so etwas wie ein Vertreter von Konrad Adenauers Christlich-Demokratischer Union bei den Vereinigten Staaten" wurde und der US-Regierung Adenauer als ersten westdeutschen Kanzler empfahl.[44] Dieser Einsatzgruppen-Bericht Nr.10 verkündete, daß „im Ostland die Judenfrage fast als gelöst und bereinigt angesehen werden kann". Schmidt mußte also wissen, daß sein Aufruf zur Hygiene eine Aufforderung zum Massenmord war, insbesondere auch durch seine enge Zusammenarbeit mit der Deutschlandabteilung im Ministerium. AA-Mitglied Albrecht von Kessel 1974 zum Historiker Hans-Jürgen Döscher: „Wir Berufsdiplomaten waren damals wie heute der Auffassung, daß die Deutschlandabteilung eine, wie man heute sagen würde ‚kriminelle Vereinigung' darstellte... Ihre Mitglieder waren fast alle ‚Schreibtischmörder', die sich in enger Zusammenarbeit mit den berüchtigten Einsatzgruppen damit befaßten, überall in den besetzten Gebieten Juden aufzustöbern und früher oder später zu ermorden."[45] Und war da etwa der Mann kein Schreibtischmörder, der das alles wußte und gleichwohl forderte: „Das Judentum muß bekämpft werden, wo immer es auftritt, weil es ein politischer Krankheitserreger ist, der Gärstoff für die Zersetzung und den Tod eines jeden nationalen Organismus...". Paul Karl Schmidt hatte das nach dem Bericht der *Donauzeitung* im Juli 1943 verlangt.

Krankheitserreger sind zu vernichten. Neun Monate später erfuhr Schmidt von einer streng geheimen Anfrage seines Kollegen und SS-Kameraden, des Gesandten mit unbeschränkten Vollmachten und Bevollmächtigten des Großdeutschen Reiches in Budapest, SS-Brigadeführer Edmund Veesenmayer (- er wurde schon 1951 aus dem Kriegsverbrecher-Gefängnis in unsere Bundesrepublik entlassen): die Budapester Juden sollen nach Auschwitz deportiert werden.

Einwände hatte Schmidt gegen die Judenmordaktion nicht, wohl Ratschläge für ihr besseres Gelingen. Und so verfaßte er – „Geheim" – am 27.Mai 1944 eine „Notiz für Herrn Staatssekretär":

Aus einer recht guten Übersicht über die laufenden und geplanten Judenaktionen in Ungarn entnehme ich, daß im Juni eine Großaktion auf die Budapester Juden geplant ist. Die geplante Aktion wird in ihrem

Ausmaß große Aufmerksamkeit erregen und Anlaß zu einer heftigen
Reaktion bilden. Die Gegner werden schreien und von Menschenjagd
usw. sprechen und unter Verwendung von Greuelberichten die eigene
Stimmung und auch die Stimmung bei den Neutralen aufzuputschen
versuchen. Ich möchte deshalb anregen, ob man diesen Dingen nicht
vorbeugen sollte dadurch, daß man äußere Anlässe und Begründungen
für die Aktion schafft, z.B. Sprengstoffunde in jüdischen Vereinshäusern
und Synagogen, Sabotageorganisationen, Umsturzpläne, Überfälle auf
Polizisten, Devisenschiebungen großen Stils mit dem Ziel der Untergra-
bung des ungarischen Wirtschaftsgefüges. Der Schlußstein unter eine
solche Aktion müßte ein besonders krasser Fall sein, an dem man dann
die Großrazzia aufhängt.[46]

Sechs Jahre später. Der Mann, der Anfang der Fünfziger Jahre mit
seinem schwanzwedelnden Dackel, mit Napoleons Gespenst und mit
der Option auf den Geist des Führers in Hamburg die *Kristall*-
Redaktion besuchte (Seite 89), und dann unter dem falschen Namen Dr.
Kießling den Lesern Aufklärung bot über den Spuk vergangener Zeiten,
machte sich breit in dem Blatt, das 1946 von Axel Eggebrecht im Geist
der *Weltbühne* gegründet worden war.

Es begann im Spätherbst 1952 mit der Präsentation zweier Helden der
westlichen Welt. Ein nahezu deutscher, jedenfalls aber nordatlantischer
Hund beherrschte die Vorderseite: „Das ist Lassie, Titelheld unseres
Romans." Daneben die Ankündigung:

„Wernher von Braun fliegt zum Mars."[47]

Drei Nummern danach begann dann die endgültige Rückkehr in die
deutsche Zukunft. Auf der Titel-Seite der deutsche Landser mit drohend
in die Leserschar gerichtetem Gewehr: „Die dramatischen Höhepunkte
im 2. Weltkrieg – Das wußten Sie nicht, was Paul Karell in einer
interessanten Serie, beginnend in diesem Heft, zu berichten hat."

Es ging um das Menschliche hinter den großen Augenblicken des letzten
Krieges. Und – darauf großes Ehrenwort: „Nicht ‚Enthüllungen', nicht
‚dokumentarische Beweise' für Schuld oder bestimmte politische Thesen
wollen wir unseren Lesern bringen. Wir wollen aus dem persönlichen
Erlebnis, aus der persönlichen Sicht auf Tatsachen und Vorgänge...
dem Leser ein Bild von der Dramatik des Geschehens geben... immer
vor dem Hintergrund der Wahrheit."

Dieser Wahrheit lagen – worauf *Kristall* stolz aufmerksam machte, die
„persönlichen Erinnerungen des Verfassers Paul Karell" zugrunde.[48]

Wer dieser Paul Karell war, der von nun an eineinhalb Jahrzehnte lang
die jüngste deutsche Geschichte für die Leser von *Kristall* auslegte, das

erfuhr keiner. Auch nicht, als seine Serien zu Büchern wurden und er eine kleine Namenskosmetik – Carell statt Karell – vollzog, um der besseren Verkäuflichkeit seiner Bücher im Ausland willen.

Die erste Folge seines Geschichtsnachhilfewerks begann da, wo auch seine Karriere begann, bei der Münchner Konferenz 1938. Da hatte nämlich der neue Reichsaußenminister Joachim von Ribbentrop, den Eindruck, daß ihm sein persönlicher Pressereferent Rudolf Likus schlecht über die ausländische Presse berichte. Er ließ Paul Karl Schmidt, der schon zum Büro Ribbentrop gehörte, nach München kommen, und bald war der junge Mann Chef der ganzen Presseabteilung.[49]

So zeigte sich die Vorgeschichte der Konferenz von München vierzehn Jahre danach im neuen Geschichtslehrbuch der *Kristall*-Leser:

Ende September 1938 scheinen trotz aller guten Voraussetzungen die Versuche einer friedliche Regelung unmöglich geworden zu sein. Auf der tschechischen und auf der deutschen Seite wird das Problem mit Gerüchten und mit Propaganda aufgeputscht. Menschliche Leidenschaften beschwören unübersehbare politische Folgen. Ein tschechischer Offizier schlägt einen deutschen Abgeordneten mit einer Reitpeitsche. Der Führer der Sudetendeutschen, Henlein, verkündet darauf die Notwehr. Die Lawine der Propaganda beginnt zu rollen... SOS für den Frieden... Die Welt verschloß sich nicht vor den Klagen Deutschlands. Krieg für die unvernünftige Politik der Tschechen? Nein, das wollten wenige in Paris und London... In einem grandiosen Ringen der Staatsmänner und Diplomaten erlebte 1938 die Vernunft noch einmal einen großen Triumph.[50]

Sie hatten vor Hitler kapituliert.

Auf dem Titel des nächsten *Kristall*-Heftes bellte Lassie wieder freudig für die Freie Welt, drinnen aber fletschte Ribbentrops scharfer Hund mit den Zähnen:

Wenn Hitler jetzt gegen Polen vorgeht, rufe ich Sieg Heil! – Das sagte nicht etwa ein Nazi; das schrieb Stephan King Hall, britischer – bestimmt nicht nazifreundlicher – Publizist im Frühjahr 1939...[51]

Und schon in den beiden nächsten Kristall-Nummern wurde Norwegen erledigt. „Angesichts einer solch offenkundigen Schurkerei empfand ich das Bedürfnis nach frischer Luft", notierte US-Korrespondent William L. Shirer im April 1940, nachdem Joachim von Ribbentrop und Paul Karl Schmidt auf einer Pressekonferenz den deutschen Überfall auf Norwegen „im Geiste der seit jeher bestehenden guten deutsch-norwegischen Beziehung" erklärten.[52]

Jetzt knapp 13 Jahre danach konnte er in *Kristall* aus der Feder des

Pressesprechers von damals nachlesen, daß es nicht um Schurkerei[53], sondern um „Heldenmut und Kriegsglück" ging, in einem:

immer aber von Ritterlichkeit bestimmten Krieg ... Der Löwe von Narvik, Eduard Dietl, war die Seele des Narvik-Unternehmens. Er war schlicht und bieder und voll von unverwüstlichem Humor ... Es war ein Meisterstück der Organisation.[54]

Der Organisator aber mußte ins Gefängnis, allein deshalb, weil er Ansichten hatte:

Großadmiral Erich Raeder, Chef der deutschen Marine, hatte die gleichen Ansichten über die Bedeutung des Schwedenerzes für die Kriegsführung wie Churchill. Er wurde in Nürnberg zu lebenslänglicher Haft verurteilt.[55]

Niemand bekam so begeisterte Leserbriefe wie Paul Carell, gerade von Leuten, die an gewissen *Kristall*-Zugeständnissen an den Zeitgeist Anstoß nahmen. Lehrer Willi Kuchen aus Worms: „Bringen Sie mehr so saubere und korrekte Soldatenberichte. Mißfallen erregen nur Ihre manchmal unschönen Kunstblätter. Warum nur die ‚Entarteten' herausstellen? Und warum schreiben Sie ‚Ghana' und ‚Tanganjika'? Schreiben Sie stattdessen ‚Togo' und ‚Deutsch-Ostafrika'!" Und Bruno Schönfeld aus Stuttgart sprach aus, worauf es ankam: „Dieser Bericht ist so lebendig, daß man sich in ‚alte Zeiten' versetzt fühlt."[56]

Und das ging so durch die Jahre, erst einmal bis 1959. Da trafen sich völlig ungewollt zwei, die nichts miteinander zu tun hatten. Der eine mußte vor Goebbels fliehen, der andere hatte ihm Konkurrenz gemacht. Jetzt fanden sich beide, der Anti-Nazi und der Nazi zusammen auf einem *Kristall*-Titelblatt. Ganz groß: „Der Tag X des letzten Krieges von Paul Carell: *Sie kommen*" daneben die Text-Zeile: „Erich Maria Remarque: *Geborgtes Leben* – Roman einer Liebe."[57] Das war im August 1959, eine Zeit in der gerade Heinrich Lübke zum Bundespräsidenten gewählt werden konnte.

Im Serien-Text des Nazi fehlten fünf Wörter und ein Komma: „der Diebe, der Einbrecher und". Und aus dem Impressum der übernächsten *Kristall*-Nummer verschwanden vier Namen. Beides hing zusammen.

Die junge Redakteurin Carola Heldt hatte die neueste Serie von Paul Carell zu bearbeiten, die Serie über die Invasion, mit der die West-Alliierten 1944 endlich Westeuropa von den Nazis befreiten.

Und da stand er, der Satz, der die Nacht vor dem Morgen der Invasion beschreiben sollte: „Die Nacht ist die Freundin der Diebe, der Einbrecher und der Angreifer."

Paul Karl Schmidt alias Paul Carell hatte besonders tief in die Propagandakiste seines alten Amtes gegriffen.

Carola Heldt, sie war gewiß, wie sie unaufgefordert versichert, keine Linke, aber das, was sie hier im Bericht über die Invasion verantworten sollte, war ihr zuwider. Wütend lief sie zu ihrem Chefredakteur, inzwischen Joachim Pierre Pabst, den Axel Springer immer nur als den „bescheidenen, kultivierten, zutiefst pflichtbewußten, noblen, gütigen, stets dankbaren und getreuesten Pierre" kannte, knallte ihm den Text auf den Tisch und sagte: „Diesen Satz nur über meine Leiche."

Pabst, der „im Protest gegen unsere Zeit" lebte und der für seinen Chef Axel Springer weit mehr als ein Freund war ("Er stand meinem Herzen nahe, und uns einte die Überzeugung, daß unsere Welt vor ernsten Prüfungen steht. Prüfungen, bei denen es nicht nur um politisches Geschick, sondern um Himmel oder Hölle geht")[58], dieser Getreueste also aller Getreuen, sah nur kurz auf das Manuskriptblatt, wandte sich Carola Heldt mit dem freundlichsten Lächeln zu, über das er verfügte, und sprach: „Sie haben ein hübsches Kleid an."

Dann gab es eine Hausmitteilung, Dr. Paul Schmidt werde künftig alle politischen und aktuellen Publikationen bei *Kristall* kontrollieren. Den aufgescheuchten Redakteuren teilte Chefredakteur Pabst mit, ja, Schmidt trete am 3. August um 11 Uhr in den Verlag ein.

Redakteur Fritz Langour erhob sich und sagte, er werde sich Schmidts Kontrolle nicht unterwerfen. Und er verlas Zitate aus jüngsten Arbeiten Schmidt-Carells für *Kristall*. Dann kündigte er. Carola Heldt, Inge Esterer, Anton Geldner schlossen sich ihm an. Es sei, so erklärten die vier der Presse, nein, dem Bruchteil der Presse, der sich dafür interessierte, „eine Frage der Selbstachtung, sich nicht Schmidts Kontrolle und seiner Sprachregelung zu unterstellen". Die Hälfte der Redaktion verließ *Kristall*.

Chefredakteur Pabst anschließend zum *Hamburger Echo*: weshalb die vier gekündigt haben, wisse er nicht. Das Ganze sei Unsinn: „Meine Illustrierte macht ja gar keine Politik". Die vier Rebellen hätten lediglich Vorurteile gegen Schmidt geäußert, aber keine Beweise auf den Tisch gelegt. Pabst: „Verstehen Sie, ich hasse diese Methode aus der Nazizeit, wo man nur zu sagen brauchte, dieser oder jener ist ein Kommunist oder homosexuell, und schon war er weg."

Carells Zwangsgefährte Remarque in der Schweiz, nachdem er von den Mord-Drohungen Schmidts gegen die Schweizer Redakteure erfahren hatte: „Wahrscheinlich täuschte dieser Herr Schmidt den Verlag, der wohl keine Ahnung von der Vergangenheit dieses Mannes haben kann.

Doch der ungetäuschte *Kristall*-Verlagsleiter Naumann sprach: „Schließlich wäre es eine Moral mit doppeltem Boden, wenn wir einen Autor, der seit Jahren für uns schreibt, wegen Herrn Remarque verstekken würden." Der aufsehenerregende Fall – eine Redaktion platzt wegen eines unverbesserlichen alten Nazi – versank ins Bodenlose. Gewiß, die Schweizer Presse berichtete und ebenso *Newsweek*, das deutsche Gegenstück *Der Spiegel* aber wahrte damals Diskretion wie fast alle bundesdeutschen Blätter mit Ausnahme der *Frankfurter Rundschau* und des *Hamburger Echos*.

Indes, im zweiten Bericht des *Hamburger Echos*, dem es ebenso ergangen sein mag wie dem ersten, hieß es: „An den Hamburger Zeitungskiosken erschienen am Montag und Dienstag unbekannte Personen, die die *Frankfurter Rundschau*, die Neue Zürcher Zeitung, und das *Hamburger Echo*, aufkauften und in ihren Rucksäcken verschwinden ließen." [59]

Es gab dann Ende August noch eine Meldung der Geschäftsleitung des Springer-Verlages – zum Vorzeigen für die Geschäftsfreunde im Ausland? – Paul Karl Schmidt sei „auf eigenen Wunsch von einer weiteren Mitarbeit bei *Kristall* entbunden". [60] Doch Ribbentrops Sprecher hatte auf die Dauer die stärkeren Bataillone im Hause Springer. Seine Invasions-Serie lief weiter, wurde weiterhin – fein pluralistisch – auf der Titelseite mit landserlockenden Kriegsbildern über dem Hinweis auf den Roman des Pazifisten Remarque verkauft.

Und Remarque sollte doch froh sein, daß man überhaupt wieder etwas für ihn tat. Der jetzt im Springer-Besitz befindliche Ullstein Verlag hatte ihn schon mehr als ein halbes Jahr vor der Machtübergabe an Hitler verraten und nicht mehr verkauft. Der Verlag Ullstein, der mit „Im Westen nichts Neues" Millionen verdient hatte, am 4. September 1933 aus der Berliner Kochstraße an das Geheime Staatspolizeiamt in der Prinz-Albrecht-Straße: „Seit Juni 1932 haben wir unseren Verlagserscheinungen keinerlei Prospekte über Remarque beigefügt. Wenn dennoch in einigen letzthin von uns verkauften Büchern solche Anpreisungen vorliegen, so kann es sich nur um Werke handeln, die vor dem Juni 1932 erschienen sind. Wir haben nunmehr veranlaßt, daß auch bei solchen älteren Büchern, denen nach den heute noch möglichen Feststellungen Remarque-Prospekte seinerzeit beigefügt wurden, diese jetzt herausgenommen und vernichtet werden." [61]

Im nächsten Jahr, 1960, stand neben dem Namen des Chefredakteurs Jean Pierre Pabst, aus welchem Grunde auch immer, mehrere Monate lang der Vermerk: „zur Zeit verreist". Am Ende war er abgereist. Warum? Wir wissen es nicht. Vorgänger Ivar Lissner war im Krach – ein Glastisch brach entzwei – von Axel Springer geschieden, und dabei ging es auch um Schmidt, der in die Redaktion hineinkommandierte.

Das Ergebnis der langen Pabst-Reise war ein Sieg der alten Kameraden. Das war kein Wunder, sondern geradlinige Konsequenz des Prinzips: „Unsere Ehre heißt Treue", das bekanntlich auch im Nachfolgestaat gilt.

„Ich danke dem Reichsführer für das Vertrauen und die Ehrung und versichere aufs Neue Hingabe und Treue den Idealen der SS." So dankte Paul Karl Schmidt am 17. Februar 1940 dem Reichsführer SS für seine Ernennung zum SS-Sturmbannführer (- der Dank zum Obersturmbannführer schon am Ende desselben Jahres ist uns nicht erhalten).[62]

Die erwähnte Treue verband ihn im Auswärtigen Amt mit dem SS-Oberführer Franz Alfred Six, einem Zeitungswissenschaftler, der 1938 Professor für Politische Wissenschaften an der Universität Königsberg wurde und 1941 Massenmörder als Chef des Vorkommandos Moskau der SS-Einsatzgruppe B. Die Verbindung von Wissenschaft und Mord befähigte Six 1943, als Gesandter I.Klasse die Leitung der Kulturpolitischen Abteilung im Auswärtigen Amt zu übernehmen, in der sich 1940 schon der erwähnte Einsatzgruppenführer Stahlecker betätigt hatte. Diese Stellung gab der SS – wie es in einem Aktenvermerk des Persönlichen Stabes Reichsführer SS hieß – „eine außergewöhnliche Einflußmöglichkeit" im Auswärtigen Amt.[63]

Persönlicher Adjutant des SS-Standartenführers Professor Six war von 1939 bis 1945 der Hauptsturmführer Dr.Horst Mahnke – schon seit Six im Amt VII des Reichssicherheitshauptamts zur geistigen Vorbereitung seiner späteren Exekutionstätigkeit an der „Weltanschaulichen Forschung und Auswertung" arbeitete. Mahnke war ihm dort in der „Gegnerforschung" als Leiter der Unter-Abteilung VII B 3 „Marxismus" unterstellt.[64]

Nach dem Ende seiner NS-Karriere wurde Mahnke Ressortleiter beim *Spiegel*, wo er ein beachtliches Detailwissen über die Schwächen von 1945 abgefallenen SD-Kameraden ausbreiten konnte (siehe Seite 182).

Welch ein Glücksfall für Schmidt: dieser alte Freund von der SS wurde jetzt in der Zeit der Krise neuer Chefredakteur von *Kristall*.[65]

Da mußte es auch nicht mehr sein, daß Schmidt selbst das politische Ressort übernahm – er konnte jetzt in aller Ruhe schreiben. Mahnke sorgte – soweit überhaupt noch nötig – für Ordnung bei *Kristall*. Jetzt erst begann die ganz große Stunde des Paul Carell.

Der „Marsch nach Rußland" ging in Serie, zuerst als „Unternehmen

Barbarossa" und dann als „Verbrannte Erde". Und aus beiden je ein
Buch im Ullstein Verlag Springers und aus beiden Büchern zusammen
noch ein Bildband. Die Bücher haben Millionen-Auflage erreicht und
wurden in mehr als zwölf Sprachen übersetzt. Carells Bücher machten aus den Bundesdeutschen ein Volk von erfahrenen Rußlandkämpfern.

Denn wir hätten doch gesiegt, wenn – und das war der geniale Dreh des
erfahrenen und skrupellosen Propagandisten Paul Karl Schmidt – ja,
wenn Hitler nicht gewesen wäre. Das ist der braune Faden, der sich
durch alle seine Serien und Bücher zieht.

Den „verschenkte[n] Sieg im Westfeldzug" beklagte Paul Carell schon
1953 in seiner ersten Kriegsserie in *Kristall*. Die Generäle Kleist,
Rundstedt, Guderian, Manstein – sie alle wollten 1940 ohne Verzug bis
Dünkirchen durchstoßen, doch Hitler hinderte sie daran:

*Am 24. Mai 1940 ließ Hitler die Panzer Kleists bei Abbéville halten und
schuf dadurch die Möglichkeit, daß das gesamte britische Expeditions-
korps in Stärke von 300.000 Mann aus Dünkirchen fliehen konnte.
Warum tat er das? Warum verschenkte er den entscheidenden Sieg über
Englands militärische Kraft? ....ohne den von Widerspruch und
Geheimnis umwitterten Befehl Hitlers hätte der Krieg wahrscheinlich
einen anderen Verlauf genommen... Großbritannien rettete seine
Armee. Es rettete die Möglichkeit zum Wiederaufbau seiner Streitmacht,
ohne die es schutzlos und hilflos gewesen wäre...Es war ein aus Recht-
haberei geborener Fehlentschluß; ein böser Irrtum, der aus Hitlers
Unentschlossenheit kam.* [66]

Kein guter, ein böser Irrtum Hitlers – wir hätten sonst 1940 England
besiegt und den Krieg gewonnen.

Sechs Wochen später in *Kristall* ist ausnahmsweise, wir werden noch
sehen warum, nicht Hitler schuld:

*Simowitsch besiegt Hitler – Ein serbischer General putscht – der Balkan
geht in Flammen auf. Der Rußlandkrieg muß um fünf Wochen verschoben werden – Belgrad war der Keim der großen deutschen Niederlage.*

General Simowitsch, Haupt des Belgrader Militärputsches vom März
1941, habe Hitlers Plan, die Offensive gegen Rußland fünf Wochen
früher zu beginnen, am 27. März 1941 über den Haufen geworfen. Hitler
mußte erst Jugoslawien unterwerfen. Carell fragt:

*„Was wäre geschehen, wenn die Panzer General Guderians nicht erst am
18. November 1941 zum Endstoß gegen Moskau angetreten wären, um
zuerst im Schlamm und schließlich im einbrechenden sibirischen Frost
steckenzubleiben? Was wäre geschehen, wenn die deutsche Panzerwalze*

fünf Wochen früher auf die sowjetische Hauptstadt gestoßen wäre? Die Frage nach verpaßten fünf Wochen mag manchem töricht klingen; aber es hing von einem einzelnen Mann ab, daß Hitler nicht – wie er ursprünglich geplant hatte – am 15. Mai, sondern erst am 22. Juni 1941 gegen Rußland marschierte. Sicher hätte Hitler den zweiten Weltkrieg auch mit diesen fünf Wochen Vorsprung nicht gewonnen; aber hätte er ihn auch gegen Rußland verloren?

Gewiß nicht, denn Paul Karl Schmidt hatte – alte Kameraden und Kenner wissen es – die Hände im Belgrader Spiel. „Eine fieberhafte diplomatische Tätigkeit in Richtung Belgrad" habe das Berliner Auswärtige Amt den ganzen Spätwinter 1940 über beherrscht, schreibt er und verschweigt, daß er selbst das Zentrum dieser Tätigkeit war. Mit Hilfe des Belgrader Journalisten Danilo Gregoric[67] verhandelt er monatelang, um den jugoslawischen Ministerpräsidenten Cvetkovic zu Hitler auf den Berghof und an die Seite Nazi-Deutschlands zu bekommen. Am 14.Februar 1941 ist es geschafft. Schmidt selbst ist beim Gespräch mit dem Führer dabei.[68]

Bemerkenswert, wie die Kontakte (Carell 1953 in *Kristall*: „zwei- und mehrgleisig fuhr die deutsche Außenpolitik"[69]) zwischen Schmidt und dem nachrichtendienstlich hocherfahrenen Journalisten Gregoric liefen. Gregoric schrieb am 20.Januar 1940 einen Brief an Schmidt und lieferte ihn ab bei Dr.Walter Gruber, dem Vertreter des *Deutschen Nachrichtenbüros* in Belgrad. Der gab ihn seinem VM, seinem Vertrauensmann, nach Berlin mit und so übermittelte – völlig korrekt – am 25.Januar SS-Sturmbannführer Beisner persönlich im Auftrag des Chefs der Sicherheitspolizei und des SD dem Gesandten Paul Karl Schmidt im Auswärtigen Amt seinen Brief – das war der Agenten-Dienstweg. Wir werden dem *Deutschen Nachrichtenbüro* noch öfter in solchen Zusammenhängen begegnen.[70]

Zurück zu Hitlers Schuld am ausgebliebenen deutschen Endsieg: General Kurt Student – Carell nimmt Anstoß daran, daß „der Eroberer von Kreta" sich vor der Währungsreform seinen Lebensunterhalt als Portier eines Hamburger Tanzlokals verdienen mußte, als sei ein Koberer-Anzug nicht ehrsamer als eine deutsche Generalsuniform – General Student also hatte die Generals-Idee, auch Cypern zu überfallen. Carell: *Aber Hitler sah den Wink des Schicksals nicht. Er wies General Students kühnen Plan zurück, der ein Unternehmen gegen Cypern starten wollte, das nahezu unverteidigt war... Er erfaßte das strategische Gebot der Stunde nicht. Wieder verschenkte er einen teuer erkauften Sieg.*[71]

Die verschenkten Siege, darüber klagte jeder Nazi-General voller Wut auf seinen Führer, einer aber am meisten. Und von dem bekam Carell ein Lob im Wert eines Ritterkreuzes mit Schwertern, Eichenlaub und anderem Nationalsalat. „... möchte ich nicht verfehlen, Ihnen zu sagen, wie sehr ich die objektive und klare Darstellung des Rußlandfeldzuges in dieser Artikelfolge schätze", schrieb der verurteilte Kriegsverbrecher (18 Jahre, dann 12 Jahre, dann so gut wie nichts und 1952 frei, weil Kalter Krieg) und Generalfeldmarschall Erich von Manstein zur nächsten *Kristall*-Serie „Unternehmen Barbarossa". Dieses Lob vom Autor der „Verlorenen Siege" (1955) und Fachmann für die „Notwendigkeit der harten Sühne am Judentum, dem geistigen Träger des bolschewistischen Terrors"[72] hatte Carell verdient. Manstein war hochfreut, weil Carell sich alle seine und seiner Kollegen Klagen über Hitlers mangelnde Entschlossenheit zu eigen gemacht hatte.

Kein General, kein Offizier, kein Mann an der Ostfront war im Zweifel, wie es nach dem Fall von Smolensk weitergehen mußte, wie das neue Ziel hieß: Moskau natürlich. Moskau, Kopf und Herz des sowjetrussischen Reiches ... Guderian trat an die Karte. Legte die Hand auf den Jelnjabogen: „Mein Führer, ich habe bis heute diesen Brückenkopf nach Moskau offengehalten. Die Aufmarschpläne und Kampfanweisungen sind fertig: Überall sind bereits die Wegweiser und Eintragungen für den Marsch gegen Moskau gemacht ... Lassen Sie uns gegen Moskau marschieren, wir werden es nehmen ...

Es gab niemanden im Stabe, der nicht zutiefst deprimiert gewesen wäre über die Entscheidung Hitlers: Ukraine statt Moskau. Man begriff sie nicht. Die Abkehr von Moskau in der Stunde, da es griffbereit, keine 300 Kilometer vor den wiederaufgefrischten Panzerkräften Guderians und Hoths lag und nach menschlichem Ermessen zu erobern war, stellte sich bald als schwerer Führungsfehler heraus ...

Carell nennt das die „Tragödie vor Moskau", weil er, vermutlich sogar noch heute, der Meinung ist, die Deutschen hätten diesen Krieg gewinnen sollen. Er hat ein Herz für Generale. Er wirft Hitler – fast schon in Versform – mangelnde Entschlossenheit vor:

Aber sein Plan, sein Herzensplan, war Moskau nicht. Es war und blieb der Herzenswunsch seines Generalstabs ... Sie wollten die Fortführung des Angriffs.

Carell hat das Bild des Krieges gegen die Sowjetunion geprägt. Es war ein sauberer, notwendiger und kameradschaftlicher Krieg. Ein Krieg, in dem es nur deutsches Heldentum und keine deutschen Massenmorde gab. Die SS war nichts anderes als eine kämpfende Truppe, nur einmal, auf Seite 439, gibt es eine SS, die fanatisch und grausam ist: „Stalins ‚SS',

Rückgrat der Staatspolizei und des Geheimdienstes" – die NKWD-Truppen. Gegen Carell kamen seriöse Autoren[74] nicht mehr an, die – das war das Versagen der bundesdeutschen Historiker – den Krieg gegen die Sowjetunion erst spät wissenschaftlich bearbeiteten. Bis in die 70er Jahre hinein, haben sich zahllose Geschichtslehrer mit Carell fortgebildet, haben mit seiner Propaganda Generationen von Schülern indoktriniert. Und, das dürfen wir nicht vergessen, Schmidt-Carell hat – aus seiner Sicht völlig zu Recht – eine ungebrochene Kontinuität hergestellt von der SS zur NATO. Zum zwanzigsten Jahrestag seiner nur vorläufigen Katastrophe unterbrach der ehemalige SS-Führer und damalige *Kristall*-Chefredakteur Horst Mahnke den laufenden Abdruck von Carells „Verbrannter Erde" für einen Sonderbericht von der „Schlacht um Berlin" im April 1945. Die Europäische Verteidigungsgemeinschaft im nordatlantischen Geist – das wurde hier deutlich – sie war in jenen Tagen schon hergestellt. Schmidt-Carell:

„Auch am Tirpitzufer, dort wo General Weidling sein Hauptquartier hatte, verlief bereits die Hauptkampflinie. Am Shell-Haus sprangen die Männer von ,GD' [SS-Division Großdeutschland] zusammen mit bärtigen Soldaten von Ruine zu Ruine. Sie verständigten sich auf merkwürdige Weise: ,Gardez!' rief der eine und ließ seine MPi bellen. ,Gut Kumpel', antwortete Leutnant Thater von ,GD'. Französische Freiwillige kämpften hier zusammen mit Männern des Wachregiments und der Division ,Münchenberg', deren Kompanien überall Feuerwehr spielen mußten. Am Zoo schlugen sich Holländer, Belgier, Dänen, Letten und Litauer: Freiwillige der 11. SS-Panzergrenadierdivision ,Nordland' neben den letzten Kampftrupps der 18. Panzer-Grenadierdivision, die in den schweren Kämpfen um Wilmersdorf und am Reichssportfeld zerschlagen worden war. Auch Reste der spanischen Kompanie unter Hauptsturmführer Roca und eine Kampftruppe Schweizer Freiwilliger kämpften in den letzten Verteidigungsstellungen im Regierungsviertel Berlins. In allen Sprachen Europas erschallten die Kommandos im Schlachtengetümmel zwischen Brandenburger Tor und Wilhelmplatz."[75]

1967 wurde *Kristall* eingestellt, die Leser starben aus. Schmidt arbeitete weiter. In der *Welt am Sonntag* und im politischen Untergrund. Für das Springer-Blatt verfaßte er zusammen mit Mahnkes Adjutanten Günter Böddeker einen Bericht über „Leben und Überleben deutscher Soldaten hinter Stacheldraht", aus dem dann 1980 das Ullstein-Buch „Die Gefangenen" wurde – ein Hohelied auf den Fememord an deutschen Kriegsgefangenen, die in alliierten Lagern von ihren Nazi-Idealen Abschied nahmen und darum als „Spione" galten:

Da fällten die fünf von U 615, umringt von Kameraden, das Urteil selbst.
Es lautete: Tod durch Strang für den Verräter. Die übrigen Gefangenen
murmelten zustimmend. Ein Spion in ihrer verschworenen Gemeinschaft
– das war für jeden einzelnen Gefangenen ein existenzielles Problem …
Ein Spion war zugleich ein Element der Dekomposition, das unkontrol-
lierbaren Sprengstoff in die Gesellschaft hinter den Stacheldraht trug …
Und dann hörte der Captain die Meldung: Im Duschraum des Lagerbe-
zirks Compound 4 hat man um 6.30 Uhr die Leiche des U-Boot-
Gefreiten Werner Drechsler gefunden. Aufgehängt am Dachbalken des
Duschraumes … Die meisten Gefangenen kannten die Männer, die
Werner Drechsler am 12.Mai 1944 umgebracht hatten … Aber keiner der
vielen hundert verhörten Deutschen sagte ein einziges verräterisches
Wort.[76]

Gleich nach dem *Kristall*-Ende hatte Schmidt-Carell noch eine andere
Arbeitsmöglichkeit gefunden, in der er seine speziellen Fähigkeiten
nutzen konnte. Der Bauer-Konzern hatte 1969 in Itzehoe eine neue
Tageszeitung *Norddeutsche Rundschau* aufgemacht (– sie hielt sich
nicht lange). Jeden Samstag war die ganze Seite 3 bedeckt von einem
Produkt, das da hieß: „So sieht es Vocator – Unser diplomatischer
Mitarbeiter schreibt". Vocator heißt Rufer und es war bald kein
Geheimnis, daß sich hinter dem Latein der ehemalige Sprecher des
Auswärtigen Amtes Paul Karl Schmidt verbarg, in alter Frische. Denun-
ziation: „Was muß eine linke Vizepräsidentin an Verfassungsbruch noch
alles tun, ohne ihre Beamtenrechte zu verlieren?" Gemeint war die
Berliner FU-Vizepräsidentin und Philosophie-Dozentin Margherita von
Brentano, für Schmidt – da kannte er sich aus – „im Hinblick auf
Fanatismus, Intelligenz und Skrupellosigkeit, vergleichbar jener fanati-
schen Passionara der Roten im Spanischen Bürgerkrieg".[77]
Ein – wie sich herausstellte – leider ganz normales Explosionsunglück
auf dem Bahnhof Hannover-Linden 1969 bei Munitionstransporten der
Bundeswehr. Denunziation: „Die Agenten des Feindes, die auch versteckt in der Bundeswehr sitzen … warten eiskalt auf die Stunde, da sie
auf Befehl ihre Hand zur Tat erheben." Nein, die noch nicht! Aber: „So
ein verschrobener, fanatisch-individualistischer junger Mann, der seine
Respektlosigkeit und Abneigung gegen Ordnung, Disziplin und die
vielgeschmähte hierarchische Ordnung dort zeigen will, wo Disziplin,
Gehorsam, Dienstbereitschaft und Zucht zu den grundlegenden Dingen
gehören, bei den Streitkräften nämlich, der erbringt sich selbst und
seinen Freunden den Beweis seiner Gesinnung durch Sabotageakte: eine
gelockerte Radmutter an einem LKW … ein Putzlappen ins Getriebe

eines Panzers. Aber zu dem Putzlappen, der ins Getriebe eines Starfigh-
ters gesteckt wird, ist es dann nicht weit...[78]
Und zum Sprengstoff in Synagogen – wenn der Herr sich noch erinnert.
Und dann erst die Baader-Meinhof-Mahler-Zeit. Denunziation über
Denunziaton: „Wissen Sie denn, lieber Leser, welcher Ihrer studenti-
schen oder akademischen Bekannten vielleicht schon ein Parteigänger
Mahlers ist?"[79]
Am 7. Juli 1964 erschien in der *Frankfurter Allgemeinen Zeitung* eine
Kritik des konservativen Historikers Bodo Scheurig an Carells „Unternehmen Barbarossa", die bis heute gilt, aber nach Meinung des Ullstein-
Verlags nicht gelten darf. Diese Kritik blieb ein Vierteljahrhundert lang
bis heute in den großen Blättern unserer Republik einsam in der Schärfe
ihres Tones und in der Exaktheit ihrer Analyse. Ich hielt sie 1967 in
meiner *Spiegel*-Kolumne den Springer-Redaktionen entgegen, die Carell
einmütig lobten. Ich zitierte, was Scheurig schrieb: „Dickleibiges Hel-
denepos... üppige Legenden... abwegige Polemiken... Selbstgerech-
tigkeit... Untaten hat nur der Gegner begangen. Die eigene Seite
erstrahlt in betäubender Makellosigkeit... zahlreiche Fehler." Und ich
zitierte vor allem den einen Satz, Carells Methode „verdummt jene, die
zu vergessen geneigt sind, und sie erbittert diejenigen, die schwer
vergessen können." Das alles stand (damals noch) in der *Frankfurter
Allgemeinen.*[80]
Es durfte nicht wahr sein. Also wurde es kurzerhand geändert. Zum
40jährigen Jubiläum der bekannten Katastrophe gab es am 8. Mai 1985
Sonderausgaben von Carells „Marsch-nach-Rußland"-Büchern, mit
denen der Ullstein Verlag vor allem der unangenehmen Wirkung der
Weizsäcker-Rede entgegentreten konnte.
Auf dem Schutzumschlag des „Unternehmen Barbarossa" standen drei
positive Pressestimmen zu diesem Buch. Die dritte lautete: „Der Hel-
dentod auf dem Schlachtfeld kommt hier nicht im Glorienschein daher.
Man kann das Buch nicht ohne Erschütterung aus der Hand legen."
Darunter als Quelle für soviel Lob: *Frankfurter Allgemeine Zeitung.* In
der *FAZ* war zu diesem Buch nur Scheurigs Kritik erschienen. Darin
stand das unmißverständliche Gegenteil dessen, was Carells Verlag als
FAZ-Meinung ausgibt. Die Ullstein-Leute hatten ganz einfach die Jahre
später erschienene Kritik eines ganz anderen *FAZ*-Mitarbeiters an einem
Carell-Foto-Band für das „Unternehmen Barbarossa" benutzt.[81]
Die *Frankfurter Allgemeine Zeitung* protestierte – soweit bekannt
wurde – nicht gegen diese Manipulation. Verständlich: Ihre Leser sehen
sie lieber so, wie sie manipuliert wurde.

Ein Lebensweg schließt sich. Am Anfang von Schmidts Karriere stand schon eine Fälschung, damals aber nicht in eigener Sache, sondern für den Führer. Der hatte angeordnet, daß „das Testament Peter des Großen" als Beweis für die „imperialistische Politik" der Russen von der Presse groß aufbereitet werden solle. Schmidt war durch seinen Referenten Likus darüber aufgeklärt, daß „in sämtlichen deutschen Lexika (Brockhaus, Meyer usw.) diese Dokumente Peter des Großen als eine ‚grobe' Fälschung Napoleons aus dem Jahre 1812 dargestellt werden". Schmidt an seinen RAM: „Ich selbst habe in Kenntnis dieser Weisung des Führers mit Herrn Fritzsche der Presse eine Reihe von Argumenten und Richtlinien für die Behandlung dieses Themas an die Hand gegeben. Die deutsche Presse hat daraufhin das Thema in großer Form aufgegriffen und zur Zufriedenheit des Führers behandelt."

Die Wahrheit über die Fälschung blieb in den Akten des Politischen Archivs im Auswärtigen Amt. Schmidt hatte sie dort „nur zur Information, nicht zur Veröffentlichung" abgelegt.[82]

Jetzt ist es ruhiger um Schmidt geworden. Der intellektuelle Eichmann-Gehilfe verbringt einen friedlichen Lebensabend im Heidestädtchen Scheeßel zwischen Hamburg und Bremen. Manchmal, zu besonderen Anlässen, etwa den Empfängen des Hauses Springer, zieht es ihn noch in die Elbestadt. Da begegnet er dann auch vereinzelt Juden, die seine Haßaufrufe überlebt haben. Er kann nichts dazu, daß sie nicht tot sind.

7. Ein Gast-Kollege macht Ausländerradio – Der wissenschaftliche Hilfsarbeiter für NS-Propaganda: Kurt Georg Kiesinger

Es war im Jahre 69, als der Kanzler in Hamburg mit großer Polizeieskorte vor dem Anglo-German-Club an der Alster vorfuhr. Da kam vom gegenüberliegenden Verlag Hoffmann & Campe ein Lehrling des Weges, hielt dem großen Staatsmann ein kleines braunes Büchlein mit seinem Porträt auf dem Titel und seinem schönsten Zitatenschatz im Text aufgeschlagen unter die Nase und bat ums Autogramm. Aus dem Hintergrund warnte der Referent: „Vorsicht, das ist doch vom Köhler!"[1] Da war es schon geschehen. Der Kanzler resignierte: „Ach je, aber jetzt ist es ja sowieso schon zu spät."

Doch 36 Jahre vorher, als ihm im Februar 1933 ein fürsorglicher Student das echte braune Büchel in die Tasche schob, da gabs kein Widerstehen: „Ich gab mir einen Ruck und willigte ein." Davon gleich mehr.

Kurt Georg Kiesinger starb 1988. Posthum, 1989, machte er ein Versprechen wahr, das er in etwas anderer Form zwei Jahrzehnte zuvor gegeben hatte. Damals, am 22. April 1968, kündigte er als Bundeskanzler im baden-württembergischen Landtagswahlkampf an: „Sie werden bald eine Darstellung meines Lebens bekommen." Und zwar, so legte sich Kiesinger fest, „von einem Historiker, also mit wissenschaftlicher Methode".

Damals, 1968, erklärte Bundeskanzler Kiesinger: „Die jungen Leute haben in der Tat ein Recht zu wissen, wo der Bundeskanzler im Dritten Reich stand. Ich denke nicht daran, diese Frage als unberechtigt hinzustellen."[2]

Zwanzig Jahre nach dem Versprechen schrieb er: „Die eifrigen jungen Leute, die heute, ein halbes Jahrhundert später, zu den damaligen Ereignissen kritisch Stellung zu nehmen pflegen, wissen zu wenig von dem, was seinerzeit geschah."[3]

Woher sollen sie es denn auch wissen. Kiesinger hatte sein Wahlversprechen nie wahrgemacht. Die von ihm angekündigte wissenschaftliche Kiesinger-Biographie gibt es bis heute nicht. Keiner der angesprochenen Historiker – nicht Hans Buchheim, nicht Gerhard Schulz und auch nicht Eberhard Jäckel – fand sich dazu bereit, den delikaten Stoff zu bearbeiten. Der ehemalige Bundeskanzler hat stattdessen unter dem Titel

„Dunkle und helle Jahre" seine Memoiren geschrieben, die Anfang 1989 – ein Jahr nach seinem Tod – endlich erschienen sind, doch den Kennern seines Lebenslaufes nur neue einfallsreiche Variationen der alten Ausreden bieten.

Diesen Memoiren können die jungen Leute von heute entnehmen, daß ein Mann, wie er, notwendig NSDAP-Mitglied werden mußte. Kiesinger: „Am verhaßtesten war mir der nationalsozialistische Rassenwahn. Ihn dort zu treffen, wo er genährt wurde, vielleicht einflußreiche Männer zu treffen, denen er ebenso zuwider war wie mir, das allein war es schon wert, den Eintritt in eine Partei zu wagen, deren Ideologie, deren Brutalität und deren vulgärer politischer Stil mich abstießen."⁴

Einzige Schwierigkeit: Vor den Parteibüros standen die Aspiranten – wie Kiesinger sehr kritisch vermerkt – schon Schlange. Er ließ sich – der Autor verwendet hier einen gängigen Topos der einschlägigen Memoirenliteratur – nahezu ohne sein Wissen von einem seiner Nachhilfeschüler bei irgendeiner Ortsgruppe anmelden.

So trat Kurt Georg Kiesinger frühzeitig der NSDAP bei, weil er ein überzeugter und kämpferischer Gegner der NSDAP war.

Wie aber kam er in die SA? Ganz einfach: weil er nicht die geringste Lust hatte, *noch* einer Nazi-Organisation anzugehören. Kiesinger wörtlich: „Es gab Gerüchte, daß wir jungen Juristen im staatlichen Vorbereitungsdienst gezwungen würden, in eine nationalsozialistische Organisation einzutreten, die uns möglicherweise am wenigsten zusagen könnte. Dem wollten ich und ein paar Freunde und Bekannte, wie andere Mitbetroffene auch, zuvorkommen."⁵

Und so trat Kiesinger zusammen mit Hindenburg, Rilke, Rodin, Bismarck und noch einem bedeutenden Sozialreformer der wilhelminischen Ära in die SA ein.

Nein, falsch, hier, glaube ich, habe ich seine hochdifferenzierte Aussage verzerrt und unzulässig verkürzt. Kiesinger im Gesamtzusammenhang und wortwörtlich: „Neben mir, dem gänzlich Undistinguierten, trat Oswalt von Nostitz ein, der Großneffe des Reichspräsidenten von Hindenburg und der Sohn der Baronin Helene von Nostitz, der Freundin Rilkes und Auguste Rodins. Er war damals schon mit einer Urenkelin Bismarcks verheiratet... Mein Freund Alfred Makowski, genannt ‚Mäcki', war zwar ebensowenig distinguiert wie ich, aber er hatte Ruth von Grimm, die Tochter des Reichsbankdirektors und Enkelin des bedeutenden Sozialreformes der wilhelminischen Ära, des Grafen Posadowski-Wehner, geheiratet."

Das Auto war damals noch nicht so verbreitet, daß Krethi und Plethi damit fuhr und darum fanden sich Kiesinger und seine hochmögenden Freunde im Frühjahr 1934 beim NSKK-Sturm am Nollendorfplatz in guter Hoffnung ein:

„Wer sich damals nach einer Organisation umsah, in die man in der Hoffnung eintreten konnte, dort Männer bürgerlich-konservativer oder liberaler Tradition vorzufinden, mit denen man sich politisch verständigen konnte, verfiel bald auf das nationalsozialistische Kraftfahrer-Korps (NSKK auch Motor-SA genannt)."

Aber ach, das war kein feudaler SA-Salon, in den sie da hineingeraten waren: „Unsere Vermutungen über den Menschentypus, den wir antreffen würden, erwiesen sich jedoch als ganz verfehlt. Nicht Repräsentanten bürgerlicher Provenienz, sondern Lastkraftwagenfahrer, Autoschlosser und kleine Einzelhändler mit ihren Lieferwagen bevölkerten den Motorsturm."

Kiesinger und seine feudalen Volksgenossen wurden militärisch gedrillt und mußten „greuliche SA-Lieder" – er meint die vierte Strophe unseres Deutschlandliedes – zum ruhig festen Tritt singen. Sie wollten sofort wieder raus aus der SA. Das aber war, schreibt Kiesinger, „leichter gesagt als getan".

Als es dann vollends unerträglich wurde, entschlossen sich er und seine Freunde doch zu diesem mutigen Schritt. Das war nach dem 30.Juni 1934, als Hitler die obersten SA-Führer umbrachte. Parteigenosse Kiesinger trat schleunigst aus der SA aus, die sich so tückisch gegen den Führer und Reichskanzler verschworen hatte. Denn – an diesen Austrittsgrund erinnerte er sich später: „Hitler hatte sich endgültig als blutiger Diktator entlarvt. Von nun an war mir klar, daß ich in Zukunft jeden Kontakt zu Vertretern dieses verbrecherischen Regimes sorgfältig meiden mußte."[6]

Doch bei aller Sorgfalt ließ es sich nicht vermeiden, daß er dann in dieses Regime eintrat, nämlich im April 1940 in die Propaganda-Abteilung Rundfunk des Auswärtigen Amtes, deren stellvertretender Leiter er bald wurde.

Widerstand im eigentlichen Sinne lag Kiesinger nicht, obwohl er einmal – worauf hinzuweisen er auf Seite 222 seiner Erinnerungen nicht versäumt – vieldeutig die Schulter hob, als er in bezug auf die Kriegslage gefragt wurde: „Glauben Sie, daß das gut geht?"

Genau genommen wollte er aber, daß es gutgehe. Denn: „. . . ich hätte es nicht fertiggebracht, auf die Katastrophe für das deutsche Volk hinzuarbeiten, die aus einem Unterliegen Deutschlands in diesem Völkerringen hervorgehen mußte – so wie sie dann 1945 tatsächlich eintrat."

Der lebende Hitler war ihm keine Katastrophe. „Sabotage oder aktive Widerstandshandlungen kamen für mich nicht" – und das nimmt dem NSDAP-Mitglied Kiesinger auch keiner übel – „in Frage".[7] Damals jedenfalls nicht. Ein paar Jahre später – und 78 Seiten danach in seinen Erinnerungen – sieht das natürlich ganz anders aus. Kiesinger wird im Entnazifizierungsverfahren als „Mitläufer" eingestuft, entdeckt seinen Widerstand und ist empört: „Zwar wurde meine Verteidigung von der Spruchkammer akzeptiert, aber zur Einstufung in die Klasse der Entlasteten fehlte der gesetzlich vorgeschriebene Nachweis, daß mir mein Widerstand ‚für Gut, Freiheit und Leben' Nachteile eingebracht habe. Eine groteske Bestimmung! Es konnte also jemand noch so entschieden Kopf und Kragen im Widerstand gegen Hitler riskiert haben – ohne den Nachweis erlittener Nachteile blieb er trotzdem in der Kategorie der Mitläufer."

Er steht vor einem faktisch unlösbaren Problem: „Wie konnte ich ... mein Vermeiden aller Kontakte mit dem nationalsozialistischen Staat und seinen Organisationen... beweiskräftig belegen?" Ja, wie macht man das, wenn man Mitglied der NSDAP war und dem NS-Staat im Zentrum seiner Macht diente? Doch Kiesinger gewinnt Vertrauen zu unserer freiheitlich-demokratischen Grundordnung, indem er sich von zwei seiner Parteigenossen im Auswärtigen Amt die lautere Wahrheit bestätigen läßt: „Ihre Aussagen machten die Gefahr deutlich, in der ich und sie selbst geschwebt hatten, wenn unsere Bestrebungen unseren Vorgesetzten aufgefallen wären."[8]

Und so konnte die Spruchkammer des Landkreises Scheinfeld im August 1948 nach ausführlicher Behandlung der vorgelegten Zeugnisse ihr Urteil über Kurt Georg Kiesinger fällen: „Dem Betroffenen muß daher auf Grund dieser Beweise, an deren Zuverlässigkeit nach den Persönlichkeiten der Zeugen und nach dem Gewicht" – ehemalige Beamte des Auswärtigen Amtes! – „ihrer Aussagen kein Zweifel bestehen kann, bestätigt werden, daß er von Beginn des ‚Dritten Reiches' bis zu dessen Ende seiner jeweiligen Stellung und seinen jeweiligen Möglichkeiten entsprechend, aktiven und wirksamen Widerstand gegen die nationalsozialistische Gewaltherrschaft nach dem Maße seiner Kräfte geleistet hat. Er hat durch diesen Widerstand nicht nur bewiesen, daß er ein mutiger und unentwegter Gegner des nationalsozialistischen Regimes war, sondern er hat unter der Gefahr jederzeitiger Entdeckung auch das Risiko unternommen, Gut, Freiheit und Leben zu verlieren."[9]

Mit diesem schönen Spruch war Kurt Georg Kiesinger entlastet. Der Mann, für den aktiver Widerstand, wie er bekannte, überhaupt nicht in Frage kam, hat im aktiven und wirksamen Widerstand gegen die nationalsozialistische Gewaltherrschaft nicht nur Kopf und Kragen, sondern auch Gut, Freiheit und Leben riskiert, ja er trieb es auf die Spitze: er glaubte das alles am Ende selbst. Doch mit diesem Glauben an seinen unverbrüchlichen Widerstand gegen das Unrechtsregime, mit diesem zuversichtlichen Glauben, zu den ihn die Spruchkammer verurteilt hatte, lag er 1966 als Kanzler-Kandidat in seiner Partei total falsch. Wie war das möglich?

Mit dem Parteigenossen Kurt Georg Kiesinger, mit seiner Tätigkeit im journalistischen Propagandaapparat des Nazi-Staates sollte endlich die Lebenslüge unserer Bonner Republik von ihren Verursachern beseitigt werden. Unser Staat sollte ehrlich werden. Es mißlang exemplarisch. Die der CSU nahestehende Demokratisch-Konservative Korrespondenz schrieb am 10.November 1966:

„Die Pressekampagne gegen den baden-württembergischen Ministerpräsidenten und Kanzlerkandidaten der CDU/CSU, Kurt Georg Kiesinger, die von der *Neuen Zürcher Zeitung* wegen dessen angeblicher nationalsozialistischer Vergangenheit gestartet wurde, gilt in Bonn als zusammengebrochen. Dazu hat in erster Linie der Kiesinger vom *Spiegel* [10] zugespielte Bericht über dessen Widerstandshandlungen im Auswärtigen Amt beigetragen. Über die Art der Erledigung der ‚Vergangenheitsbewältigung' Kiesingers ist man in Unionskreisen allerdings nicht gerade glücklich, da man dort entschlossen war, den Fall Kiesinger zum Anlaß zu nehmen, den Abschuß von honorigen und um die Demokratie verdienten Politikern mit der sogenannten unbewältigten Vergangenheit endgültig zu unterbinden. Große deutsche Pressekonzerne[11] hatten ihre Unterstützung bei diesem Vorhaben zugesagt, so daß man hoffen konnte, hier eine ‚Durchbruchschlacht' gewinnen zu können. Das vom *Spiegel* zur Verfügung gestellte Material, das von der gesamten Presse übernommen wurde, rehabilitierte aber Kiesinger auf der Basis der Rechtfertigung mit Widerstand, womit das eigentliche Vorhaben der Union verwässert wurde. In Bonner politischen Kreisen stellte man sich die Frage, ob der *Spiegel* nicht in Kenntnis der Zusage anderer Presseorgane, die unbewältigte Vergangenheit nicht mehr als Mittel für den politischen Kampf der Gegenwart zu mißbrauchen, sein Rechtfertigungsmaterial über Kiesinger der Öffentlichkeit zugänglich gemacht hat."

Das alles ist Ausdruck der realexistierenden freiheitlich-demokratischen Grundordnung unseres Nachfolgestaates. Zuerst meint Kiesinger, daß aktiver Widerstand gegen den Nazi-Staat für ihn nie in Frage gekommen sei. Dann läßt er sich im Entnazifizierungsverfahren aufgrund des Zeugnisses seiner alten Parteigenossen von der Spruchkammer überzeugen, daß er im aktiven Widerstand gegen das NS-Regime sein Leben riskiert hatte. Und jetzt kommt seine neue Partei und sagt: Falsch! Er muß der Nazi gewesen sein, der er war, falls möglich noch schlimmer, als er es ohnedies sein konnte. Denn die Staatsräson gebietet es, urbi et orbi zu verbreiten, daß in der Bundesrepublik Deutschland ein ehrlicher und überzeugter Nationalsozialist, der sich jetzt der Union angeschlossen hat, Bundeskanzler werden kann, ja endlich einmal werden muß. Und in dieser Eigenschaft durfte er sogar Willy Brandt die Hand zur Versöhnungs- und Notstandskoalition reichen, um zu demonstrieren, daß man Leuten wie ihm im Falle der Bewährung den Makel der Emigration nicht länger nachträgt. Diese Demonstration deutscher Ungebrochenheit hat der *Spiegel* verhindert, indem er Kiesinger mit einem Papier diente, das ihm Widerstand bescheinigte. Oder trog der Schein? Wir werden es sehen.

Kiesinger war, wenn er die Wahrheit sagt, aus einem achtbaren Grund als Angestellter ins Auswärtige Amt Joachim von Ribbentrops gegangen: er wollte sich – das verdient Lob – mit allen Mitteln um den Kriegsdienst drücken. Er hatte sich, sagt er, vom Staat zurückgezogen. Aber: „nun sollte ich in die riesige Militärmaschine eingesogen und gezwungen werden, Menschen zu töten oder selbst getötet zu werden." Da gibt es nur eins: Sag Nein! Kiesinger sagte leidenschaftlich Nein. Schade ist, daß ihm dieser überzeugende Pazifismus verloren ging, je länger und je fester er in seiner kriegswichtigen Stellung im Auswärtigen Amt trotzdem Großdeutschland noch viel effektvoller verteidigte als an der Front.

Gewiß, als er im April 1940 durch Vermittlung eines Bundesbruders als „wissenschaftlicher Hilfsarbeiter" – so nannte man alle nichtbeamteten Angestellten des Auswärtigen Amtes, auch in den höchsten Funktionen – seinen Dienst in der Wilhelmstraße antrat, da sagte er sich – falls er sich in diesem Fall später einmal richtig erinnerte: „Auslandspropaganda für die Politik des ‚Dritten Reiches' zu machen, war mir nicht minder zuwider als der militärische Dienst."[12]

Doch da gab es im Unterschied zu den Nazis, die er haßte, noch das Vaterland, das er stets leidenschaftlich liebte. Was er hier im Auswärtigen Amt versuchen konnte und was er – davon ist er zu Recht überzeugt – „bis zu einem gewissen Grad erfolgreich" getan hat, war dies, so Kiesinger wörtlich: „die über die Rundfunkwellen ins Ausland gerichtete deutsche Kriegspropaganda soweit wie irgend möglich von einer

Färbung durch die nationalsozialistische Ideologie freizuhalten, damit das Ansehen Deutschlands in der Welt nicht noch mehr als ohnehin schon geschehen, geschädigt würde."[13]

In diesem Sinne führte er schon vier Monate nach Amtsantritt eine große Journalistenreise nach Belgien und Frankreich an, um den ausländischen Berichterstattern an den dort vorgefundenen „Spuren des Krieges" die „Kraft der deutschen Waffen" vorzuführen, die er hier nun doch plötzlich wieder liebte.[14]

Doch den Widerstand, nur Geduld, vergaß er nicht. Am 22. Dezember 1940 schreibt Joseph Goebbels in sein Tagebuch: „Krach Furtwängler gegen Karajan. Karajan läßt sich zu sehr anhimmeln in der Presse. Darin hat Furtwängler recht. Schließlich ist er eine Weltgröße. Ich stelle das ab."[15] Zugleich erschüttert ein anderer Titanenkrach die Berliner Ministerien, an dessen vorläufigem – richtig hörte das alles erst auf, als der eine sich auf dem Hof der Reichskanzlei erschoß und der andere in Nürnberg gehängt wurde – an dessen vorläufigem Ende also Kurt Georg Kiesinger vor der Gewissensfrage gestanden hätte, ob er den Herrn Reichsminister für Volksaufklärung und Propaganda mal kann, vorausgesetzt es wäre ihm damals schon möglich gewesen, dessen Tagebuch zu lesen. Aber der Reihe nach.

Am 1.Juni 1939 entfachte Reichsaußenminister von Ribbentrop den alten Streit zwischen Propagandaministerium und Auswärtigem Amt neu. Er verkündete: „Der Führer hat entschieden, daß für die gesamte Auslandspropaganda der Reichsaußenminister veranwortlich ist und bei der Durchführung der Auslandspropaganda dem Reichsministerium für Volksaufklärung und Propaganda lediglich die technische Aufgabe zufällt."

Erste Maßnahme: der Aufbau eines fremdsprachlichen Rundfunkdienstes „unter dem Rubrum Kult". Ribbentrop: „Die erforderlichen Kräfte sind unverzüglich zu engagieren."[16]

Eine und nicht die geringste Kraft, die unter dem Rubrum Kult – bald wird daraus die selbständige Rundfunkabteilung im Auswärtigen Amt – eine Anstellung findet, ist Kurt Georg Kiesinger. Ribbentrop wirft den hervorragenden jungen Juristen sofort an die Front, dort wo sie am gefährlichsten ist: in die im Februar neugegründete Verbindungsstelle im Funkhaus, das dem Propandaministerium untersteht. Dort, wo Kiesinger schon nach wenigen Monaten Gelegenheit zum aktiven Widerstand findet.[17]

Denn Goebbels setzte dem AA-Ansturm seinerseits entschlossenen Widerstand entgegen. Ein Vierteljahrhundert nach Hindenburgs Sieg über die Russen – er trieb diese Präbolschewisten 1914 in die Masurischen Seen und Sümpfe[18] – kam es mitten in Berlin im November 1940 zur offenen Schlacht im Funkhaus an der Masurenallee. Kaum war der Ribbentrop-Stoßtrupp aus der Abteilung Kult ins Funkhaus vorgedrungen und hatte seine Büroräume bezogen, da setzte sich „ein seltsamer Kleinkrieg", so Erich Kordt, der Leiter des Ministerbüros im AA, fort, den – das verschweigt er – sein Ministerium schon zu Beginn des Großkrieges eröffnet hatte. Einen Tag nachdem Hitler am 8.September 1939 Ribbentrop gegen Goebbels, die volle Kompetenz für die Auslandspropaganda übergeben hatte, rückten die Möbelpacker des Auswärtigen Amtes im Goebbels-Ministerium und seinen Dienststellen an, um die gesamte greifbare Apparatur für die Auslandspropaganda abzutransportieren. Goebbels hängt sich ans Telefon und erfleht Hilfe vom Führer – mit dem Ergebnis, daß Hitler, die beiden in einen Raum setzte und befal, sie sollten ihn erst verlassen, wenn sie sich geeinigt hätten. Reichspressechef Dietrich: „Nach drei Stunden kamen beide mit roten Köpfen heraus und erklärten Hitler – wie es zu erwarten war –, daß eine Einigung unmöglich sei." Hitler diktierte wütend eine Kompromißentscheidung, doch – so Dietrich – Ribbentrop habe sich bis zum Kriegsende nicht daran gehalten, sondern ständig gegen das Propagandaministerium gearbeitet.[19]

Jetzt, 1940, im Kampf um den Auslandsrundfunk besann sich Goebbels auf die Ribbentrop-Möbelkampfmethode. Der Zeitzeuge Kordt: „Sobald Goebbels Ribbentrops böse Absichten witterte, versuchte er die Rundfunkabteilung des Außenministers aus den ihr im Funkhaus Charlottenburg zur Verfügung gestellten Räumen zu verdrängen." Dagegen stand die unerschrockene Widerstätigkeit unseres späteren Bundeskanzlers, der schon damals Seite an Seite mit den Kameraden von der Schutzstaffel gegen den mächtigen Propagandaminister Kopf und Kragen für die Freiheit des freien Wortes riskierte.

Kiesinger: „Schließlich kam es Ende November 1940 zu einem Höhepunkt des grotesken Machtkampfes zwischen den beiden Ministern... Wir wurden durch einen Angestellten aufgefordert, unsere Zimmer zu verlasssen und meldeten dies unseren Vorgesetzten, worauf die strikte Weisung folgte, daß wir bleiben müßten. Bald darauf erschienen einige kräftige Gestalten, die damit begannen, die Möbel unseres Zimmers, auch den Telefonapparat auszuräumen." Schließlich saß die Ribbentroptruppe auf dem Linoleumfußboden und wartete auf Entsatz: „Wir hatten keine Verbindung mehr nach draußen, aber wir konnten uns ausmalen, wie nun der Krieg zwischen den Rivalen toben mochte."

Zunächst schien der Kiesinger-Minister die Oberhand zu behalten. Zeitzeuge Kordt: „Als Ribbentrop dieser ,Heeresbericht' zuging, ordnete er sogleich eine ,Gegenoffensive' an und beauftragte einen seiner Adjutanten, der der SS angehörte, mit Hilfe einiger Ordonanzen die Räume gewaltsam wieder zu besetzen, was auch geschah." Der befreite Kiesinger: „... erschien bei uns ein Offizier, der sich als persönlicher Adjutant Ribbentrops vorstellte. Er brachte uns beiden Ausgehungerten einen willkommenen Futterkorb mit. Mit einigen SS-Männern war er, wie wir nachher erfuhren, mit vorgehaltenen Revolvern in das Funkhaus eingedrungen und von den erschrockenen Wachen durchgelassen worden. Dem sofort erschienenen stellvertretenden Intendanten erklärte er mit sichtlichem Vergnügen, er habe Befehl, sich jedem gewaltsamen Versuch einer Exmittierung zu widersetzen ... "[20]

Und wieder der AA-Kriegsberichterstatter Erich Kordt: „Von Goebbels' Heerscharen wurde nunmehr eine Belagerung vorgenommen. Sie schnitten Telefon- und Lichtleitungen ab. Ein ,Gegenstoß' der Ribbentrop'schen Kohorte, die mit einer Zertrümmerung der gesamten Fernsprechanlage drohte, führte nunmehr zu einem Eingreifen Himmlers, der den Stoßtrupp wegen Disziplinwidrigkeit vor ein SS-Gericht zitieren wollte."[21]

Goebbels hat in seinem Tagebuch alles sorgsam registriert. Vorher, am 17. November 1940, schrieb er noch: „Frecher Brief von Ribbentrop. Aber ich bleibe stur bei meiner Methode des Schweigens und Ignorierens."

Diese Methode versagte schon zwei Wochen später. Goebbels am 2. Dezember über das Scharmützel in der Masurenallee: „Erneuter Krach mit Ribbentrop. Er will seine Spitzel in [die?] nachgeordneten Dienststellen hineinsetzen. Ich lasse sie hinauswerfen. Er versucht mit der S.S. Gewalt anzuwenden. Aber Himmler pfeift ihn zurück. Es bleibt bei meiner Entscheidung: seine Verbindungsmänner gehören in meine Zentrale, nicht in die nachgeordneten Organe. Ich teile ihm das in einem sehr kühlen Brief mit. Basta!"

Doch der Schlachtenlärm aus der Masurenallee war bis zum allerhöchsten Berghof in die Alpen gedrungen. Zwei Tage später schreibt Goebbels: „Mittags beim Führer, der eben vom Obersalzberg zurückgekehrt ist. Er macht Witze über meinen Krach mit dem A.A. Das kommt einem bald auch humoristisch vor."

Und am nächsten Tag ist der Propagandaminister schon eine halbe Nummer kleiner: „Ich mache dem A.A. in der Rundfunkfrage einen Vorschlag zur Güte", notierte er am 5. Dezember. Inhalt: „Verbindungsmann in der Abteilung Ausland, der auch im Rundfunk beteiligt wird. Wenn man das nicht annimmt, dann kann man mich mal."[22] Doch des Außenministers Spitzel kriecht ihm nirgendwo hin, nein, Kurt Georg Kiesinger, der im Verkehr zwischen Ribbentrop und Goebbels schnell lernt, was er später sein wird – ein wandelnder Vermittlungsausschuß – schreitet aufrechten Gangs in eine neue Position.

Er wird Verbindungsmann zwischen dem Auswärtigem Amt und dem Goebbels-Ministerium und er, der Vertreter der jungen, der neuen Generation, tut alles dafür, daß endlich Revolution gemacht werde.

„Mitbürger", so erhebt sich 1941 am 20.April, am Geburtstag von Deutschlands Verderber, eine leidenschaftliche Stimme über einen schwarzen Geheimsender, „befreit Euch von allem Alten und Morschen! Befreit unser Land von verbrauchten, durch ihre politische Vergangenheit belasteten Politikern! Sucht Eure Führer in der jungen Generation! Wir brauchen die Generäle nurmehr, wenn sie geschickte Parlamentäre sind, denn der Krieg ist sinnlos geworden. Es handelt sich nicht mehr darum, wie wir am besten Krieg führen, sondern darum, wie wir am besten Frieden schließen."

Der Revolutionsaufruf erreichte „über Herrn Kiesinger" das ganze Volk. Sollte es jedenfalls erreichen. Allerdings nicht das deutsche, das es am nötigsten gehabt hätte. Denn so ging der Revolutionsaufruf weiter: „Hier spricht Hellas zu Hellas! Die Stimme des griechischen Patriotismus ruft Euch. Sie erhebt sich nicht allzuweit von Athen, aus den unsterblichen griechischen Bergen." Die Stimme von Radio Patris, des Senders Vaterland, erhob sich von Kiesingers Schreibtisch und wurde über den wenige Tage zuvor von den Deutschen eroberten Sender Thessaloniki ausgestrahlt. Sie war aus auf Mord und Sabotage, Aufruhr und Chaos:

„Athener! Trinkt kein Wasser, die Engländer haben ein fast unglaubliches Vorhaben ausgeführt. Beamte des englischen Geheimdienstes haben den Marathon-See von der Nordostseite her mit Typhusbazillen infiziert, um den Deutschen einen englischen Empfang zu bereiten, daß dabei nicht nur die Deutschen, sondern viele tausend von Athenern zu Grunde gehen, ist den Briten gleichgültig! Athener wir warnen Euch! Männer, Frauen, Kinder! Nehmt keinen Tropfen Wasser auf die Lippen, es sei denn, daß auch ihr für die englische Verbrecherpolitik sterben wollt."

Ausgearbeitet für Kiesinger hatte diesen für Engländer todbringenden Text ein Herr von Niebelschütz[23], der am 22.April 1941 unter dem Rubrum Kult R und mit dem Stempel „Geheim" seinen Tätigkeitsbericht vorlegte: „Der Sprachregelung ‚Verwirrungstaktik' wird mit einer ganzen Reihe von verwirrenden Greuelmeldungen Rechnung getragen, die Herrn Kiesinger zur Vorlage übergeben wurden: z.b. Aufforderungen zur Vermeidung des Gasverbrauches, zur Beschlagnahme englischer Militärlastwagen, zur Plünderung, Verschleppung von Lebensmitteln, zur Sabotage usw.; Meldungen über Sabotageakte und versuchte Brandstiftungen, der angeblichen Vergiftung des Athener Trinkwassers und Brotes, verwirrende mystifizierte Befehle an Schiffe, andere Wehrmachtseinheiten, Offiziere, Polizeistationen usw.; konstruierte Meldungen über Auffindung angeblicher geheimer Staatsdokumente. Dies alles zur weiteren Tarnung vermischt mit völlig unverständlichen Codemeldungen, Zahlen usw."

Das lief über Kiesingers Schreibtisch. Doch seelenloser Handwerker der Propaganda mochte er nicht sein, und darum machte er sich über seine Arbeit nach wie vor Gedanken – so jedenfalls erinnert er sich später. Als „wesentliche Voraussetzung" für eine „erfolgreiche ins Ausland gerichtete Rundfunkpolitik im Krieg" erschien Kiesinger „die Glaubwürdigkeit und Attraktivität der hinter ihr stehenden großen Politik". Die aber „fehlte der Politik Hitlers vollkommen".[24]

Verständlich, daß er als guter Patriot alles, was er konnte tat, um dies wettzumachen, um die Hitler-Politik attraktiv und glaubwürdig erscheinen zu lassen. Die schönsten Einfälle hatte er gleich zu Beginn des deutschen Überfalls – er nennt ihn „Feldzug" – auf die Sowjetunion, der ihm eigentlich, wie er sich später zu erinnern glaubte, „schwere innere Konflikte bescherte". Gewiß, „die ersten großen Erfolge der deutschen Wehrmacht überwältigten auch mich". Im Gegensatz zu denen, die von diesen Erfolgen eher hautnah überwältigt wurden, überlebte Kiesinger und mußte weder ins KZ noch zur Zwangsarbeit nach Deutschland. Aber er wurde „die Erinnerung an Napoleons russischen Feldzug nicht los", nannte dies jedoch eine „Befürchtung", nicht eine Hoffnung. Denn den bleibenden Erfolg der deutschen Waffen im fremden Land, den hat er sich gewünscht.[25]

Goebbels machte sich dieselben Sorgen wie Kiesinger. Schon am 29. März räsonnierte er in seinem Tagebuch über den bevorstehenden Angriff im Osten: „Psychologisch bietet die ganze Sache einige Schwierigkeiten. Parallele Napoleon etc." Er hatte die Lösung: „Aber das überwinden wir leicht durch den Antibolschewismus."[26]

Richtig, am selben Tag, da der AA-Verbindungsmann zur Wehrmacht SA-Obersturmbannführer Hasso von Etzdorf über die vom Auswärtigen Amt mit Wehrmacht und SS geplante „Kreuzzugs-Sammelfremdenlegion"[27] spottete, zeigte sein Parteigenosse Kiesinger blutigen Ernst: „Die Beteiligung der Mehrheit der europäischen Völker am Kampf gegen den Bolschewismus, sei es durch vollen Kriegseinsatz, sei es durch Entsendung von Freiwilligenlegionen, gibt auch dem Rundfunk die ausgezeichnete Möglichkeit, der Welt ein eindrucksvolles Bild vom Aufstand der europäischen Völker gegen den Bolschewismus unter deutscher Führung zu vermitteln."[28]

So schrieb es der wissenschaftliche Hilfsarbeiter am 1. Juli 1941, als – ein Beispiel von vielen – Einsatzkommandos von SD und Sicherheitspolizei an der Spitze der deutschen Truppen in Lemberg eintrafen und dann zusammen mit dem ukrainischen Nationalisten-Führer Stepan Bandera den Aufstand Europas gegen die Bolschewisten organisierten – mehr als 7000 Juden wurden allein dort schon in den ersten Tagen umgebracht.[29] „Tod den Juden und den Kommunisten", jubelten die Völker Europas auf den Straßen von Lemberg. Und: „Lang lebe Adolf Hitler und Stepan Bandera."[30]

Kiesinger wollte von diesem Aufstand der Völker für „passende Reportagen" sorgen. An der Spitze des in Lemberg einmarschierenden ukrainischen Bataillons Nachtigall stand, das wußte er noch nicht, sein nahezu ständiger Parteifreund Theodor Oberländer – beide waren von 1933 bis 1945 in der NSDAP und traten später der CDU bei, Oberländer allerdings, entrechtet wie er als ehemaliger Reichsführer des Bundes Deutscher Osten war, erst 1956 nach einem verständlichen Zwischenspiel beim Bund der Heimatvertriebenen und Entrechteten.

Während Oberländers Bataillon Nachtigall im Osten wütete, wußte Parteifreund Kiesinger sein Amt für karitative Leistungen zu nutzen. Ihn hatte „das offensichtliche Bemühen der Wehrmachtsstellen" tief beeindruckt, „das Los der Kriegsgefangenen in deutscher Hand im Sinne der Menschlichkeit, so gut es ging" – es ging nicht gut: die Wehrmacht ermordete Hunderttausende von Kriegsgefangenen oder ließ sie verhungern; am Ende kamen von 5,7 Millionen sowjetischen Kriegsgefangen 3,3 Millionen in deutscher Gefangenschaft um[31] – „zu erleichtern". Dabei war ihm irgendwie zu Ohr gekommen, daß der General von Graevenitz, der „wohl der Inspekteur der Kriegsgefangenlager war" – Generalmajor Hans von Graevenitz war tatsächlich Chef des Kriegsgefangenenwesens -"händeringend nach Möglichkeiten" suche, die Kriegsgefangenen „irgendwie zu betreuen". Dies war nur irgendwo richtig. „Die Kr.-Gef. sind nicht zu ‚betreuen', sondern so zu behandeln, daß das geforderte Höchstmaß an Arbeitsleistung erzielt wird", befahl Graevenitz am 26. Oktober 1943.[32] Im Jahr zuvor hatte er empfohlen,

unheilbar kranke Kriegsgefangene zur Liquidierung an die Gestapo zu überweisen. Doch sogar die hatte schließlich mit der Begründung abgelehnt, sie sei „nicht weiter der Henker der Wehrmacht."[33]
In dieses Kriegsgefangenenwesen griff nun auch Kiesinger ein – mit relativ humanitärer Hand. „Ich faßte mir ein Herz", schrieb er und ging zu Max Schmeling, einem bekannten Boxsportler jener Jahre, und bat ihn, mit Kriegsgefangenen aus Großbritannien und den USA „über die großen Kämpfe der Boxgeschichte zu diskutieren". So geschah es, und Kiesinger war noch mehr als vier Jahrzehnte später „befriedigt", im Sinne von Versöhnlichkeit und Nächstenliebe gewirkt zu haben, was ihm ermöglichte, „die Tatsache und Tendenz dieser besonderen Art von Gefangenenbetreuung in die nach den Vereinigten Staaten gerichteten Rundfunksendungen einfließen" zu lassen. „Wenn schon deutsche Propaganda ins Ausland", sagte er sich und jetzt auch uns, „dann lieber Berichte über solche kleinen Zeichen der Menschlichkeit als über die menschenverachtende nationalsozialistische ‚Weltanschauung'".[34]
Das Ausland durfte, dank Kiesingers überschwänglicher Nächstenliebe beruhigt über das Schicksal der Kriegsgefangenen sein und mußte sich nicht über die Mordparolen der Nazis aufregen – ein Sieg vermittelnder Menschlichkeit. Andere hielten von solch augenverschließender Humanität weniger. Margaret Boveri arbeitete als junge Journalistin beim *Berliner Tageblatt* mit der entgegengesetzten Methode. Anfang 1937 kam als Nachfolger des liberalkonservativen Paul Scheffer ein strammer Nazi namens Erich Schwarzer in die Redaktion – „Ordnung geschafft", notierte Goebbels in sein Tagebuch am 9. Dezember 1936.[35]
Margret Boveri in ihrem Erinnerungsband „Wir lügen alle": „Schwarzer stellte sich uns in SS-Uniform vor und hielt vor versammelter Belegschaft eine von Banalitäten strotzende, forsche Rede über den neuen Geist, der nun das *Tageblatt* in eine nationalsozialistische Zeitung verwandeln werde... Ich setzte meine Wut über die neue Lage in Zeitungspraxis um, indem ich nun auf die erste Seite gehäuft antisemitische außenpolitische Nachrichten brachte. Sie wurden gerade damals aus dem Bereich des spanischen Bürgerkriegs in reicher Auswahl von DNB [Deutsches Nachrichtenbüro] angeboten, wimmelnd von ‚blutrünstigen Mosches' und ‚sowjetjüdischen Agenten'. Die Überschriften übernahm ich in der antisemitisch gefärbten Originalfassung, die DNB lieferte. Die Folge war ein Ansteigen der Abbestellungen, oft mit Angabe des Grundes. Die Folge: Schwarzers Weisung, ‚keine antisemitischen Meldungen mehr ins Blatt'. Das schien mir ein kleiner Erfolg in einer verkehrten Welt."[36]

Kiesinger war da ganz anders. Von allem, was dem Auslandshörern die Ohren geöffnet hätte, was nur entfernt nach Sabotage an seinem geliebten deutschen Vaterland roch – und die Nazis waren dies Vaterland –, davon wollte Kiesinger nichts wissen. Denn: „Für mich und meine gleichgesinnten Freunde in der Abteilung war es wichtig, unter Benutzung der gleichen Argumentation nach Möglichkeit jede speziell nationalsozialistisch gefärbte Propaganda zu unterdrücken..."[37]
Aber da war ja noch der Schein, den ihm Conny Ahlers besorgte und der ihm Widerstand bestätigte. Es handelt sich um ein Protokoll, das Kiesingers Untergebener Ernst Otto Dörries beim Reichssicherheitshauptamt am 7. November 1944 unterzeichnete. Der Angestellte der Rundfunkabteilung warf darin seinem Chef „Hemmungen der antijüdischen Aktionen in der deutschen Auslandsinformation" vor. Dörries war 1940 zwei Monate nach Kiesinger in die damals noch Kult R genannte Rundfunkpolitische Abteilung eingetreten, weil er die Überzeugung vertrat, daß „die Aufklärung der Welt über die Rolle der jüdischen Schmarotzerrasse eine der vornehmsten und aussichtsreichsten Aufgaben der deutschen Auslandsinformation" sei. Kiesinger dagegen, so beschwerte sich Dörries, verhindere „u.a. die Durchführung einer Störungsaktion um die Person Henry Fords zur Belebung der antijüdischen Debatte, die Durchführung einer Aktion ‚Offener Brief der europäischen Jugend an Roosevelt mit dem Angebot der Übernahme der europäischen Juden', das Zustandekommen einer grundsätzlichen Sprachregelung ‚Judenbrücke New York – Moskau mit den Brückenpfeilern Algier und Jerusalem'" und noch viele andere einfallsreiche Aktionsvorschläge solcher Art.[38]
Kiesinger: „Diese Beschuldigungen hätten genügt, um mich auf das höchste zu gefährden", denn fest stehe, daß die Niederschrift von Dörries vom „Chef des SS-Hauptamtes" an den „Persönlichen Stab des Reichsführers SS" Himmler weitergeleitet worden sei. „Warum mir damals nichts geschehen ist, weiß ich nicht", wundert sich Kiesinger.[39]
Der Reichsführer SS war beschäftigt. Damals, im November 1944, stellte Himmler den Vernichtungsbetrieb in Auschwitz ein und versuchte mit den Westmächten über die Zukunft im gemeinsamen Kampf gegen den Bolschewismus zu verhandeln. Wenn ihm das Protokoll je zu Gesicht gekommen wäre, hätte er sich eher amüsiert über die Dörries-Vorstellung über die „Möglichkeiten einer inneren Lähmung der USA und Englands durch antijüdische Aufklärung" und ihrer Folgen „für die deutsche Kriegsführung besonders aber für die spätere Sicherstellung der Früchte unseres militärischen Endsieges in Europa".

Kiesinger befand sich auf dem Denunziationspapier in bester Gesellschaft. Dörries klagte auch Goebbels' Chefpropagandisten Hans Fritzsche und sogar seinen eigenen Minister Joachim von Ribbentrop an, weil auch er eine vorgeschlagene „Standard-These zur Rassenfrage" abgelehnt habe.

Und schließlich war es Goebbels selbst, der in einem seiner Sendschreiben an den „liebe[n] Parteigenossen von Ribbentrop" schon am 18. Mai 1943 ganz im Sinne Kiesingers darauf hinwies, daß bei aller Wertschätzung der „immer erneuten Wiederholung unserer grundsätzlichen Thesen wie z.B. der antijüdischen und antibolschewistischen Propaganda" sich doch „hieraus die Gefahr" ergebe, daß „die gesamte deutsche Rundfunkpropaganda unaktuell wird und in allgemeinen Betrachtungen versandet".[40]

Sogar der Führer selbst war grundsätzlich voll und ganz auf Kiesingers Linie und das schon lange. Aufzeichnung des Hitler-Protokollanten Henry Picker vom 10. April 1942 mittags (Wolfsschanze): „Beim Mittagessen erläuterte der Chef die Unterschiede, die man bei der Behandlung der Inlands- und Auslandspropaganda machen müsse, Rundfunksendungen, die für England bestimmt seien, müßten viele musikalische Darbietungen enthalten, die dem englischen Geschmack entsprächen, damit sich die Engländer in immer stärkerem Maß daran gewöhnten, unsere Sender anzustellen, wenn sie auf ihren eigenen Sendern keine musikalischen Darbietungen nach Wunsch bekommen könnten. Der Nachrichten-Teil unserer England-Sendungen dürfe nur Tatsachen wiedergeben und müsse sich aller Werturteile enthalten."[41]

Sie waren also in dieser Beziehung gar nicht soweit auseinander, der alte und der drittnächste Kanzler. Kiesinger wollte für seine Auslandssender eine glaubwürdige, sozusagen „neutrale" Propaganda für das Großdeutschland, frei von den Überspitzungen und Auswüchsen, die sich leider eingestellt hatten. Ja, man darf ihm glauben, daß er im Rahmen seiner vom nationalsozialistischen Unrechtsstaat freilich arg beengten Möglichkeiten durchaus für eine gemäßigte Politik eingetreten wäre, wenn er gewußt hätte, wie schlimm das in Wirklichkeit alles im Dritten Reich war. Die unerfreuliche Entwicklung in den Konzentrationslagern hätte er sicherlich nicht befürwortet, wenn er in seiner verantwortungsvollen Stellung als zweiter Chef der Rundfunkpolitischen Abteilung des Auswärtigen Amtes davon irgendetwas erfahren hätte. Aber man hatte ihm dort Informationen vorenthalten, die jedem Kind im Nazi-Reich geläufig waren. Kiesinger in seinen 1989 erschienenen Memoiren über einen jungen US-Offizier, der zu ihm Ende April 1945 irgendwelche unverständlichen Äußerungen über ein Konzentrationslager namens Dachau machte: „Ich versuchte ihm zu sagen, daß ich den Namen Dachau zum erstenmal aus seinem Munde hörte, daß man zwar von Konzentrationslagern dann und wann etwas erfahren habe, aber von den schrecklichen Greueln dort sei kaum etwas in das Volk gedrungen".[42]

Ja, und wenn das der Führer gewußt hätte, dann wäre alles gar nicht erst soweit gekommen.

8. Jubel für die Juden am Roten Meer – Der Antisemit stellt sich um: Hans-Georg von Studnitz

Auf Seite 10, Zeile 4 bis 6, seiner Memoiren schreibt er zwei Sätze, von denen einer wahr ist: „Einmal in meinem Leben habe ich mich, dem Zeitgeist entsprechend, progressiv verhalten. Im März 1933 trat ich der NSDAP bei, ohne von ihr wieder ausgeschlossen zu werden."[1] Und ohne sie bis heute verlassen zu haben.

Der bedeutende deutsche Publizist Hans Georg von Studnitz konnte freilich auch irren. Im Oktober 1953 glaubte er: „Bedeutende deutsche Publizisten haben sich bis heute nicht von den Konzessionen erholt, die sie während der Periode des Dritten Reiches dem Wunschdenken der Diktatur machen zu müssen glaubten." Die Zeitungsleser zeigten sich gegenüber einer Berichterstattung, die die Fahne nach dem Winde hänge, empfindlich und, so meinte von Studnitz klagen zu müssen: „Der Käufer und Abonnent von Tageszeitungen, der gern als dumm und kritiklos hingestellt wird, hat das nachtragende Gedächtnis eines Elefanten."[2] Seine eigenen Elefanten aber könnte man ohne Sorge als Verkäufer in Porzellanläden anstellen, sie sind geduldig. Denn dieser bedeutende deutsche Publizist war seit seiner frühzeitigen Haftentlassung im Juli 1946 bis zur Niederschrift dieser unerklärlichen Sätze im Oktober 1953 tätig für das *Flensburger Tageblatt*, die *Rheinisch-Pfälzische Rundschau*, die *Nordsee-Zeitung*, die *Westfalenpost*, die *Abendpost*, für *Christ und Welt*, für die *Zeit*, schrieb zur Entspannung zwischendurch auch mal Besinnliches für *Kristall* ("Eilige Zeit. Neurose – das Drama unserer Epoche. Auch Dich hat es gepackt!"[3]). Er war in diesen sieben Jahren Herausgeber der Monatszeitschrift *Außenpolitik*, die sich schon früh und mit allem Nachdruck für die Apartheid-Politik der Weißen in Südafrika einsetzte,[4] Chefredakteur der *Hamburger Allgemeinen Zeitung*, nach deren Verschwinden Chefkorrespondent des *Hamburger Anzeigers* – und nie hat ihn ein Elefant auch nur angestupst.

Hans Georg von Studnitz wurde am 31. August 1907 in Potsdam als ältester von fünf Söhnen des 1918 im Krieg umgekommenen Gardeartilleristen Thassilo von Studnitz geboren und war 68 Jahre später „dankbar dafür, daß wir autoritär erzogen wurden, auf dumme Fragen ebensolche Antworten erhielten, unsere Eltern, Großeltern und Lehrer nicht nur lieben, sondern auch fürchten lernten." Er zeigte starke Milieuschäden und freute sich darüber. „Der Enkel dieses außerordentlichen Mannes zu sein, erfüllte mich mit Stolz", schrieb er über seinen Großvater Max Schinckel, nachdem er zitiert hatte, was Historiker von ihm halten: George W.F. Hallgarten nannte ihn einen „Imperialisten größten Schlages", und für Fritz Fischer repäsentierte der mit dem Kaiser befreundete Studnitz-Großvater den „Typus des feudalkonservativen Bankiers". Auf den Vater durfte er nicht weniger stolz sein – der war zu Beginn des Jahrhunderts aktiver Offizier bei den deutschen Mordaktionen gegen die Hereros und die Hottentotten in Südwestafrika.

Reaktionär war von Studnitz immer, eigentlich dumm aber selten. „Eine ganze Generation meiner Vettern und Neffen fand den Tod auf dem Schlachtfeld. Soldatentum war für uns keine Spielerei, sondern eine Aufgabe, ohne deren Wahrnehmung keine Nation zu bestehen vermag."[5]

Er vermochte. Denn der Mann, der sein Handwerk bei der *Neuen Preußischen Kreuzzeitung* gelernt hatte, war klug genug, sich dem Kriegsdienst durch einen bequemen und einträglichen Posten im Auswärtigen Amt zu entziehen. Dort hielt er aus – „im Vollbesitz meiner geistigen und körperlichen Kräfte, mit einer Aufgabe betraut, die für die Kriegführung weit wichtiger ist als die meines Vaters, der als Hauptmann im Felde stand". Er produzierte Durchhalteparolen und Propagandazeitschriften für Paul Karl Schmidts Presseabteilung. Und verachtete die Feiglinge an der Front, „die die Flucht aus der politischen Mitverantwortung in das Soldatenleben angetreten haben."[6]

Immerhin, als Journalist für den Scherl-Konzern hatte sich auch Studnitz vor dem Krieg, falls er nicht gelogen hat, am Totschießen von Zivilisten beteiligt. Anläßlich einer schönen Dienstreise, die er 1941 nach Madrid unternahm, in die Friedhofsruhe nach dem Bürgerkrieg, da schrieb er im Plural seiner Majestät: „Wie oft haben wir in den Jahren zwischen dem Sommer 1936 und dem Frühjahr 1939 von vorgeschobenen Beobachtungsposten der nationalen Stellungen hier hinübergeblickt, die Einschläge des Artilleriefeuers gezählt, die Wirkung von Bombenabwürfen verfolgt. Wie oft hat sich uns die bange Frage aufgedrängt: Wird diese Stadt, der wir" – wir! – „täglich neue Wunden schlagen müssen, jemals wieder ihre Rolle als Hauptstadt, als ein Zentrum der europäischen Politik spielen können?"

Daß in der Stadt, auf die er – als Journalist? Als Bandenmitglied einer Bürgerkriegspartei? – schoß, auch Menschen wohnten, hat es ihn interessiert? Jetzt, 1941, war er zurückgekommen, um zusammen mit seinem Chef,

SS-Obersturmbannführer Dr. Paul Karl Schmidt, den Besiegten in einer Ausstellung die „deutsche Presse als Instrument geistiger Kriegführung" vorzuführen (– zu einer „deutschen Buchausstellung" sei er 1941 nach Madrid geflogen, wird er 1963 in seinem angeblichen Tagebuch erzählen).[7] Und 1964 noch erinnerte er sich in *Christ und Welt* „an die historischen Stunden, die dem Fall Toledos vorausgingen, als wir Seite an Seite mit Franco durch die Kasematten der todwunden Bastion gingen". Und findet das einzig treffende Wort für das, was Franco damals mit Spanien unternahm: „Befreiung".[8]

Die Machtübergabe an Hitler war für den „politisch wache[n]" Hans-Georg von Studnitz eine „faßbare Möglichkeit..., Staat und Gesellschaft zu erneuern" und für den Journalisten Studnitz keine Gefährdung der Freiheit seines besonderen Wortes. Die Zeitungsverbote und die Journalisten-Verhaftungen, mit denen sich das NS-Regime sofort einführte, nahm er nicht wahr – da sollte er später viel Schlimmeres erleben: „Zunächst schien" – er meint das Jahr 1933 – „die Pressefreiheit nicht gefährdeter als 1973 unter der zweiten Regierung Brandt, wo Parteien, Gewerkschaften und linksradikale Jugendorganisationen, sich mehr und mehr gegen die Entscheidungsfreiheit der Verleger und gegen die Meinungsfreiheit der Journalisten verschworen. Auch verfügte Hitler am Anfang nicht über ein vom Staat lizenziertes und vom Steuerzahler finanziertes Meinungsmonopol bei Rundfunk und Fernsehen, wie es Brandt von seiner ersten Amtsstunde an zur Verfügung stand."

Der Führer war der bessere Kanzler: „Die nationalen Anliegen, die Hitler in Angriff nahm – die Beseitigung der Arbeitslosigkeit, der Aufbau einer starken Wehrmacht, Rheinlandbesetzung, Anschluß, Lösung der Sudetenfrage, Rückkehr des Memellandes –, sorgten von selbst dafür, daß sich die Mehrzahl der Zeitungen und Journalisten hinter das Regime stellte." [9]

Das ist die Wahrheit – Hans-Georg von Studnitz gehört zu den ganz wenigen Journalisten dieser Sorte, die sie heute noch aussprechen.

In den Studnitz-Erinnerungen, die den Titel „Seitensprünge" tragen, gibt es ein Kapitel über die „Festung Holland" mit der Überschrift „Das Märchen von den ‚Meisterspionen'". Studnitz setzt sich da auf bemerkenswerte Weise mit einem 1945 (er meint 1948) in zweiter Auflage erschienenen Buch von Heinrich Orb ("Nationalsozialismus – 13 Jahre Machtrausch") auseinander. In diesem Buch werden mehrere deutsche Journalisten wie Heinz Barth, Martin Bethke, Max Clauss, Fritz von Globig, Roland Krug von Nidda, Carl Heinz Petersen, Carlos Graf

Pückler, Dieter von der Schulenburg, Kurt von Stutterheim, P. W. Vermehren und Studnitz selbst als „Meisterspione" und Mitglieder der „Fünften Kolonne" beschuldigt.[10]

Dazu Studnitz wörtlich: „Die Literatur über Vorgeschichte und Geschichte des Dritten Reiches ist durchsetzt von derlei Darstellungen, die Wahrheit und Dichtung durcheinandermengen. Was Orb über die Vorkriegstätigtkeit deutscher Auslandskorrespondenten zu wissen glaubte, gehört in das Reich der Phantasie."

Und dann folgt der Satz: „Nach Kriegsausbruch änderte sich das Bild."

Studnitz weiter: „Zahlreiche Journalisten wurden nun kriegsdienstverpflichtet, sei es als PK-Berichter für die Front, sei es als Mitarbeiter von Dienststellen in Berlin, die sich mit geistiger Kriegsführung befaßten. So holte sich die unter dem Gesandten Günther Altenburg neugebildete Informationsabteilung des Auswärtigen Amtes Presseleute wie Krug von Niddda, Carlos Pückler, Friedrich Sieburg, Giselher Wirsing und mich. Sieburg und Krug wurden nach der Okkupation Frankreichs der Pariser Deutschen Botschaft zugeteilt, Pückler fiel in Polen. Ich wurde im Januar 1940 bis Ende Mai noch einmal für eine journalistische Aufgabe vom Auswärtigen Amt freigestellt – als Korrespondent der Scherl-Zeitungen in den Niederlanden –, um dann endgültig in die Presseabteilung des Ministeriums kriegsdienstverpflichtet zu werden."[11]

Diese Kriegsdienstverpflichtung, die nach anderen Aussagen[12] schon zwei Wochen *vor* und nicht, wie Studnitz schreibt, *nach* dem deutschen Überfall auf Polen geschah, ergab also ein anderes Bild, was seine Zugehörigkeit zur Fünften Kolonne betraf.

Am 9. Oktober 1939 befahl Hitler in der Weisung Nr. 6 für die Kriegsführung zwecks „Weiterführung der militärischen Operationen" die Vorbereitung einer „Angriffsoperation" auf den neutralen „holländischen Raum". Am 23. November 1939 erklärt Hitler in einer Besprechung zu der alle Oberbefehlshaber befohlen sind, laut Protokoll: „Ich habe zu wählen zwischen Sieg und Vernichtung. Ich wähle den Sieg. Größter historischer Entschluß, zu vergleichen mit dem Entschluß Friedrichs des Großen vor dem 1. Schlesischen Krieg ... Verletzung der Neutralität Belgiens und Hollands ist bedeutungslos."[13]

Im Januar 1940 wird also der vom Auswärtigen Amt „kriegsdienstverpflichtete" Hans-Georg von Studnitz plötzlich wieder „freigestellt" für eine „journalistische" Aufgabe. Er trifft „an einem eisklirrenden Januartag" im Haag ein und betont, er habe dabei nicht geahnt, „daß ich dort wenige Monate später – am 10. Mai 1940 – Zeuge eines der aufregendsten Handstreiche der Militärgeschichte werden sollte".[14]

Die deutsche Gesandtschaft, in der er so selbstverständlich tätig ist, daß die Niederländer dem angeblichen Journalisten ein Diplomatenkennzeichen für das Auto zuteilen, ist eine Agentenzentrale. „Als Hilfarbeiter, Sonderreferenten, wissenschaftliche Assistenten" getarnt, sind dort Mitarbeiter der Abwehr und des SD tätig.

Der Landesgruppenleiter der NSDAP Otto Butting läuft als Gesandschafts-Attaché herum und genießt so diplomatische Vorrechte. In einem Nebengebäude der Gesandtschaft befindet sich ein Geheimsender für den Abwehrchef Walter Schultze-Bernett, der sich freut: „Es gibt in diesem Lande keinen Stein, den wir nicht kennen."

Wolfgang Gans Edler von Putlitz, der aus der Botschaft in London nach dem Haag versetzte zweite Mann in der Gesandtschaft: „Anfangs verblüffte mich der Umfang des Kuriergepäcks, das diese verhältnismäßig kleine Gesandtschaft jede Woche von Berlin erhielt. Fast alles war für S.B. oder Butting bestimmt, und ich mußte es unbesehen weiterleiten. Ich zweifelte nicht, daß sich darin Waffen, Sendegeräte und ähnliche illegale Gegenstände befanden. Als ich [den Gesandten] Zech hierauf aufmerksam machte, erklärte er mir lediglich: ‚Wir können es doch nicht ändern; bitte brocken Sie mir nicht noch zusätzliche Schwierigkeiten mit diesen Kerlen ein.'"

Eine Woche nach Kriegsbeginn vermehrten sich, so Putlitz, der zum Widerstand Kontakt hält, „die Dunkelmänner, die unserer Gesandtschaft zugeteilt wurden, wie die Kaninchen. Hals über Kopf wurde ein ganzes Hotel mit annähernd hundert Zimmern dazu gemietet…"[15]

Putlitz flieht aus dieser deutschen Agentenzentrale im neutralen Holland zurück zum Feind nach England und bittet um Asyl.

Studnitz kommt, und dieser wache Journalist merkt, wenn man seinen Memoiren trauen mag, von all dem nichts. Doch, er erwähnt den deutschen Gesandten Graf Zech: „ein sächsischer Grandseigneur, der sich den Zeitläuften hilflos ausgesetzt sah".

Den Zeitläuften. Nicht den deutschen Agenten, die jetzt in der Gesandtschaft herumschwirrten „wie in einem Bienenstock" (Putliz).

War Studnitz selber einer?

Das Putlitz-Kapitel über seinen Aufenthalt in den Niederlanden heißt „Hitlers Fünfte Kolonne in Holland" und „In der ‚Festung Holland'" heißt das von Studnitz. Unaufgefordert gibt dieser zu Beginn des Kapitels eine Erklärung ab: „Als mich die Engländer im Dezember 1945 festnahmen, war ihnen die Idee nicht auszutreiben, daß ich meine großen Auslandsreisen" – Anfang 1939 beispielsweise war Judenfeind Studnitz in Palästina, wie so mancher, den um diese Zeit besondere Aufträge dorthin zogen (siehe Seite 170 ff.) – „im Auftrag des Admirals Canaris unternommen hätte... Ich machte keinen Hehl daraus, daß ich Canaris meine Eindrücke mitgeteilt haben würde, hätte er oder einer seiner Beauftragten mich dazu aufgefordert. Tatsache ist, daß ich den Admiral nicht gekannt habe und mit seiner Organisation keinerlei Verbindung unterhielt."

Mit seiner Organisation. Aber neben der Abwehr war in den Niederlanden und vor allem an der Deutschen Gesandtschaft auch der SD tätig. Und das mehr denn je, seit am 9. November 1939 beim Zwischenfall von Venlo der aufstrebende SS-Sturmbannführer Walter Schellenberg vom SD-Hauptamt zwei englische Agenten aus den neutralen Niederlanden entführt hatte.

Über eine Tätigkeit für den SD schreibt Studnitz nichts.

Und so geschieht es, daß er – in seinen Memoiren – völlig überrascht ist, als es am 10. Mai vom Himmel plötzlich deutsche Fallschirmjäger auf das neutrale Holland regnet. Am 8. Mai noch, „gab Graf Zech ein Diner, auf dem ich die mir aus Wien bekannte Gattin eines ungarischen Magnaten zu Tisch führte, deren Sohn als Verlobter der schönen Flämin Lilian Baels galt, die dann Leopold III., den König der Belgier heiraten und Prinzessin von Réthy werden sollte. Es war ein stimmungsvoller Abend. Eine weiche Luft strömte durch die geöffneten Fenster, brachte die Kerzen zum Flackern und verhieß die Ankunft des Sommers."

Ein Journalist – wir sollen ihm ja abnehmen, daß er als Journalist in den Niederlanden gewesen sei – mitten in der Agentenzentrale. Und er bekam nichts mit von dem, was sich vorbereitete. Er wartete auf die Ankunft des Sommers und nicht auf den Absprung der Fallschirmjäger. Ein feiner Journalist.

Nach fünf Tagen wurde der Haag von einer SS-Division unter Sepp Dietrich besetzt. „Die Holländer", so Studnitz, „kamen aus dem Staunen nicht heraus. Die Mädchen konnten sich nicht satt sehen an einer Truppe," – der SS – „die in ihren getigerten Kampfanzügen Sendboten von einem anderen Stern ähnlicher sah als herkömmlichem Militär. Verbrüderungsszenen waren keine Seltenheit."[16]

So war es, und nicht anders.

Anne Frank aus Holland muß sich geirrt haben, als sie knapp fünf Jahre später in Bergen-Belsen umkam.

Pünktlich am Ende des Monats, in dem die Nazi-Truppen vom Himmel gefallen waren, ist der „journalistische" Auftrag in den Niederlanden beendet. Hans-Georg von Studnitz kehrt ins Auswärtige Amt nach

Berlin zurück. Dort übt er tatsächlich auch eine journalistisch geartete Tätigkeit aus. Für Paul Karl Schmidt betreut er den Propagandadienst *Europäische Korrespondenz*, gibt eine *Deutsche Diplomatische Korrespondenz* heraus und kümmert sich um das Antikominternpakt-Organ *Berlin – Rom – Tokio*.

Gerade in dieser repräsentativen Monatsschrift für die Vertiefung der kulturellen Beziehungen der Völker des weltpolitischen Dreiecks läßt der spätere Kleistpreisträger[17] keinen Zweifel an der grundsätzlichen Überlegenheit guter deutschen Kultur, beispielsweise über die US-Zivilisation. Studnitz: „Es kam die Zeit, wo nicht mehr der amerikanische Filmjude Charlie Chaplin mit europäischen Fürsten auf Du verkehrte, sondern wo Max Schmeling die Weltmeisterschaft im Schwergewicht vor 300.000 New Yorkern gewann ...“[18]

Er konnte nun mal Juden nicht leiden. Und darum durfte sich der „Jude Roosevelt" (Überschrift) nicht wundern, daß er einen Monat später, am 14.November 1941, aus derselben kämpferischen Feder im *Berliner Lokal-Anzeiger* lesen mußte:

Wer Herrn Roosevelt verstehen will, muß sich freilich seine nächsten Ratgeber anschauen. Kein berühmter Flieger, kein erfolgreicher Feldherr, kein großer Admiral ist darunter. Und auch kein Christ! Die Männer, mit denen Roosevelt Strategie erörtert, sind die gleichen, deren Vorfahren einst trockenen Fußes das Rote Meer zu kreuzen wußten. Es sind die Männer, die weder die Geschwindigkeit eines Schiffes, eines Flugzeugs, eines Geschosses kennen, sondern nur die Geschwindigkeit der Füße, auf denen sie sich bewegen. Sie kennen die Preise in aller Welt und außer diesen nur ein Gefühl: die j ü d i s c h e A n g s t.[19]

Genau zwanzig Jahre, nachdem er das Honorar für diese Analyse kassiert hatte, freute sich Studnitz in der von ihm mitherausgegebenen *Außenpolitik* über die Bundesregierung, weil sie sich zu einer „Wiedergutmachung an Israel" verstanden habe. Es komme „nicht oft vor, daß Regierungen ein moralisches Obligo materiell" – ja, er benutzte diesen Ausdruck: – „honorieren".[20]

Nochmals sechs Jahre später, 1967, ging er in der *Welt am Sonntag* noch weiter. Durch den Sinai-Krieg am Roten Meer hatte er sich überzeugen lassen, daß man den Juden ihre jüdische Angst nicht länger nachtragen müsse, weil sie nämlich auch zu siegen verstehen. Nicht er hatte seine Meinung geändert – die Juden hatten sich bekehrt.

Springers Blätter überschlugen sich mit Beifall für die angreifenden Israelis, entdeckten, daß der Krieg wieder ein Mittel der Politik sein könne und daß niemand von den Israelis mehr lernen könne als wir

Deutschen, denn: „Unsere Araber", so lehrte *Bild* damals, das sind „Ulbrichts Volksarmee oder die Tschechen oder die Polen oder alle drei." Und dazu klatschte Studnitz in Springers *Welt am Sonntag* – wo sonst? – Beifall: „Es ist bezeichnend, daß die Hetze gegen Springer nach dem Israel-Krieg einen neuen Höhepunkt erreichte ... Die Enteignung Axel Springers ... wird heute auch verlangt, weil kein Philosemit in der Bundesrepublik heute so gehaßt wird wie eben der Hamburger Konzernherr."[21]

Hans-Georg von Studnitz hatte den Juden seinen Antisemitismus von 1941 aus vollem Herzen verziehen. Roosevelt verzieh er nicht. Und in diesem Zusammenhang riskierte Studnitz auch ein offenes Wort gegen Hitler: Hätte Bismarck, schrieb er 1964, länger gelebt, so hätte es einen Weltkrieg nie gegeben – doch „Hitler und Roosevelt führten herbei, was unter Bismarck undenkbar gewesen wäre".[22]

Im Sinne Bismarcks kümmerte sich Studnitz auch um mehr Gerechtigkeit für bisher vernachlässigte Stände, denen man „gleiche Rechte wie dem Arbeiter zubilligen" müsse, beispielsweise dem Generalsstand: „Wenn der Generalstreik die ultima ratio der Werktätigen darstellt, so der Militärputsch die ultima ratio der bewaffneten Macht."[23]

Der Mann, der sich aus Patriotismus lebenslänglich das Tragen einer deutschen Uniform versagen mußte, liebte nichts mehr als das deutsche Militär, besonders von seiner gewinnbringenden Seite. Er betätigte sich unter besonderem Hinweis auf die „Produkte der München-Ottobrunner *Messerschmitt-Boelkow-Blohmwerke*" als publizistischer Lobbyist der bundesdeutschen Rüstungsindustrie: „Mit der Anlegung eines Keuschheitsgürtels in Waffengeschäften" begebe sich die Bundesregierung, so schrieb er 1979, „einer der wenigen verbliebenen Möglichkeiten außenpolitischer Wirksamkeit". Die deutsche Rüstungsindustrie habe den „Ruf" – er meinte einen guten – zurückgewonnen, der „sie in der Kaiserzeit ebenso ausgezeichnet hatte wie im Dritten Reich". Sein Tip an die Bundesregierung: „Waffenlieferungen in Spannungsgebiete erzeugen Dankbarkeit". Man solle stets an beide Kriegsparteien liefern, denn, so schrieb Studnitz ohne Ironie: „Aus moralischen Gründen können Waffen nicht der einen Macht gewährt und der anderen entzogen werden." Im übrigen, so tröstete er Gegner des Waffenhandels, würden ohnedies nur dann „Geschütze gekauft, wenn die Lösung eines Konfliktes nur noch über einen Waffengang denkbar erscheint".[24]

Seine eigentlich große publizistische Leistung, die zugleich auch eine genuin propagandistische war, vollbrachte Hans-Georg von Studnitz schon gleich nach der bekannten Katastrophe – in der *Zeit*. Die unterschied sich in ihren ersten Jahren kräftig von jenem weltoffenen Blatt, das sie Ende der fünfziger, Anfang der sechziger Jahre geworden ist. Chefredakteur war Richard Tüngel, ein Emigrantenfeind, der angesichts der John-Affäre 1954 aufschrie „Herr Kanzler säubern Sie!" und die Überprüfung aller Ernennungen forderte, die „unter Besatzungseinfluß vorgenommen wurden".[25] Schon 1952 hatte Tüngel gegen alle, die sich gegen die Wiederbesetzung des Auswärtigen Amtes mit den bewährten Amtswaltern des Joachim von Ribbentrop gewandt hatten, einen wilden Denunziationsartikel geschrieben – aus Überzeugung, aber auch umsonst: daß man ihm den Botschafterposten im Vatikan versprochen hatte, wurde vorzeitig bekannt, der Wechsel in den Auswärtigen Dienst blieb ihm versagt.[26]

„Wir waren glaube ich – dank Studnitz – die einzige Zeitung, die über die damaligen Nürnberger Prozesse ungehindert frei und kritisch schreiben konnte," erklärte Tüngel.[27]

Zwar war die *Zeit* nicht das einzige Blatt – das ganze Bündel von Tageszeitungen, für die Studnitz tätig war, wurde von ihm mitbedient – aber schreiben konnte er wirklich, was er wollte oder immer schon gewollt hatte.

Von 1947 an hat Hans Georg von Studnitz, der zwei Jahre zuvor noch als beflissener Gehilfe in der Zentrale eines der Hauptkriegsverbrecher saß, das Geschichtsbild des kommenden Bundesbürgers über die „sogenannten" – wie Studnitz sich auszudrücken – Kriegsverbrecherprozesse von Nürnberg geprägt. Er war nicht zu den Hauptkriegsverbrecherprozessen von November 1945 bis Oktober 1946 entsandt worden – damals saß er ja noch selbst –, sondern zu den Nachfolgeprozessen. Und deren volkspädagogisch korrekte Behandlung war viel wichtiger als die Berichterstattung vom vorhergehenden Hauptkriegsverbrecherprozeß. Über die Schuld der Spitzen-Nazis war von links bis rechts, in Ost und West, leicht eine Verständigung zu erzielen. Einen Göring, einen Rosenberg, einen Streicher wollte auch Studnitz nicht heraushauen, nicht einmal mehr seinen alten Chef Joachim von Ribbentrop.

Für das Selbstverständnis der entstehenden Bundesrepublik waren die Nachfolgeprozesse viel wichtiger. Hier standen die Stützen der Gesellschaft vor Gericht – Industrie, Militär, Justiz, Ärzteschaft, Ministerialbeamte – sie alle, die wieder gebraucht wurden, wenn man einen Staat nach dem Muster der Vergangenheit wiederaufbauen wollte und das wollte man.

Hier war die Aufgabe des Hans-Georg von Studnitz, und er hat sie mit ungeheuerlichem Verantwortungsgefühl erledigt. Und zwar so engagiert, daß er sogar an den – wie er formuliert – „Pressechef" der SPD, das Vorstandmitglied Fritz Heine einen unmißverständlichen Brief schickte, in dem er die SPD vor einem neuen Dolchstoß – diesmal gegen die in Nürnberg kämpfende deutsche Großindustrie – warnte. Studnitz genügte es nicht, daß ausgerechnet er für einen großen und einflußreichen Teil der Presse aus Nürnberg berichten durfte – die andern sollten gefälligst den Mund halten. Studnitz an Heine am 22.Dezember 1947: „Ich habe den Eindruck, als wenn ein großer Teil der SPD-Presse über die Nürnberger Industrieprozesse – Flick, Krupp, IG-Farben – völlig einseitig berichtet und das von der Anklage vorgelegte Material im Sinne einer klassenkämpferischen Agitation gegen die Industrie als die angeklagten Vertreter des deutschen Kapitalismus auswertet." Von wenigen Ausnahmen abgesehen – er war auch noch da – sei die Qualität der in Nürnberg anwesenden 18 deutschen Pressevertreter „unter jedem Niveau". In der Presse, vor allem in den SPD-Blättern werde „die Arbeit der Verteidigung" überhaupt nicht gewürdigt, obwohl doch die angeklagten Industriellen – die Krupp-. Flick- und IG-Direktoren – „als Symbole der ganzen deutschen Wirtschaft und des ganzen deutschen Volkes" vor Gericht ständen.

Studnitz, der ohne jedes Gefühl für Peinlichkeit seinen Zensur-Appell an den „Pressechef" 1975 in seinen Memoiren ausplaudert, erinnert sich: „Ich wies Heine darauf hin, daß die Vermischung der Berichterstattung mit klassenkämpferischen Elementen höchst kurzsichtig sei, nachdem sich im IG-Prozeß herausstellte, daß die angebliche Mißhandlung von Fremdarbeitern gar nicht zu Lasten der von der SS gestellten Bewachungsmannschaften ging, sondern" – jetzt können wir das Wort „angeblich" streichen – „sondern von alten IG-Meistern und Vorarbeitern geleistet worden war", typischen Sozialdemokraten also.

Eine ausgesuchte Infamie, die Sozialdemokraten statt SS auf die Anklagebank setzte und dabei noch die Herren in den Konzernetagen freisprach. Studnitz – als Sprecher der IG-Anwälte? – in seinem Brief an den SPD-„Pressechef" weiter: „Es ist selbstverständlich, daß die Verteidigung sich für die Ehre des deutschen Arbeiters ebenso einsetzen wird wie für ihre speziellen Mandanten. Sie darf dann aber auch erwarten, daß ihrem überaus schweren Stand nicht ununterbrochen von der Presse des eigenen Volkes in den Rücken gefallen wird."

Die Presse des eigenen Volkes. Studnitz in seinen Erinnerungen: „Ich bat Heine, die SPD-Chefredakteure entsprechend zu vergattern, und schloß: ,Der Versuch über die Industrieprozesse einen neuen weltanschaulichen Spalt zwischen Betriebsführung und Arbeiterschaft zu trei-

ben,' – der alte war seit 1933 überwunden – ‚ist zu offensichtlich, als daß er nicht im Keim erstickt werden sollte.'"[28]
Vergattern und ersticken. Er glaubte, er sei noch im Auswärtigen Amt und hätte die Kommando-Stelle seines Chefs Paul Karl Schmidt eingenommen.

Und dieser Journalist, der in einem Kriminalfall, über den er berichten soll, für die Angeklagten einen solchen Brief schrieb an den vermeintlichen Chef der Kollegen, die anders berichteten als er, findet drei Jahrzehnte später nichts dabei, diesen kompromittierenden Brief zu veröffentlichen.

Schlimmer, seine Memoiren erreichten eine beachtliche Auflage, wurden viel besprochen, aber meines Wissens nahm keiner unter den Rezensenten Anstoß an diesen Praktiken des Hans-Georg von Studnitz. Man hatte es ihm wohl abgenommen, daß es in Nürnberg nicht um den unbeschwerten Lebensabend einiger Industrieverbrecher ging, sondern „um Tod und Leben der deutschen Nation". In solchen Fällen ist – wie wir schon immer wußten – alles erlaubt.

Voll gedeckt von Chefredakteur Richard Tüngel konnte Studnitz in der Zeit das schreckliche Los eines Kindes ausbreiten, das von den Häschern der Alliierten seiner Familie entführt worden war.

Studnitz empörte sich: „Der Angeklagte Alfred" – gemeint war Alfried – „Krupp soll sich gegen Vorwürfe rechtfertigen, die in eine Zeit fallen, wo er noch nicht einmal zehn Jahre alt war."

Vor Gericht stand Krupp für die Taten, die er in der Nazizeit begangen hatte. Der bei Prozeßbeginn 40jährige Angeklagte war genauso alt wie Studnitz selbst und nur drei Jahre jünger als Heydrich, und der hatte sechs Jahre, bevor sich Alfried Krupp in Nürnberg verantworten mußte, schon ein fürchterliches Lebenswerk hinter sich gebracht. Doch für Studnitz konnte Krupp schon aus Altersgründen nur ein unschuldiger Jüngling sein, der für seinen – auch zu Unrecht verdächtigten – Vater büßen mußte.

Alfried Krupp war schon 1931 im Alter von 24 Jahren der SS beigetreten, 1938 der NSDAP, er wurde im Krieg Wehrwirtschaftsführer und bekam von Hitler das Kriegsverdienst-Kreuz erster und zweiter Klasse, gewiß nicht dafür, daß er mit Zinnsoldaten spielte. Aber Studnitz: „Alfred Krupp als Knabe, mit einem Kieler Anzug und Wadenstrümpfen bekleidet", müsse sich vor Gericht verantworten, im Verfahren war nämlich ein Film vorgeführt worden, der ihn so zeigt.[29]
In Wirklichkeit gab es in dem Prozeß neben dem 40jährigen Junior mitangeklagte Krupp-Direktoren, die zwanzig und dreißig Jahre älter

waren als er – auf sie bezog sich der Film. Und der Knabe in den Wadenstrümpfen war seit 1936 Vorstandsmitglied der Friedrich Krupp AG speziell für den Rüstungssektor und seit März 1943 Vorstandsvorsitzender und Eigentümer des Konzerns zugleich. Das arme Kind im Matrosenanzug war überdies schon lange bevor es anstelle des Vaters vors Tribunal geschleppt wurde, Aufsichtsratsvorsitzender oder Aufsichtsratsmitglied bei 16 Krupp-eigenen Firmen und bei einer ganzen Anzahl anderer Konzerne, bei den Siemens-Schuckert-Werken, der VIAG, der Dresdner Bank, der Allianz.

Aber der Chefredakteur deckte voll die – zurückhaltend formuliert – Verfälschungen seines Korrespondenten. Noch nach Abschluß der Nürnberger Prozesse, deren Urteile immer milder ausfielen wegen der geplanten Wiederverwendung der Deutschen zum Kampf gegen die Sowjets, schrieb Studnitz-Chef Tüngel: „Man hat in Nürnberg Männer vor Gericht gestellt, die gewissermaßen symbolisch einen ganzen Stand vertreten sollten – wir erinnern an der Krupp-Prozeß, in dem man, weil der Vater zu krank war, einfach den Sohn vor die Schranken des Gerichtes rief."[30]

Das hatte der alliierte Gerichtshof davon, daß er im Hauptkriegsverbrecherprozeß den kranken alten Verbrecher Gustav Krupp schonte. Das sollte jetzt den nicht weniger schuldigen Sohn Alfried immun gegen jede Anklage machen. Richtig ist – und Tüngel mußte es wissen – dies: Gustav Krupp war im Hauptkriegsverbrecherprozeß angeklagt. Aufgrund eines ärztlichen Zeugnisses, das arteriosklerotische Gehirnerweichung bei ihm feststellte, beschloß der Gerichtshof am 15.November 1945 noch vor Verhandlungsbeginn, das Verfahren gegen Gustav Krupp auszusetzen.[31] Von Anklagevertretern der USA, der Sowjetunion und Frankreichs wurde tatsächlich erwogen, jetzt den kaum weniger schuldigen Alfried Krupp in das Verfahren einzubeziehen. Nicht weil er Sohn seines Vaters, sondern weil im Prozeß gegen die Hauptkriegsverbrecher jetzt überhaupt keiner von den schuldigen Industriellen mehr vor Gericht stand, und es war ja gerade der Sinn dieses ersten Prozesses, gegen Angeklagte aus allen Berufsgruppen vorzugehen. Das aber hätte tatsächlich bedeutet, daß man auf der Liste der Angeklagten einen Namen durch einen anderen austauscht. Der britische Ankläger Sir Hartley Shawcross gegen seine Kollegen: „Es handelt sich hier um ein Gerichtsverfahren, nicht um ein Spiel, bei dem man einen erkrankten Spieler durch einen anderen ersetzt."

Und so entschied am 20.November 1945 das Gericht: „Der Antrag, die Anklage durch Hinzufügen des Namens von Alfried Krupp zu ergänzen, ist vom Gerichtshof nach allen Seiten hin geprüft worden und wird abgelehnt."[32]

Daß Alfried Krupp sich dann zwei Jahre später in einem der zwölf Nürnberger Nachfolgeprozesse verantworten mußte, hatte nichts mit Sippenhaftung, nichts mit einer Ersatz-Angeklagtenrolle für den Vater zu tun. In diesem Verfahren, einem der drei Industriellen-Prozesse – IG Farben und Flick-Konzern waren die anderen – standen elf Krupp-Direktoren vor Gericht. Es wäre einfach unvorstellbar gewesen, sie anzuklagen, nicht aber ihren Vorstandsvorsitzenden, weil der einen Vater und Vorgänger hatte, gegen den aus Gründen seiner Krankheit nicht verhandelt werden konnte.

Doch Studnitz, kurz zuvor noch enger Vertrauter eines der NS-Chef-propagandisten, macht daraus im angesehensten Wochenblatt der bevorstehenden neuen Republik einen Fall von Sippenhaftung und Knabenverfolgung.

Es sollte keine Prozesse mehr geben, gegen Angehörige der Wehrmacht nicht, gegen Ministerialbeamte nicht und gegen Industrielle gar nie. Sie alle waren im Stand der Kollektivunschuld.

Tüngel schreibt das mit einem Satz von besonderem Raffinement: „Man hat Offiziere, Beamte, Industrielle mit Schwerverbrechern zusammengestellt und durcheinandergemischt . . . " Jetzt – der kalte Krieg war da – gelte es „die Maßstäbe, die verschoben sind, wieder zurechtzurücken". Alles sei nur entstanden aus „nicht richtig apperzipiertem", gemeint war: falsch wahrgenommenem, „Nachrichtenmaterial" – der gelehrte Ausdruck aus der Kantschen Erkenntnistheorie sollte Widerspruch einschüchtern.[33]

Der richtig apperzipierende deutsche Mensch aber wußte a priori, daß ein deutscher Offizier, ein deutscher Beamter, ein deutscher Industrieller kein Schwerverbrecher sein kann. Woher denn?! Ein solcher wird als solcher geboren, trägt anlagebedingt zusammengewachsene Augenbrauen und darf nicht unter anständige Deutsche gemischt werden. Das war das Nachkriegsressentiment, und niemand hat es besser kultiviert als Tüngel mit Studnitz in der damaligen Zeit. Wir wurden dumm gemacht, nicht ohne System.

Die Besatzer üben fürchterliche Rache an Studnitz für seine unabhängige und furchtlose Berichterstattung vom Kriegsverbrecherprozeß in Nürnberg. Soetwas, was ihm da geschah, war ihm in seinem an vielen Erfahrungen reichen Journalistenleben noch nicht widerfahren: Die „Information Service Division" der britischen „Control-Commission for Germany" verweigerte ihm am 11. Oktober 1948 die Teilnahme an der Australien-Neuseelandreise des britischen Königspaares. Dabei hatte von Studnitz den Engländern erst sieben Jahre zuvor klargemacht, „daß die Niederlage Großbritanniens nur noch eine Frage der Zeit ist".[34] Verständlich also sein Beschwerdebrief an die Besatzungsbehörde, in dem er seiner Enttäuschung Ausdruck gab und bitter darüber klagte, daß sein Ausschluß von der Monarchen-Reise kaum dazu beitrage, „deutsche Redakteure in ihrem Streben nach praktischer Demokratie zu ermutigen". Er warnte, ihn weiter so zu behandeln: „Im Ergebnis werden die Zeitungen als Organe der öffentlichen Meinung selbst das bescheidene Vertrauenskapital verwirtschaften, das einige von ihnen auf Grund der unermüdlichen Anstrengungen von ein paar unabhängigen und furchtlosen Publizisten in letzter Zeit" – vorher wohl etwas weniger – „haben ansammeln können."[35]

So sehr der furchtlose Publizist seine ehemaligen AA-Kollegen auf der Anklagebank in Nürnberg in seinen Berichten für die Zeit schonte, auf einen stürzte er sich voller Wut: auf den Unterstaatssekretär Friedrich Gaus, der aus Angst um seine jüdische Frau mitgemacht hatte und der jetzt im Prozeß auspackte und Reue zeigte. So einer, das demonstrierte Studnitz in der Zeit, wird zur Unperson: „Niemand nimmt von ihm Notiz, niemand grüßt ihn. Die ihn von früher kennen, schauen beiseite oder durch ihn hindurch." Ihn als einzigen denunziert Studnitz als „treuen Diener seines Herrn", als Diener Ribbentrops, dem er selbst doch nicht weniger treu gedient hatte. Und warum? Insbesondere, weil er eine Aussage gemacht hat, die Studnitz mit allen Mitteln als unglaubwürdig hinstellt. Diese:

„Die deutsche politische Führung sah in dem japanischen Überfall auf Pearl Harbour am 7. Dezember 1941 den ersten Schritt zu der Verwirklichung der Idee, ein Großgermanisches Reich zu gründen. Denn dieses Reich sollte nicht nur Europa beherrschen, sondern der entscheidende Faktor in der Lenkung des Weltgeschehens sein ... Mit dem japanischen Angriff im Fernen Osten wollte die deutsche auswärtige Politik sich nunmehr den noch weitergreifenden Zielen nähern, das britische Weltreich für immer zu zertrümmern. Gleichzeitig sollten damit die Vereinigten Staaten eine Stellung zweiten Ranges erhalten, von der Erbschaft des Britischen Weltreiches ausgeschlossen und ihr Macht- und Einflußbereich auf den nördlichen Teil des amerikanischen Kontinents beschränkt werden ... Diese Aufteilung war kein bloßer Wunschtraum, sondern der Plan, den die deutsche Diplomatie mit dem Endsieg unmittelbar in die Wirklichkeit umsetzen wollte ... Die deutsche auswärtige Politik spielte damit die letzte politische Trumpfkarte aus, durch den japanischen Vorstoß gegen Singapore und Indien dem Britischen Reich den Todesstoß zu versetzen." Studnitz in der *Zeit* gegen diese Gaus-Aussage: „Es ist bekannt, daß Hitler, als ihm der Überfall auf Pearl Harbour gemeldet wurde, diese Nachricht mit der Bemerkung quittierte: ,Erzählen Sie mir nicht solchen Unsinn.'" Und auch der japanische Botschafter in Berlin, General Oshima, sei so überrascht gewesen, daß er sich zunächst unfähig sah, Erklärungen abzugeben. Und das wiederum widerlege die „Unterstellung, daß es der Akt von Pearl Harbour war, in dem Hitler den ersten Schritt zur Gründung eines Großgermanischen Reiches sah."[36]

Studnitz wußte es besser. Später gestand er selbst: „Ich gab die *Deutsche Diplomatische Korrespondenz* heraus und betreute die Zeitschrift *Berlin – Rom – Tokio*, beide Sprachrohre des Auswärtigen Amtes"[37] Und da kann man viel nachlesen. Zunächst einmal gibt die Dezember-Nummer 1941 dieser Zeitschrift viele Fragen auf. Warum erschien diese Dezember-Nummer so spät, daß der Studnitz-Freund und *VB*-Tokio-Korrespondent Albrecht Fürst von Urach noch einen Bericht über den Überfall auf Pearl Harbor am 7. Dezember schicken konnte? Daß die Redaktion ihn samt Angriffs-Foto (Text: „Die japanische Flotte ist ein wuchtiges und scharfgeschliffens Instrument, das zusammen mit einer hochqualifizierten Luftwaffe über weite Räume blitzartig zu treffen weiß") noch in das aufwendig und zeitraubend gedruckte Heft zu heben vermochte? Einen Artikel, der beglückt verkündete: „Nun tobt der Abwehrkrieg im weiten Pazifik gegen die jüdisch-demokratische Einheitsfront."

Waren da auch die Maschinen angehalten worden wie bei Giselher Wirsings (siehe Seite 213 f.) dickem Kampfbuch gegen die USA „Der Maßlose Kontinent", dessen Drucklegung schon Ende Oktober abgeschlossen war und das pünktlich mit einem Vorwort vom 11. Dezember 1941, dem Termin der deutschen Kriegserklärung, gedruckt wurde?

Und warum war dieses Dezemberheft der Studnitz-Zeitschrift überhaupt als Japan-Heft angelegt mit kostbaren Kunstdrucken japanischer Bilder, deren Produktion mindestens vier Wochen vorher geplant sein mußte? Der mit drei Sternen gezeichnete Artikel dieser Nummer – solche Beiträge wurden stets entweder von Schmidt oder von Studnitz verfaßt[38] – feierte die „Zusammenkunft der europäischen Staatsmänner mit den Repräsentanten der fernöstlichen Ordnungsmächte" vom 25. bis 27. November 1941 als „Eiseshauch" für Washington. Warum hieß es in dem Studnitz- oder Schmidt-Artikel:

„Erst wenn alle Krankheitskeime vertilgt, alle unsere Lebensinstitutionen

für alle Zeiten von der Ansteckung befreit sind, können das neue Europa und die übrige Welt in Ruhe in die Zukunft schauen. Deshalb ist der Pakt des Berliner Kongresses von 1941 ein Pakt zur Schaffung aller Voraussetzungen für eine neue Welt der Ordnung und Gerechtigkeit, für die Beseitigung einer Menschheitskrankheit, die schlimmer als Tuberkulose und Krebs, die politischen Organismen der ganzen Welt noch jeden Tag befallen kann. Die sozialreaktionären Herrschaftsmethoden der Plutokratien sind die natürlichen Herde für diese Krankheit. Europa aber und der Ferne Osten wollen sie für alle Zeiten ausrotten, und dieses Europa und der Ferne Osten werden sich mit einem ehernen Wall umgeben, so daß sie nicht aus Angst, sondern nur mit Bedauern eines Tages es zur Kenntnis nehmen können, wenn die Politik Roosevelts dazu geführt haben wird, daß auf dem Weißen Haus in Washington die Rote Fahne mit Hammer und Sichel weht." [39]

Vertilgen, ausrotten für eine neue Welt der Ordnung in Europa und dem Fernen Osten – das war eine weit schärfere Sprache als all das, was in dem von Studnitz bestrittenen Gaus-Geständnis gesagt worden war. Wußte Studnitz 1948 in Nürnberg nicht mehr, was 1941 in seiner Zeitschrift stand? Oder war er 1941 falschen, böswilligen Informationen über die Absichten der Nazis zum Opfer gefallen, die womöglich aus denselben Kreisen – man weiß welche! – stammten, die Gaus in Nürnberg zur Unterschrift unter sein Geständnis zwangen?

Der japanische Angriff kam völlig überraschend für den Studnitz in der *Zeit* des Jahres 1948? Gewiß nicht für den Studnitz in *Berlin – Rom – Tokio* elf Monate vor dem Angriff. Im Januar 1941 drängte er dort die Japaner zum schnellen Handeln gegen die USA. „Wann aber wird sich Japan wieder die Gelegenheit bieten, unter ähnlich günstigen Bedingungen wie heute seine Lebensrechte gegen den Einspruch Großbritanniens und der Vereinigten Staaten zu sichern", so fragte er. Die „Niederlage Englands" werde „über kurz oder lang doch von den Vereinigten Staaten als etwas Unabänderliches hingenommen werden" müssen. Dann aber werde Amerika nicht zögern, all seine Kräfte auf Ostasien zu werfen. „Wenn die amerikanische Flotte jetzt erstmalig", so fährt Studnitz fort, und wir werden in einem späteren Kapitel noch sehen, wie sehr das Japan interessiert, „ihre jährlichen Flottenmanöver im Pazifik absagt", so unterstreiche dies die Bedeutung dieser „für Japan einzigartigen Konstellation". Und – ganz deutlich: „... rein militärisch gesehen steht Japan für den Fall, daß es die Vereinigten Staaten zum Äußersten kommen lassen, heute besser da als morgen, wo die amerikanische Flotte nicht nur um ihre eigenen Rüstungen, sondern auch um die Reste einer aus europäischen Gewässern entkommenen britischen Flotte vermehrt sein würde."[40]

Noch bevor das Jahr um war, hatte Japan den Rat befolgt – Bomben fielen auf Pearl Harbor und vernichteten einen Teil der US-Flotte, der Krieg wurde zum Weltkrieg.

Der Krieg Deutschlands gegen die USA war in *Berlin – Rom – Tokio* systematisch vorbereitet worden durch eine Gleichsetzung der Sowjetunion, in die man einmarschiert war, mit den USA, zu denen es noch diplomatische Beziehungen und einen wie auch immer gearteten Friedenszustand gab. „Die Weltrevolution der sogenannten Proletarier – eine jüdische Phrase als Mittel der Massenherrschaft, die im Bolschewismus ihre Erfüllung hat", wurde schon im Dreisterne-Artikel des Oktober-Heftes – also von Schmidt oder von Studnitz – gleichgesetzt mit „der Weltreaktion der Plutokraten – gleichfalls eine jüdische Herrschaftsform, die im Dollarimperialismus Roosevelts ihren Ausdruck findet". Gegen beide marschierte dort – zwei Monate vor seiner Kriegserklärung an die USA – schon Adolf Hitler, der „heute an der Spitze einer europäischen Armee mit eisernen Schlägen die Balken fügt für das Dach, unter dem die Völker den Stürmen der kommenden Jahrhunderte trotzen und das Glück der kommenden Jahrhunderte bergen können."
Die Balken für das Dach über dem Großgermanischen Reich, von dem Gaus in Nürnberg sprach, wofür er von Studnitz Prügel in der *Zeit* bezog.

Und wenn dieser Drei-Sterne-Artikel, der anhob, „Unsere Zeitschrift stellt ein politisches Programm dar", diesmal von Schmidt und nicht von Studnitz geschrieben sein sollte, zur Kenntnis genommen muß er ihn haben. Gibt es doch in derselben Nummer einen Studnitz-Beitrag gegen „den in Roosevelt verkörperten Wunsch nach brutaler Gewalt".[41]

Gewiß, auf Tag und Stunde kannten vielleicht auch Hitler und Ribbentrop den genauen Termin für den japanischen Überfall auf Pearl Harbor nicht. Doch selbst der Studnitz-AA-Kollege Erich Kordt räumte in seinen Memoiren schon 1947 ein, daß sich Japan in den letzten 10 Tagen des November in Deutschland rückversichert hatte. Der Beschluß, mit dem Angriff auf Pearl Harbor loszuschlagen, war in Japan erst am 5. November gefaßt worden. Die positive Antwort aus Berlin traf, so Kordt, „wahrscheinlich am 1. oder 2. Dezember" in Tokio ein und am 7. Dezember wurde der Krieg zum Weltkrieg.[42] Und da verbreitet das Hamburger Wochenblatt aus der Feder seines Nürnberger Verteidigungs-Korrespondenten, Hitler, Ribbentrop und sogar Botschafter Oshima seien völlig überrascht gewesen.

Bastelte Hans-Georg von Studnitz in der *Zeit* ganz nebenbei schon an einem Alibi für einen anderen Chefredakteur, in dessen Redaktionsgemeinschaft er bald einzog?

9. Ein Journalist muß arisch sein – Aus der Blutrobe in Bamberg in die Rote Robe nach Karlsruhe: Willi Geiger

Es war während der Salzburger Hochschulwochen 1961. Da stand der 52jährige Bundesverfassungsrichter Willi Geiger aus Karlsruhe auf, eilte zum Rednerpult und wußte ganz offensichtlich nicht mehr, was er sagte. Denn er sprach über die Rolle, die das Recht in der Rassenideologie des Nationalsozialismus oder in der marxistischen Ideologie des Klassenkampfes spiele, und er sagte dies: „In beiden Fällen wird, um ein bekanntes Wort abzuwandeln, das Recht zur Dirne einer Ideologie."[1] Keinem der Anwesenden fiel damals auf, daß einer von den höchsten bundesdeutschen Richtern sich selbst soeben der Ausübung der Prostitution bezichtigt hatte. Offensichtlich wußte auch keiner, daß der Doktor-Titel, mit dem Geiger nach Salzburg angereist war und den er völlig unbefangen trug wie ein Zuhälter seine Rolex, der erste Lohn seines Gewerbes war.

Mir lief er erst als 75jähriger über den Weg im Hamburger Herrengraben. Aber auch noch in diesem hohen Alter war Willi Geiger, der immer noch seinen Doktor benutzte, von der Grundhaltung erfüllt, die schon den 30jährigen beseelte: der Verachtung eines jeden unabhängigen und freien Journalismus.

Damals wollte Willi Geiger unser Globke werden, der Globke für Journalisten. Im Jahre des Herrn 1940, zu Ostern in Bamberg unterschrieb er den Wunsch, daß sein „Werk" seinen Platz behaupten „und auch in der Praxis einige Hilfe" zu leisten berufen sein möge.

Das Werk hieß „Die Rechtsstellung des Schriftleiters", und die Hilfe war Beihilfe, im Sinne des § 27 (damals § 49) Strafgesetzbuch. Sie brachte ihm für die Zeit seines Lebens einen geldwerten Vorteil ein: den Doktor-Titel. Geiger beteiligte sich dafür mit Rat und mit Tat an der Begehung eines Verbrechens, indem er einen „systematischen Grundriß des großdeutschen Schriftleiterrechts" erarbeitete, der bewußt und vorsätzlich andere Menschen aufgrund ihrer Rasse und ihrer politischen Anschauungen lebenslänglich – Geiger konnte, wie wir noch sehen werden, auch tödlich wirken – mit dem Verlust ihrer beruflichen Existenz bedrohte.

Die Menschenrechte verfügte er gleich zu Beginn seines juristischen Ratgebers in die Ablage:

Es entsprach so recht liberalistischer Geisteshaltung, der Auffassung vom natürlichen Gegensatz Individuum und Staat, daß man glaubte, man müsse die Menschenrechte, die Grundrechte der Bürger vor der Willkür der Allmacht des Staates schützen. Willi Geiger war gläubiger Katholik. Viele Priester wurden im NS-Staat verfolgt – er sah keinen Grund, wenigstens ihre Grundrechte, ihre Menschenrechte vor dem Staat zu schützen. Das war ihm zu altmodisch: *Das Jahrhundert des Liberalismus ist bei uns abgelöst durch ein Zeitalter völkischen Gemeinschaftsgeistes; und wenn nicht alles trügt, steht die ganze abendländische Welt an einer Zeitenwende, die zur Neubestimmung des Verhältnisses von Einzelpersönlichkeit zu Volk und Staat führt. Das tritt denn auch in der Neuordnung unseres Rechts, durch die das neue, starke und gesunde Rechtsempfinden unseres Volkes Gestalt gewinnt, zu Tage und muß sich am ehesten auswirken auf einem Gebiet, das wie die Presse solche Verhältnisse entscheidend zu gestalten berufen ist.*[2]

Gewiß, da war sich Geiger sicher, auch der nationalsozialistische Staat „achtet die recht verstandene Meinungs- und Pressefreiheit", nichts liege ihm ferner als eine beamtete Staatspresse. Geiger schrieb dies unter Berufung auf ein Goebbels-Wort ("Man kann und soll die Presse disziplinieren in den großen nationalen Schicksalsfragen; man kann und darf sie aber nicht reglementieren in irgendwelchen Kleinigkeiten, die zum Alltag des Lebens gehören").[3]

Und noch einmal Goebbels zitierend ("Nicht jeder hat das Recht zu schreiben!" Es müsse durch „sittliche und nationale Reife" erworben werden), erinnerte Geiger daran, daß das alte Wort „jedes gescheiterte Subjekt konnte am Ende in der Presse landen", nicht ganz unwahr geklungen habe. Er war deshalb glücklich, daß die Verordnung über die deutsche Staatsangehörigkeit vom 5. Februar 1934 und über das Gesetz über den Widerruf von Einbürgerungen und Aberkennung der deutschen Staatsangehörigkeit vom 14. Juli 1933 mit Durchführungsverordnung vom 26. Juli 1933 Ordnung brachte: „Gerade letzteres Gesetz hat der Tätigkeit einer Reihe sog. 'prominenten [sic] Journalisten', die ‚in Presse machten', einem Bernhard, einem Kerr u. a. ein Ende gesetzt."

Das Schönste aber an der neuen Ordnung war: „Der Schriftleiter muß grundsätzlich a r i s c h e r Abstammung sein." Wer arisch ist, entscheidet das Beamtenrecht (- wir sollten schon mal für spätere Zeiten vormerken, daß sich Geiger im Beamtenrecht vorzüglich auskennt). Und danach gilt als nichtarisch, wer von nichtarischen, insbesonders jüdischen Eltern oder Großeltern abstammt; es genügt ihm, „wenn ein Eltern- oder Großelternteil nichtarischen oder jüdischen Blutes ist". Geiger froh:

Die Vorschrift hat mit einem Schlag den übermächtigen, volksschädigenden und kulturzersetzenden Einfluß der jüdischen Rasse auf dem Gebiet der Presse beseitigt.

Auch sich selbst hatte Geiger vor diesem schädigenden und zersetzenden Einfluß bewahrt. Sein Literaturverzeichnis – er nennt es „Schrifttum" – erklärte: „* bedeutet: Verfasser ist Jude". Und er erläuterte an anderer Stelle, daß „die Aufnahme von Artikeln jüdischer Verfasser" ebenso wie der „Diebstahl geistigen Eigentums (Plagiat)" ein Berufsvergehen sei. Arisches Blut allein genügt nicht. Geiger entdeckte vordem ganz unkonventionelle Berufspflichten für Journalisten:

...der Schriftleiter kann unter Umständen verpflichtet sein, zu schweigen, also unvollständig zu berichten; denn er hat alles aus seiner Zeitung fernzuhalten, ‚was gegen die Ehre und Würde eines Deutschen verstößt...' kurz gesagt: Über der uneingeschränkten Pflicht zur Wahrheit steht die Pflicht zur Pflege des Gemeinwohls. Den höheren Interessen des Staates gegenüber – das sind nicht nur die Wahrung der Lebensrechte und Lebenswerte der Nation, sondern auch die Sicherung des wertvollsten ideellen Guts des Einzelnen, seiner Ehre und seiner Freiheit – muß im Konfliktfall auch die Wahrheit sich Bindungen gefallen lassen; sie muß dann zwar nicht verfälscht, aber totgeschwiegen werden.[4]

Geiger verstand nicht nur etwas vom Totschweigen, sondern auch vom Totmachen. Der Landgerichtsrat wurde Staatsanwalt am Sondergericht Bamberg, also staatlich angestellter und lizensierter Terrorist, und wirkte so an mindestens fünf Todesurteilen mit.[5] Natürlich völlig rechtens wie der bekannte Marinerichter Filbinger.

Die in solchen Kreisen angesehene *Deutsche National-Zeitung* bestätigte ihm von ihrem Standpunkt völlig zu Recht, daß er als „Richter alter Schule" lebenslänglich „in vorbildlicher Weise dem Rechtsstaat" diente, „erste Meriten" habe er sich damals in Bamberg erworben.[6]

Stimmt. Geiger sorgte im Oktober 1941 als Anklagevertreter mit Erfolg dafür, daß der achtzehnjährige K.St. justizförmig umgebracht wurde, weil er ein etwas jüngeres Mädchen geliebt haben soll. Geiger drückte das in seiner ordinären Juristensprache so aus: der Achtzehnjährige habe sexuelle Handlungen an einer Minderjährigen begangen. K. St. bestritt diesen Vorwurf. Geiger äußerte sich „trotz der Jugend des Verurteilten" zu einem Gnadengesuch des Verteidigers ablehnend. Geiger ging zur Hinrichtung, und Geiger sorgte dafür, daß die Exekution auf Plakaten und in Pressenotizen bekannt gegeben wurde.[7]

Mitglied der NSDAP war Willi Geiger auch, aber eigentlich nicht. Man habe ihn, erläuterte er 1966, wegen seiner Tätigkeit für das Zentrum und die Bayerische Volkspartei vorübergehend in NS-Haft genommen. Und eigentlich nur „um weiterer Verfolgungen zu entgehen", sei er im Herbst 1933 dem Stahlhelm beigetreten. „Zwangsläufige Folge" sei gewesen, daß er am 1.Mai 1937 „eine Mitgliedsnummer der NSDAP" bekommen habe, so war das eben damals.[8]

Goebbels brachte sich am 1. Mai 1945 um, Geiger aber behielt den Doktor-Titel, den er sich mit dessen Weisheiten erworben hatte, so als hätte er damit eine wissenschaftliche Leistung erbracht. Er schrubbte sich das Blut von der Robe und machte weiter Dienst am Oberlandesgericht Bamberg – jetzt als Landgerichtsrat.

Das Schrubben hätte er auch lassen können. Denn schon 1951 bekam er eine – für seinesgleichen unauffällige – blutrote Robe. Er wurde – das ist Karriere – im September 1951, zehn Jahre nach Aufnahme seiner todbringenden Sonder-Tätigkeit in Bamberg, völlig legal und auf Lebenszeit – wie es hieß – vom Bundesrat in den Zweiten Senat des neugegründeten Bundesverfassungsgerichtes berufen. Damit wurde er eine der wichtigsten Stützen der Rechtsentwicklung unserer Republik.

Wie das geschehen konnte, läßt sich heute wohl nicht mehr aufklären. Was dabei herauskam, umso mehr.

1966 – Geiger war gerade zum Präsidenten des 81. deutschen Katholikentages berufen worden – zeigten sich einige Leute pampig, wegen Sondergericht und so. Der biographische Pressedienst *Interpress* einen Monat später, pünktlich am 20.Juli: „Dem widersprechend wurde festgestellt, daß er nur gezwungenermaßen zu Tätigkeiten am Sondergericht hinzugezogen wurde."[9]

Hinzugezogen. Tätigkeiten. Gezwungenermaßen. Nur.

Der Verleumdete ließ sich sogar dazu herbei, eine Erklärung abzugeben: eine Spruchkammer habe ihm kurz nach Kriegsende bestätigt, er sei ein „leidenschaftlicher Gegner des Nationalsozialismus" gewesen.[10] Dann war Ruhe. Geiger, sein Doktor-Titel war immer dabei, konnte sich wieder leidenschaftlich seiner verantwortungsvollen Tätigkeit in der Residenz des Rechts widmen.

Er tadelte den Oberbundesanwalt Max Güde, als der 1969 in Bonn die Richter und Staatsanwälte mahnte, sie müßten vor allen anderen sich zu ihrem Versagen im Dritten Reich bekennen. Niemand, so Geiger, sei berechtigt, ein kollektives Schuldbekenntnis abzulegen.[11] Und er fand eine schönformulierte Begründung, sich auch selbst nie wieder öffentlich zu seiner Vergangenheit äußern zu müssen, und die ging so: das Amt eines Mitglieds des Bundesverfassungsgerichts sei „im Grunde ein *entsagungsvolles* Amt", es verlange vielfältige Zurückhaltung: „Der

Verfassungsrichter verteidigt nicht, kommentiert nicht, erklärt nicht seine Entscheidungen, er reagiert nicht auf Angriffe, Kritik und Unverstand, denen seine Entscheidungen ausgesetzt sind"[12] – kurz, selbst wenn man ihm justizförmig begangenen Mord vorwürfe, er läßt die Hunde bellen und zieht als Karawane der überlieferten Rechtsordnung weiter, unermüdlich hin und zurück, immer an den ausgetrockneten Gerippen vorbei, die beiderseits seines Weges liegen blieben.

Nun aber begab es sich, daß im April 1973 ein schleswig-holsteinischer Referendar vom Oberlandesgerichtspräsidenten in Schleswig Berufsverbot bekam, weil er nicht – wie einst Geiger – der Braunen Berufsgruppe Kopfab, sondern der Roten Zelle Jura angehörte. Das von ihm angerufene Verwaltungsgericht legte zur Abkürzung des Verfahrens dem Bundesverfassungsgericht die Frage vor, ob die Regelung mit dem Grundgesetz vereinbar sei, nach der „nur geprüfte Rechtskandidaten zum Referendar ernannt werden dürfen, die die Gewähr dafür bieten, daß sie jederzeit für die freiheitliche demokratische Grundordnung im Sinne des Grundgesetzes eintreten".[13]

Die Frage war also nicht, ob Bundesverfassungsrichter jederzeit eine solche Gewähr bieten müssen, und darum machten die Richter des zuständigen Zweiten Senats ihren Kollegen Geiger zum Berichterstatter in diesem Fall. Sie wußten, wieviel Erfahrung er auf diesem Gebiet hat. Und als leidenschaftlicher Kenner der Materie konnte er auch nicht Nein sagen. Er wurde Berichterstatter, d.h. er hielt seinen Kollegen nach seinen Vorstellungen vom Recht Vortrag und schrieb dann das Urteilsvotum.

Das Urteil, das dabei herauskam, trug seine Handschrift, aber die anderen Robenträger hätten ihm seine neue Mühe sparen können. Denn die Rechtsgrundsätze, die dem Urteil zugrundelagen, stehen alle schon in der alten Geiger-Dissertation und die gab es, wenn sie nicht doch inzwischen verschwunden war, in der Bibliothek der Bundesgerichtshöfe.

Schon 1940 hatte sich Geiger gefreut, wie „verhälnismäßig einfach" es war, „den Journalistenstand auf Grund des Schriftleitergesetzes rasch und gründlich, von Elementen zu säubern, die es gar nicht verdienen, die Ehre und den guten Namen eines Schriftleiters für sich in Anspruch zu nehmen'". Zu diesen Elementen rechnete er von vorneherein neben den Juden auch die in der „marxistischen Presse" Tätigen.[14]

Was ihm 1940 so vortrefflich mit den „marxistischen" Journalisten gelang, wollte er als einer von den höchsten Richtern des Nachfolgestaates – vorübergehend war er per Kumulation sogar der allerhöchste, denn von 1953 bis 1961 war er zusätzlich noch Präsident des Dritten Senats am Bundesgerichtshof – für die gesamte Beamtenschaft durchsetzen. Damals, 1940, setzte er sich mit dem allgemeinen Grundsatz auseinander, daß „bestimmte Tatsachen, nicht bloß Eindrücke, Urteile, Befürchtungen vorliegen und angegeben sein müssen, wenn einem Schriftleiter die Zulassung mangels der erforderlichen persönlichen Eigenschaften verweigert werden will".

Dann beschreibt er, was man machen muß, wenn diese Zulassung – geniale Formulierung – verweigert werden will. Den Grundsatz, mit dem man zu arbeiten hat, bezieht er aus dem Paragraphen 5 des Schriftleitergesetzes: „Verantwortungsbewußtsein gegenüber Volk und Staat und persönliche Lauterkeit sollen über die Eignung zum Schriftleiterberuf entscheiden."

Jetzt geht alles ganz einfach. Ein Schritt zurück, zwei Tritte vor, der Bewerber ist K.O.:

Daß diese Eigenschaften fehlen, wird zwar ohne besondere Gründe noch nicht geschlossen aus der früheren Zugehörigkeit zu einer politischen Partei, wohl aber aus einer bis in die Tage der nationalen Revolution reichenden Tätigkeit für die marxistische Presse und gilt als erwiesen, wenn ein Schriftleiter ... sich in seiner beruflichen oder politischen Betätigung als Schädling an Staat und Volk erwiesen hat... [15]

35 Jahre später heißt es in dem von Geiger vorformulierten Berufsverbotsurteil:

Es geht nicht darum, daß der Beamte wegen seiner Zugehörigkeit zu einer politischen Partei benachteiligt wird. Die Frage ist vielmehr, ... ob der Bewerber um ein Amt seiner Persönlichkeit nach die Gewähr bietet, jederzeit für die freiheitliche demokratische Grundordnung einzutreten- ... Ein Stück des Verhaltens, das für die hier geforderte Beurteilung der Persönlichkeit des Bewerbers erheblich sein kann, kann auch der Beitritt oder die Zugehörigkeit zu einer politischen Partei sein, die verfassungsfeindliche Ziele verfolgt, – unabhängig davon, ob ihre Verfassungswidrigkeit durch ein Urteil des Bundesverfassungsgerichts festgestellt ist oder nicht.

Der Schritt zurück 1940 wie 1975: Niemand wird wegen seiner (früheren) Zugehörigkeit zu einer politischen Partei benachteiligt.

Der erste Tritt vor, 1940 wie 1975: Der Schriftleiter / Bewerber muß seinen persönlichen Eigenschaften / seiner Persönlichkeit nach Gewähr bieten, für Verantwortungsbewußtsein gegenüber Volk und Staat / für die freiheitliche demokratische Grundordnung einzutreten.

Der zweite Tritt vor, 1940 wie 1975: Die Tätigkeit für die marxistische

Presse / für eine Partei, die inzwischen gar nicht mehr namentlich benannt werden muß, weil sie amtsbekannt und doch nicht verboten ist, kann nicht bei der notwendigen Beurteilung der Persönlichkeit einfach ausgelassen werden.

Und 1975 allein als ganz besonderen Geiger-Zynismus hinzugefügt: *„Es wäre geradezu willkürlich, dieses Element der Beurteilung einer Persönlichkeit auszuscheiden, also den Dienstherren zu zwingen, die Verfassungstreue eines Beamten zu bejahen, weil eine Entscheidung des Bundesverfassungsgerichts über die Verfassungswidrigkeit einer Partei aussteht...“* [16]

Wozu dann überhaupt noch der ganze verfassungsgerichtliche Eiertanz?

Martin Hirsch – der, das muß zu seiner Ehrenrettung gesagt werden, jetzt in seinen alten Tagen fleißig wiedergutmacht – hat 1975 als Bundesverfassungsrichter das Geiger-Urteil widerspruchslos mitunterschrieben (zwei seiner Kollegen gaben abweichende Voten ab). Hirsch wurde danach in einem *Spiegel*-Interview gefragt: „Aber das Urteil schließt nicht aus, daß einer Behörde schon die bloße Mitgliedschaft in einer verfassungsfeindlichen Vereinigung für die Ablehnung ausreicht." Antwort: „So ohne weiteres soll das nicht gehen." Und gleich danach, noch einmal Hirsch: „Andererseits: Ein Gesetz, in dem stünde, bloße Parteimitgliedschaft bedeutet automatisch die Ablehnung, wäre verfassungswidrig."[17]

Das Bundesverfassungsgericht hatte also nur eine verfassungsrechtliche Tarnung für das verfassungswidrige Berufsverbot geboten und – noch ein Geiger-Zynismus? – zugleich geschimpft: „Das politische Schlag- und Reizwort vom ‚Berufsverbot‘ für Radikale ist völlig fehl am Platz und soll offensichtlich nur Emotionen wecken."

Nicht am Platz und auch nur emotionsweckend sind Überlegungen über die Form, in der Bundesverfassungsrichter Willi Geiger dieses Urteil gegen Radikale, und was man dafür hält, unterzeichnete. Ich hatte mit Spannung darauf gewartet und habe mir, sobald sie zugänglich war, die schriftliche Ausfertigung dieses Urteils angesehen, damals berichtete ich im *Stern* darüber.

Der Richter, der dieses Urteil vorformulierte, war – das zeigte seine Unterschrift – selbst ein Verfassungsfeind. Denn er unterzeichnete nicht einfach mit seinem bürgerlichen Namen Willi Geiger. Er setzte davor seinen NS-Doktor, so als hätte er sich ihn nicht mit Rassenhetze und NS-Propaganda, sondern mit einer wissenschaftlichen Leistung erworben.

Es hätte ihn nichts gekostet, wenigstens bei der Unterzeichnung gerade dieses Urteils einmal die beiden Buchstaben und den Punkt dahinter wegzulassen. Nein, er, der wissen mußte, wie genau gerade mancher Journalist in diesem Land sich seine Form der Unterschrift ansehen würde, er wollte ein Bekenntnis ablegen, er setzte mit Bedacht diesen Doktor der Schande vor seinen Namen.

Weigerte er sich, dem Gebot des von ihm so merkwürdig unterzeichneten Urteils zu folgen, sich „mit der Idee des Staates, der der Beamte dienen soll, mit der freiheitlichen demokratischen, rechts- und sozialstaatlichen Ordnung dieses Staates zu identifizieren"? Oder hält er den Kampf gegen den volksschädigenden und kulturzersetzenden Einfluß der jüdischen Rasse, mit dem er seinen Doktor-Titel erwarb, für vereinbar mit der Idee unseres Staates?

Weigerte er sich, Abstand zu nehmen von „Gruppen und Bestrebungen", die „diesen Staat, seine verfassungsmäßigen Organe und die geltende Verfassungsordnung angreifen, bekämpfen und diffamieren"? Oder hält er sein Bekenntnis zum NS-Zeitalter völkischen Gemeinschaftsgeistes für vereinbar mit der freiheitlich-demokratische Grundordnung?

Wer so denkt, ist ein Feind unserer Verfassung, und ein solcher Verfassungsfeind kann nur dann zum Verfassungsrichter aufsteigen und in diesem Amt bleiben, wenn unser freiheitlich-demokratischer Staat sich selbst aufgegeben hat.

„Dr." Geiger hatte mit dem Urteil auch den mutmaßlich von ihm selbst formulierten Satz unterschrieben:

Der Staat – und das heißt hier konkreter, jede verfassungsmäßige Regierung und die Bürger – muß sich darauf verlassen können, daß der Beamte... sich in dem Staat, dem er dienen soll, zu Hause fühlt – jetzt und jederzeit... [18]

Kein Zweifel, der Mann, der das mit „Dr." unterschreibt, fühlt sich in diesem Staat zu Hause, jetzt und jederzeit. Ist das unser Staat?

1984, wie anfangs erwähnt, sah ich ihn zum ersten Mal, in der Katholischen Akademie im Hamburger Herrengraben. Die Tagung hieß „Medien-Wende", sein „Dr." war – laut Einladung – wieder dabei. Mehr Programmvielfalt durch Kommerzprogramme, das war das Thema.

Ich war zum Zuhören gekommen. Ich hatte in der Schmähschrift gegen jüdische und marxistische Journalisten, die er als Dissertation benutzte, doch auch einen Gedanken gefunden, der für sich allein vernünftig, wenn auch keine große Entdeckung war. Die Erfahrung lehre, so schrieb er 1940, daß „jede wirtschaftliche Abhängigkeit die Gefahr geistiger Abhängigkeit" mit sich bringe; „Weß Brot ich eß, deß' Lied ich sing'!"

zitierte er nicht ohne Sachkunde. Auch der angestellte „Schriftleiter" laufe „Gefahr, bei seiner Arbeit nicht der eigenen Meinung Ausdruck zu geben, sondern dem Willen seines Brotgebers zu gehorchen". Das sei umso bedenklicher, als der Verleger „und mehr noch der Direktor einer Verlagsgesellschaft, der kein persönliches und geistiges Verhältnis zur Haltung der Zeitung hat, sich in erster Linie von wirtschaftlichen Erwägungen leiten läßt und darnach entscheidet, was in der Zeitung erscheinen darf und wie es beurteilt werden soll. Solche, wenn nicht egoistische [sic], so doch materielle [sic] Überlegungen verzerren das Bild der wahren Lage..."[19]

Jetzt wollte ich wissen, was ein Mann, der das schon vor 44 Jahren geschrieben hatte, vom Einbruch des Kommerzfernsehens in die bundesdeutsche Medienlandschaft hält.

Doch hier am Ort seines jetzt mutmaßlich wahren Glaubens, in der Katholischen Akademie, wollte er von Kritik am Kommerzfernsehen überhaupt nichts wissen. 1984 setzt er auf die geistlosen Direktoren der großen Verlagsgesellschaften, die jetzt das Fernsehen als Geschäft erobert hatten. Ihren materiellen Interessen vertraute er mehr als der „Meinungsdiktatur" der Journalisten in den öffentlich-rechtlichen Rundfunkanstalten. Die waren für ihn 1984 noch nur eine „Auflage der Besatzungsmacht", eine Einrichtung, gegen die er offenen Haß zeigte. Der Altverfassungsrichter – 1977 hatte er sich zur Ruhe gesetzt – wütete gegen das, was er als „Korpsgeist" unter Journalisten entdeckt hatte: eine – wie er sagte – „relative Homogenität der Programmacher", unter denen keiner „auch nur ein Organ, geschweige denn ein Verständnis für Haltungen" habe, die für „eine der politischen Gruppen hochcharakteristisch und wichtig sind". Geiger meinte die CDU, und formulierte das in Hamburg, und ich sitze hier am Pressetisch und mache den Mund nicht auf, obwohl es mir nicht anders geht als anderen Kollegen in anderen Städten und an anderen Sendern auch: Nach einer Beschwerde des Präsidenten der Konrad-Adenauer-Stiftung Bruno Heck bekam ich beim NDR auf Geheiß des damaligen CDU-NDR-Intendanten Friedrich Wilhelm Räuker ein, nein kein Arbeitsverbot. Ich durfte nur noch in solch streng eingegrenzten, vom Programmdirektor sorgfältig zu kontrollierenden Fällen an das NDR-Mikrophon treten, die dann faktisch überhaupt nicht herzustellen waren. Kurz, weil ich 1981 zwei Bücher der Konrad-Adenauer-Stiftung zur Ehrenrettung Hans Globkes und Hans Filbingers in falscher Tonlage besprochen hatte, ersparen sich NDR-Redakteure bis heute den Ärger, den ihnen ein Beitrag von mir bereiten könnte. Ein Sieg von Bruno Heck.

Und dieser ganz normal aus Altersgründen und ohne Kürzung seiner Bezüge pensionierte Extremist im öffentlichen Dienst da vor mir am Rednerpult der Katholischen Akademie erzählt jetzt, er finde das öffentlich-rechtliche System „gelegentlich unerträglich".

Der alte Mann, der in dieser frommen Akademie so eiferte, mußte sich seiner guten Sache sicher sein. Er hatte einen Rechtsanspruch auf erträglichen Journalismus, schließlich formulierte er schon 1940: „Der Staat leiht den Männern der Presse seinen wirksamen Schutz und seine Hilfe, der Schriftleiter seinerseits ist dem Staat verpflichtet."[20]

Und darum schlug Geiger etwas vor, was für das ZDF den schnellen Tod und für die ARD das langsame Dahinsiechen bedeutet hätte. Beider Einnahmen aus dem Werbefernsehen sollten radikal auf höchstens 25 Prozent des bisherigen Standes gesenkt werden – das ZDF lebt zur Hälfte von Werbeeinnahmen. Und diese drastische Senkung sollte den privaten Gesellschaften zugute kommen, von denen Geiger „mehr Freiheit" erwartete, weil sie sich durch wirtschaftliche Erwägungen leiten lassen. Gerade deshalb sah Geiger auch nicht eine Gefahr, daß nun jede beliebige Gruppe Fernsehen und Radio veranstalten könne: „Es werden nicht viele sein, die das nötige Kapital haben."

Und Kapitalismus, das wußte er schon länger, Kapitalismus ist das Verfassungsgebot unserer „rechts- und sozialstaatlichen Ordnung".[21]

Er sah natürlich die Möglichkeit eines Mißbrauchs – des Mißbrauchs der wirtschaftlichen Macht gegen die Pressefreiheit. Das wollte er nicht ausschließen. Aber dieser Mißbrauch, das machte er klar, entspreche dem Grundgesetz und sei nicht schlimm. Die Lage sei hier nicht anders als im Gesundheitswesen. Denn, so dozierte Geiger: „Der Medikamentenmißbrauch, der die Gesundheit Unzähliger schädigt und Menschenleben fordert, entspringt der den Menschen im Grundgesetz eingeräumten Freiheit und Selbstbestimmung. Natürlich könnte man die notwendigen Medikamente in einem wissenschaftlich kontrollierten staatlichen Großunternehmen produzieren. Niemand denkt im geringsten daran, so etwas auch nur vorzuschlagen. Die Pharmaindustrie und die Ärzte würden ihre Freiheitsrechte gebrochen sehen."[22]

Und die Patienten ihr Recht auf den Ruin ihrer Gesundheit und auf einen alsbaldigen Tod.

Willi Geiger – ein Mann, der sich auf seinem Weg durch die Jahrzehnte gewandelt hat. Einst kämpfte er gegen die Profitinteressen der kommerziell orientierten Verlagsdirektoren und für die recht verstandene Pressefreiheit des nationalsozialistischen Schriftleiters. Jetzt hat er in den Schoß von Kirche und Kapital gefunden. Doch das Feindbild ist geblieben: der kritische Journalist, der sich nicht in Geigers jeweilige Ordnung einfügen will.

Es war ein weiter Weg von 1940 bis 1984, von der breiten Straße zum Endsieg des Nationalsozialismus bis in den ein wenig schmaleren katholischen Herrengraben.

Aber keiner kann sagen, daß es nicht ein gerader Weg war, den Willi Geiger sein Leben lang ging.

10. Ein stets williger Mitarbeiter des SD – Vom Tatkreis zu Christ und Welt: Giselher Wirsing

Am 9. März 1968 – einen Monat vor dem Mordanschlag auf Rudi Dutschke – gab Bundesdeutschlands Kanzler Kurt Georg Kiesinger dem Evangelischen Arbeitskreis der CDU/CSU bekannt, daß er ein heute noch immer lesenswertes und erstaunlich aktuelles Buch kenne: Giselher Wirsings „Der Schritt aus dem Nichts.". Da sei vieles nachzulesen, erklärte der Kanzler. „Wenn wir heute wieder hören, was diese Führer und Verführer unserer militanten Studentengruppen, nicht unserer Studenten, wieder herausholen aus den alten Schubladen an vergilbten utopischen Entwürfen, dann begreifen wir eben: die Utopie ist eine permanente Gefahr. Da soll abgeschafft werden die Herrschaft von Menschen über Menschen."[1]

Fast auf den Tag genau sechsundzwanzig Jahre zuvor studierte schon einer mit viel Gewinn das damals Aktuellste desselben Autors. „Ich finde abends ein paar Stunden Zeit in dem neuen Buch von Wirsing: ‚Der Maßlose Kontinent' zu lesen. Wirsing gibt hier eine Darstellung des amerikanischen Lebens, der amerikanischen Wirtschaft, Kultur und Politik. Das Material, das er hier zusammenträgt, ist wahrhaft erschütternd. Roosevelt ist einer der schwersten Schädlinge der modernen Kultur und Zivilisation. Wenn es uns nicht gelänge, die Feindseite, die sich aus Bolschewismus, Plutokratie und Kulturlosigkeit zusammensetzt, endgültig zu schlagen, dann würde die Welt der dunkelsten Finsternis entgegengehen. Das ist der Grund, warum wir heute alle Plagen und Belastungen mutig und unbeirrt auf uns nehmen müssen. Wir tragen tatsächlich die Fackel in der Hand, die die Menschheit erleuchtet."[2]

Das schrieb Joseph Goebbels am 11. März 1942 in sein Tagebuch. Auch er mochte Wirsing. Und es war beidesmal – bei Kiesinger wie bei Goebbels – derselbe Wirsing, ein Fackelträger im Wandel der Zeiten, stets bereit, Feuer zu legen, Material zu liefern gegen etwas oder jemanden oder gegen ganze Völker. Er verstand immer sehr viel von der jeweiligen Herrschaft und tat alles für sie. Aber er liebte es nicht, erinnert zu werden an das, was für ihn längst vorbei war.

Wirsings „Schritt aus dem Nichts" erschien 1951. Hitler kommt dort, laut Register, 22 mal vor – Wirsings (und Kiesingers) ehemalige Arbeitgeber Goebbels und Ribbentrop keinmal. Und auch sonst keiner vom Personal. Das ganze Nazi-Reich war ein „Einbruch des Dämonischen", wofür keiner etwas konnte, allenfalls Hitler, aber auch nur bis 1938. Dann ist dieser „Amokläufer" zur „Beute der Dämonen" geworden, weil er „die Grenzlinie vom geschichtlich Notwendigen zu verblendeter Maßlosigkeit überschritten hatte". So wie – geschichtliche Einordnung war 1951 eilends geboten – Napoleon 1804 beim Mord am Bourbonen-sprößling, den Herzog von Enghien. Wirsing: „Bei Hitler spielte das Judenpogrom vom November 1938 eine ähnliche Rolle. Trotz vieler fragwürdiger Handlungen hatte er bis dahin noch die freie Wahl seines Weges, darnach nicht mehr. Nach dieser letzten Grenzüberschreitung lief alles wirklich wie bei einer Maschine ab."[3]

Auschwitz war nicht mehr aufzuhalten.

Am 28. April 1967 erhielt ich aus Stuttgart von dem Rechtsanwalt und Notar Dr. Helmuth Fischinger per Einschreiben und Eilboten einen Brief, in dem er mir anzeigte, daß Herr Dr. Giselher Wirsing, Chefredakteur von *Christ und Welt*, ihm Prozeßvollmacht gegen mich erteilt habe. Grund: „Sie haben in der Nr.18/67 des *Spiegel* vom 24.4.1967 auf S.71 einen Artikel mit der Überschrift ‚C & W' gebracht. In diesem Zusammenhang haben Sie eine meinen Mandanten diskriminierende Äusserung, die völlig unwahr ist, gebraucht..."

Sein Mandant, so schrieb mir der Anwalt, verlange eine Gegendarstellung. Der Gegendarstellung konnte ich entnehmen, daß ich Giselher Wirsing aus einem Zusammenhang gerissen hatte, den er gewahrt wissen wollte und daß er das Ganze nicht 1943, sondern 1941 geschrieben habe. Damit hatte er recht: ich zitierte aus der mir damals zugänglichen vierten Auflage von 1943 seines von Goebbels hochgeschätzten „Maßlosen Kontinents", die erste erschien um die Jahreswende 1941/42. Das Buch wurde insgesamt hundertvierzigtausendmal gedruckt, darunter in mehreren Sonderauflagen für die Wehrmacht.

Ich hatte geschrieben: „Die Zweckmäßigkeit von Auschwitz hat Wirsing jedenfalls 1943 klar, aber stilvoll begründet." Dazu das Wirsing-Zitat: „Diese Unfähigkeit des jüdischen Elements zur substantiellen Wandlung muß immer wieder zu seiner gewaltsamen Ausscheidung führen."[4]

Dieses Zitat, das er in seinem Gegendarstellungsbegehren lieber gar nicht erst wiederholte, sei, schrieb mir Wirsing 1967, „aus dem Zusammenhang gerissen, der sich ausschließlich auf amerikanische Verhältnisse und insbesondere die Rolle des Judentums in" – 1943 schrieb er: die fast totale jüdische Herrschaft über – „Presse, Rundfunk und Film der Vereinigten Staaten" beziehe. Ein „auch nur entfernter Zusammenhang mit der Judenvernichtung in Europa oder gar mit Auschwitz" bestehe nicht. Wirsings Gegendarstellungsbegehren wurde vom *Spiegel* abgelehnt, aber er durfte selbstverständlich einen Leserbrief schreiben. Und im „Rückspiegel", der den Lesern die Ablehnung der Gegendarstellung mitteilte, wurde – darauf legte ich Wert – der Textzusammenhang gedruckt, umfassender als es sich Wirsing gewünscht haben konnte.[5] Klaus Mehnert, sein guter alter Freund (siehe Seite 201), zeigte mehr Verständnis für die richtige Contenance. Er hatte kurz zuvor – und das war der Anlaß für meine *Spiegel*-Kolumne – die Leser von *Christ und Welt* zum sechzigsten Geburtstag Wirsings gefragt: „Soll man wirklich den Chefredakteur dieses Blattes seinen Lesern vorstellen?" Ich fand mit ihm, man soll. Denn Chefredakteur Wirsing, so hatte Mehnert erkannt, „geht seit seinen ersten Veröffentlichungen zu Beginn der dreißiger Jahre stets so völlig in der von ihm dargestellten Sache auf, daß er selbst kaum in Erscheinung tritt und daher als Mensch den Lesern des Blattes wenig bekannt ist."

Wirsings mangelnde Bekanntheit nutzte Mehnert aus. Zu Beginn der 30er Jahre sei der Name des Freundes „meteorhaft aufgestiegen", erzählte er: „Plötzlich war er da und" – gesegnete Mahlzeit – „in aller Munde." Und zwar, so erläuterte Mehnert, durch seine Mitarbeit und Mitherausgeberschaft bei der *Tat*. Diese Zeitschrift wurde nämlich von einer Gruppe hochbegabter, enorm wacher junger Leute gemacht, die – das meinte Mehnert – „den Zerfall der Republik von Weimar sahen und eine Auffangstellung bauen wollten, um zu verhindern, daß Hitler ‚dran kam'."[6]

Die Auffangstellung war das Grab, in das die erste deutsche Republik gelegt werden sollte. Hans Zehrer, der Herausgeber der jungkonservativen Monatszeitschrift *Die Tat*, wurde zwar 1933 Gegner Hitlers, aber er hatte zuvor alles getan, damit Leute wie Hitler an die Macht kamen. Er wollte eine Militärdiktatur des Generals von Schleicher. Er verrechnete sich, und er verrechnete sich auch in der Figur seines Mitstreiters.

Giselher Wirsing und ich, wir wurden beide in Schweinfurt am Main geboren. Er als Sproß einer alten Patrizierfamilie, ich als Sohn eines Angestellten der Zuckerwarenfabrik Wittmann. Wir haben im selben Main gebadet, doch sein Wasser war schon weg, als ich hineinsprang. Ich hatte den Vorteil der späteren Geburt, er war 28 Jahre früher da. Gesehen habe ich ihn – soweit ich mich erinnern kann – nie, eine von seinen Töchtern besuchte zwei Jahre lang dieselbe Schulklasse wie ich. Seine Tochter Sibylle wurde eine gute Journalistin, ihre Kulturberichte aus Berlin gehören zum besseren Teil der *Frankfurter Allgemeinen*.

1933 verbeißt der 26jährige den Rudelchef. Im Septemberheft der *Tat* steht die Notiz: „Der bisherige Herausgeber, Hans Zehrer, hat die Führung der *Tat* niedergelegt." Der neue Führer Giselher Wirsing stellte sich mit dem Versprechen vor: „Die *Tat* wird sich in Zukunft neben zusammenfassenden Frontberichten über das nationalsozialistische Aufbauwerk um die Klärung der gesamtdeutschen Lebensfragen bemühen, die unser Volk heute bewegen."[7]

Gesamtdeutsch hieß damals noch: Wiedervereinigung mit den unterdrückten Brüdern und Schwestern in der Ostmark, die Befreiung von Wien, Graz und insbesondere von Linz, der Stadt, die der Führer so liebte. Der freilich war damals noch nicht ganz so radikal wie Giselher Wirsing. Fünf Jahre bevor Adolf Hitler es wagt, treibt ihn Wirsing schon im April 1933 in der *Tat* an: „Hier fällt auf die Reichsregierung eine außerordentliche Verantwortung; denn die Entscheidung über Österreichs Schicksal wird vom Reich mitbestimmt werden. Erst wenn die Gleichschaltung Österreichs vollzogen ist, ist die deutsche Revolution r ä u m l i c h vollendet."[8]

Zweieinhalb Jahre zuvor, im November 1930, hatte Wirsing in seinem programmatischen *Tat*-Aufsatz „Richtung Ost-Südost!" noch davon abgeraten, Ressentiments vor einem „neuen deutschen Imperialismus" zu wecken, und dabei – sicherlich schon Anschlußgedanken im Kopf – vage und „mit aller Entschiedenheit" verkündet: „A l l e s m i t Ö s t e r - r e i c h , n i c h t s o h n e Ö s t e r r e i c h !" Damals warnte er: „Mit gutgemeinten Haudegenphrasen" könne „jetzt viel verdorben werden." Ja, er schrieb 1930 in diesem Aufsatz: „Hat Deutschland seit längerer Zeit den Instinkt bewiesen, sich nicht in eine antifaschistische Front" – gemeint war gegen Mussolini – „einspannen zu lassen, so werden wir uns auch bestimmt nicht von jener antibolschewistischen Interessenfront ködern lassen, die religiöse Gefühle benutzt, um Geschäfte zu machen." Die „deutschen und russischen Gemeinsamkeiten" seien dazu, so freute er sich, „viel zu stark".[9] Doch da hinkte der junge Wirsing der Entwicklung hinterher. Die sich Sozialisten nennenden Leute um Otto Straßer waren zuvor schon aus der NSDAP vertrieben, und Generaldirektor Stauß von der Deutschen Bank streckte soeben – beim Treff am 29. September 1930 – die Hände nach Hitler aus.

Zweieinhalb Jahre später war auch Wirsing geködert und kämpfte an der antibolschewistischen Interessenfront. Jetzt ging es geschwind gegen Kommune und Kapital, aber ach, der willige und wendige junge Mann hatte nicht aufgepaßt und hätte leicht zwischen den Fronten abgeschossen werden können.

Denn er setzte, ein Jahr bevor damit blutiger Schluß gemacht wurde, auf die SA-Parole von der zweiten Revolution. Er verkündete, soweit noch in Übereinstimmung mit den NS-Parolen wie sie bis 1945 verbreitet wurden: „Die nationale und soziale Revolution in Deutschland führt einen Zweifrontenkrieg: gegen die Internationale des Klassenkampfes und gegen die Internationale des Kapitals." Und er bezeichnete „die Vernichtung all jener sozialistischen Gruppen", die „beständig an der Grenze des Landesverrats sich bewegten", als „historisch notwendig und unumgänglich". Doch dann ließ sich Wirsing auf gefährliche Gedankenspiele ein: „In dem Maße, in dem sich", so verbreitete er sperrgedruckt, „die Revolution gegen die linke Internationale vollendet, tritt die Notwendigkeit der Vernichtung der Internationale des Kapitals in den Vordergrund."

Der Kampf gegen links werde im Wesentlichen zu einem Ende gebracht. Und der nationale Sozialismus in Deutschland entstehe nun einmal, so glaubte Giselher Wirsing noch im April 1933, aus der „Vernichtung von Marxismus und Kapitalismus". [10]

Daß die Machtübergabe so umfassend nicht gemeint war, muß Wirsing noch rechtzeitig vor dem 30. Juni 1934 klar geworden sein. Er hat jedenfalls die blutige Unterdrückung der „zweiten Revolution" gut überlebt. Wahrscheinlich hatte er vorgesorgt, indem er schon sehr frühzeitig zum schärfsten Gegner dieser vermeintlichen SA-Revolution übertrat, zum SD. Das genaue Eintrittsdatum Wirsings in den Sicherheitsdienst (SD) der SS ist nicht bekannt – Ende 1934 jedenfalls hat er, wie uns sein Freund und Kollege Klaus Mehnert noch verraten wird (Seite 201), längst schon sehr gute Beziehungen zum SD-Chef Heydrich. Und bekannt ist eine sehr günstige Gesamtbeurteilung in den Personalakten des SD: „Dr. Wirsing hat sich im Laufe der Zusammenarbeit mit dem SD als williger, fleißiger und außerordentlich wertvoller Mitarbeiter erwiesen." [11]

Im Dienst des SD konnte Wirsing seinen Kampf für die Vernichtung des Kapitalismus ohne Schwierigkeiten fortsetzen, indem er sich einer Neudefinition unterwarf: das Kapital ist der Jude. In diesem Sinne setzte er den Kampf gegen das Kapital in aller Schärfe fort.

Mit seinem *Tat*-Kollegen Ferdinand Fried, geht Giselher Wirsing im Juli 1933 nach München. Beide übernehmen im Auftrag des Reichsführers SS Heinrich Himmler die bisher als deutschnational-monarchistisch geltenden *Münchner Neuesten Nachrichten*. Ferdinand Fried als Chefredakteur, Giselher Wirsing als politischer Ressortleiter. Fried zog es bald wieder zu höheren Aufgaben nach Berlin, sein Nachfolger wurde Leo Friedrich Hausleiter. Er war der einzige Parteigenosse unter den alten Redakteuren des Blattes[12], erwies sich schnell als unfähig und wurde darum als Leiter des Hamburgischen Weltwirtschafts-Instituts eingesetzt. Giselher Wirsing übernahm die Chefredaktion und schulte Auslandskorrespondenten seines Blattes zu nebenberuflichen SD-Agenten um. Ein *Spiegel*-Artikel, der 1952 von ganz besonders kundiger Seite verfaßt wurde, deckte auf, daß „Wirsing in den ersten Jahren des tausendjährigen Reiches damit begann, als Chefredakteur der *Münchner Neuesten* seinen ausgezeichneten Korrespondenten-Stab auf dem Balkan über sich selbst als nachrichtendienstliche Relais-Station auf den Hauptabteilungsleiter II des Sicherheitsdienstes in München umzuschalten".[13]

Zahllose Auslandsreisen, die Wirsing als Journalist unternahm, waren so ein einziger Dienst an der Sicherheit. Insbesondere seine Fahrten in den Nahen Osten, speziell nach Palästina, wo auch schon sein Kollege Adolf Eichmann vom Judenreferat II 112 des SD-Hauptamtes erste Erkundungen unternahm.

Allerdings irrte Henri Nannen, als er am 18.Februar 1962 in der Sendung *Panorama* des Deutschen Fernsehens behauptete: „Giselher Wirsing ist im Jahre 1938 – im gleichen Jahr, in dem Herr Eichmann nach Palästina beordert wurde – von derselben SS-Dienststelle nach Palästina zur Erforschung der Judenfrage geschickt worden."[14]

Das war, wie *Christ und Welt*, also Giselher Wirsing, feststellte, eine „schwere Verleumdung", mit der sich Henri Nannen entlarvt hatte: „Vielleicht sind das", so urteilte *Christ und Welt* empört, „die Methoden jener Psycho-Kampfkompanie ‚Südstern' – einer SS-Propagandaabteilung, der Nannen 1944 als Oberleutnant der Luftwaffe angehörte". Wahr sei vielmehr, „daß Giselher Wirsing weder 1938 noch im darauffolgenden Jahrzehnt in Palästina oder auch nur in den angrenzenden Nachbarländern Libanon, Syrien und Jordanien gewesen ist."[15]

Ja, Henri Nannen hatte – wie ich jetzt feststellen muß – noch dreister gelogen. Auch Eichmann war weder 1938 noch im darauffolgenden Jahrzehnt in Palästina und in überhaupt keinem der Nachbarländer. Richtig ist vielmehr, daß SS-Hauptscharführer Eichmann schon im Oktober 1937 in Palästina und Ägypten war – das weist sein Bericht vom 4.November 1937 für seinen Hauptabteilungsleiter Dr.Franz Alfred Six aus, denselben, den wir bereits als Vorgesetzten des späteren Carell-Schutzpatrons Dr. Horst Mahnke kennen (Seite 111). Six war damals noch nebenberuflich Dozent für Zeitungswissenschaften und so oder

gleich auf direktem SD-Weg kam es, daß Eichmann mit einem Schriftlei-
ter-Ausweis ausgerechnet des *Berliner Tageblatts*, das noch viele jüdische Abonnenten hatte, nach Palästina gereist war. Sogar das Reisegeld
wurde so getarnt. Eichmann, der mit dem SD-Pressedezernenten Herbert Hagen reiste: „Das SD-Hauptamt überwies dem *Berliner Tageblatt*
hundert englische Pfund. Die holten wir uns dann beim Leiter des
Blattes gegen Quittung ab."[16]
Warum auch nicht. Journalismus und ein mörderischer Geheimdienst
wie der SD waren schon ununterscheidbar geworden. Journalisten
waren im Nebenberuf Agenten, und Agenten traten als Journalisten auf.
Damals begann konsequent die Bezeichnung Nachrichtendienst beides
zu umfassen: Journalismus und Spionage.[17]
Eichmann im Verhör: „Six hatte das Deutsche Nachrichtenbüro für
unsere Reise eingespannt und hatte uns zwei Grünhörner beim DNB-
Vertreter in Jerusalem, Dr. Reichert avisiert, daß er uns mit Rat und Tat
zur Verfügung zu stehen habe. Ebenso in Kairo der DNB-Vertreter; ich
glaube, daß er Gentz hieß."[18]
DNB-Vertreter Franz Reichert in Jerusalem war neben seiner journali-
stischen Haupttätigkeit Agent des SD, ebenso wie in Berlin sein DNB-
Chef von Ritgen.
Eichmann in seinen angeblichen Memoiren: „Gewissermaßen als
Geschenk übergab mir Dr. Reichert einen von den Arabern geklauten
Postsack der Mandats-Luftfahrtgesellschaft in Palästina. Darin waren
u.a. einige wichtige Briefe enthalten... "[19]
Wegen Massenmords wurde der Auftraggeber und spätere Einsatzgrup-
penleiter ("Vorkommando Moskau") Six 1948 zu 20 Jahren Gefängnis
verurteilt und 1952 zwecks Neuverwendung frühzeitig freigelassen: als
Porsche-Vertreter getarnt, arbeitete er fortan für den Bundesnachrichtendienst. Auftragnehmer Eichmann wurde bekanntlich von den Israelis
an einer bundesdeutschen Karriere gehindert.
Und Wirsing? Er war – wie Eichmann – 1937 in Palästina. Sein Buch
„Engländer Juden Araber in Palästina", zu dessen Beginn er seinen Flug
von Kairo nach Jerusalem schildert, erschien erstmals 1938.[20] Die schriftliche Ausfertigung eines SD-Auftrages für seine Reise im Jahr 1937 liegt
nicht – oder nicht mehr – vor. Wohl aber ein Auftrag des Reichsführers
SS, Sicherheitsdienst, aus dem Jahre 1938:
Da eine zuverlässige Information über die Entwicklung des Palästina-
Problems seit der Unterbrechung der Beziehungen zu Dr. Reichert nicht
mehr besteht, hat II am 7.10.38 befohlen, Dr. Wirsing mit der regelmäßi-
gen Berichterstattung zu beauftragen. Punkte für die Reise Dr. W.:

1. Verbindung Dr. R. zu Sh.; festzustellen wie weit er mit seinen versprochenen Aufzeichnungen über die Zusammenarbeit des Judentums und der Engländer in Palästina ist.
2. Verbindung Dr. R. zu dem gemeinsamen Bekannten vom Berg Carmel.
3. Augenblicklicher Stand der Hagana (verstärkte Aktivität in Europa? – Einstellung zur Judenaktion vom November 1938; Beziehungen zum I.S. [Intelligence Service] und der englischen Armee). [21]
Undsoweiter. Insgesamt neun Punkte, neun Forschungsaufträge des SD für Giselher Wirsing. Punkt 2 Verbindung Dr. Reichert zum Berg Carmel schien besonders wichtig zu sein. Eichmann erklärte im Verhör – um seine Vorliebe für Juden zu beweisen: „Ich habe auch keinen arabischen Droschkenführer – vielmehr Droschkenfahrer in Haifa genommen, sondern einen jüdischen, um auf den Berg Karmel zu fahren." Die Fahrt unternahm er sofort, als er am 2.Oktober 1937 mit dem Schiff in Haifa angekommen war.[22]
Nannen berief sich in der *Panorama*-Sendung 1962 auf diese SD-Anweisung an Wirsing von Ende 1938, die 1959 in dem Dokumentenband „Das Dritte Reich und seine Denker" von Léon Poliakov und Josef Wulf abgedruckt worden war. Er wußte nicht, daß Eichmann schon 1937 in Palästina war. Nannen hatte nur auf den Busch geklopft, und schon sprang das Dementi heraus: „Eine grobe Unwahrheit, mit deren Berichtigung beziehungsweise gerichtlicher Klärung *Christ und Welt* inzwischen einen Anwalt beauftragt hat. Schon jetzt wollen wir aber unsere Leser nicht darüber im Zweifel lassen, daß..." – es folgt der schon zitierte Satz, daß der grob Verleumdete weder 1938 noch im folgenden Jahrzehnt in Palästina oder auch nur in den angrenzenden Nachbarländern war – wobei bei der Aufzählung seltsamerweise Ägypten ausgelassen ist.
Obwohl Nannen nichts zurücknahm, kam es bedauerlicherweise nicht zur gerichtlichen Klärung, die Zeitgeschichte hätte davon profitiert, die Wahrheit auch. Denn *Christ und Welt* fuhr fort: „Nannen hat also eine Unwahrheit verbreitet und diesen an sich schon schlimmen Tatbestand noch vergröbert, indem er den Namen Eichmann einfügte. Diesen Namen hat Wirsing zum erstenmal nach dem Krieg gehört. Er erfuhr über diese Person und ihre verhängnisvolle Tätigkeit, wie die überwältigende Mehrheit aller Deutschen, erst in den letzten Jahren jene entsetzlichen Dinge."
Jene entsetzlichen Dinge. Jene Dinge. Jene.
Christ und Welt alias Wirsing: „Zur Klärung des Tatbestands noch ein

Wort: Die Weisheit Nannens stammt aus einem jener" – jener – „„Dokumentenbücher', in denen zusammenhanglose Splitter von Dokumenten erhalten sind. Daraus geht hervor, daß der Sicherheitsdienst Wirsing, der damals schon ein guter Kenner des Orients war, gerne 1938 nach Palästina geschickt hätte. Tatsache dagegen ist, daß Wirsing ein solches Ansinnen schlicht abgelehnt hat."[23]

Wirsing gab 1962 diese Erklärung im festen Vertrauen darauf ab, daß man ihm so schnell nicht das Gegenteil beweisen würde. Er konnte nicht wissen, daß im Jahr 1967 der ehemalige deutsche Gesandte in Bagdad Fritz Grobba Memoiren schreiben würde, die ein Indiz liefern. Grobba über den Jahresbeginn 1939:

„Am 21.Januar flog ich weiter nach Djidda mit kurzen Zwischenlandungen in Luksor und Assuan. Von Kairo nahm ich auf ihren Wunsch mit: den dortigen Vertreter der *Deutschen Allgemeinen Zeitung*, des *Deutschen Nachrichtenbüros* und von *Transocean*, Paul Schmitz, und den dort gerade weilenden Hauptschriftleiter der *Münchner Neuesten Nachrichten*, Dr.Giselher Wirsing."[24]

Der Vielfachkorrespondent Schmitz war nach Auskunft von Heinrich Orb eines der prominentesten Mitglieder des SD und als solcher wiederholt in Ägypten und Palästina, wo er auch zweimal „unter Protest" ausgewiesen worden sei.[25] Grobba flog im Auftrag des Auswärtigen Amtes mit einer Ju-52 von Bagdad über Kairo nach Djidda, um über Waffenwünsche des saudiarabischen Königs Ibn Saud zu verhandeln, der soeben die diplomatischen Beziehungen zu Nazi-Deutschland aufgenommen hatte. Als Grobba mit Wirsing und Schmitz ankam, war Ibn Saud gerade in Mekka, er konnte Grobba erst am 13. Februar empfangen, wobei der König nochmals den Wunsch äußerte, daß Deutschland ihm Waffen zu möglichst billigen Preisen liefere.

Nun aber trifft es sich, daß die Wunschliste des SD an Giselher Wirsing für die Reise nach Palästina, von der er 1962 sagt, daß er soetwas „schlicht abgelehnt" habe – jede andere Annahnme sei eine „schwere Verleumdung" nach der Methode der SS-Propagandaabteilung –, nun aber trifft es sich, daß Wirsings Wunsch, zu Ibn Saud mitgenommen zu werden, genau dem Punkt 6 der Auftragsliste des SD entspricht:

6. Welches ist die tatsächliche Einstellung Ibn Sauds zum Palästina-Problem, insbesondere zur Round-Table-Conference in London?

Richtig ist, daß Giselher Wirsing im Januar 1939 schon geraume Zeit unterwegs war. Den monatlichen „Ausblick in die Weltpolitik" schrieb Wirsing für seine *Tat* letztmals am 24.November 1938 für die Dezember-Nummer. Von Januar bis März 1939 fiel Wirsings Ausblick aus. Er könnte also etwa ab Dezember 1938 abwesend gewesen sein. Am 21. Januar war er in Kairo, hatte also vorher gute Gelegenheit, anderwo, beispielsweise im Nachbarland zu sein, es stand schließlich auf der SD-Auftragsliste. Und Wirsing war, dieses Zeugnis hatte ihm der SD nun mal ausgestellt, ein williger und fleißiger Mitarbeiter. Außerdem mußte Giselher Wirsing seine „Engländer Juden Araber in Palästina" für eine Neuauflage 1939 aktualisieren. In der Erstauflage hatte er sich mit den Heldentaten des syrischen Freischärlers Fauzi Kaukji beschäftigt, der als „Generalissimus" des Aufstandes von 1936 „für die Engländer sowohl wie für die Juden alsbald eine gefürchtete Figur werden sollte". Verständlich also, daß es dann auf der SD-Wunschliste vom Ende 1938 auch einen Punkt gab:

4. Wo befindet sich Fawzi Kaoudschi?

Wirsing, der bereits in der ersten Auflage von 1938 geschrieben hatte, Fauzi Kaukji – wie er buchstabiert – scheine „seit Ende 1937 bereits wieder in Bagdad in die Armee eingereiht zu sein", muß sich Ende 1938 um die SD-Frage gekümmert haben. Denn in der Neuauflage von 1939 ist der Satz eingefügt: „Im Sommer 1938 waren es seine ‚Schüler', die den neuen Aufstand organisierten." Daß er den neuen Aufenthaltsort von Fauzi Kaukji, falls er ihn herausgefunden hat, nicht seinen Lesern in aller Welt mitteilte, ist verständlich. Den Syrer suchten ja noch andere, die weniger freundliche Absichten mit ihm hatten als der SD.[26]

Schon im Oktober 1937 übrigens, als Eichmann in Palästina weilte, war in der *Tat* Wirsings Ausblick in die Weltpolitik von Mitherausgeber Ernst Wilhelm Eschmann verfaßt. Im darauffolgenden November-Heft – Redaktionsschluß war gewöhnlich in der letzten Woche des Vormonats, also etwa am 25.Oktober – zeigte sich Wirsing hervorragend und brandneu informiert über die neueste Entwicklung in Palästina, insbesondere über „Konzentrationslager" der Engländer für die „arabischen Führer" und einen „planmäßigen Aufstand" der Araber von Mitte Oktober und einer bevorstehenden „heftigen Krise" des „gesamten Zionismus".[27]

Der Mann ist gerade aus Palästina gekommen, mußte der Leser denken. Daß Wirsing dort Eichmann getroffen hat, ist nicht bewiesen, aber immerhin eifrig dementiert. Es ist ja nicht gesagt, daß zwei Leute, die für dieselbe Abteilung II des SD arbeiten, sich notwendig treffen müssen, wenn sie beide gleichzeitig in Palästina weilen sollten. Daß Wirsing tatsächlich im Spätherbst 1937 in Palästina war, hat er in seinem Palä-stina-Reisebuch selbst verraten. Seite 14, Ankunft auf dem Flughafen Lydda: „Die provisorischen Holzbaracken, in denen unsere Pässe darauf untersucht werden, ob nicht etwa einer als illegaler Zuwanderer die Einwohnerzahl des Heiligen Landes durchaus unberechtigt vermehren will, sind ein halbes Jahr später von aufständischen Arabern in Brand gesteckt worden."[28] Tatsächlich begann im Mai 1938 ein großer Aufstand der Araber gegen die britische Militärmacht. Ein halbes Jahr zurück – das ist der Eichmann-Monat in Palästina.

Wirsings letzter kommentierender „Ausblick in die Weltpolitik" im Dezember-Heft 1938 – *Die Tat* wurde mit dem März-Heft 1939 eingestellt, es erschien stattdessen *Das Zwanzigste Jahrhundert* – verteidigte voller Schärfe die deutsche „Reichskristallnacht". Diejenigen Mächte, die „sich damit hervortun, den deutschen Antisemitismus zu verurteilen", sollten still sein. Die Konferenz von Evian habe „auch nicht den bescheidensten Beitrag zu einer wirklichen Lösung der Judenfrage" liefern wollen. Wirsing sah sich mit dem unerträglichen Gedanken konfrontiert, daß die deutschen Juden weiter in Deutschland blieben: „Die Last der 6 bis 700.000 Juden, die schätzungsweise innerhalb der Reichsgrenzen leben, wird also trotz allen Humanitätsgeredes nicht von uns genommen." Und Palästina sei „für eine wirkliche Lösung" dessen, was er „Judenfrage" nennt, „ungeeignet".[29]

Das war auch Eichmanns Meinung. Den Vorschlag, jährlich 50.000 Juden nach Palästina auswandern zu lassen, nannte er in seinem Rechenschaftsbericht über die Reise „undiskutabel", weil dies „das Judentum in Palästina stärken würde".[30]

Der „wirklichen Lösung der Judenfrage", auch Endlösung genannt, kam Giselher Wirsing gut zwei Jahre später näher – und bald darauf auch sein SD-Kollege Adolf Eichmann. Am 19. November 1941 teilte Eichmann dem Auswärtigen Amt – „Vertraulich! – mit, „dass im Hinblick auf die kommende Endlösung der europäischen Judenfrage die Auswanderung von Juden aus den von uns besetzten Gebieten zu unterbinden ist."[31] Zuvor, am 26. März 1941 wurde in Frankfurt das Institut zur Erforschung der Judenfrage feierlich eröffnet. Es war als Außenstelle der Hohen Schule Alfred Rosenbergs gegründet worden – zwecks „Ausmüsterung der Jüden", wie der Völkische Beobachter am Vortag auf Seite 1 in Luther-Deutsch ankündigte.

Aber auch die *Frankfurter Zeitung*, die *Deutsche Allgemeine Zeitung*, die *Berliner Börsen-Zeitung* und das *Berliner Tageblatt* feierten die neue „Hochburg der Erforschung der Judenfrage", zu deren feierlicher Eröffnung – Staatsrat Quisling an der Spitze – Delegationen aus Norwegen, Holland, Rumänien, Ungarn, Dänemark, Belgien und Bulgarien zwecks einer „einheitlichen europäischen Lösung der Judenfrage" herbeigeeilt waren. Frankfurts Gauleiter Jakob Sprenger war hochbefriedigt, daß ausgerechnet aus seiner Stadt, aus der einst „jüdischer Schachergeist in die ganze Welt hinausgetragen" worden sei, jetzt die Aufklärung über das wahre Gesicht des Juden ihren Siegeszug in die Welt antreten werde.[32]

Nachdem Reichsleiter Rosenberg „mit strenger Wissenschaftlichkeit" die „Giftigkeit des jüdischen Blutes" festgestellt und die „Konsequenzen zum Schutz des arteigenen Blutes" gezogen hatte, wer stand ihm da hilfreich zur Seite? Giselher Wirsing, der im zweiten Hauptvortrag über „Die Judenfrage im Vorderen Orient" bei seinem Thema nicht Halt machte, sondern „klar die Zusammenhänge zwischen Zionismus und der Politik des Finanzjudentums in New York und London" entwickelte.[33] Dem Finanzjudentum in London und seinen arischen Helfern hatte er schon 1940 eine Schrift gewidmet, deren Fazit – „Ein Weltreich führt Krieg für ein paar hundert Familien!"[34] – das Entzücken von Großdeutschlands Reichsminister für Volksaufklärung hervorrief. Am 20. April 1940 notierte Goebbels in sein Tagebuch: „Gestern ... Ich bleibe abends im Ministerium. Habe noch soviel zu tuen [sic]. Und komme wieder einmal dazu, etwas zu lesen: ‚100 Familien regieren das Empire', von Wirsing. Ein erschütterndes Material gegen England."[35] Am Morgen ordnet Goebbels auf seiner Ministerkonferenz an, daß für „größere Verbreitung des Inhalts" zu sorgen sei und verfilmt will er Wirsings Buch von seinen Antisemitismus-Experten auch noch haben: „Herr Hippler soll ein Exemplar an Herrn Jannings leiten, damit das darin enthaltene Material auch filmisch ausgewertet werden kann."[36]

In den *Münchner Neuesten Nachrichten* revanchiert sich am selben Morgen „Dr.G.W." als Leitartikler mit leidenschaftlichen Hymnen auf den Führer – der feiert seinen Einundfünfzigsten: „Wir können es schwerlich in Worte kleiden, welche Gefühle und Wünsche uns an diesem 20. April bewegen, mit denen wir dem Führer Segen und Glück für sein nächstes Lebensjahr wünschen. Seine Pläne für ein Deutschland, dem der Friede gesichert ist, sind, wir wissen es, unerschöpflich."

Wahrhaftig, er wußte es. Nach dem Überfall auf Dänemark und Norwegen vor elf Tagen stand zwanzig Tage später die Aggression gegen drei andere neutrale Staaten, gegen Belgien, Niederlande und Luxemburg bevor – und dann, weiter gegen Engelland. Zwischen den Zeilen schrieb der wissende SD-Mann am Geburtstag seinem Führer: „Zunächst aber gilt es, entschlossen durch den Engpaß hindurchzusteuern. Schon lockt jenseits die See zu neuen Ufern."

Tatsächlich hatte Wirsing schon am Tag nach dem Überfall auf Dänemark und Norwegen (zur „Sicherstellung der Neutralität beider Länder") in den *Münchner Neuesten Nachrichten* damit gedroht, daß „Deutschland nach allen Seiten hin zu einer solchen blitzschnellen Aktion gleichermaßen gewappnet ist".[37] Nichts konnte besser das strategische Genie des Führers demonstrieren als Wirsings Werk „Der Krieg 1939/41 in Karten", das die gründliche geopolitische Schulung seines Autors verriet. Wie einfach und klar war unsere Welt geworden, wie siegessicher konnten wir in die Zukunft sehen. Jetzt beim Durchblättern der vierten neubearbeiteten Auflage vom Februar 1942 – unter Mitarbeit des späteren *Christ und Welt*-Redakteurs und Adenauer-Preisträgers 1988[38] Wolfgang Höpker – erinnere ich mich genau, daß ich in der Volksschule mit solchen Wirsing-Karten zu tun hatte. Bunt waren sie und plastisch, konnten einem ganz schön Angst einjagen und machten doch schließlich so froh. Ja, das war schon schlimm, die Karte „Europa auf dem Höhepunkt des Weltkrieges" (- des ersten, daß dieser neue Krieg ein zweiter Weltkrieg war, hatten wir noch nicht richtig wahrgenommen). Deutsches Reich mit Österreich-Ungarn ein kleiner roter Fleck in der Mitte, eingekreist vom gelben Feind, ja wirklich eingekreist, denn über das Gelb des Feindes hatte Wirsing von den deutschen und österreichisch-ungarischen Grenzen an konzentrische grüne Ringe gelegt, die uns erdrückten, nur hier und da durchbrochen von winzigen Stückchen neutralem Grau für Dänemark, Holland und der Schweiz. Aber sonst: wir waren eingekreist, hoffnungslos eingekreist, damals im Weltkrieg 1914/18. Ich empfand dieses Gelb-grün des Feindes besonders bedrohlich, ich dachte immer an Kartoffelkäfer, obwohl die nicht gelbgrün, sondern gelbschwarz waren. Aber Kartoffelkäfer – das wußte ich von meinem strengen NS-Fräulein in der Dorfschule, ja, die mit dem Frauenschafts-Dutt, die man mit einem zackigen Heil-Hitler grüßen mußte und nicht wie den Dorfpfarrer mit einem umständlichen Gelobt-sei-Jesus-Christus – Kartoffelkäfer, die kommen vom Feind. 1943 war ich vor den Bombenangriffen auf unsere gemeinsame Geburtsstadt Schweinfurt – Wirsing saß jetzt abwechselnd in München und Berlin – nach Euerdorf bei Bad Kissingen evakuiert worden, wir Schulkinder mußten regelmäßig die Felder absuchen nach Kartoffelkäfern. Der Feind hatte sie abgeworfen, damit wir verhungern.

Der Feind konnte uns diesmal nicht besiegen. Das wußte ich aus dem Wirsing-Atlas – und darum macht er mich so glücklich. Wo sich im Ersten Weltkrieg die gelbgrünen Kartoffelkäfer ringförmig um Deutschland legten wie um den Mittelpunkt einer Schießscheibe, und es erdrückten, da war auf der Karte gegenüber – Europa Ende 1940 – unser großes knallig rotes Deutsche Reich frei, nicht eingekreist, Italien war rot wie wir, Norwegen, Dänemark rotgestreift, die andern beruhigend grau, auch das dicke Land im Osten mit den komplizierten Buchstaben U.d.S.S.R. Die gelbgrünen Kartoffelkäferkreise lagen nur noch über dem bißchen Frankreich und England, einkreisen konnten sie uns nicht mehr. Und dann erst – umgeblättert zur neuesten Karte – „Europa im Spätherbst 1941" – ein mächtiger roter Batzen, das alles sind wir. Europa rot oder rotgestreift, alles unter unserem Hakenkreuz. Nur England und ein Restchen Frankreich erschienen noch gelb, aber die grünen Einkreisungsringe, die das Ganze so gefährlich gemacht hatten, die waren weg. Ja, sicher, im Osten – das große Land hatte gar keinen Namen mehr – war das neutrale Grau verschwunden, aber ein mächtiges Stück davon hatten wir schon rot kariert. Nur am Kartenrand war etwas neues Gelb, auch ohne grüne Ringe und ein Teil war ohnedies grau überzogen und betextet: „unerschlossene und kaum bewohnte Tundra".

Ja, es waren Meisterwerke der Propaganda, die Atlanten des Giselher Wirsing, die damals in einer Auflage von 400.000 Exemplaren erschienen. Heute lese ich auch seinen Text dazu:

Die ersten vier Karten zeigen eindringlich, wie sich im Gegensatz zum Weltkrieg 1914/18 (S.6) der jetzige Krieg von Anfang an völlig anders entwickelt. Sie erweisen den mißlungenen Einkreisungsversuch und die zerschlagenen Militärallianzen, die Europa bis zum Sommer 1939 überzogen. Der Zweifrontenkrieg auf dem europäischen Kontinent wurde durch eine geniale Außenpolitik vermieden. Hierdurch entstand die Möglichkeit, erst im Osten den Polenfeldzug, dann im Westen den Norwegen- und den eigentlichen Westfeldzug und schließlich wiederum im Osten den Feldzug gegen die Sowjetunion jeweils als Unternehmung größten Stils durchzuführen...

Wer die Folge dieser Kartenbilder durchblättert, wird den revolutionären Charakter dieses Krieges unschwer erkennen. Die alte Welt ist im Zusammenbrechen, eine neue Welt entsteht. Es ist die größte Umwälzung seit Jahrhunderten. Was sich von ihr in Karten auszudrücken vermag, ist nur eine Seite dieses mitreißenden Geschehens. Im Jahr 1919 wurde die Landkarte Europas nicht geformt, sondern von steriler Ideenlosigkeit willkürlich zerrissen. das sich jetzt formende neue Europa wird im Zeichen einer großen politischen und sozialen Idee stehen. Jener Idee, die die Siege der Jahre 1939, 1940 und 1941 möglich gemacht hat... Die Veränderung des Weltbildes wird sich nun auf die ganze Erde erstrecken.[39]

Als Stalingrad im Februar 1943 von Deutschen befreit war, als die Schlagzeile des *Völkischen Beobachter* längst schon die hämische Antwort ("Sie starben, damit Deutschland lebe") auf den heute noch real existierenden dreisten Hamburger Denkmalspruch ("Deutschland muß leben und wenn wir sterben müssen") gegeben hatte, da erschien – leicht verspätet – Giselher Wirsing mit seinem ersten großen Beitrag im ersten Februar-Heft von *Signal*. „Roosevelts Dritte Illusion" hieß das Werk und feierte „die ans Phantastische grenzenden Verluste der Sowjetarmeen... bei Stalingrad". Wirsing freute sich, daß die „Winteroffensive der Sowjets" nach unter schwersten Opfern erkämpften „Anfangserfolgen" stecken geblieben sei. Während die übriggebliebenen Deutschen in die Gefangenschaft liefen, prophezeite Wirsing auch gleich noch für die Zukunft die „Unmöglichkeit einer Landung an der Atlantikküste" durch die Westalliierten.[40]

Signal war die große europäische Illustrierte, die sich das Oberkommando der Wehrmacht und das Auswärtige Amt mit Duldung von Goebbels geschaffen hatten. Wirsings überzeugende Leistung führte dazu, daß er alsbald de facto von OKW und AA mit der Chefredaktion von *Signal* betraut wurde – erst kurz vor Schluß, im Januar 1945 tauchte er auch formell als „Hauptschriftleiter" im Impressum auf.[41]

Doch nach dem Irrtum über Stalingrad setzte bei Wirsing – nein, keine Besinnung, wohl aber eine neue taktische Variante ein, die ihm frühzeitig den nahtlosen Übergang zum nächsten deutschen Staat ermöglichte. Er setzte fortan auf Europa – und auf einen Dritten Weltkrieg. Im März-Heft, als er Stalingrad zur Kenntnis nehmen mußte, schrieb er:

Der dritte Weltkrieg, ausgetragen zu einem wesentlichen Teil auf europäischem Boden, ist unvermeidlich, wenn die britisch-amerikanisch-sowjetrussische Koalition im zweiten Weltkrieg die Oberhand behielte. Das ist der tiefere Sinn dieses jetzt noch unter einer freilich nur dünnen Decke verborgenen Krieges im Kriege. Das ist, soweit menschlicher Geist überhaupt in der Lage ist, zukünftiges Werden zu erfassen, die grausige Wahrheit, die sich über alle Leiden des Augenblicks hinaus dürr und hohläugig unseren forschenden Blicken enthüllt.

Und fast schon skeptisch:

Gelingt es den deutschen Armeen im Verein mit der Anstrengung aller europäischen Völker, den Bolschewismus im Osten zurückzuschlagen und die Grenzen des Kontinents nach allen Himmelsrichtungen fest und sicher zu gestalten, so ist damit die Gefahr, daß Europa zum drittenmal das Schlachtfeld der Welt werden würde, gleichzeitig gebannt. [42]

Im Frühjahr 1944 erschien im Deutschen Verlag – das war der arisierte und heute mit Springer-Beihilfe auf Rechtsaußen-Kurs gebrachte Ullstein-Verlag – ein Buch mit dem Titel „Die Politik des Ölflecks" über den – so der Untertitel – „Sowjetimperialismus im Zweiten Weltkrieg". Das Buch endete mit einem Ausblick auf den nun sicheren „Dritten Weltkrieg". Unsicher war der Verfasser nur, ob er noch seinen richtigen Namen nennen solle. Er ließ es mit Rücksicht auf kommende Zeiten lieber bleiben, nannte sich Vindex – der Rächer – und begründete das so: *Der Verfasser pflegt im allgemeinen nicht unter einem Pseudonym hervorzutreten, er ist daher auch in Europa wohlbekannt. Bei diesem Buch aber kam es allein darauf an, daß nicht eine Person, sondern die überwältigende Dokumentation des sich aus unseren Tagen ergebenden Tatsachenmaterials über den Sowjetismus selbst spräche. Sie soll und muß wirken. Darum bezeichnet sich der Verfasser mit dem Namen, den im alten Rom die Anwälte der freien Bürger trugen: Vindex.*

Natürlich war im Frühjahr 1944 die Niederlage der Nazis und ihrer Wehrmacht leicht abzusehen. Doch während am Endsieg zweifelnde Landser noch 1945 in den letzten Tagen des Krieges an die Laterne gehängt wurden, durften die Edelfedern der Nazis schon Zukunftspläne für die Zeit nach der Niederlage ausdenken, ja sogar veröffentlichen. Und Vindex war eine der ihren. Es war: Giselher Wirsing.

Erstaunlich aus heutiger Sicht aber ist, wie klar und offen Wirsing den Sieg der Roten Armee voraussetzen darf. Er schreibt, das in seinem Buch zusammengetragene Material sei unwiderlegbar:
Sein ganzes Gewicht erhält es freilich erst, wenn man sich vor Augen hält, daß gleichzeitig die sowjetische Militärmacht in der Lage war, die beste stärkste und tapferste Armee, die es im europäisch-atlantischen Bereich gibt, kraft einer ungeheuren materiellen Überlegenheit Schritt für Schritt zurückzudrängen. In Europa aber gibt es noch immer Kreise, die sich daran erfreuen, diesen Prozeß mit hämischen Kommentaren zu begleiten. Sie wollen nicht gewahr werden, daß ein weiteres Zurückdrängen dieser deutschen Armeen im Osten notwendig auch den Untergang aller anderen europäischen Völker bedeuten müßte.

Er fragte schon nach den USA als Bundesgenossen. Aber, so Wirsing noch 1944:
Hier ist wohl erst recht klar, daß keine amerikanische Regierung es jemals wagen wird, allein um der Rettung einiger europäischer Völker vor dem Sowjetismus willen, den großen Machtkampf mit den Sowjets zu beginnen... Europa kann sich nur selbst helfen oder seine Völker werden in den großen Malstrom der Geschichte hineingeworfen werden... [43]

Wirsing landete 1945 im 3. Zivil-Internierungslager Fallingbostel. „Wissen Sie, mit wem Sie sprechen?" schnarrte er den verblüfften britischen Vernehmungsoffizier an. „Ich bin einer der bekanntesten deutschen Schriftsteller." Wirsing wurde schnell dorthin gebracht, wo er hingehörte, ins Edel-Lager jener SS- und SD-Angehörigen, die nicht ihrer verdienten Strafe zugeführt wurden, sondern sich in US-Diensten weiter bewähren durften – ins Camp King bei Oberursel, das als Dulag Luft bis 1945 das wichtigste Vernehmungszentrum und Durchgangslager der Nazi-Luftwaffe war.

Dort traf er neben vielen SD-Kollegen den Gesandten Werner Otto von Hentig. Die Herren kannten sich seit 1932 – von gemeinsamen Vortragsreisen, bei denen auch Mehnert noch dabei war. Werner Otto von Hentig, der sich noch in seinen Memoiren von 1962 seiner Tätigkeit für Reinhard Heydrichs Reichssicherheitshauptamt rühmte ("Das Sicherheitshauptamt konnte meine Kenntnisse und Beziehungen nicht umgehen."), war 1945, wie er berichtete, ins Konzentrationslager gekommen. Hentig wörtlich: „Nicht zu den eigentlichen Dienstreisen meines Lebens im engeren Sinn darf ich die aus dem KZ heraus im September 1945 mit zwei amerikanischen Untersuchungsoffizieren und dem damaligen Hauptschriftleiter der *Münchener Nachrichten* Giselher Wirsing unternommene Rundfahrt durch Deutschland rechnen". [44]

Als „KZ" bezeichnete er also den relativ behaglichen – weder mit normalen US-Kriegsgefangenenlagern und schon gar nicht mit deutschen KZs zu vergleichenden – Aufenthalt in Camp King bei Oberursel. Die rund 200 dort einsitzenden ehemaligen Angehörigen von SS, SD und Abwehr – auch Reinhard Gehlen nahm dort einen Zwischenaufenthalt – wurden angewiesen, ihre Erfahrungen während des Krieges niederzuschreiben. Der kleinere Teil der Niederschriften, über die Befehlsstruktur der deutschen Führung etwa, diente als Anklagematerial in den Nürnberger Prozessen. Der weitaus größere Teil der Studien des NS-Geheimdienstpersonals diente – bereits 1945 – dem kalten und, einkalkuliert, auch einem heißen Krieg gegen jene Alliierten, mit dem gemeinsam man gerade noch gegen diese Leute gekämpft hatte: dem dritten Weltkrieg, den Giselher Wirsing immer schon vorhergesagt hatte. [45]

Wirsing und von Hentig – ausgestattet mit ihren Erfahrungen vom Reichssicherheitshauptamt – reisten mit zwei US-Agenten durch Süddeutschland und horchten die Leute aus. Zurück im KZ Camp King arbeiteten sie dort im Gästehaus Alaska bei vorzüglicher Armee-Verpflegung eine Expertise aus.

Über die Ergebnisse gehen die Meinungen auseinander. Konfident von Hentig berichtet in seinen Memoiren, man habe „auf die Enttäuschung hingewiesen, die die amerikanische Besatzungspolitik allgemein hervor-gerufen" hätte. Und sie hätten „auf die jeweils an uns gesondert gerich-tete Frage, wo eigentlich kompetente Kräfte für öffentliche Aufgaben in Deutschland seien" beide ganz gleich geantwortet, „sie wären unter den 300 000 in den Konzentrationslagern zu finden" (- er meinte, man muß das wiederholen, nicht die Nazi-KZs, sondern die Internierungslager, in denen vorübergehend einige NS-Leute daran gehindert wurden, sofort so weiterzumachen wie bisher. Werner von Hentig beispielsweise wurde nach seiner Entlassung wieder Diplomat – lediglich ein Intermezzo beim Evangelischen Hilfswerk lag dazwischen)[46].

Eine etwas andere Version über die Arbeit dieser beiden Ehrenmänner für den US-Geheimdienst stand 1952 im *Spiegel*. Der Autor des namentlich nicht gezeichneten Beitrags, der sich noch gut erinnerte, daß Wirsings Haßbuch gegen die USA, „Der Maßlose Kontinent" von Goebbels' Promi und Ribbentrops AA „in fast alle lebenden Sprachen" übersetzt und „während des Krieges überall in der Welt als Programm gegen den Amerikanismus" verteilt wurde, wußte sehr gut Bescheid, was 1945 im SD-Internierungslager bei Oberursel geschah.

Gemeinsam mit von Hentig habe Wirsing im Gästehaus „Alaska" des Internierungslagers Oberursel den neuen Freunden aus jenem maßlosen Kontinent, der um seine inneren Schwierigkeiten zu verbergen, die Weltherrschaft anstrebt und für Europa Gift und Kulturtod bereithält, vorgeschlagen, aus Westdeutschland ein US-Kondominium, einen 49. US-Staat zu machen.

Der *Spiegel*-Autor, dem vor Engagement der Mund überlief: „Der Katzenjammer der Niederlage und der Gegensatz zwischen der Wirk-lichkeit draußen und dem Komfort von ‚Alaska' ließ die beiden die Idee von Deutschland als einer US-Kolonie erbrechen."

Der *Spiegel*-Autor weiter: „Da solches sogar heute" – 1952 – „noch den Amerikanern zuviel ist, war es ihnen damals, im Schatten von Auschwitz und Buchenwald, umso mehr. Sie hatten also nichts dagegen, als im Sommer 1946 die Engländer sich Wirsing zur Vernehmung in das Schlammbad Nenndorf ins Hannoversche holten." Das sei damals den Internierten als „Hölle von Nenndorf" bekannt gewesen.

Und wieder in einem Ton, den man eher in der *National-Zeitung* als im *Spiegel* erwartet hätte: „In jenen Kellern von Nenndorf, wenn nachts, in den Zellen die Häftlinge unter den Riemenschlägen ihrer Bewacher aufheulten und die angetrunkenen Wächter sadistisch jaulten, entstand die Konzeption des Buches ‚Schritt aus dem Nichts'." Mit einer „gewis-sen intellektuellen Sattheit", kritisiert der *Spiegel*, habe Wirsing damals in Nenndorf „seinen Freunden" die Entwürfe seiner Kapitel über die „Höllen-Utopien" und den „Einbruch des Dämonischen" in die moderne Welt gezeigt.

Die *Spiegel*-Geschichte setzt sich – ganz gegen jede *Spiegel*-Regel – fort wie ein Dialog unter Eingeweihten und nicht wie eine Erzählung für den *Spiegel*-Leser. Da bleibt vieles für Außenstehende unverständlich. Erinnerungen werden beschworen vom „passiven Widerstand gegen den Nenndorfer Terror", indem die Häftlinge „zackig wie eine Wachkompanie des Regiments Groß-Deutschland" zur Arbeit marschierten: „Generalstabsoffiziere, SS-Führer, Wirtschaftskapitäne von der Ruhr und sowjetische Nachrichtenoffiziere" – gemeint waren wohl eher antisowjetische Wlassow-Leute. Und dazwischen als Außenseiter Wirsing: „Mit überzeugender Gebärde versicherte er jedem, der es wissen wollte, daß er seit 1934 der deutschen Widerstandsbewegung angehörte."[47]

Wenn dieser einerseits informationsreiche, andererseits für Normal-Leser zum Teil wirre und unverständliche Artikel einen Sinn hatte – und den hatte er –, dann den: hier gerieten sich Kollegen vom Sicherheitsdienst der SS in die Haare.

Tatsächlich zeigt das *Spiegel*-Impressum aus dieser Zeit mindestens einen alten SD-Mann an: Dr. Horst Mahnke – den wir schon als den späteren Schutzpatron von Schmidt-Carell und Springer-Überchefredakteur kennen (Seite 111) – war damals Ressortleiter für Internationales und Panorama. Damals hielt Wirsing öffentlich still, er fürchtete wohl, der Ex-Kollege vom SD könnte noch mehr auspacken.

Aber es gibt noch eine dritte Kunde über Wirsings Zwangsaufenthalt in Bad Nenndorf, wenn es sich auch hier um einen Bericht in Romanform handelt, den einer geschrieben hat, der nicht dabei war. Er beruht auf sehr sorgfältigen Recherchen, die Helmut Hammerschmidt und Michael Mansfeld Anfang der fünfziger Jahre für den damaligen – der heutige hat mit soetwas nichts mehr zu tun – *Bayerischen Rundfunk* unter dem liberalkonservativen Chefredakteur Walter von Cube machten.[48]

Sie untersuchten die Personalpolitik des – wie sie zunächst geglaubt hatten – „neuen" Auswärtigen Amtes. Das Ergebnis – die alten Nazis waren nahezu geschlossen wiedereingerückt – wurde zum Skandal und führte zu einem Untersuchungsausschuß jenes Bundestags, in dem auch Kurt Georg Kiesinger vom alten Auswärtigen Amt saß, also zu keinem Ergebnis – nur zwei subalterne Diplomaten mußten gehen, das ganze übrige Nazipersonal blieb.

Michael Mansfeld, der damals resigniert hatte, schrieb ein Jahrzehnt später, streng nach den recherchierten Tatsachen einen Schlüsselroman, in dem nur der Held fiktiv war: Robert von Lenwitz, ein Anti-Nazi im Auswärtigen Amt. Auf Seite 174 trifft der im Sommer 1945 versehentlich festgenommene Lenwitz in seinem Barackenzimmer des Lagers Oberursel auf einen Mann, der Landkärtchen anfertigte, Zettel vollkritzelte und sorgfältig numerierte, immer darauf bedacht, alles zu verstecken. Dieser Mann – treffender konnte man seinen Namen nicht erfinden – stellt sich vor als Nothung Kunsemüller. Lenwitz:

Ich kannte ihn nicht und er schien enttäuscht. Dann gab er sich als Schriftsteller und Journalist zu erkennen und ließ einfließen, daß er einen Doktor der Rechte habe.

Jetzt erinnerte ich mich, den Namen Kunsemüller unter einer Reihe von flammenden Propaganda-Artikeln im Signal gelesen zu haben, auch einige Buchtitel mit scharf antibritischer Tendenz fielen mir ein ... Nothung Kunsemüller war Haushofer-Schüler und schwor auf Geopolitik. Deshalb auch seine Skizzen.

Deutschland sei die berufene Ordnungsmacht zwischen den USA und Rußland, an der Spitze eines vereinigten Europas, mit Blickrichtung nach Afrika als dritter Kraft. Europa sei nun leider durch Hitler, der an sich gute Ansätze gehabt habe, zerstört, aber – und hier pflegte er Kartenskizzen vor uns auszubreiten – im Parallelogramm dieser Welt müsse man rund und ellipsoid denken. Er hatte das alles illustriert und farbig ausgeschmückt. Gewisse Vorteile habe aber auch Hitler gebracht: das britische Weltreich sei erledigt, es hätte sowieso störend gewirkt und eine echte Machtverteilung auf dieser Welt verhindert.

Ich hörte mir das alles ohne sonderliches Interesse an, konnte es aber doch nicht lassen, ihn über die Zukunft zu befragen, denn nun sei ja wohl alles anders gekommen, als Haushofer und er sich das gedacht hatten.

Aber da geriet Kunsemüller in Fahrt, er war gerüstet, was die Zukunft anbetraf.

Europa sei am Ende. Das sei sicher. Frankreich und Italien seien im Chaos versunken, der Balkan rutsche zu den Russen hinüber, von Deutschland könne man gar nicht reden. Es gebe deshalb nur eine Chance für den Rest Deutschlands, und er habe Nächte und Nächte darüber gegrübelt: engster Anschluß an Amerika. Er sei, so vertraute er mir an, nur deshalb in diesem Lager und werde dauernd von den Amerikanern verhört, weil er der erste Deutsche sei, der aufrichtig und ehrlich die Ausrufung der amerikanischen Besatzungszone als 49. amerikanischen Staat propagiert habe. Natürlich nur mit Worten, denn schriftliche Äußerungen seien ja noch verboten. Immerhin hoffe er mit dieser Idee eine Zeitungslizenz in der amerikanischen Zone zu bekommen.

Kunsemüller war überzeugt davon, daß die Teilung Deutschlands noch viel weiter getrieben werden müsse, als in vier Besatzungszonen, ein Reich würde es nicht mehr geben – also Anschluß zunächst der US-Besatzungszone an die USA, denn „vollendete Tatsachen haben ihr eigenes Gewicht" ...

Kunsemüller war natürlich nur in bester Absicht und aus Vaterlandsliebe Hitler gefolgt. Aus seiner Abneigung gegen Weimar und gegen jede Art der Demokratie, die für ihn „Herrschaft der Minderwertigen" war, machte er kein Hehl. Zu den jüngeren und aktiven Mitgliedern des „Tatkreises" gehörend, hatte er unter Hitler eine phänomenale Karriere gemacht und schien auch einen hohen Rang im SD bekleidet zu haben, was er damit erklärte, der SD sei der einzige wahre Hort des Widerstandes gegen Hitler gewesen ... [49]

Am 15. Januar 1968 stand im *Spiegel*, daß Nothung Kunsemüller Giselher Wirsing sei. Doch der Chefredakteur von *Christ und Welt* – SD-Kämpfer Wirsing hatte sich nach seiner Haftentlassung zu Eugen Gerstenmaier unter das Dach der Kirche begeben, die allein noch Trost gewährte – ließ sich klugerweise weder zu einer Klage noch zu einem öffentlichen Protest gegen Autor Mansfeld bewegen.

Vier Jahre zuvor aber war es zu einer heftigen Auseinandersetzung zwischen *Spiegel* und *Christ und Welt*, zwischen Augstein und Wirsing gekommen, die Licht auf dessen ungebrochene Kontinuität durch die Jahrzehnte warf.

Anläßlich des Historikerstreits um Fritz Fischers „Griff nach der Weltmacht" über die deutsche Kriegsschuld am ersten Weltkrieg hatte Wirsing seinen nur leicht kaschierten antisemitischen Gefühlen ebenso freien Lauf gelassen wie seiner Überzeugung von einer unabänderlichen deutschen Kollektivunschuld: „Die Idee vom *,auserwählten Volk',* die in verschiedenen Geschichtsepochen immer wieder soviel Unheil gestiftet hat, ist einem geistigen Balancezustand ebenso unbekömmlich wie die konstruierte Vorstellung von einem *ewig zum Unheilstifter Verdammten,* der anders als alle anderen ist."

Diese Vorstellung unterstellte er Fritz Fischer und einer von ihm „angeführten Welle der historischen Selbstbezichtigung". Er warf ihm in *Christ und Welt* vor, daß er „die grundlegende antideutsche Denkschrift des Leiters der Westabteilung des Foreign Office ‚Sir Eyre Crowe, vom 1. Januar 1907" nicht erwähne und so absichtvoll und durch „bewußte Auslassungen" die „wahren Zusammenhänge" verschleiere: der Engländer war schuld. [50]

Augstein, den er auf gut SD-Deutsch „eine Zeiterscheinung, die verdaut werden muß", genannt hatte, begründet daraufhin im *Spiegel* mit Zitaten aus dieser Denkschrift, daß Sir Crowe alles andere als ein Deutschenfeind war und schreibt, hier sei Wirsing „wieder nur" – wie bei anderen Teilen seiner Philippika gegen Fischer – „einer Nazi-Legende aufgesessen", die er nicht untersucht habe.[51]

Darauf wieder Wirsing in *Christ und Welt*, Schulter an Schulter mit „den gesicherten Ergebnissen der internationalen Geschichtsforschung" gegen den „Trompeter des Herrn Fischer", gemeint war Augstein: „Die Nazis, die maßgebenden Leute der NSDAP, waren historisch viel zu ungebildet als daß sie je etwas von einer Hintergrundfigur wie Crowe gehört hätten. Wir wüßten nicht, daß es über Crowe überhaupt eine Nazi-Literatur gibt."[52]

Warum der unsichere Konjunktiv? Weil, wenn er genau gefragt worden wäre, Wirsing doch gewußt hätte, daß es eine solche Nazi-Literatur gegen Sir Crowe gibt, wenn auch sicherlich von einem historisch zweifelhaft gebildeten Verfasser. Anfang 1942 erschien ein Buch, das Goebbels sehr schätzte. Das Nazi-Buch klagt England an, weil es „den Weltkrieg herbeigeführt" habe und fährt fort: „Die Allianz mit Frankreich vom Jahre 1904 hatte von Anfang an diesen Sinn gehabt, wie das berühmte Memorandum des britischen Unterstaatssekretärs im Foreign Office, Sir Eyre Crowe, vom 1. Januar 1907 später erwiesen hat. Der 1914 vom Zaun gebrochene Krieg sollte der Aufrechterhaltung des britischen Zeitalters dienen."

Und 1944 erschien noch ein weiteres Stück Nazi-Literatur, in dem es heißt: „Die berüchtigte Denkschrift des Unterstaatssekretärs im Foreign Office, Sir Eyre Crowe, vom Januar 1907, die als eine der Hauptwurzeln für den ersten Weltkrieg anzusehen ist, legt dann das Prinzip der Gleichgewichtspolitik bereits dahin aus: *Germaniam esse delendam!*"

Als Wirsing 1964 öffentlich bestritt, daß es über Crowe überhaupt eine Nazi-Literatur gebe, wußte er es heimlich besser. Er kannte die beiden hier zitierten Nazi-Veröffentlichungen sehr gut. Er hatte sie selbst geschrieben. Das erste Zitat stammte aus seinem überpünktlichen Begleitbuch zur Kriegserklärung an die USA, aus dem NS-Bestseller „Der Maßlose Kontinent".[53] Und das zweite aus seinem kurz vor Torschluß des Dritten Reiches veröffentlichten Buch über „Gesetz und Grenzen unseres Jahrhunderts", das Wirsing wegen seines Bildungsbürgertitels „Das Zeitalter des Ikaros" den Ruf der Nachdenklichkeit einbrachte.[54]

Zu Recht! Denn wie es sich für echte Nazi-Literatur gehört, war Wirsings lateinisches Crowe-Zitat über das zu zerstörende Deutschland

gefälscht. Vermutlich von Wirsing selbst, denn er gibt keine weitere Quelle an und in der Crowe-Denkschrift „Memorandum of the present state of British relations with France and Germany" steht es natürlich nicht. Auch nicht sinngemäß. Dort stehen Sätze wie diese: „Solange England dem allgemeinen Grundsatz der Aufrechterhaltung des Gleichgewichts der Macht treu bleibt, wäre seinen Interessen nicht damit gedient, wenn Deutschland auf den Rang einer schwachen Macht herabgedrückt würde... Es wäre ferner weder gerecht noch politisch klug, die Ansprüche auf eine gesunde Ausdehnung zu ignorieren, die ein kraftvolles und im Wachstum begriffenes Land wie Deutschland ein natürliches Recht hat, auf dem Feld legitimen Strebens geltend zu machen."[55]
Schreibt so ein Deutschenfeind? Sir Crowe, der 1915 von britischen Zeitungen angegriffen wurde, weil seine Mutter und seine Frau geborene Deutsche waren, hatte sich in dem Memorandum für bevorzugte britisch-deutsche Beziehungen eingesetzt, die allerdings nicht das Bündnis mit Frankreich beeinträchtigen und die deutschen Vorherrschaftspläne übersehen dürften. Damit war er schon ein Deutschenfeind.

Es gibt im übrigen einen Nazi, der sich 1937 in einem umfangreichen Aufsatz über den britischen Historiker George Macauly Trevelyan zwar auch kritisch, aber doch viel sachlicher mit Sir Crowe auseinandersetzt als Wirsing in diesen beiden Büchern. Dieser Nazi meint zwar auch, daß Crowes Denkschrift zu einer gefährlichen „Fehlauslegung" der deutschen Politik in England geführt habe – was sicherlich falsch ist – , aber zuvor berichtet er sachlich über die Denkschrift: „In einer umfangreichen historischen Beweisführung legt Eyre Crowe dar, wie aus der Entstehung des ‚preußischen Militarismus' zwangsläufig der Gedanke der Weltherrschaft sich herausentwickelt habe, der England und sein Imperium, wenn nicht rechtzeitig ein Riegel vorgeschoben werde, schließlich in Abhängigkeit von Deutschland geraten lassen müsse. ‚England', so schrieb er, ‚warf sein Gewicht bald in diese, bald in jene Wagschale, aber stets stand es jeweils auf der der politischen Diktatur des stärksten Einzelstaates oder Verbandes entgegengesetzten Seite.' Wenn diese britische Politik richtig ist, nimmt die Gegnerschaft in die England unvermeidlich gegen jedes eine solche Diktatur anstrebende Land getrieben werden muß, fast die Form eines Naturgesetzes an."
Dieser Nazi mit nahezu vorbildlicher Nüchternheit: „Was hier besprochen werden muß, hat mit Überlegungen über die Kriegsschuldfrage nichts oder doch fast nichts zu tun, soweit diese Überlegungen jedenfalls an dem Problem der Schuld oder Nichtschuld haftenbleiben."
Der Nazi, der so kühl und objektiv aufgrund der von ihm besprochenen

Darstellung Trevelyans das von Giselher Wirsing 1964 verteufelte Memorandum zu schildern wußte, ist Giselher Wirsing. Er schrieb diesen Aufsatz im Juni 1937 in der *Tat*.[56]

1937 eine sicherlich kritische, aber angesichts der Zeitumstände erfreulich informative Darstellung des Crowe-Memorandums, zwar nicht aus erster Hand, aber nach den Zitaten eines angesehenen Historikers.

1941 vermutlich irgendwie aus einem versagenden Gedächtnis und einer inflationierten Gesinnung die Gewißheit, daß Crowe England dazu brachte, den ersten Weltkrieg vom Zaun zu brechen.

1944 dazu noch das Crowe angedichtete Zitat, daß Deutschland zu zerstören sei.

Und 1964 nahtlos anschließend den Kriegsstreiber Sir Crowe mit seiner „grundlegenden antideutschen Denkschrift" als Beweisstück gegen die „von Fritz Fischer angeführte Welle historischer Selbstbezichtigung" und gegen den „Hysteriker" und „Nationalmasochisten" Augstein.

Das ist eine publizistische Gesamtleistung, die nur noch durch die nachrichtendienstlichen Verdienste Giselher Wirsings übertroffen wird. Es war übrigens kein Zufall, daß Kanzler Kiesinger einen Monat vor dem Mordanschlag auf Rudi Dutschke sich auf seinen alten Kollegen Giselher Wirsing berief, als er empört davor warnte, daß die Führer und Verführer unserer militanten Studentengruppen, die „Herrschaft von Menschen über Menschen abschaffen" wollten. Einen Monat vor dieser Kiesinger-Rede, am 9. Februar 1968 war *Christ und Welt* mit der Schlagzeile erschienen: „Ist der Vietkong unter uns? – Von der Demonstration zum Terror – Partisanenkrieg als Vorbild *von Giselher Wirsing*."

Der bewährte Mitarbeiter des SS-Sicherheitsdienstes sah die Demokratie in Gefahr, weil Demonstranten gegen den Vietnam-Krieg auf dem Dach der US-Handelsvertretung in Frankfurt die Vietkong-Fahne gehißt hatten: „Die Schwelle zwischen Demonstrationen einer Minderheit, die jede Demokratie dulden muß," – das hatte er dazugelernt – „und dem offenen Terrorismus ist" – da war er ganz der alte – „überschritten." Vielleicht wolle man es auch jetzt noch nicht glauben, aber Wirsing war mit seinem geübten Blick sicher – „wir haben bereits eine Art Vietkong auf deutschem Boden".

Beweise für diesen „Übergang zum blanken Terrorismus"? Wirsing: „Am Kurfürstendamm tauchten am Wochenende erstmals rote Fahnen bei einer Demonstration auf, und es wurde" – größter anzunehmender Terror – „die Internationale angestimmt." [57]

Wie gut, daß Giselher Wirsing diesmal so wach war. Michael Mansfeld: „Nothung Kunsemüller wußte nichts von Konzentrationslagern, es sei

denn, daß dort Asoziale festgesetzt gewesen, auch nichts von Judenver-
folgungen, gewiß, Auswüchse gebe es überall und überhaupt: große
geistige Revolutionen seien ohne Blut nicht möglich."[58]
Giselher Wirsing verteidigte sich 22 Jahre später mit seinem Leserbrief
an den Spiegel gegen meinen Vorwurf, er habe mit seinem Satz von der
unvermeidbaren „gewaltsamen Ausscheidung" der Juden die Zweckmäßigkeit von Auschwitz begründet. Dabei benutzte er nicht das Wort
„Auswüchse", sondern das passende Fremdwort: Beim Niederschreiben
des Satzes im Jahr 1941 habe es in Auschwitz kein Vernichtungslager
gegeben und niemand habe sich „Exzesse" solchen Ausmaßes vorstellen
können.[59]
Als Wirsing nach sechzehn Jahren im Juli 1970 die Chefredaktion von
Christ und Welt niederlegte, brauchte man dort von nun an nicht mehr
die religiöse Tarnfarbe: das Blatt wurde umbenannt.
Ein beschämender Vorgang für die Christen unter den Lesern, die es
möglicherweise auch gab – Rudolf Augstein hatte da allerdings eine
spezielle Marktanalyse gemacht: „In jedem der drei Gefängnisse, die ich
besucht habe, hatte ein Mitinsasse *Christ und Welt* abonniert, und
jedesmal war es ein höherer SS- oder Polizei-Führer."[60]
Der Christ hatte seine Schuldigkeit getan. Er ging in den Untertitel. Das
Blatt hieß fortan *Deutsche Zeitung*, dies ganz groß. Und darunter ganz
klein *Christ und Welt*. In „eigener Sache" erläuterte das Blatt beim
Titelwechsel 1971, was man heute vom Christentum zu halten habe, und
warum es 1945 eine gute Investitionsmöglichkeit war: „Die Kirchen
standen damals hoch im Kurs … Ihr Dach allein war intakt und
gewährte Trost." Doch inzwischen waren sie für pensionierte SS-Hauptsturmführer eine schlechte Adresse: „In ihrem Bemühen zu den Proble-
men unserer Zeit Stellung zu nehmen, sind die Kirchen in das Kreuz-
feuer der Meinungen geraten. Darüber hinaus aber sind selbst der
christliche Glaube und seine traditionellen Wert- und Ordnungsvorstel-
lungen" – wie sie Wirsing vertreten hatte – „in einem noch nie dagewese-
nen Ausmaß in Frage gestellt."
Darum mußte der alte Titel weg. Die Redaktion in ihrer Analyse seines
Marktwertes: „Was in der ersten Zeit noch ein kühner Wurf nach vorn
gewesen war, wurde in der Krise, in die die Kirchen geraten sind, mehr
und mehr Mißdeutungen und Mißverständnissen ausgesetzt."
Entscheidend: „Dieses Mißverständnis hat auch manchen Inserenten
abgeschreckt." Der Christ im Namen wurde peinlich: „Der programmatische Titel begann zu einem Problem zu werden."[61]
Und so empfand es auch jener Leserstamm, dessen hervorragende

Exponenten Rudolf Augstein im Knast begegnet waren. Ein Günter Grassl, der sich ehrlich freute, daß *Christ und Welt* eines der „wenigen Wochenblätter ist, denen man nicht einseitige und linksgestrickte Information und Meinungsmache vorwerfen kann", hatte nur diesen einzigen Einwand gehabt: „Was mich jedoch jede Woche beim ersten Blick auf Ihre Zeitung beinahe abstößt, ist jenes erste Wort auf der ersten Seite. Das Christentum hat doch nur stupiden Dogmatismus beschert...", und Leser Oetjen entdeckte froh, daß der Titel nichts mit dem „tatsächlichen Inhalt Ihrer Zeitung" zu tun hat.

Giselher Wirsing war in Pension gegangen. Die *Deutsche Zeitung* konnte ehrlich werden. Wirsing starb vier Jahre danach im Alter von 68 Jahren. Sein letztes Wort in seinem letzten Buch war eine Warnung vor der „kurze[n] Blütezeit der Entspannung", die doch nur ein „vordergründiger und fragiler Waffenstillstand" sei. Und ein feierliches Bekenntnis zum Amerikanismus, den er jahrzehntelang bekämpft hatte: „Die Schicksalsgemeinschaft zwischen Europa und den Vereinigten Staaten kann stark genug sein, Gefahren abzuwenden."[62]

Er war doch der Alte geblieben.

11. Bittere Blumen von Hawaii
– Als Deutscher in der Welt: Klaus Mehnert

An mir lag es nicht, wenn Klaus Mehnert nie Bundespräsident wurde. Daß der hochdekorierte Publizist – Knaurs Goldenes Prominentenlexikon von 1980 sagt ihm zu Recht „Verdienstkreuze der BRD, incl. mit Stern" nach und vergißt doch das wichtigste Kreuz – so etwas gern geworden wäre, verträgt keinen vernünftigen Zweifel. Seine deutschen Brüder und Schwestern behandelten ihn noch in fernen Landen so nachdrücklich als ihren Grüß-August, daß er eines dieser Erlebnisse beglückt an den Schluß der Niederschrift seines Lebensweges stellt: „Vor wenigen Jahren in Moskau, betrat ich ein an jenem Abend voll besetztes, vorwiegend für Ausländer bestimmtes Restaurant und setzte mich an einen Tisch, an dem ich noch einen leeren Stuhl entdeckt hatte. 'Guten Abend', sagte ich auf russisch. 'Guten Abend, Herr Mehnert', schallte es auf deutsch aus freundlichen Gesichtern zurück. Ich freute mich natürlich, daß man wußte, wer ich war. Aber noch glücklicher wurde ich, als sich herausstellte, daß die neuen Tischnachbarn zu einer Reisegruppe aus Mecklenburg gehörten. Manche erkannten mich vom 'Westfernsehen', anderen war die Stimme bekannt vorgekommen. Eine Frau zeigte auf den Mann neben sich und sagte. 'Wir beide hören Sie seit Jahren jeden vierten Sonntag im Deutschlandfunk.' Also strenge ich mich doch nicht ganz umsonst an, dachte ich, und war zufrieden."[1] So erfüllte sich ein deutschen Leben im fernen Moskau.

„Er soll unser neuer Lübke sein!", verlangte ich deshalb im April 1968 im vorläufigen Satire-Magazin „pardon". Mehnert nahm meine Aufforderung so wenig an, wie elf Jahre zuvor Adenauers Angebot, für den Bundestag zu kandidieren. Doch mir war damals schon bewußt, daß dieser viel- und weitgereiste Mann unser Bundesdeutschland weit besser repräsentieren würde, als Gustav Heinemann, den man dann schließlich gewählt hat. Damals wußte ich noch nicht viel über Klaus Mehnert, ich kannte ihn als unseren ranghöchsten Kremlastrologen, hatte aber nur sein gerade erschienenes Grundsatzwerk „Der deutsche Standpunkt" gelesen, wo er – wichtig für ein Staatsoberhaupt – überlegte, welche Mindestforderungen wir gegen die Polen, gegen die Russen und gegen die Tschechen vorbringen müssen. „Was wir den Polen zu sagen haben", klang besonders gut und verheißungsvoll.

Den Polen sagten wir mit Klaus Mehnert dies: „Tretet ihr aber weder für die Vereinigung Europas ein, noch für die Vereinigung der Deutschen, besteht ihr vielmehr darauf, daß es zwei Europa und zwei Deutschland gibt, so könnt ihr nicht erwarten, daß wir euch eine Grenze garantieren ... Überlegt es euch, aber nicht zu lange." Und warum sollten die Polen nicht mehr lange überlegen? Aus einem einsichtigen Grund. Mehnert: „Euer Nationaldichter Adam Mickiewicz schrieb in der Zeit eurer Teilung, der Zustimmung eures Volkes gewiß: 'Um den allgemeinen Krieg für die Freiheit der Völker / Bitten wir Dich, o Herr...'"[2]

Diplomatischer ließ sich der Wunsch nach Durchsetzung unseres klaren deutschen Rechtsstandpunktes nicht formulieren. Obwohl Mehnert mit solchen Sentenzen mühelos den ersten Platz auf der Bestsellerliste eroberte, stieß meine Forderung nach seiner Präsidentschaft auch bei seinen Lesern auf keine Resonanz.

Klaus Mehnert wurde 1906 geboren in Moskau oder „im Sternzeichen der Waage" – so formuliert er mit der Präzision seines künftigen Hauptberufes – „und daher, wie mich astrologisch versierte Freunde später belehrten, dem abwägenden Ausgleich mehr zugeneigt als dem schroffen Entweder-Oder".[3]

1914 übersiedelte er nach Deutschland, mit seiner Mutter, der er ein hervorragendes Abschlußzeugnis ausstellt – sie besaß „einen souveränen Verstand, eine rasche Auffassungsgabe".[4] Nach dem Abitur ging er zur Reichswehr, wo er sich um das Verstecken illegaler Waffen verdient machte und – auf der Mutlanger Heide ausgerechnet – den „Spaß" entdeckte, „die Knochen zusammenzureißen" und „bis an den Rand der Erschöpfung, mit schwerem Tornister und Gewehr, die Gasmaske vor dem Gesicht, durch nasse Wiesen zu robben oder Schützengräben auszuheben." Wichtig für den weiteren Lebensweg: „Die Ausführung von Befehlen, selbst wenn sie von einem gleichaltrigen Gefreiten kamen, verstand ich nicht als einen Verstoß gegen meine Menschenwürde."[5] Mehnert studierte in Berlin und Berkeley, wurde 1931 Generalsekretär der Deutschen Gesellschaft zum Studium Osteuropas und Redakteur der Zeitschrift *Osteuropa*. Er schrieb so schön und so viel, auch nach 1933 – später konnte er sich mit dem besten Willen nicht mehr an alles erinnern. Ihm fiel nur ein – der Tritt ist formvollendet und hinter einer Samtwand von Mitleid gut versteckt –, was sein liberaler Doktorvater Otto Hoetzsch damals zu Papier brachte. Mehnert über den letzten Besuch bei seinem Professor: „Schwer wurde mir die Trennung von Hoetzsch. Er war in depressiver Stimmung, als ich mich von ihm und seiner Frau verabschiedete. Schon hatte er die ersten Attacken auf ihn (sic!) als 'Salonbolschewisten' hinter sich. Es hatte auch nichts geholfen, daß er (im November 1933 in einem Aufsatz über Polen) aus heiterem Himmel einen Absatz lang das neue Vokabular verwendete und vom 'mächtigen Schwung, der jetzt durch Deutschland braust' schrieb, vom Einsatz der Zeitschrift zum 'Kampf um den Osten', von 'wissenschaftlichen Waffen', 'völkischer Erziehung'."[6]

Woran sich Mehnert gerade hier überhaupt nicht erinnert: einen Monat zuvor hatte er selbst hoch oben am Himmel niedergeschrieben, was er empfand, als er nach einer Dienstreise durch die Sowjetunion heimfliegen darf, nicht mehr zurück in die „unheroische Weimarer Republik", sondern zurück in Hitlers Reich: „Jetzt liegt ein anderes Deutschland vor mir: Das Eis, das so lange alles Leben erstickt hatte, ist geborsten. Der Strom ist durchgebrochen. Alles, was an abgestandenen Sümpfen entstanden war, hat er in gewaltigem Lauf überschwemmt und wälzt sich frei und stark über alle Widerstände hinweg. Feinde sprechen von den Verwüstungen, die er anrichtet, Skeptiker stellen düstere Vermutungen an über das Ziel, dem er entgegenbraust. Doch die Jugend weiß, daß endlich ihre Zeit gekommen ist, daß ein trauriger Abschnitt deutscher Geschichte zu Ende ging, daß ihr Leben wieder einen Sinn erhielt. Wir sind glücklich über diese Befreiung des Stromes und wir *wissen*, daß sein und unser endgültiges Ziel nichts anderes sein kann als der deutsche Sozialismus."[7]

So schrieb Mehnert im Oktober 1933 in der „unabhängigen Monatsschrift zur Gestaltung neuer Wirklichkeit", in *Die Tat*, deren „Schriftleitung" gerade erst von Hans Zehrer an den SD-Mann Giselher Wirsing übergegangen war. Was Mehnert seinem alten Lehrer nicht ersparte, schenkt er sich. Der Aufsatz über den befreienden Strom des deutschen Faschismus aus der *Tat* ist in der offiziellen Bibliographie seiner „sämtlicher Aufsätze", die aus einer „gewissenhaften Überprüfung" hervorging[8], nicht aufgenommen, er wurde zur Unschrift. Ein harmloser Fall, verglichen mit jenem anderen, ebenfalls selektierten Mehnert-Aufsatz, der vielleicht dazu beitrug, das Gesicht der Welt zu ändern – doch davon später.

Genau genommen mochte er ja – woran er sich in seinen Memoiren sehr gut erinnern konnte – den Führer letztlich nicht: „Emotional sprach Hitler mich an: Er wollte das Unrecht von Versailles aufheben, die Arbeitslosigkeit beseitigen, die Volksgemeinschaft herstellen, ein Reich unter Ausschluß von Österreich errichten. Aber jedesmal, wenn ich ihn erlebte, stieß mich seine Irrationalität ab."[9]

Denn unter den Nazis hatte Mehnert wegen Hitlers Unvernunft nichts als Schwierigkeiten. Zur „Katastrophe" – wie er gern sagt – von 1945 wäre es sicherlich nicht gekommen, wenn sich die Nazis an seine Ratschläge gehalten hätten. Mehnert war als junger Ostforscher bei seinen Untersuchungen zu dem aufsehenerregenden Ergebnis gelangt, daß Stalin im Grund seines Herzens ein guter Nationalist und ein ehrlicher Antisemit sei. „Gestützt auf eigene Beobachtungen und Studien, vertrat ich die Auffassung, daß die Sowjetunion erstens das Ergebnis nicht einer Judenverschwörung war, sondern einer von zahlreichen objektiv nachweisbaren Fakten hervorgerufenen sozialen Revolution, wobei der anfangs sehr starke jüdische Einfluß in der Kommunistischen Partei unter Stalin ständig zurückging ... Stalin beschrieb ich als einen in vieler Hinsicht nationalistischen, zudem antisemitischen Konservativen."[10]

In dieser Beziehung sollte sich Mehnert freiheitlich-demokratisch läutern. 1951 zog er in der „Schriftenreihe der Europa-Akademie" klare rassische Grenzen zum Bolschewismus und allem, was mit ihm zu tun hat. Mehnert in dieser Schrift, die – wie er angibt – zurückgeht auf „nächtliche Gespräche zu Schanghai im langen Winter von Stalingrad" wörtlich: „Der Russe wird auch mit Entsetzen die wachsende Isolierung begreifen, in die er infolge der neuen Stalinlehre geraten ist. Sie sondert ihn ab von allem anderen, was Menschenantlitz trägt."[11] So befanden sich Stalins Russen nach 1945 dort, wo sich davor die Juden aufhalten mußten: außerhalb der menschlichen Gemeinschaft.

Vorher will Mehnert – diese Erinnerung ist 1981 geschrieben, als er längst den „russischen Menschen" wiederentdeckt hatte – „gegen einen Krieg mit der Sowjetunion" plädiert haben, „für die 'von Natur und Schicksal' bestimmte Zusammenarbeit von Deutschen und Russen, gegen die Herrschaft des Kommunismus in Deutschland." Für den letzten Punkt waren die Nazis die beste Adresse. Deshalb ging Mehnert 1933 sofort daran, „Anknüpfungspunkte in Hitlers Lager zu suchen." Erst probierte er es mit Goebbels: „Ich besuchte ihn in seiner Berliner Wohnung. Als ich ihn daran erinnerte, daß er einige Jahre zuvor die Sowjetunion als 'den uns von der Natur gegebenen Bundesgenossen' bezeichnet hatte, winkte er ab. 'Ich folge treu der Linie des Führers, und der will von solchen Dingen nichts wissen'".

Ärgerlich! Doch Mehnert gibt nicht auf. Er überlegt: Rudolf Heß? „Was ich über die Verschwommenheit seiner Ansichten hörte, brachte mich davon ab." Und andere? „Der eitle Göring kam nicht in Betracht, der Russen-Hasser Rosenberg erst recht nicht. Am meisten Verständnis fand ich bei einem der unabhängigen Köpfe der Partei, Johannes von Leers, der aber im innersten Kern der Partei nicht viel Einfluß hatte."[12] So schlecht, wie sich Mehnert heute erinnert, war er mit Leers damals nicht bedient. Der war – auch nach 1945 in Kairo als Omar Manin von Leers – einer der führenden und zuverlässigsten Judenhasser und ein guter Liberaler ("Adolf Hitler hat stets in der Bewegung jede freie Meinung, soweit sie im Rahmen des Nationalsozialismus sich hielt, geduldet"). Aber Leers war als Professor mehr ein theoretischer Kopf, ein Verfasser wissenschaftlicher Werke ("Juden sehen dich an"). Und Mehnert suchte ja Männer der Tat.[13]

So einen fand er endlich in Ernst Röhm, dem Stabschef der SA, „einen unideologischen Haudegen". Das Gespräch fand – locker und ungezwungen – in Röhms Garten statt: „Eine halbe Stunde lang bemühte ich mich ihm zu erklären, daß die Ansichten Hitlers und seiner Berater über die Sowjetunion grundfalsch seien ... Der Bevölkerung gehe es miserabel, aber Stalin packte sie beim Patriotismus für Mütterchen Rußland ... Die frühere Führungsgarnitur, die in der Tat weitgehend aus Juden bestanden hatte, sei vom Georgier Stalin längst entmachtet und großenteils durch Nichtjuden ersetzt worden."

Für Röhm, der „sachlich und intelligent" Fragen stellte, waren Mehnerts Ausführungen eine Offenbarung: „Vieles, was ich gesagt habe, scheine ihm plausibel. Er danke mir und werde sich meine Worte durch den Kopf gehen lassen. Wahrscheinlich würde ich wieder von ihm hören."[14] Aber Ärger über Ärger! Ließ doch Hitler den Röhm im Juni 34 einfach umbringen. Aus war der schöne Traum vom Hitler-Stalin-Pakt. Und als er dann – Jahre später – doch noch zustandekam, da wollte Mehnert – weit weg vom Vaterland im fernen Honolulu – auch nicht mehr.

Dort, nahe bei unseren Antipoden, hat sich zu Beginn des Jahres, in dem der große Krieg begann, mit Klaus Mehnert etwas zugetragen, was wir uns ganz genau ansehen müssen. Nicht, weil da etwas ganz Besonderes mit ihm geschehen sei, nein, es geht nur ganz exemplarisch darum, wie Vergangenheit in seinem Gedächtnis hockt.

Wir seien – erzählte uns Klaus Mehnert 1981 in seinem Erinnerungsbuch – todunglücklich auf Hawaii. Es ist – so steht es auf Seite 225 – der 15. März 1939, auf dieses Datum müssen wir achten, und er soll auf der Hawaii-Insel Molokai vor dem dortigen Frauen-Club einen Vortrag halten über „die tschechische Frage". Hitler, soviel wollen wir schon verraten, wird sie am 15. März 1939 beantworten, indem er am Abend dieses Tages in Prag einmarschiert. Mehnert, 32 Jahre alt, ist Gastdozent in Honolulu, an der Universität von Hawaii.

„Zuerst", schreibt er – er meint: zunächst –, habe er seine Vortrags-Zusage nicht bereut, denn: „Man kann sich schwer einen größeren Augenschmaus vorstellen, als einen Flug über die Kette der hawaiischen Inseln. Der stille Wasserspiegel von Pearl Harbor mit seinen Buchten lag wie eine Hand mit gespreizten Fingern friedlich in der Morgensonne, die grauen Kreuzer erschienen wie Spielzeugschiffe in einer Badewanne." Und dann ein Stück offenen Meeres, dann die Insel Molokai, prächtig: „Ihre Nordküste, der wir entlangflogen, fällt einige hundert Meter senkrecht ins Meer. Über ihren Rand sprangen unzählige Wasserfälle in silbernen Bändern und Schleiern in die Brandung."

Aber ach, angekommen, habe er schließlich für sich allein einen Spaziergang gemacht, um den Vortrag für den Abend zu überdenken. Und er erinnert sich, so gedacht zu haben: „Da ich die deutsche Politik weder verteidigen noch öffentlich angreifen wollte, blieb nichts übrig als eine distanzierte Analyse, und sie fiel mir seit München immer schwerer. Ich war entsetzt über die deutsche Politik; sie verdankte die Erreichung ihrer Ziele nur noch der Angst der anderen Staaten vor einem Krieg, zu dem sie nicht gerüstet waren."

Gewiß, so habe er gedacht, der Anschluß der Sudetendeutschen (im Oktober 1938) habe trotz Hitlers erpresserischer Methoden noch dem Grundsatz des Selbstbestimmungsrechts der Völker entsprochen, aber jetzt, so habe er weiter gedacht: „Aber jetzt, im März 1939, trieb Europa einer neuen Krise entgegen. Die Slowakei hatte sich von der Tschechei getrennt, und Hitlers Druck auf Hacha, den Ministerpräsidenten der Rest-Tschechei, nahm täglich zu. Gerade in diesem Augenblick einen Vortrag über das Problem der Tschechoslowakei zu hören, mußte dem Frauen-Club von Molokai reizvoll erscheinen, nicht aber mir."

Mit diesen Gedanken, schreibt Mehnert 1981, sei er ins Haus zurückgekehrt, wo ihn die Gastgeberin Mrs. Cookes erwartet und ihn wortwörtlich so angesprochen habe: „Ich habe die Vorstandsdamen unseres Klubs mit ihren Männern zum Abendessen eingeladen ... Sie werden bald kommen. Wir sind alle sehr gespannt auf Ihren Vortrag. Vorhin kam eine Blitzmeldung über San Franzisko durch. Irgendein Abkommen wurde geschlossen zwischen Hitler und dem tschechischen Präsidenten. Ganz habe ich es nicht verstanden, es war von einem Protektorat die Rede." Genau so habe die Gastgeberin zu ihm gesprochen.

Dann seien die Gäste gekommen, man habe auf der Terrasse unter sanft geneigten Palmen gegessen. Japanerinnen hätten lautlos bedient. Die Damen hätten, erinnert sich Mehnert – und dies muß nicht falsch sein –, blumige Abendkleider getragen und Blütenketten um den Hals. Und nach dem Fischgang sei der Lautsprecher angestellt worden: „Meine Wirtin hatte ganz recht gehört: Hacha war bei Hitler gewesen und war durch die Drohung eines deutschen Einmarsches gezwungen worden, den Rest der Tschechoslowakei dem Reich als Protektorat zu unterstellen. Der erste Schritt Hitlers über die volksdeutschen Grenzen hinaus war getan."

Ihn habe gefröstelt an dem lauen hawaiischen Abend, schrieb Mehnert 1981 und führte dieses Frösteln erkennbar auf Hitlers Schritt zurück. Dann sei man ins Klubhaus gefahren. Der Saal sei voll gewesen. Neben dem Rednerpult habe eine Schulkarte Europas gehangen. Hinter einem Vorhang seien Akkorde erklungen auf hawaiischen Instrumenten; junge Mädchen, blumenbekränzt, seien gekommen und hätten das – wie Mehnert schrieb – landesübliche Begrüßungslied „A Lei For You" (Eine Blumenkette für dich) gesungen. Eine sei ein wenig vorgetreten, einen Kranz aus schweren Nelken in der Hand. Seine Wirtin habe ihm einen Rippenstoß gegeben, und während das Publikum freundlich geklatscht habe, habe er die Bühne bestiegen, sich von der Schönen den Kranz um den Hals hängen lassen, ihr den, wie er behauptete – dazugehörigen Kuß gegeben, dann habe er stehen bleiben müssen, während noch zwei weitere hawaiische Lieder erklungen seien.

Dann sei er an der Reihe gewesen. Umgeben von frohgestimmten Menschen, in freundlicher Erwartung angeblickt, hätte er, schrieb Mehnert, „hatte ich über ein Thema zu sprechen, das mir die Kehle würgte. Von Frieden und heiterer Schönheit umgeben, sah ich schon den Marsch staubiger Kolonnen aus aller Herren Ländern durch die Trümmer Europas, hörte Kanonendonner und das Heulen des Luftalarms. So konnte mein Vortrag nichts anderes sein als eine eisig-nüchterne Schilderung der Ereignisse, die nach München und Prag geführt hatten, ohne jeden Kommentar. Nur die Bereitwilligkeit der Hörer, den Vortrag interessant zu finden, rettete den Abend."

Danach sei man im Garten des Klubhauses gesessen, das Kreuz des Südens habe über dem Horizont gestanden. Es sei getanzt worden, er aber, schrieb Mehnert, „ich aber war niedergedrückt wie selten zuvor. Hitler hatte sein erstes außenpolitisches Verbrechen begangen. Der Einmarsch in Prag hatte nichts mehr mit der Beseitigung des Versailler Unrechts zu tun. Er bedeutete Krieg, wenn nicht sofort, so doch sehr bald..."

Ich habe bei der Wiedergabe dieses Kapitels aus den Mehnert-Memoiren den Gebrauch des Konjunktivs – das ist eine grammatikalische Einrichtung aus der Zeit, bevor es die „Tagesschau" gab – etwas strapaziert.

Nicht ohne Grund. Das Kapitel endet: „Bitter rochen die Blumen um meinen Hals als ich am nächsten Morgen von Molokai nach Honolulu flog. Dort zeigten mir die Zeitungen, die ich vorfand, die veränderte Weltlage. Das Vertrauen in Hitlers Wort war zerstört. Alles Interesse wandte sich der Aufrüstung und den Bündnissen zu. Die Welt gürtete sich zum Zweiten Weltkrieg."[15]
Der bittere Duft der Blumen war wohl nur ein übler, aber begreifbarer Mundgeruch und die Welt hatte keinen besonderen Grund, sich nun gerade an diesem Abend, wozu auch immer, zu gürten. Denn in Wahrheit blieb Mehnert noch – aber *das* wollen wir ihm überhaupt nicht vorwerfen – den nächsten Tag, den Freitag, auf Molokoi, machte einen unbeschwerten Ausflug über den Westteil der Insel, war danach zum Abendessen mit den Honoratioren der Insel geladen: „Anschließend Unterhaltung. Lauter recht nette Leute." Und erst am übernächsten Morgen flog er zurück: „Um kurz nach 10 ging das Flugzeug und um ½ 12 war ich schon in unserem Haeusle", schrieb er 1939 im Brief an seine Mutter nach Berlin.
Das weiß ich, weil Mehnert ganz offen und ehrlich mit seinen Lesern umgeht. Er hat das Archiv-Material zu seinen Memoiren – alte Briefe, einen Teil seiner alten Artikel – vervielfältigt und in Archiv-Bänden zusammmgefaßt und einigen Bibliotheken übergeben, damit ihn jeder kontrollieren kann, wenn er will.
Viel Kontrollmöglichkeit erweckt viel Vertrauen. Und so kam in den mehr als fünf Jahren, die seither vergangen sind, anscheinend noch keiner auf den Gedanken, Archivmaterial und Memoiren zu vergleichen. Dabei hat Mehnert sogar vorgebeugt. Denn er weiß, daß er die Unwahrheit schrieb. Er teilt es auch seinen Lesern mit. Und täuscht sie damit noch schlimmer.
Unter dem im Archivband wiedergegebenen Brief an sein „liebes Mutterle", in dem er 1939 den Vortrag auf Molokai schildert, steht ein Postskriptum von 1983: „Die Episode, die ich im Kapitel 'Die bitteren Blumen von Molokai' erzähle, habe ich der Mutter erspart und daher den Besuch auf Molokai ein wenig anders geschildert."
Braver Sohn! Der Mutter keinen Kummer bereiten, sehr brav. Er hielt sich wirklich zurück, verriet nichts von den schweren Sorgen, die er sich machte. Nein, er schrieb ihr mit seiner umlautlosen US-Schreibmaschine: „Zum Abendessen fuhr ich zuroeck zu den Cookes und um 7.30 war mein Vortrag angesetzt. Er wurde von den Alumni und Alumnae mit hawaiischen Liedern eingeleitet (die Maedels in weissen Kleidern mit gruenen Schleifen, den Farben der Universitaet, sahen reizend aus), ein

Lei wurde mir (aus roten Rosen) feierlich um den Hals gehaengt unter den Klaengen von 'A lei for you'. Dann sprach ich eine Stunde ueber 'The end of Czeckoslovakia' und wieder Musik und heim."[16] Wie lieb von ihm, die Mutter zu schonen, ihr nicht zu schreiben, wie sehr ihn Hitlers Überfall auf die Tschechoslowakei erschreckt und erschüttert.

Es hätte allerdings auch gewisse Schwierigkeiten bereitet. Hitler marschierte, wie Mehnert anerkennenswert korrekt schreibt, am 15. März 1939 in Prag ein. Den Brief an die Mutter aber schrieb der liebevolle Sohn am 7. Januar 1939.

Eine versehentliche Falschdatierung ist ausgeschlossen: er erwähnt, daß er einen Tag vor dem Vortrag „Roosevelts Eroeffnungsrede bei der Kongress-Eroeffnung" im Radio gehört hatte – die war am 4. Januar. Und Mehnerts Vortragsthema ("The End of Czeckoslovakia") ist nicht die Vollzugsmeldung zum Ereignis des 15. März, sondern eine Standard-Propaganda-Rede, die Mehnert in diesen außenpolitisch eher friedlich erscheinenden Monaten, in denen Hitler erst mal die ihm in München zugesprochenen Sudetengebiete verdaute, immer wieder hielt. Etwa am 1. November 1938 bei einer Dinner-Veranstaltung vor wohlsituierten US-Amerikanern – vor „Großkopfeten", schrieb Mehnert der Mutter.[17] Mehnert hat sich also nicht nur einen Jubel-Aufsatz auf den Faschismus aus seiner Bibliographie hinausgeschwindelt. Er hat auch in seine Biographie ein Resistenzerlebnis gegen Hitler hineingedichtet, das er nicht gehabt haben kann, weil das dazugehörige Ereignis erst mehr als zwei Monate später stattfand. All das Entsetzen über Hitler, das ihm bei seinem Vortrag auf Molokoi die Kehle gewürgt habe – es war erst 48 Jahre später dazu erfunden.

Wie aber kam Mehnert nach Hawaii? Auf der Flucht vor den Nazis natürlich. Im Herbst 1972, „auf dem Atlantik" – dort bewegen sich die Gedanken besonders frei – schrieb der Autor im Vorwort seines Reprints „Amerikanische und russische Jugend um 1930" mit gebremster Selbstkritik, seine Einstellung damals sei die „eines Nationalisten" gewesen, der auf der Suche nach einem „deutschen Weg für Deutschland" gewesen sei. Bei dem aber „neben der Vokabel 'Deutschland' auch schon 'Europa' auftauchte" – auch schon ist hübsch formuliert, Goebbels war mit seinem Europa-Vokabular ebenso hurtig. Und er sei einer gewesen, fuhr Mehnert fort, „der dann wohl in erster Linie aus diesem Grunde der Faszination Hitlers nie erlag und 1934 Deutschland verließ, um in der UdSSR, in den USA, schließlich in China zu leben und erst 1946 wieder heimzukehren."[16]

Das typische Emigrantenlos! Aber halt – extremistisch möchte Mehnert auch nicht sein. Der Mann, der sich – so bei der Verleihung des Großen Bundesverdienstkreuzes das Zeugnis des Sachverständigen Hans Filbinger – „auch als Weltbürger stets zu Deutschland und seinem Schicksal bekannt" hat[19], er wollte nie Emigrant werden, sein oder gewesen sein. „Eines möchte ich unter allen Umständen vermeiden: ein staatenloser Emigrant zu werden." So zitiert er 1981 voller Selbstbeifall, was er 1938 seinem Freund Richard Maier schrieb, der sich als ehemaliger Adjutant des von Hitler ermordeten SA-Führers Ernst Röhm nach Südamerika abgesetzt hatte. Wenn es zum Krieg komme, so unterrichtete er den innerlich zerrissenen einstigen SA-Mann, „dann ist es nicht ein Krieg den Hitler und Göring führen, sondern das deutsche Volk."[20] Verständlich also, daß er auch vom Ausland alles Nötige tat, als der Krieg des deutschen Volkes zu ihm herausbrechen sollte.

Doch davon später. Wir sind noch am Anfang der Widerstandtätigkeit Klaus Mehnerts, zu Beginn des Dritten Reiches, als er – leider vergeblich – Goebbels zum gemeinsamen Widerstand gegen Hitlers ostpolitische Absichten zu animieren versuchte. Ausgerechnet aus dem Haus des Propagandaministers widerfuhr ihm bald allerlei Unbill, mit dem er freilich nicht gleich in den ersten Nachkriegsjahrzehnten auftrumpfte. 1967 in seinem „Deutschen Standort" verrät Mehnert zwar schon, daß er damals den Nazis „ein Dorn im Auge" war.[21] Doch den Namen des Auges nennt er nicht. Erst nachdem dieses Auge der Nazis 1977 bei seiner staatspolitisch wertvollen und von der Steuer – damals – voll absetzbaren Arbeit mit seinem Porsche verunglückte und sich für immer schloß, riskierte Mehnert vier Jahre später in seinen Memoiren eine Lippe und nannte endlich den Namen: Eberhard Taubert „der mir besonders feindselig gesinnt war".[22] Antikomintern-Lenker Taubert hatte seine Mitarbeiter Adolf Ehrt und Hermann Greife darauf angesetzt, die ideologische Reinheit der deutschen „Sowjetforschung" zu prüfen. Unter diesem Titel erschien 1936 im Berliner Nibelungen-Verlag eine Broschüre als – so der Untertitel – „Versuch einer Nationalsozialistischen Grundlegung der Erforschung des Marxismus und der Sowjetunion". Ehrt denunzierte im Geleitwort den Tat-Kreis als „Tummelplatz für zahlreiche Ostjuden" und Klaus Mehnert als einen „ständigen Mitarbeiter der Tat, der ideologisch zu Otto Straßer gehörte". Autor Greife ernannte Mehnert zum „Kulturbolschewisten", der als „Vertreter einiger deutscher Zeitungen" mit seinen „besonders gefährlichen", weil „raffiniert" getarnten „probolschewistischen Auslassungen" Gelegenheit hatte, „die deutsche Öffentlichkeit zu vergiften".[23]

Wenn man also Ehrt und Greife glauben wollte – und Mehnert glaubte das in seinen Memoiren gern[24] – dann war er ein Mann des Widerstands gegen das Dritte Reich.

Nun muß man allerdings wissen: das ganze Dritte Reich war ein einziger entschlossener Widerstand gegen die Nazis. Goebbels beispielsweise war ein entschiedener Gegner des NS-Chefideologen Alfred Rosenberg. Rosenberg arbeitete mit aller Kraft gegen den NS-Außenpolitiker Joachim von Ribbentrop. Ribbentrop bekämpfte, wann immer es sich ergab, den zweiten Mann im NS-Staat Hermann Göring. Göring wehrte sich gegen die Gleichschaltung durch den NS-Chefterroristen Heinrich Himmler. Himmler versuchte, hinter dem Rücken des obersten NS-Führers Adolf Hitler den Nazi-Krieg zu beenden. Und Hitler, ach wenn der Führer das alles gewußt hätte, er hätte natürlich rechtzeitig die ganze Nazi-Bagage sämtlicher Ämter enthoben, so wie er es am 28.April 1945 mit Himmler machte.

Und genau so ist auch hier nicht leicht zu entscheiden, wer da der Widerstand war und wer der Nazi. Mehnert-Feind Ehrt war 1932 in die NSDAP ein- und bald wieder ausgetreten, weil er Anstoß nahm an Alfred Rosenbergs christenfeindlichen Lehrmeinungen. Jetzt nutzten Rosenbergs Leute gern die Gelegenheit, Goebbels Kummer zu bereiten, indem sie Ehrt als Leiter des Gesamtverbandes deutscher antikommunistischer Vereinigungen e.V. attackierten. Der hatte in die unter Goebbels- und Taubert-Patronat im August 1933 gegründete Antikomintern, wie der Gesamtverband kurz hieß, auch das Russische Wissenschaftliche Institut in Berlin aufgenommen, dem jetzt die Ehrt-Feinde nachsagten, es werde von Juden und Freimaurern unterstützt. Die Gestapo nahm sich der Sache an – das Institut wurde geschlossen.[25]

Mit der Gestapo aber hatte es auch schon lange der von Ehrt als Judenfreund und Probolschewik denunzierte Mehnert zu tun bekommen. Irgendwie jedenfalls. Er war im Frühjahr 1934 als Mitarbeiter für Giselher Wirsings *Münchner Neueste Nachrichten*, für die *Leipziger Neueste Nachrichten* und für das *Hamburger Fremdenblatt* nach Moskau gegangen. Doch schon nach einigen Monaten, meinte Mehnert, habe Wirsing ihm mitgeteilt, daß bei der Gestapo etwas gegen ihn laufe. Mehnert wörtlich: „Ich fuhr sofort nach München und verbrachte die folgenden Wochen im Gestapo-Hauptquartier, in dem – nicht mehr vorhandenen – Wittelsbacher Palais."[26]

Das Palais war natürlich noch vorhanden. Und es diente nicht nur der Gestapo als Amtssitz, sondern auch dem SD – Himmler hatte dort 1933 seinen Einzug gehalten und Heydrich auch, aber die waren bei Mehnerts

Ankunft schon nach Berlin umgezogen und hatten Göring die Gestapo –
bisher in seinen Händen – weggenommen. Doch in München waren
fähige Leute zurückgeblieben. Ob es sich bei Mehnerts Aufenthalt im
Palais um Haft gehandelt hat oder, wie er anderswo schreibt, um
„Hausarrest"[27] – das aber wohl nicht an diesem Ort –, läßt Mehnert
offen, verrät aber: „Ich hatte großes Glück." Denn er muß, wenn man
ihm glaubt, an einen sehr umgänglichen Gestapo-Mann namens Joseph
Schreieder geraten sein: „Er gab mir im entscheidenden Anklagepunkt
(angebliche Finanzierung des von Hitler als Verräter bitter gehaßten
Straßer) verstohlen einen Tip, so daß ich die aktenkundige, aber falsche –
Beschuldigung entkräften konnte." Daß sein Gestapo-Mann auch im
Ausland als verurteilter Kriegsverbrecher einen hervorragenden Eindruck machte, weiß Mehnert genau: „Nach dem Krieg fand ich Schrei-
der wieder. Er war Polizeioffizier im besetzten Holland gewesen, dort
aber nach längerer Haft in Ehren in seine bayerische Heimat entlassen
worden."[28]
Nach längerer Haft. In Ehren. Die Haft war zu kurz und die Ehre hieß
auch bei der Wiederbegegnung mit Mehnert noch immer Treue. 1950
schrieb der SS-Sturmbannführer der Sicherheitspolizei Josef Schreieder
sein Erinnerungsbuch „Das war das England-Spiel". Auf Seite 401
veröffentlicht er stolz eine Tabelle mit 53 Namen ermordeter holländi-
scher Widerstandskämpfer – er nennt sie „Agenten, die wir dem Gegner
entzogen hatten".[29]
Seinen Paß, schreibt Mehnert, habe er von Schreieders „Mitarbeiter"
Franz Josef Huber zurückbekommen. Auch den, einen berühmten
Verhörspezialisten der Gestapo – Generaloberst Werner von Fritsch und
der Hitler-Attentäter Johann Georg Elser gehörten zu seinen bekanntesten Objekten[30] – traf Mehnert später erfreut an der Deutschen Botschaft
in Schanghai wieder. Huber sei ihm dort vom Botschafter, so versichert
er, als „der örtliche Vertreter der Gestapo" vorgestellt worden.[31] Er war
inzwischen zum SS-Sturmbannführer avanciert.[32]
Aber da ist noch ein anderer Umstand, der ein besonderes Licht auf
Mehnerts Freilassung durch die Gestapo wirft – wenn er, was nicht
unwahrscheinlich sein muß, tatsächlich in irgendeiner Weise festgesetzt
war. Sein Freund und Chefredakteur Giselher Wirsing, der sich laut
Akten des Sicherheitsdienstes „im Laufe der Zusammenarbeit mit dem
SD als williger, fleißiger und außerordentlich wertvoller Mitarbeiter
erwiesen hat"[33], ließ ihn nicht im Stich. Mehnert: „Da sich Giselher
Wirsing auch noch selbst bei Reinhard Heydrich, dem jungen, aber
allmächtigen Chef des 'Sicherheitsdienstes' (SD), der kurz zuvor von

München nach Berlin versetzt worden war, für mich verwendete, kam ich wieder frei..."[34]

Das mag man Glück nennen. Denn 1935 allein ließ Heydrich über 7000 „Marxisten" verhaften. Doch „der Mann mit dem eisernen Herzen", wie Hitler ihn nannte, fragte nicht nach Gesinnung, sondern nach Nützlichkeit. Die SA-Führer, die sich für Hitlers Bündnis mit den Wirtschafts- und Traditionseliten als störend erwiesen, hatte er gerade erst in der umsichtig vorbereiteten Mordaktion vom 30.Juni 1934 planvoll umgebracht. Dabei war Heydrich erst Ende April in Berlin zum Chef des Geheimen Staatspolizeiamtes (Gestapa) aufgestiegen. Zugleich aber blieb der SS-Oberführer – und das erklärt möglicherweise seine erstaunliche Verbindlichkeit gegenüber dem Osteuropa-Experten Mehnert – das, was er seit 1932 war: Chef des Sicherheitsdienstes, des einzigen Nachrichtendienstes der NSDAP. Für Heydrich waren – unabhängig von ideologischen Erwägungen – die SD-Interessen ausschlaggebend.

Nach dem – Mehnert betont es immer wieder – „glücklich verlaufene(n) Zusammenstoß mit der Gestapo" ging er im Herbst 1934 wieder zurück nach Moskau.[35]

Mehnert, der bisher von Moskau aus für seine deutschen Blätter Artikel über den sowjetischen Alltag wie „Wohnverhältnisse in der Sowjetunion" geschrieben hatte, berichtet von jetzt an vorwiegend über einen Themenkreis, der es ihm erlaubte – aus rein journalistischem Interesse – kreuz und quer durch die Sowjetunion zu reisen, obwohl man die Ergebnisse dieser Reisen auch als nachrichtendienstlich relevant einstufen konnte. Gleich nach seiner Rückkehr aus dem Gestapohauptquartier fährt er Mitte Oktober von Moskau aus über den Ural in das baschkirische Industriegebiet bei Magnetorosk. Im Februar 1935 berichtet er nach zwölfstündiger Schlafwagenfahrt aus Gorki für die *Münchner Neuesten Nachrichten* über eine neue Autofabrik ("riesige, ein Areal von etwa zwanzig Quadratkilometern bedeckende Anlagen"). Im März 1935 über die Rote Armee und die Kriegswirtschaft. Von Ende März bis Anfang Mai unternimmt er eine ausgedehnte Reise durch den Kaukasus; aus Tiflis ("Sowjetrußlands Ölzentrum") und aus Eriwan ("Von der Baumwolle zum Kautschuk") berichtet er über rüstungswirtschaftlich bedeutsame Daten und über die „Achtung vor Deutschland", die dort trotz der „antideutschen Pressekampagne" herrsche. Im Juli und August kündet eine Artikelserie von einer Reise zwischen den beiden strategisch bedeutsamen sowjetischen Eismeerhäfen Archangelsk und Murmansk.[36] Im Oktober fliegt er ins ferne Kasachstan, die „dritte Kohlenbasis der Sowjetunion". Neben drei Reportagen, die wieder in den *Münchner*

Neuesten Nachrichten seines SD-Freundes Wirsing gedruckt wurden, taucht im 1982 vorgelegten Sammelband unversehens – oder versehentlich? – ein maschinenschriftlich abgefaßter, straff gegliederter Bericht auf mit allen nachrichtendienstlich relevanten Daten bis hin zu den vorhandenen und – besonders ausführlich – künftigen Bahnen. Dazu noch auf einer elften Seite eine Skizze mit allen Eisenbahnen vor dem Krieg, nach dem Krieg und im Bau. Nach den statistisch rubrizierten ("Kohlevorkommen", „Werksanlagen", „Transportwesen" usf.) Beobachtungen, folgt eine Zusammenfassung in Form eines jetzt persönlichen Rechenschaftsberichts: „Ich habe in diesem Jahre drei grosse Reisen von insgesamt 22 500 km durch die Sowjetunion unternommen und dabei von Mal zu Mal staerker die Auswirkungen der taeglichen anti-nationalsozialistischen Hetzpropaganda in Presse, Literatur, Rundfunk und Karrikatur (sic), feststellen müssen... Die ganze Athmosphäre (sic) ist vergiftet. Sobald ich mich als Reichsdeutscher zu erkennen gab, wandelten sich die Mienen, die Unterhaltung wurde unfreundlich, ja provozierend, guenstigenfalls aeusserst kuehl". Die bei dieser Reise zurückgelegte Strecke gibt Mehnert in seinem Bericht mit 8100 Kilometern an, die gesamten Kosten mit 1450 Rubel.[37]

An wen dieser Bericht gerichtet war, ist – das mag verständlich sein – nicht vermerkt. Doch unnütz kann er nicht gewesen sein. Denn, so urteilte einmal Hans Piekenbrock, einer der engsten Mitarbeiter des Abwehr-Generals Canaris, von 1937 bis 1943 Chef der Abwehr-Abteilung I (Beschaffung von militärisch-, rüstungs- und kriegswichtigen Nachrichten im Ausland): „Rußland ist für das Eindringen eines feindlichen Nachrichtendienstes das schwerste Land."[38] Ausländer fallen auf, werden stark überwacht und können nicht unauffälig herumreisen. Mehnert aber – in Moskau geboren – fiel dies leichter.

Im November 1935 schließlich berichtet Mehnert offiziell für die *Münchner Neuesten Nachrichten* über „große Manöver an der gesamten Westgrenze der Sowjetunion". Dem Bericht ist in der Faksimile-Wiedergabe von 1982 eine handschriftliche Skizze – und das könnte ebenfalls ein Versehen sein – beigefügt, die Auskunft über die einzelnen Wehrkreise gibt.[39]

Drei Tage vor seinem Manöver-Bericht in den *Münchner Neuesten Nachrichten*, erscheint im *Hamburger Fremdenblatt* ein Mehnert-Artikel, zu dem er im Vorwort des Faksimile-Bandes von 1982 diese Darstellung gibt: „Der im November 1935 veröffentlichte Aufsatz 'Die G.P.U. baut Kanäle', führte einige Wochen später zur Weisung des Goebbelsschen 'Ministeriums für Volksaufklärung und Propaganda' an die drei Zeitungen, sie dürften nichts mehr aus Mehnerts Feder drucken, weil die in jenem Aufsatz berichteten Zahlen über Erdbewegungen beim Bau des Moskwa-Kanals größer seien als die, welche Berlin über die Arbeiten an Hitlers Autobahnen publik gemacht hatte; dies sei eine Verunglimpfung des Dritten Reiches."[40]

Wenn es sich wirklich so verhielt – es gibt keinen Hinweis, daß es anders gewesen wäre – dann hat das Goebbels-Ministerium sträflich gegen das verstoßen, was es selbst für deutsche Interessen halten mußte. Denn schon ein halbes Jahr später ließ Goebbels durch seinen Sprecher in der Reichspressekonferenz für das Deutsche Reich all das verbieten, was Mehnert so erfolgreich in der Sowjetunion getan hatte. Meldungen über Erdölbohrungen, so die Anordnung des Ministers vom 9.Juni 1936 an die gesamte deutsche Presse, lägen jederzeit „hart an der Grenze des Landesverrates", und außerdem sei „aus den hier angedeuteten Überlegungen heraus nichts über neue Gewinnmöglichkeiten für Erdschätze aller Art in Deutschland zu bringen".[41] Derartige Daten aus der Sowjetunion mußten da doch eigentlich für den NS-Staat nützlich und willkommen sein.

Das Goebbels-Verbot gegen Mehnert erwies sich keineswegs als total. Der Verbotene selbst: „Der Chefredakteur einer neuen deutschen Unterhaltungszeitung, der in meinem Text keine Beleidigung des Führers erkannt hatte, forderte mich in einem Brief auf, auch für ihn zu schreiben."[42] Die Unterhaltungszeitung trug – übrigens völlig zu Recht – den Titel *Braune Post* und war die NS-Konkurrenz zur *Grünen Post* des Ullstein-Verlags, die Goebbels persönlich wegen der Aufsässigkeit ihres Chefredakteurs Ehm Welk („Herr Reichsminister – ein Wort bitte") für drei Monate verboten hatte. Ausgerechnet für dieses Blatt durfte ein von Goebbels verfemter Mehnert schreiben?

Was für ein Mehnert es auch immer war – er schrieb für die *Braune Post*. Zusammen mit Ehefrau Enid brach er im April 1936 von Moskau aus auf. „Heute geht's los!! – Mit der *Braunen Post* um die Welt" kündigt das tolerante Nazi-Blatt die Serie seines Sonderberichterstatters Dr. Klaus Mehnert an, der wiederum seinen *Braune-Post* -Leser in der ihm angemessen erscheinenden Sprache anredet: „Also, lieber Reisegenosse, du bist von Deutschland abgereist, um meine Frau und mich in Moskau zu unserer Reise um die Welt – die etwa ein halbes Jahr dauern wird – abzuholen." Die erste Reiseetappe führt schnurstracks ins sowjetisch-japanische Krisengebiet, wo sich – wie Mehnert auch in seinem Bericht für die *Braune Post* schreibt – „zwei bis an die Zähne bewaffnete Armeen gegenüberstehen". Eine Woche später ist Mehnert in Japans

Protektorat Mandschuko, in Harbin, der Stadt in der sein Kollege Ivar Lissner (siehe Seite 79), der ebenfalls 1936 zur „Weltreise" aufbricht, seinen Agenten- & Korrespondenten-Sitz nehmen wird. Daß diese Stadt ein idealer Beobachtungspunkt ist, beschreibt Mehnert selbst. Er nennt sie eine „alte russische Stadt in der Nordmandschurei, in die sich die Masse der Überlebenden der Weißen Armee vor den Roten rettete." Und er widmet eine eigene Folge seiner *Braune-Post*-Serie den – so die Überschrift – „Faschisten von Harbin". Nämlich der „Allrussischen Faschistischen Partei", die dort mit japanischer Unterstützung tätig ist und deren Mitglieder russische Blusen mit Hakenkreuzknöpfen tragen. Die achte Folge zeigt Mehnert für die *Braune Post* – laut Titel – „Auf dem Kriegsschauplatz von morgen". Er beobachtet den „Weg der Roten Flut" im Fernen Osten: „In den verschiedensten Orten Chinas sind die Sendboten Moskaus eifrig an der Arbeit."[43]

Während er noch fleißig für die *Braune Post* arbeitet, stellt die Anfang August auf halbem Weg den Abdruck seiner Weltreise-Manuskripte ein. Doch da ist er längst im kalifornischen Berkeley angekommen, wohin er für das Sommersemester 1936 als Gastdozent eingeladen war. Seine Vorlesungen gehörten, so erinnert er sich später „zu den meistbesuchtesten des Semesters". Mehnert: „alles schien eitel Sonnenschein – bis kurz vor Semester-Ende ein Schreiben des Landesverbandes Bayern im Reichsverband der Deutschen Presse aus München eintraf. Mein Name, so wurde mir dort mitgeteilt, sei in der Schriftleiterliste gelöscht worden . . . "[44]

Bei Semesterende eilt er zurück nach Deutschland und sieht sich in München mit einer Denkschrift von Eberhard Taubert aus dem Propagandaministerium konfrontiert, die ihn auf Grund des schon erwähnten Materials seiner Ostforschungs-Konkurrenten Ehrt und Greife als „verkappten Bolschewiken" denunziert hat. Mehnert: „Es war eine Fleißarbeit der Bosheit.. ich verfaßte eine 42 Seiten lange Gegenschrift. Das war einfach. Ich brauchte nur die Zitate in ihren wirklichen Zusammenhang zu rücken." Das Münchner Pressegericht sah ein, daß der Angeklagte alles andere als ein Bolschewik war und nahm ihn am 15.Dezember 1936 wieder in die Schriftleiterliste auf. Doch Taubert erhob Einspruch, ein erneutes Verfahren zog sich hin und dazwischen kam eine Einladung an die Universität von Honolulu nach Hawaii, wo Mehnert zuvor im Sommer auf dem Weg von Japan nach Berkeley ganz spontan den bereits erwähnten Gastvortrag gehalten hatte.

So jedenfalls liest sich das in Mehnerts Erinnerungen.[45] Und er liefert uns an dieser Stelle auch eine Version, wie er in die Dienste jenes Mannes trat, der ein – im Wortsinn – brennendes Interesse an Pearl Harbor hatte, einem Marinestützpunkt, der damals nur wenigen Menschen in Deutschland ein Begriff war.

Ende März 1937 will Mehnert nach München zu seinem Freund Wirsing gefahren sein und wörtlich so gesprochen haben: „Ich warte nicht länger und fahre nach Hawaii. Aber vorher muß ich irgend jemand finden, der bereit ist, gelegentlich etwas von mir zu drucken, auch wenn das nicht zulässig ist, während das Ehrengerichtsverfahren über meinem Haupt schwebt. Ich will mich nicht in die Emigration drängen lassen. Solange Aufsätze von mir in Deutschland erscheinen, wissen meine Freunde hier, daß ich kein Emigrant bin."

Und so habe er mit Wirsing überlegt, welches Publikationsorgan bereit sein könnte, ihn zu drucken. Zeitungen kämen nicht in Betracht, weil sie zu genau überwacht würden. Es müßte eine Zeitschrift sein.

Nun hätte, wenn sich dieses Gespräch so abgespielt hat, Wirsing dem Freunde sagen können, er solle doch in seiner monatlichen *Tat* schreiben, deren „Hauptschriftleitung" er auch besorgte. Mag sein, daß er – wenn das ganze Gespräch überhaupt so stattgefunden hat – das auch sagte. Doch 1982 erinnerte sich Mehnert – und das war zweckvoll – nur an eine solche Wirsing-Äußerung: „Am besten die *Zeitschrift für Geopolitik*! Besuchen Sie den alten General Haushofer. Er wohnt ja in München. Vielleicht macht er es."[46]

Richtig ist jedenfalls, daß Mehnert den General in der Kolberger Straße 18 aufsuchte, die schon ganz andere Besuche gesehen hatte. Hier nun läßt sich – weil es der Erhellung all dessen dient, was nun folgte – ein längerer Exkurs über Karl Haushofer und seine Geopolitik nicht vermeiden. Die Geopolitik verhält sich zur Wissenschaft von der Politik wie die Astrologie zu Astronomie und war darum – man konnte alles wenden, wie man es gerade brauchte – für das Dritte Reich ebenso brauchbar wie neuerdings für modernste Wendehistoriker wie Michael Stürmer, die auf der Suche nach Sinnstiftung geopolitische Dessous schick finden.

General Haushofer, der im Laufe seines Lebens Diplomat und Professor und trotzdem nicht sehr klug wurde, verkündete die Lehre „von der geographischen Bedingtheit der Politik", „von der Erdgebundenheit der politischen Vorgänge" und nannte eben dies Geopolitik. Eine verbindliche Definition der Geopolitik zu erarbeiten, „eine geschlossene Systematik mit eigener Schwerpunktbildung als Grenzfach zwischen Geographie, Staatswissenschaft, Geschichte und Soziologie auszubauen, gelang nicht". So urteilte 1959 das „Staatslexikon" der Görresgesellschaft. Die Geopolitik blieb „jedem Dilettantismus geöffnet".[47]

Immerhin gelang es Haushofer, in ziemlich geschlossener Lyrik das auszudrücken, was am Ende dabei herauskommt, wenn man diese Wissenschaft treibt. 1943 schrieb er über den „Sinn der Geopolitik" dies:

Wenn Blut- und Boden-Kräfte sich durchdringen,
bis sich ein Völkerschicksal d'raus gestaltet,
das über wachsenden Geschlechtern waltet,
bis ihnen ihre Sendung will gelingen,
dann Kraft um Kraft in's Gleichgewicht zu schalten,
das muß die Geopolitik erringen, –
die Widerstände geistig zu bezwingen,
dem Erdkreis Schwung und Stete zu erhalten.[48]

Haushofer ging es vor allem darum, den Erdkreis in Schwung zu halten. Prosaisch ausgedrückt: sein Münchner Haus in der Kolberger Straße 18 war eine bessere Agentenzentrale.

Genau drei Jahre bevor Mehnert dort eintraf, am 20. März 1934, wurde Ehefrau Martha Haushofer genau am selben Ort kräftig in die Wade gebissen. Adolf Hitler war zu Gast. Aber der Biß stammte, wie Karl Haushofer später bekundete, von einer „noch junge(n) und reizvolle(n), aber sich bei längere(n) politische(n) Gesprächen langweilende(n) Löwin". Sie wurde angekettet, an den Fuß des Flügels, von wo aus sie nach demselben Zeugnis, „nur mehr mit Löwentönen in die Gespräche eingriff". Hitler redete frei. Und Hitler redete – das macht die bissige Intervention der jungen Löwin verständlich – stundenlang. Auch über Weltpolitik. Einzelheiten hat Haushofer nicht überliefert. Aber Rudolf Heß war dabei.[49] Dabei war auch der „in vorsichtig getarnten Beziehungen" für die NSDAP tätige Schweizer Oberst Ulrich Wille jr., Sohn des mit Haushofer befreundeten Generals Ulrich Wille, der während des Ersten Weltkriegs Oberbefehlshaber der Schweizer Armee war und der sich in seinem Land nachhaltig für das einsetzte, was er „bewußte Disziplin" nannte, deren „Fortbestehen garantiert wird durch das richtige Benehmen der Vorgesetzten".[50] Sechs Tage nach dem Wille-Abend mit Hitler benahm sich der Schweizer Bundesrat richtig: Er erließ eine Verordnung, die Beschimpfungen ausländischer Staatsmänner und Staatseinrichtungen verbot und Zuwiderhandlungen mit der Einstellung der betreffenden Zeitung bedrohte. Am 20.Oktober 1941 forderte die „Nationalsozialistische Bewegung in der Schweiz" in einem Aufruf die Entsendung der Hälfte aller mobilisierten Eidgenossen an die Ostfront, wo sie an der Seite der antibolschewistischen und antijüdischen Allianz kämpfen sollten. Vorgeschlagener Befehlshaber: Ulrich Wille jr., der inzwischen zum Oberstkorpskommandanten aufgestiegen war und der 1940 schon – sozusagen aus erster Hand – verkündet hatte, Hitler, aber ganz besonders Heß hegten großes Wohlwollen für die Schweiz.[51] Alles nach dem urspünglich auf Wille sen. gedichteten Haushofer-Spruch: „'Wo ein Wille ist, da ist kein Weg'- für die Feinde Deutschlands nämlich."[52]

Man sieht, was in der Kolberger Straße besprochen wurde, konnte Folgen zeigen. Rudolf Heß war wieder dabei, als achtzehn Tage nach dem Hitler-Besuch bei Haushofers, am Samstag, dem 7.April 1934 der japanische Marine-Attaché Admiral Yendo seine Aufwartung machte. Karl Haushofer später: „Zu den festzuhaltenden Erinnerungen gehört wohl das erste gegenseitige Beriechen auf Bündnisfähigkeit zwischen dem damaligen Stellvertreter des Führers und dem Marineattaché der kaiserlich-japanischen Botschaft, Admiral Yendo, inzwischen kaiserlicher Flügeladjutant und Clanvertrauensmann erster Klasse gewesen, das – da es rein zufällig und harmlos als ein Zusammentreffen beim Thee frisiert werden mußte – im kleinen Wintergarten in der Kolberger Str. stattfand. Beide nahmen sich, von Martha und mir aufgelockert, langsam an. Und endlich fiel das erlösende Wort von R.H.: 'Wir haben den aufrichtigen Wunsch zu einer Annäherung zwischen beiden Mächten, nur betone ich, d.h. A.H., daß dabei nichts festgemacht werden darf, was unser gutes Verhältnis zu England stören könnte."

Wobei zu bemerken ist, daß R.H. Rudolf Heß, A.H. Adolf Hitler heißt und daß Yendo bei dieser Stellvertreter-Äußerung die Mundwinkel so hoch zog, daß man seine goldenen Zähne besser sehen konnte, was wiederum der erfahrene Japanologe Haushofer so übersetzte: „Nun das hat keine Not und soll uns nicht entzweien" – dem Führer werde schon noch ein Licht über England aufgehen.[53]

Geopolitik führe, so hatte Karl Haushofer schon 1927 geschrieben, „ihre Adepten und Meister mehr als irgendeine andere Wissenschaft vor den unverhüllten, großartigen Anblick des webenden Schicksals, dessen furchtbarer Ernst freilich viele zurückschreckt."[54]

Als das Schicksal ausgewebt hatte, im Dezember 1941, waren 2403 Menschen tot, 1178 verwundet – von allen anderen und anderem zu schweigen. Doch jetzt, Ende März 1937 in der Kolberger Straße, sitzt hier immer noch Klaus Mehnert und wartet, was ihm der General zu sagen hat. Wir müssen ihn noch etwas sitzen lassen, weil wir zunächst zu klären haben, wie Japan zu Haushofer und Haushofer zu Heß und Hitler kommt.

Haushofer, der schon 1909 als bayerischer Artillerie-Offizier für eineinhalb Jahre in die Heimat der Samurais entsandt worden war, fühlte sich
dort in seinem Element. 1910 durfte er beim Kirschblütenfest Gespräche
mit Kaiser Mutsuhito, Prinz Nashimoto und Prinz Kanin führen, der –
und das sollten wir nicht vergessen – 27 Jahre später, also jetzt, während
Mehnert in der Kolberger Straße darauf wartet, daß wir mit der Vorgeschichte zu Ende kommen, Chef des Generalstabs sein wird. Damals,
1911, erhielt Haushofer zum Abschied den schönen Orden der aufge-
henden Sonne.

Zum Dank für die Gastfreundschaft entwarf Haushofer später, inzwischen vom gemeinen Generalmajor zum ordentlichen Professor beför-
dert, eine wunderschöne geopolitische Theorie, die ging so: zwischen
Berlin, Rom und Tokio gibt es ein Dreieck, das – es folgt ein Satz vor
dem man Atem holen muß – „die Einleitung einer Emanzipation Eura-
siens von der angelsächsisch-französischen Vormundschaft, von britischen für Briten ersonnene Regierungsmethoden und französischer für
Gallier geprägter Phraseologie, in der die widerspruchsvolle Lügenfor-
mel: Freiheit, Gleichheit und Brüderlichkeit am meisten die Augen
geblendet hatte, ermöglicht."[55]

Verständlich ausgedrückt: Deutschland, Italien und Japan sollen sich
gemeinsam von parlamentarischer Demokratie befreien und von Freiheit, Gleichheit und Brüderlichkeit. Haushofer tat dazu, was er konnte,
und er schuf sich die entsprechenden Beziehungen. Am 4.April 1919
lernte er Rudolf Heß kennen, einen 24jährigen kriegsfreiwilligen Ex-
Offizier, der wie viele seiner Sorte – Kriegserlebnis nannte man das –
eine menschliche Erfüllung darin gefunden hatte, andere Menschen
abschießen zu lassen, und der nun desorientiert in die junge Republik
torkelte.[56] Bis er in Karl Haushofer, der damals als Polit-Berater der
terroristischen Vereinigung „Bund Oberland" tätig war,[57] einen neuen
Anführer fand.[58]

„Für meinen Vater", so urteilte Sohn Rüdiger Heß später, „waren diese
Gespräche der erste Schritt vom instinktiven zum bewußten politischen
Denken."[59]

Und für Haushofer waren sie der Weg vom Gedanken zur Tat. Am
1.Juli 1920 tritt Heß der NSDAP bei. Zwei Tage später bietet ihm der
väterliche Freund das Du. Und am 24.Juli 1921 – spätestens, es kann
auch früher gewesen sein – lernt Haushofer durch Heß Adolf Hitler
kennen. Nach dem fehlgeschlagenen Putsch vom 9.November 1923
versteckt Haushofer den Freund in seiner Wohnung,[60] bis der merkt, daß
ihm von der bayerischen Justiz keine besondere Gefahr droht.

Die Strafe für Heß: sieben Monate mußte er sich während des Arbeitsur-
laubes auf der Festung Landsberg, den die bayerische Justiz Adolf Hitler
für seinen Putsch gegen den bayerischen Freistaat verordnete, als Sekretär und Orthographiekundiger von seinem Führer „Mein Kampf" dik-
tieren lassen. Haushofer kam öfter mal vorbei und blieb stundenlang – es
gab viel zu diskutieren. 1945, als er verhört wurde, meinte er: „Das Buch
'Mein Kampf' habe ich zum ersten Mal gesehen, als es bereits im ersten
Band gedruckt wurde... "[61] Doch dem armen Führer ging es da nicht
besser – er sah vorher auch nur das Manuskript und bestenfalls die
Druckfahnen.

Im Mai 34 dagegen rühmte sich Haushofer zu Recht, der Führer habe
nicht vergessen, daß er „alle acht Tage in Landsberg gewesen sei, in einer
Zeit, wo viele, die ihm heute nachlaufen, noch nicht die Treue hielten".
Der NSDAP habe er auf „Befehl" von Heß schon in den zwanziger
Jahren getarnt Hilfe geleistet und „einige hervorragende Persönlichkei-
ten" zugeführt.[62]

Mehnert gehörte nicht dazu, auch wenn er jetzt Ende März 1937 in der
Kolberger Straße 18 unruhig auf seinem Stuhl hin und herrutschen sollte.
Wir müssen ihn weiterwarten lassen, weil da zwischen Hitler und
Haushofer noch Nuancen in der Beurteilung der Japaner auszuräumen
sind.

Haushofer, an sich ein überzeugter Arier, der allerdings schon bei der
Wahl seiner Ehefrau Martha gewisse rassische Unsicherheiten an den
Tag gelegt hatte – sie war auch nach dem nahezu FDGO-gemäßen und
überaus toleranten Gesetzes-Kommentar[63] des späteren Adenauer-
Staatssekretärs Hans Globke nicht ausreichend arisch[64], so daß der
Führer bei seinen Besuchen in der Kolberger Straße aus jüdischen
Händen Kaffee und Kuchen entgegennehmen mußte – vertrat auch
gegenüber dem gelben Japaner nicht den höheren Standpunkt der wei-
ßen Rasse. Der Japaner war ihm gleich nach dem Deutschen das liebste
Volk dieser Erde.

Doch der Führer zeigte sich nach eingehendem Gedankenaustausch
flexibel. Zwar reihte Hitler, der die Völker der Welt gewissenhaft in
Kulturbegründer, Kulturträger und Kulturzerstörer unterteilte, Nip-
pons Söhne in die zweite Klasse der bloßen Kulturträger ein – dies aber
mehr aus rein systematischen Gründen, weil eben der wahrhafte Kulturbegründer dieser Erde „wohl nur der Arier" und kein anderer sein kann.
Doch davon einmal abgesehen ist der Japaner ein qualitativ hochwertiges
Volk, denn er ist immun gegen den Juden. Der Führer: „Nun weiß der
Jude zu genau, daß er in seiner tausendjährigen Anpassung wohl euro-

päische Völker zu unterhöhlen und zu geschichtslosen Bastarden zu erziehen vermag, allein einem asiatischen Nationalstaat von der Art Japans dieses Schicksal kaum zuzufügen in der Lage wäre. Er mag heute den Deutschen und den Engländer, Amerikaner und Franzosen mimen, zum gelben Asiaten fehlen ihm die Brücken." Und darum, so der Führer, suche sich der Jude des gefährlichen Widersachers zu entledigen und hetzt die Völker gegen Japan: „Er scheut in seinem tausendjährigen Judenreich einen japanischen Nationalstaat und wünscht deshalb seine Vernichtung noch vor der eigenen Diktatur."[65]

Kurz, wer Alljudas Herrschaft verhindern will, muß dem Kulturträger Japan beistehen. So kamen sich der Begründer der Geopolitik und der Begründer des Nationalsozialmus nahe. Und im *Völkischen Beobachter* vom 19.Juni 1933 zeigte sich Karl Haushofer froh über die „ungeheure Überlegenheit der faschistischen Lebensform im Daseinskampf über lose zusammgefügte Räume, Reiche und Völker". Japan sei neben Italien und Deutschland die „dritte faschistische Großmacht" der Welt und habe die „Schutzunfähigkeit der bisher gültigen über- und zwischenstaatlichen Vereinbarungen erkannt und entsprechend gehandelt".

Nein, Mehnert! Sitzen bleiben! Haushofer, dieser „mutige Mann mit unabhängigen Ansichten" – wie Sie ihn 1981 nennen werden[66] – ist immer noch nicht soweit. Bevor er sich Ihrer annimmt, hat er noch einiges zu erledigen. Die Volkstumsarbeit, an deren Spitze er sich bewegt, muß gleichgeschaltet werden. In den Interministeriellen Volksdeutschen Arbeitskreis, dessen Präsident er ist, drückt er 1935 noch mehr überzeugte Nationalsozialisten als es dort ohnedies schon gibt: Den Reichspressechef Otto Dietrich, weil – so schreibt er Ribbentrop – „eine richtungsgebende Persönlichkeit der öffentlichen Meinung unentbehrlich" sei. Den – wie Haushofer ahnungsvoll formuliert – „rührigen und tüchtigen" Professor Theodor Oberländer, der sich später als Führer des Mordbataillons „Nachtigall" bewährte. Den Pg Dr. Veesenmayer als „wünschenswertes Verbindungs-Organ" zur Reichskanzlei – er wird sich 1944 in Budapest als SS-Diplomat zur Endlösung der Judenfage mit Eichmann verbinden. Vor allem aber den Spionage-General Hans Kundt von der Abwehr – die Deutschen im Ausland haben mit allen Mitteln für das Vaterland ihre Pflicht zu tun.[67]

Am 22. Januar 1937 tritt anstelle des Volksdeutschen Arbeitskreises die Volksdeutsche Mittelstelle (VOMI), in der Vater Karl und Sohn Albrecht Haushofer als graue Eminenzen agieren. Bereits im Kampf gegen die Tschechoslowakei bewährt sich die VOMI so sehr, daß Rudolf Heß der VOMI als Leitzentrale des Volksbundes für das Deutschtum im

Ausland (VDA) Anfang 1939 die gesamte Auslandsarbeit des Dritten Reiches unterstellt: der VDA wird so zur Fünften Kolonne der Nazis in aller Welt.[68]

Die VOMI untersteht – da ist Mehnerts Schutzherr von 1934 wieder – dem Gestapo-Chef Heydrich. Ihr Leiter wird SS-Obergruppenführer Werner Lorenz, ein späterer Schwiegervater von Axel Caesar Springer. Die eigentliche Arbeit kommandiert der Heydrich-Vertraute Dr. Hermann Behrends, der sich bereits bei der Mordaktion vom 30.Juni 1934 bewährt hatte. Er sorgt dafür, daß Heydrichs SD seine Auslands- und Spionagearbeit unter dem Patronat Haushofers über die VOMI ausüben kann.[69]

Da läßt sich die Frage nicht vermeiden, ob SD-Freund Wirsing am Ende einen Wink bekommen hatte, Mehnert zu Haushofer zu schicken, weil die briefliche Einladung von der Universität Honolulu der Aufmerksamkeit des SD nicht entgangen war? Wir wissen es nicht, wir wissen nur, wie es nach Mehnerts Darstellung von 1981 vierundvierzig Jahre zuvor in der Kolberger Straße 18 weiterging: „Ich erklärte ihm meine Situation. Einem Mann wie Haushofer gegenüber konnte das in wenigen Sätzen geschehen. Auch Haushofer war, wie so viele, ein deutscher Patriot, der die schrittweise Liquidierung von Versailles durch Hitler guthieß, der aber der übrigen Politik dieses Mannes mit Skepsis gegenüberstand.“

Mehnert schloß, so schreibt er, mit der Frage: „Wären Sie bereit, Beiträge von mir in Ihrer *Geopolitik* zu bringen? Bald werde ich, für wer weiß wie lange, als wohl einziger Deutscher in der Mitte des Stillen Ozeans leben.“

Dabei, verbreitet Mehnert 1981, „ging ich zur Weltkarte und zeigte mit einer vermutlich allzu dramatisch geratenen Geste auf die in der Weite des Pazifik kaum erkennbare Inselgruppe.“[70]

Der erste Teil des Satzes könnte wahr sein, der zweite ist mit Sicherheit nicht ungelogen. Denn, wenn etwas auf Haushofers Weltkarte erkennbar war, dann genau diese Inselgruppe. Das weiß ich aus eigener Erfahrung. Und weil ich die mitteilen will, lassen wir Mehnert jetzt erst einmal mit ausgestrecktem Arm vor Haushofers Weltkarte stehen, irgendetwas stimmt an seiner Geschichte ohnedies nicht.

Zweimal habe ich aufgeschrien, als mir Monika, mit der ich verheiratet bin, zu Beginn meiner Recherchen über Mehnert und Pearl Harbor wieder einmal zwei große Netze mit Büchern aus der Hamburger Staats- und Universitätsbibliothek Carl von Ossietzky anschleppte.

Das erste Mal – ich gestehe – schrie ich mehr an als auf. „Mein Gott – das hab' ich doch längst, wir können die Bücher doch nicht auch noch doppelt aus der Bibliothek holen" – fuhr ich sie undankbar an, als ich Wirsings „Maßlosen Kontinent" aus einem der Netze herauszog. Ich wollte das Buch zur alsbaldigen Rückgabe beiseitelegen, da blitzte es mit schwarzem Rand aus ihm heraus. Eine Karte, die ich im anderen Exemplar nicht gesehen hatte, war am Schluß dieses Bandes eingefügt, und jetzt schrie ich richtig auf. Berlin und Afrika lagen links auf der Karte und – hintenrum um den Globus herum – auch wieder auf der rechten Seite.

Aber das war es nicht. Was mir ins Gesicht knallte, das war – zwischen Asien und Amerika genau in der Mitte der Weltkarte: Hawaii mit Honolulu und Pearl Harbor. Fluglinien fanden sich dort zusammen wie an einem magischen Ort: die Mitte der Erde. Ich hatte eine solche Weltkarte – vom Standpunkt unserer Antipoden – noch nie gesehen, obwohl sie von der Logik her einiges für sich hat: die Datumsgrenze liegt in ihrer Mitte, im Pazifik bei Hawaii. Ich sah diese Weltkarte nicht in Meyers Weltatlas, nicht im Kartenband der Brockhaus-Enzyklopädie und nicht im Großen IRO Weltatlas, ja nicht einmal im großen Atlas der Encyclopaedia Britannica. Überall dort liegen die Hawaii-Inseln ganz links und- getrennt durch den gesamten Globus die eng benachbarten Midway-Inseln ganz rechts, und wir verschwinden beinahe mit Berlin im Mittelfalz.

Warum ich die Weltkarte mit dem Mittelpunkt Pearl Harbor nur in dem einen Wirsing-Band fand und nicht im anderen, war leicht erklärt. „Der maßlose Kontinent – Roosevelts Kampf um die Weltherrschaft" mit der umgekehrten Weltkarte war die zweite (und, wie ich später sah, auch schon die erste) Auflage von 1942 und hatte überdeutlich mit sich ausweitenden Pfeilgrenzen die „Führungsgebiete Deutschlands, Italiens Japans und ihrer Verbündeten" auf dieser Erde eingezeichnet. Wirsing jubelte im Vorwort: „Das Unvermögen der Amerikaner, dem Vordringen Japans entgegenzutreten, hat überall in der Welt Erstaunen hervorgerufen."[71]

Doch von da an ging's bergab. Die vierte Auflage des Wirsing-Bestsellers, 1943 erschienen, verzichtete auf die Karte – zuviele Korrekturen an den Führungsgebieten wären nötig gewesen – und Wirsing klagte im neuen Vorwort: „Der amerikanische Imperialismus und die Weltherrschaftspläne des Präsidenten Roosevelt haben sich seit Erscheinen der ersten Auflage dieses Buches folgerichtig weiterentwickelt. Amerikanische Soldaten stehen mittlerweile an über 50 verschiedenen Stellen außerhalb der Vereinigten Staaten."[72]

Worauf es aber hier auch ankommt: Wirsings Buch über „Roosevelts

Kampf um die Weltherrschaft" erschien pünktlich zur Kriegserklärung Hitlers an die USA[73]. Das Vorwort zur ersten Auflage trägt das Datum des 11.Dezember 1941. Vier Tage nach dem Überfall der Japaner auf Pearl Harbor beschuldigte Wirsing in diesem Vorwort die USA, sie seien „der Herd eines neuen Weltkriegs" geworden. Und: „Nachdem durch den Feldzug im Osten der Hydra des sowjetischen Kommunismus in furchtbaren Schlägen ein Kopf nach dem anderen abgeschlagen worden ist, bis sie wankt und zu Boden zu sinken beginnt, stehen Europa und Ostasien dem Amerikanismus als dem Gegenpol der sowjetischen Weltgefahr gegenüber."

Und deren Krieg war wohlvorbereitet – wie auch Wirsings dazugehörige Kampfschrift. Im Vorwort vom 11.Dezember 1941 plaudert er aus: „Die Drucklegung des Buches war Ende Oktober abgeschlossen. Verfasser und Verlag entschlossen sich, infolge der zu diesem Zeitpunkt einsetzenden verschärften japanisch-amerikanischen Spannung mit der Fertigstellung noch einige Zeit zu warten. Die Ereignisse konnten daher noch bis zum Kriegsausbruch im Fernen Osten und der Feststellung des Kriegszustandes durch das Deutsche Reich und Italien berücksichtigt werden."

Das pünktlich erschienene Agitations-Buch wurde ein Bestseller – 140.000 nach einem Jahr; die Verbindung zum SD hatte sich für Wirsing ausgezahlt.

Aber die Karte! Daß gleich nach dem Überfall auf Pearl Harbor ein Buch mit einer Karte erschien, die Hawaii als Mittelpunkt der Welt zeigte, muß keine Hexerei gewesen sein. Mich interessierte: gab es solche ungewöhnlichen Weltkarten schon vorher?

Ja, sie waren die Spezialität des Hauses Kolberger Straße 18, in dem wir Mehnert Ende März 1937 mit ausgestrecktem Arm vor der Weltkarte stehen ließen. Zu Recht. Denn uns kann er nicht mehr erzählen, daß er ausgerechnet bei Haushofer vor dessen Weltkarte gestanden und mühsam nach Hawaii gedeutet haben will als „einer in der Weite des Pazifik kaum erkennbaren Inselgruppe".

Denn um nichts kreiste Haushofers Denken in diesen Jahren mehr als um Hawaii und seinen Marinestützpunkt Pearl Harbor. Er liebte Japan so sehr, daß es – so Gustav Fochler-Hauke – „sein zweites Heimatland"[74] wurde. Und er haßte die USA, deren Bewohner er „nicht nur rassebiologisch" für ein „höchst primitives Volk" hielt.[75] Wenn Mehnert sich im März 1937 bei Haushofer umsah, dann lag da das neueste Heft der *Zeitschrift für Geopolitik*.

Auf der hinteren Umschlagseite eine Anzeige für die Neuauflage von Haushofers „Geopolitik des Pazischen Ozeans" mit einem Schattenriß:

Hawaii als einzige der zentralpazifischen Inselgruppen dick und unübersehbar zwischen Nordamerika und Ostasien. An der Wand aber von Haushofers Arbeitszimmer kann – ich habe es nicht gesehen, aber ich will es aus meiner Kenntnis des Haushofer-Werkes beschwören – kann nur die „Geopolitische Weltkarte" auf Stoff im Format 251 x 160 cm gehangen haben, die er immer wieder in seinen Werken nachdruckte und anpries.[76] Ihr Mittelpunkt, der Treffpunkt der bestimmenden Linien dieser Welt: Hawaii.[77]

Nein, vor Haushofers großer Weltkarte kann Mehnert – wir wollen seinen ausgestreckten Arm erlösen – nicht eine Sekunde nach Hawaii gesucht haben. Was die beiden besprachen, welche Aufträge Haushofer Mehnert mit auf den Weg gab, wir werden wohl nie mehr erfahren als das, was dieser 44 Jahre später selber schrieb: „Haushofer zögerte nicht. 'Wenn Sie mir Manuskripte schicken, die in meine Zeitschrift passen, werde ich sie drucken. Was der Goebbels sagt, ist mir gleichgültig. Nur auf die Qualität der Beiträge kommt es an.'"[78] Ihre Richtung war vorgegeben. Gerade erst im Januar-Heft 1937 der *Zeitschrift für Geopolitik* hatte Haushofer gejubelt: „Daß der Berichterstatter eine weltkundige Bekräftigung *deutsch-japanischer Zusammenarbeit* (gesperrt im Original) freudig begrüßt, an deren Zustandekommen er als einem seit 1899 erkannten, seit 1908 vertretenen, seit 1912 in vielen Büchern und Aufsätzen verfochtenen Ziel gearbeitet hat, werden die Leser begreifen." [79]

Bald nach dem Besuch bei Haushofer habe er Deutschland, behauptet Mehnert, überstürzt verlassen. Grund: eine Begegnung mit seinem Studienkollegen Peter Kleist, über den er „erst unlängst", erfahren habe, „daß er im 'Büro Ribbentrop' (dem NS-Gegenstück zum Auswärtigen Amt) über Ostfragen arbeitete". Kleist, so Mehnert weiter, habe ihn „überrascht" angesehen und dann gesagt: „Sie sind in Berlin? Ich gebe Ihnen einen guten Rat: Verschwinden Sie. In den allernächsten Tagen wird man Ihnen den Paß abnehmen, dann sitzen Sie in der Falle."[80] Daß Kleist einem Gegner des Regimes hilfreiche Ratschläge gegeben haben könnte, überrascht. Der SS-Obersturmbannführer war überzeugter Nazi und blieb es nach 1945, beispielsweise als Vorsitzender der „Aktion Widerstand" ("Brandt an die Wand") oder als außenpolitischer Ressortleiter der DRP-, später NPD-nahen „Deutschen Wochenzeitung", deren Chefredakteur Alfred Rosenbergs Sekretär Heinrich Härtle war (- heute gehört sie als Nebenblatt zum „Nationalzeitungs"-Imperium des DVU-Führers Gerhard Frey, eines intimen Freundes des verstorbenen BND-Gründers Reinhard Gehlen).

Möglich eher, daß Kleist Mehnert nicht warnte, sondern drängte. Daß der tatsächlich erst unlängst – beispielsweise bei Haushofer – von Kleist's Tätigkeit für Ribbentrop erfahren hatte, ist wahrscheinlich. Denn der unmittelbare Vorgesetzte von Kleist im Büro Ribbentrop war Dr. Hermann von Raumer, in Berlin ständiger politischer Vertreter des damals noch in London als Botschafter wild agitierenden späteren Außenministers. Kleist 1968 über seinen ehemaligen Chef: „In häufigen Gesprächen zwischen dem Leiter der Ostabteilung des Büro Ribbentrop, Dr. von Raumer, und dem politisch sehr aktiven Militärattaché der japanischen Botschaft, Oberst Oshima, formt sich langsam der Gedanke, Deutschland und Japan, wenn nicht in einem Bündnis, so doch in einem ähnlich gearteten Vertrag zusammenzuführen, der die gemeinsame Bekämpfung der Komintern bezweckt."[81]

Kleist war seit 1936 in der Dienststelle Ribbentrop, Dr. Albrecht Haushofer auch und der hatte die Kontakte zu Japan vorangetrieben.

Zuhause, so verbreitet Mehnert 1981 in seinen „Erinnerungen", sei „Mutter blaß geworden", als er ihr gesagt habe: „Morgen muß ich über die Grenze ... aber lieber nicht über die westliche, wo man vielleicht schon eine mich betreffende Weisung hat. Am besten also über Schweden, mit der Fähre von Saßnitz nach Trelleborg." Mehnert hat großes Glück: „In Saßnitz ging alles glatt".[82]

Am 3. Mai 1937 geht er mit seiner Frau in den USA an Land und verbringt mit ihr – wie das bei Leuten, die mit knapper Not den Nazis entkamen, üblich ist – „einen ganz reizenden Abend ... im Kreise der Deutschen Botschaft in Washington".[83]

Weiter auf der Flucht vor den Nazischergen treffen sie Mitte Juni in Berkeley ein, wo der Führer der SA-Obergruppe I schon auf sie wartet: Manfred von Killinger, 1935 Mitglied des Volksgerichtshofes, jetzt deutscher Generalkonsul in San Franzisko, gibt dem Ehepaar Mehnert ein Abendessen. Killinger, den Mehnert noch 1983 einen „bekannten Haudegen" nennt – er war vor seiner SA-Karriere schon Mitglied der Mord-Brigade Ehrhardt –, zeigt sich „sehr vergnügt".[84]

Am 14. August 1937 schifft sich Mehnert mit seiner Frau nach Honolulu ein. Dort war im April 1936 – kurz vor Mehnerts erster Stippvisite im Mai – der ehemalige Marineoffizier Bernhard Julius Otto Kühn mit seiner Ehefrau Friedel eingetroffen. Auch er, wie er sagte, von den Nazis verfolgt, in diesem Fall von Himmler. Kühn gehörte zumindest von 1928 bis 1930 dem Marinegeheimdienst der Abwehr an, die seit Anfang 1935 von Admiral Canaris geführt wurde.[85]

Im September 1935 schlossen Canaris, Ribbentrop und der japanische

Militärattaché Oberst Hiroshi Oshima durch die Vermittlung des deutschen Waffenhändlers Friedrich Wilhelm Hack ein Geheimdienstabkommen. Inoffiziell, ja sozusagen, wie Ribbentrop betonte, nur „privat" – er war noch lange nicht Außenminister. Und Oshima, deutschfreundlich bis in die Knochen, erzählte seiner Regierung, die sich damals gegenüber Hitler zurückhielt, auch nicht alles, er arbeitete für den japanischen Generalstab.[86] Mit Haushofer, den er schon lange kannte, waren Oshima und sein Flottenkollege Tadao Yokoi bereits Mitte Juni in München zusammengetroffen, als Botschafter Graf Kintomo Mushatoji dort einen dreitägigen „kulturpolitischen" Besuch abstattete.[87]

Das neue Spionagebündnis führte am 5. Oktober 1935 im mexikanischen Cuernavaka zu einer Konferenz deutscher Abwehr-Offiziere unter Leitung des Chefs der deutschen Nordamerika-Spionage Dr. Heinrich Northe und des Leiters der US-Sektion des japanischen Marinenachrichtendienstes Kapitän Kanji Ogawa, der 1939 Marineattaché in Washington wurde. Diesen Kapitän Ogawa gab Bernard Julius Otto Kühn als seinen Agentenführer an, als er im Februar 1942 vom FBI verhört wurde. Zufällig habe er ihn kennengelernt, als er sich an einem Strand in der Nähe von Tokio sonnte, und Ogawa habe ihm angeboten, als „fest ansässiger Sonderagent" nach Hawaii zu gehen.[88]

Es war anders. In Wirklichkeit, das plauderte Yokoi, der im Juni 1935 mit Oshima bei Haushofer in München war, erst 1955 aus, in Wirklichkeit hatte Yokoi 1935 in Deutschland mit Kühn einen Agentenvertrag abgeschlossen für 2000 Dollar im Monat und jeweils 6000 Dollar Bonus am Jahresende. Kühn mußte schwerwiegende Gründe gehabt haben, dies zu verschweigen und stattdessen dem FBI die völlig unglaubwürdige Geschichte von der zufälligen Anwerbung am japanischen Strand aufzutischen.[89]

Interessant ist das Finanzierungsmodell für den deutschen Agenten im japanischen Dienst. Kühn bekam für seine Dienste auf Hawaii im Laufe der Jahre insgesamt 70.000 Dollar vom Röchling-Konzern.[90]

Hermann Röchling, der 1949 vom Französischen Militärgericht als Kriegsverbrecher anerkannt, zu zehn Jahren Gefängnis verurteilt, aber vorzeitig auf die junge Bundesrepublik losgelassen wurde, war ordentlicher Senator in der „Deutschen Akademie". Ihr Präsident, Karl Haushofer selbst, hatte ihn – „streng vertraulich!" – dazu vorgeschlagen.[91]

Als Mehnert am 19. August 1937 die Hawaii-Hauptinsel Oahu betrat, war Agentenführer Ogawa mit seinem von Röchling finanzierten Agenten nicht besonders zufrieden. Kühn hatte sich ihm zu nervös und ängstlich erwiesen. Die gesellschaftlichen Kontakte zu den US-Militärs des Flottenstützpunkts Pearl Harbor erbrachten nicht viel. Ogawa beschloß, seinen Agenten erst einmal „schlafen" zu lassen, bis er dringend gebraucht wurde. Immerhin hatte sich Kühn strategisch günstig angesiedelt. Von seinem Wohnhaus an der Ostküste in Kalam und seinem Strandhaus in Lanikai konnte er bequem den Stützpunkt der Marineflieger in Kaneohe beobachten und das Übungslager des Marinekorps bei Mokapu Point Marine. Und er konnte sehr gut die ankommenden US-Kriegsschiffe im Kaiwi Kanal zwischen Oahu und Molokoi überwachen.[92]

Und da sind wir bei einer Merkwürdigkeit in Mehnerts Schilderung von seiner Ankunft auf Hawaii. Immer wenn es bei Mehnert nach Blumen duftet, ob auf Molokoi oder jetzt auf Oahu, dann stimmt – das ist ein verläßlicher Topos seiner „Erinnerungen" von 1981 – irgendetwas nicht. Er beschreibt die Leis, die Blumenkränze, mit denen die Ankommenden empfangen werden, und fährt fort: „Auch wir erhielten Leis; Jean, eine von Enids besten Schulfreundinnen, hatte damals eine Anstellung auf der Insel. Sie bekränzte uns nicht nur, sie hatte für uns auch ein kleines Haus gefunden, und sie fuhr uns auch gleich dort hin. Schon nach wenigen Minuten blickten Enid und ich uns enttäuscht an. Denn statt zum weltberühmten Strand von Waikiki, wohin es uns zog, fuhren wir immer tiefer in ein Tal zwischen schroffen Bergwänden, wo es zu allem noch regnete, während an der Küste die Sonne schien. Nachdem wir etwa halb in das Manoa-Tal gefahren waren, bog das Auto von der Straße in einen schmalen Weg ein, Uluwehi Way mit Namen, der links den Berghang emporstieg und nach etwa zweihundert Metern endete. Von den drei Häusern auf seiner linken Seite war unseres das mittlere. Als wir allein waren und ausgepackt hatten, sahen wir, welche Herrlichkeit uns in den Schoß gefallen war. Der Blick in den Talkessel von der Veranda war aufregend schön..."[93]

Aus der sehr präzisen Beschreibung sollen wir eines lernen: Mehnert hat sein Haus auf Hawaii – hoch oben mit Blick zum Meer hin, wie der weiteren Beschreibung zu entnehmen ist – nicht selbst ausgesucht, er wollte ursprünglich ganz woanders wohnen, eine unverdächtige US-Bürgerin hat das Haus mit Weitblick für ihn ausgesucht, bevor er noch die Insel betreten hatte.

Er müßte wissen, daß er die Unwahrheit sagt. Vier Tage nach seiner Ankunft, am 23.8.1937 schrieb er vom Haus am Uluwehi Way seiner Mutter, daß er und Enid von Jean abgeholt wurden und einigen anderen Bekannten, unter ihnen Aldan Pettingill, „bei dem wir erst wohnen sollten". Weiter heißt es: „Den ganzen Tag sausten wir herum, um

Wohnungen anzusehen." Am Strand sei es zu laut, zu voll und zu teuer gewesen, „deshalb verlegten wir unsere Wohnungssuche in eines der beiden Täler, die sich beide von der Strandebene ins Gebirge ziehen. Und da fanden wir gleich ein sehr nettes Häuschen, das wir am folgenden Tag auf 65 Dollar im Monat herunterhandelten und gleich am Freitag bezogen."[94]

Ein halbes Jahr danach wird er so unbedacht sein, in einem Aufsatz[95] zu bekennen: „Als ich bei Tagesanbruch den Rocky Hill hinter unserem Haus erklomm, war das Meer bedeckt mit Schiffen" – doch davon später.

Der Universitätsdozent Mehnert findet leicht und schnell Kontakt zum Militär. Am 9.4.1938 schreibt er seiner Mutter nach Berlin: „Abends hatten wir eine sehr interessante IPR Sitzung, bei der Offiziere über die strategische Lage im Pazifik sprachen."[96] IPR ist das Institute of Pacific Relations. Mehnert war – seit wann, sagt er nicht – befreundet mit dessen örtlichem Leiter Charles Loomis, der eine zwielichtige Rolle spielte.[97]

Mehnerts Verhältnis zu den US-Truppen entwickelte sich so gut, daß er Army und Navy für den Empfang seines Führers einzusetzen vermag. Im Oktober 1938 schreibt er der Mutter: „Am entscheidenden Montag, an dem Hitler im Sportpalast sprach, raste ich in der ganzen Stadt herum, mobilisierte schliesslich sogar Army und Navy in dem Bestreben, die Rede, die hier nicht uebertragen wurde, auf Kurzwellen direkt zu hoeren. Die Navy ihrerseits wies die hiesige Navy Funkstation (auf dem Wege nach Coco Head) an, die Rede einzufangen und ich fuhr hin."[98]

„Deutschland ja – Hitler nein", so sei – erinnert er sich 1981 – damals seine Einstellung gewesen.[99] Doch selbst in diesen schönen Memoiren einer nazifeindlichen Vergangenheit, bricht der rechte Glaube immer mal wieder durch, verklärt wie die Erinnerung an einen Lausbubenstreich. Als Hitler aus Deutschland Großdeutschland machte, wollte Mehnert die Antipoden mitjubeln lassen. Noch im Frühjahr 1940 nach dem Überfall der Deutschen auf – er nennt das „Blitzbesetzung" – Dänemark und Norwegen fand er die Stimmung auf Hawaii so „gelassen" und „sachlich", daß „ich bei Beginn des Westfeldzuges (am 10.Mai) keine Hemmungen empfand, in der Vorhalle meines Vorlesungsgebäudes eine große Wandkarte Europas anzubringen und auf ihr den jeweiligen Frontverlauf mit Fähnchen" – mit Hakenkreuz, oder wie? – „abzustecken". Er hatte offensichtlich nur Nazi-Studenten, die sich mit ihm über die „glänzenden Leistungen der Wehrmacht" freuten, denn: „Auch als die deutschen Fähnchen rasch nach Westen rückten, ganz Holland und Belgien hinter sich ließen" – nur die Fähnchen? – „und tief in

Frankreich vordrangen, fand ich beim Fähnchenstecken unter den Studenten Interesse, aber keine Feindseligkeit."[100]

Für einen Artikel „Rundfunkrüstung und Rundfunkpolitik im Pazifik" für die der „Geopolitik" angeschlossene Zeitschrift „Weltrundfunk" mußte sich Mehnert „in eine völlig neue Materie einarbeiten" und „viele Menschen sehen, viele Zeitschriften durchsehen". Es war eben der große Vorzug von Haushofers geopolitischem Unternehmen, daß sich nachrichtendienstliche Erfordernisse stets als rein wissenschaftliches Interesse tarnen ließen. So konnte Mehnert Mr. Findeisen, den bekanntesten Funksachverständigen der Hawaii-Inseln, aufsuchen und in aller Ruhe ausfragen – ohne Verdacht zu erregen.[101]

„In meinem ganzen Leben bin ich", versicherte Mehnert seinen Lesern, „nie Spion oder Agent irgend eines Staates gewesen, weder des meinen noch eines fremden, und habe nie eine Tätigkeit ausgeübt, die auch nur entfernt mit Spionage in Verbindung gebracht werden könnte." Freilich, Mehnert kennt das Leben. „Ich weiß, daß es Spionage gibt und geben wird." Ihm liege das aber nicht. „Ich bin ... von Natur aus für Spionage ebenso ungeeignet wie fürs Rauchen. Beides schmeckt mir nicht."[102] Ein sympathischer Zug. Aber man kann nicht immer nur das essen, was schmeckt. Es blieb ihm das „peinliche Gefühl", mit der „Abfassung und Veröffentlichung meines Aufsatzes 'Problem XIX' einen groben taktischen Fehler begangen zu haben".[103] Es war, da hat er recht, ein grober taktischer Fehler – doch davon später.

Bei Haushofers hat sich seit der Verabredung mit Mehnert im März 1937 einiges getan. Einen Monat nach Mehnerts Ankunft in den USA begab sich Haushofer-Sohn Albrecht, der für die Dienststelle Ribbentrop tätig war, auf eine mehrmonatige „Weltreise", die ihn zunächst auch in die USA führte, von Washington nach San Franzisko, wo er sich im Juli zur selben Zeit wie Mehnert aufhielt. Haushofer kümmerte sich insbesondere um die Flottenbasis der (Hawaii gegenüberliegenden) San-Franzisko-Bucht, hatte aber dort „nicht den Eindruck eines Gebietes, das sich Sorgen um seine militärische Sicherheit macht".[104]

Von der Flottenbasis San Franzisko führte Haushofers Weg über eine Zwischenstation nach Japan, wo er zwei Monate blieb. Die Geheim-Berichte, die er von dort per Kurier an Ribbentrop und Heß schrieb, und später von Berlin aus an den Generalstab und an den Reichsführer SS, lagen nur zum Teil als Beweismittel im Nürnberger Kriegsverbrecherprozeß vor.[105]

Ribbentrop, der wohl nicht wußte, wie umfangreich das Anklagematerial war, wollte sich vor Gericht besser erst gar nicht erinnern, daß Haushofer in seinem Auftrag unterwegs war – doch die Reiseabrechnung bewies es. Dann sagte Ribbentrop, bei Haushofer handele es sich nicht um einen Agenten. „Es war ein privater Reisender, der seine Eindrücke brachte." Und er, Ribbentrop, hätte überhaupt „niemals irgenwelche Geheimagenten" gehabt, allenfalls einen „ganz kleinen Informationsdienst draußen, der sehr klein war".[106]

Der entscheidende Haushofer-Bericht über die Unterredung mit dem Chef des japanischen Generalstabs Prinz Kanin blieb verschwunden. Er war wichtig genug, daß Hitler Albrecht Haushofer sofort bei seiner Rückkehr zu einer Unterredung unter vier Augen empfing. Der Inhalt des Gespräches ist nicht überliefert, doch soll Haushofer nach Auskunft seines Assistenten dabei den „positivsten Eindruck, den er wohl je von Hitler bekam", gehabt haben.[107]

Den Vater erfreute Albrecht mit schönen Grüßen und Tönen allerhöchster Anerkennung, die der japanische Generalstabschef Feldmarschall Prinz Kanin dafür äußerte, daß der „die richtige Erkenntnis für Japan hatte und als ein guter Freund die Rolle übernommen hat, das Einvernehmen zwischen beiden Ländern zu vertiefen".[108]

Zur richtigen Erkenntnis gehörte auch, was der Vater schon 1924 in seiner „Dem Guten Kameraden!" gewidmeten „Geopolitik des Pazifischen Ozeans" geschrieben hatte, daß nämlich Pearl Harbor „zu den im Ernstfall trügerischen Flottenschlupfwinkeln" gehöre, ja „zur richtigen Mausefalle" werden könne.[109]

Und was der Sohn gerade erst auf dem Weg von San Franzisko nach Tokio beim Zwischenaufenthalt auf Hawaii als harmlose Reisebeobachtung – „mit intuitiver Hellsichtigkeit", wie seine Biographin glaubt – ins Tagebuch schrieb: „... noch schmaler ist die Einfahrt in den großen dreigeteilten Pearl Harbor, – ähnlich wie La Valette heute eine große und gefährliche Mausefalle."[110]

Als es dann am 7.Dezember 1941 geschehen war, da rühmte sich der Vater im ersten darauffolgenden Heft seiner *Zeitschrift für Geopolitik* in seinem Artikel über den „Kriegsausbruch im Pazifik" seiner Geheimgespräche mit japanischen Kriegsstrategen: „Im vertrauten Kreise verlautete immerhin zuweilen, daß man sich wundere, den Begriff der Stützpunktkette" – der USA – „gegenüber der schnellen Offensivkraft erstklassiger Seestreitkräfte" – Japans – „überschätzt zu sehen." Man habe – gemeint ist im japanischen Generalstab – von der US-Flotte als der „stärksten, aber langsamsten Flotte" gesprochen. Man fühle sich in Ost-Asien Russen und US-Amerikanern überlegen, weil „sie beide eine

Vorliebe für Mausefallen von Kriegshäfen hätten, in denen ihre Flotten für Flugangriffe hübsch bequem zusammengehalten seien und schwer herauskönnten". Und, so zitierte Haushofer weiter, „Pearl Harbor sei die ärgste Mausefalle, Hawaii ein Capua der Marine und Luftwaffe".[111] Haushofer junior schrieb seine Reisetagebuchnotiz über die „Mausefalle" Pearl Harbor bei seiner Ankunft am 19. Juli 1937. Als Klaus Mehnert vier Wochen später, am 14. August, auf Hawaii eintraf, war Haushofer schon in Tokio angekommen.

Zuvor aber in San Franzisko konnten sich die beiden bei ihren Kontakten zum Deutschen Generalkonsulat kaum verfehlt haben, wenn sie nicht ohnedies dort bei Killinger verabredet waren.

Mehnert kam rechtzeitig nach Hawaii, um noch vorher Kontakte mit den wichtigen Militärs zu knüpfen. Daß die von Mitte März bis Ende April 1938 andauernden Manöver von Armee und Marine von großer Bedeutung sein würden, war lange vorher klar. Die Manöver hießen „Problem XIX", und das war eine Fortsetzung von Problem XVIII, der Manöver von 1937, die damals als „das größte Seekriegsspiel aller Zeiten" bezeichnet worden waren. Sinn der Übung von 1937: „den Krieg bis zu den amerikanischen Küsten vorzutragen, um festzustellen, ob ein Durchbruch japanischer Seestreitkräfte möglich ist". Das Ergebnis von Problem XVIII: ein entschlossener Angreifer kann die USA lähmen, wenn er ihre vorgeschobenen Stützpunkte im Pazifik wie Guam, Midway und Wake überrumpelt und ihre Pazifik-Flotte vernichtet.[112] Kein Wunder also, daß man nach diesem Ausgang der US-Manöver von 1937 in der Haushofer-Zentrale in München höchst interessiert war, was Problem XIX ergeben würde, die als noch gewaltiger angekündigten Seekriegsübungen im Jahr 1938.

Der „grobe taktische Fehler", den Mehnert 1983 bekannte, war natürlich auch der taktische Fehler seines Generals Karl Haushofer. Es war unklug, den Bericht über das Flottenmanöver der USA, genannt „Problem XIX", zu veröffentlichen. Doch die Autoreneitelkeit Mehnerts, der seinen Freunden in Deutschland zeigen wollte, daß er noch voll als Publizist da sei, zwar im Ausland, aber nicht als Emigrant, diese Pflege des eigenen Ich traf auf die Publizierwütigkeit des Generals, der sich eher als Wissenschaftler fühlte, denn als Chef einer Fünften Kolonne. Das war ja der große Vorzug, den er als Professor für Geopolitik hatte: Seine Lehre war Forschung, Ausforschung – jeder Spionageauftrag, ob für Heydrichs SD oder für die Abwehr von Canaris, ließ sich rein wissenschaftlich als geopolitisches Forschungsproblem interpretieren. Und das wiederum machte aus dem taktischen Fehler einen übertaktischen Vorzug: Der ertappte Spion konnte stets als der seinen journalisti-schen Aufgaben nachgehende Korrespondent oder als der forschende Wissenschaftler auftreten.

Schon im Februar- und März-Heft von Haushofers *Zeitschrift für Geopolitik* waren Notizen über den „Ausbau des Stützpunkts Hawaii". Die ganze Insel Oahu, so hieß es da, werde „festungsartigen Charakter" erhalten. Unterirdische Flughäfen sollten angelegt werden.[113] Das Juni-Heft kündigte bereits „einen eingehenden Augenzeugenbericht der gro-ßen US-Flottenmanöver im Pazifik" an, und im Juli-Heft der *Geopolitik* erschien dann Mehnerts Aufsatz, der minutiös die Zahl der beteiligten Schiffe und Flugzeuge auflistete und den angenommenen Kampfverlauf genau schilderte: die Bewegungen der Kriegsschiffe, den Aufmarsch gegen Oahu, die Landungsmanöver, das Eingreifen der Flugzeuge. Wichtigstes Ergebnis: die Eroberung Oahus durch die blauen Angreifer – und Blau stand für Japan.

Mehnert: „Als 16.15 Uhr ein Massenluftangriff der Blauen auf die Verteidigungs- und Hafenanlagen Oahus einsetzt, ist es offensichtlich, daß nach Ansicht der Schiedsrichter die Verteidigung von Rot in einem Maße niedergekämpft ist, daß Blau Luft und Wasser beherrscht. Nach-dem Blau mit Sturz- und schweren Bombern die letzten Spuren des Widerstandes gebrochen hat , schließt die zweite die blau-rote Phase des Problems XIX mit der Eroberung Oahus und damit des hawaiischen Archipels."

Also ein Hinweis an die Japaner, wie sie sich in den Besitz von Hawaii setzen können? So nicht! Mehnert warnt: „Was ist damit gezeigt? Zum ersten, daß die Marine auch in diesem Jahr den Sieg der Angreifer herbeiführte, um mehr Dollars für den künftigen Ausbau der Verteidi-gung locker zu machen."

Aber: „Zweitens: die geringen ständigen Seestreitkräfte Ohaus zusam-men mit der Marineluftflotte sind nicht in der Lage, einen weit überlege-nen Gegner, dem ein Vielfaches an Schiffen und Flugzeugen zur Verfü-gung steht, zurückzuschlagen."

Jedoch: „Aber das hat auch niemand erwartet, und im Ernstfall würde der Verteidigung eine hervorragend ausgerüstete Division der Armee und eine starke Küstenartillerie, zusammen 20.000 Mann, also ⅛ der USA.-Armee, zur Verfügung stehen." Hier habe man eine Lage ange-nommen, „als wenn etwa ein kleiner Teil der amerikanischen Flotte eine kaum verteidigte, jedoch mit ein paar Flugplätzen und Flugzeugen versehene Insel, beispielsweise Samoa, gegen fast die ganze japanische Flotte verteidigen müßte."

Schlüsse für einen „tatsächlich möglichen Ablauf" eines „Kampfes um Hawaii", so warnte Mehnert, dürfe man aus dem Manöver „nur sehr bedingt ziehen".[114]

Doch die richtigen Schlüsse, die sich anboten, wurden gezogen und so erreichte Ende Mai 1941 Mehnert ein Telegramm, das ihn aus Honolulu abberief, wo der Boden unter seinen Füßen etwas heiß geworden war. Schon am 3.November 1938 hatte die *Neue Weltbühne* in Prag Mehnert als Haushofers „Agent auf Hawaii" bezeichnet und auf seinen Manöverbericht in *Geopolitik* verwiesen.

Der deutsche „Einmarsch in die tschechischen Provinzen", wie Mehnert am 23.März 1939 seiner Mutter schrieb, stopfte dem „Emigrantenblatt" den Mund und Mehnert sagte sich, daß der *Weltbühnen*-Artikel erst dann „unangenehm werden koennte, wenn er in USA abgedruckt werden wuerde". Tatsächlich gab es da auch „ein deutsches Emigrantenblatt", das New Yorker *Volksecho*, das den Artikel „mit wilden Schlagzeilen" (Mehnert) nachdruckte.[115]

Doch auf Hawaii werden die Vorwürfe nicht bekannt. Und Haushofer bittet dringend, er solle „noch einige Zeit" ausharren.[116]

Erst im August 1940 – Mehnert ist gerade unterwegs in kalifornischen Archiven und Bibliotheken auf der Jagd nach Pazifikkarten, die er kauft oder fotografiert, – erscheint im Nachrichtenmagazin *Time* ein Bericht über „Fifth Column Activities" in den USA, in dem ein namentlich nicht genannter deutscher Professor auf Hawaii erwähnt ist. Der eilt sofort zurück nach Honolulu, wo seine Frau inzwischen beruhigende Interviews für die örtliche Presse gegeben hat. Mit Hilfe seiner Freunde an der Universität gelingt es Mehnert, die Vorwürfe zurückzudrängen und den Frieden auf Hawaii weiterzugenießen. Bis das erwähnte Telegramm kommt, das ihn abberuft. In seinen Erinnerungen behauptet Mehnert, das Telegramm stamme von Adam von Trott zu Solz aus dem Auswärtigen Amt, der drei Jahre später im Zusammenhang mit dem 20.Juli hingerichtet wurde.[117] In Wahrheit kam das Abberufungstelegramm mit dem Angebot, eine englischsprachige Zeitschrift in Ostasien zu machen, vom SD-Freund Wirsing.[118]

Für Mehnert war Hawaii das Paradies gewesen – und für seine Frau. „Zu meiner haiwaiischen Zufriedenheit trug bei, daß Enid dort ihre glücklichsten Tage verbrachte." So schrieb er, 26 Jahre nach ihrem Tod. „Sie paßte nach Hawaii, als sei sie dort geboren und aufgewachsen...Wenn ich in den Hunderten von Brief- und Erzähl-Seiten blättere, die sie während der hawaiischen Jahre nach Hause schrieb und die alle erhalten sind, denke ich, daß sie jeden Tag doppelt genoß, weil die Wolken am fernen Himmel immer dunkler wurden und niemand wissen konnte, ob das Gewitter nicht auch Hawaii erreichte."[119] Niemand? Bevor es die Insel erreichte, hatte Mehnert das Paradies überstürzt verlassen. „Mein liebstes Mutterle", so schrieb er am 2.Juni 1941, „soweit ich aus Wirsings Telegramm ersehe, besteht keine besondere Eile und ich beabsichtige in einem Monat zu fahren, um hier in Ruhe meine Zelte abbrechen zu können." Ehefrau Enid fahre erst noch einmal nach Kalifornien und – so hieß es im Brief weiter – „vor allem ist sie auch betruebt, dass mein Schiff hier ausgerechnet am Tage vor unserem Hochzeitstage geht!"[120]

Schon neun Tage später folgt der nächste Brief. „Mein liebstes Mutterle", schreibt Mehnert am 11.Juni aus der Deutschen Botschaft in Tokio, „es lag mir daran in aller Stille Honolulu zu verlassen." Daher habe er das Datum seiner Abreise geheim gehalten und so getan, als wolle er erst Ende des Monats fahren. „Mit der Bemerkung wegen meiner Abfahrt am Tage vor unserem Hochzeitstage wollte ich" – wozu doch eine gute Ehe nützlich ist – „aber Dir einen Tip geben, damit Du wuesstest, wie bald meine Abreise bevorstand."

Der Abschied – „Schwamm darueber" – tat weh: „Es waren vier paradiesische Jahre, und der Ernst des Lebens, den der Rest der Welt schon seit einigen Jahren gespuert hat, kommt nun auch zu Enid und mir."[121]

Falsch, sie waren ihm – und Mehnert mußte das wissen – entflohen, als sie gingen.

Da es dann soweit war, lebte das Paar, glücklich, zufrieden und reich, wie Mehnert selbst ("Ich bezog ein für meine Begriffe phantastisch hohes Gehalt") meinte, längst in Schanghai, wo es „fast alles zu kaufen gab". Das Telegramm Giselher Wirsings hatte ihn von Hawaii über Tokio in die seit 1937 von den Japanern besetzte internationale Agentenzentrale beordert – in die „weltoffenste Stadt Ostasiens", zum „kaum berührte[n] Eiland im Sturm des Zweiten Welkrieges", auf die „ruhige Insel im Welt-Taifun". So nannte der sprachbegabte Publizist Schanghai. Über die Aufgaben, die ihn dorthin führten, äußerte Mehnert sich nicht, er nennt einen „Schwerpunkt meiner beruflichen Tätigkeit", nämlich die Herausgabe einer Monatszeitschrift mit dem Namen „The XXth Century". Die erste Nummer erscheint am 1.Oktober 1941. Mehnert ist jetzt ganz offiziell Mitarbeiter der Informations- und Propagandaabteilung der Deutschen Botschaft und des Auswärtigen Amtes.[122]

Doch nach knapp zehn Wochen drängten sich die Wirren der Welt in Mehnerts chinesische Idylle. Er befand sich gerade auf Dienstreise im ebenfalls japanisch besetzten Peking in einem ausgezeichnet – nämlich deutsch – geführten Hotel im Gesandtschaftsviertel. Da geschah das Unvorstellbare: „Am 6. Dezember abends hatten wir, wie immer, die Schuhe zum Putzen auf den Gang gestellt. Doch am nächsten Morgen standen sie ungeputzt vor der Türe." Mehnert ahnte sofort, daß „etwas Schreckliches" geschehen sein mußte. Die Boys waren nicht erschienen. Mehnert: „In ungeputzten Schuhen lief ich auf die Straße." Und da las er es in der Zeitung: „Japan hatte Amerikas Pazifische Flotte in Pearl Harbor vernichtet und zum Kampf um die Herrschaft über das östliche Asien und den westlichen Pazifik angesetzt."[123]

Der am 1. September 1939 begonnene Krieg war jetzt zum Zweiten Weltkrieg geworden.

Doch mit all dem hat Klaus Mehnert nichts zu tun. Ja gewiß, Pearl Harbor war, schreibt er, „eines der folgenreichsten Ereignisse unseres Jahrhunderts". Doch die Beschuldigung „ich sei an ihm beteiligt gewesen", nur wegen des „groben taktischen Fehlers" der Veröffentlichung in *Geopolitik* habe sich „als Windei" erwiesen. Feierlich unterstreicht er: „Meine Rolle 1941 = Null".

Eines allerdings findet er angesichts der Verleumdungen tröstlich: „Wenigstens war ich vernünftig genug, das Manuskript, ehe ich es nach Deutschland schickte, Kapitän Buchanan und Oberst Arnemann zu zeigen, also den örtlichen Abwehrchefs der Marine bzw. des Heeres auf Hawaii. (Der deutschstämmige Arnemann las es selbst, Buchanan ließ es sich übersetzen.) Nach einigen Tagen teilten mir die beiden Offiziere mit, sie hätten keine Einwände." [124]

Arnemann war ein hervorragender Kontrolleur. Mit ihm hatte sich Mehnert, bevor er seinen Manöverbericht schrieb und vorlegte, dick befreundet. Sie wanderten – auch durch militärisches Gelände – über die Insel, gingen zusammen baden und am 20. Mai 1938 schrieb Mehnert der Mutter: „... haben uns noch mehr an Arnemann, der inzwischen zum 'George' avanciert ist, von Oberstleutnant gar nicht mehr zu reden, angeschlossen."[125]

Und Abwehrchef Arnemann vertrug sich nicht nur mit Mehnert gut. Als im Juni 1939 eine Schiffsladung von zehn Nazi-Journalisten über Hawaii hereinbrach, war der „gute George A.", wie Mehnert Oberstleutnant Arnemann im Brief an seine Mutter abkürzt, „ganz in seinem Element". Man feierte nachmittags in Mehnerts Haus. Und Arnemann erzählte sich mit Major Cranz [126] vom *Völkischen Beobachter*, dem Kampfblatt der national-sozialistischen Bewegung Großdeutschlands, „Fliegergeschichten aus seiner Fliegerzeit in Deutschland", und mit dem DAZ-Militärexperten Mossdorf sprach er über den Weltkrieg. Den ersten natürlich. Dann sangen sie alle zusammen alte deutsche Soldatenlieder, und als die Dunkelheit hereingebrochen war, „fuhren wir mit ihnen und Arnemanns aufs Schiff, wo sie für uns ein Festmahl mit zahlreichen Gaengen und Sake servierten." Man saß noch lange unter dem Sternenhimmel an Deck und als dann schließlich Mehnerts mit Arnemanns von Bord der Kamakuru Maru gingen, sangen die Nazijournalisten und der Abwehrchef der US-Army gemeinsam: „Muß i denn . . ." und der Schatz der NS-Journalisten blieb auf Schiff. [127] So intensiv und liebevoll war die Kontrolle, der sich Mehnert durch die US-Army ausgesetzt sah.

23 Jahre später, am 28. März 1962 schrieb Ex-Colonel Arnemann seinem lieben alten Freund eine nüchterne To-Whom-It-May-Concern-Bescheinigung: Er habe als Military-Intelligence Officer (G2) 1937 bei einem Empfang des Institute of Pacific Relations Dr. Klaus Mehnert kennengelernt und danach „gelegentlich" wiedergesehen. Mehnert habe ihm und seinem Kollegen Buchanan eine Kopie seines Manöver-Manuskripts für „Geopolitik" gegeben und gefragt, ob sie irgendwelche Einwände hätten. Arnemann: „Ich sagte ihm, daß ich keine hätte und nach meiner Erinnerung sagte ihm das auch Commander Buchanan." Die im Mehnert-Artikel enthaltenen Informationen seien alle schon von den örtlichen Zeitungen veröffentlicht worden.[128]

Und nochmal zehn Jahre später, am 8.Februar 1972, ließ sich Mehnert wieder einen Persil-Schein ausstellen, diesmal von Professor Denzel Carr, der ihm mit der Einladung zu einem Gastvortrag über die Sowjetunion überhaupt erst Zugang zu der Universität von Hawaii verschafft hatte.[129]

Carr, inzwischen Linguist an der Universität von Berkeley, schrieb dem „lieben Klaus" einen langen Brief halb in deutsch – da duzt er ihn in aller Vertrautheit – und halb in englisch. Aus dem zweiten Teil übersetzt Mehnert für seine Memoiren und verleugnet dabei den Freund, indem er ihn siezen läßt: „Nachdem Sie damals Ihr Manuskript Commander Buchanan vorgelegt hatten, wurde ich beauftragt, es vollständig zu übersetzen, damit die Abwehr-Offiziere, die nur das Englische beherrschten, es lesen konnten . . . Commander Buchanan und andere Marineoffiziere sagten mir, daß Ihr Aufsatz nicht gegen die Sicherheit verstieß [no breach of security] und auch nicht von Schnüffeln oder Spionieren zeugte." Kritisiert worden sei der Aufsatz nur „von Leuten im FBI und in den Medien, sowie von allerlei Dummköpfen, die schon der geringste Funke von Intelligenz und analytischer Kraft außer Fassung bringt".[130]

Denzel Carr freilich, der von Mehnert zitierte und verleugnete Duz-Freund, ist keine Autorität auf dem Gebiet erfolgreicher Spionage-Abwehr, schon gar nicht, wenn es um den Überfall auf Pearl Harbor geht. Seit 1940 hörte er als Lieutnant Commander des Marinenachrichtendienstes die Telefonleitungen des japanischen Konsulats ab, übersetzte die Gesprächsprotokolle und gab sie an das FBI weiter – und merkte nichts. Der ein dreiviertel Jahr vor dem Überfall eingetroffene angebliche Vizekonsul Morimura, der sich höchst auffällig benahm, war in Wirklichkeit der Marineleutnant Takeo Yoshikawa und traf – auch mit verschlüsselten Telefonaten – die letzten nachrichtendienstlichen Vorbereitungen für den Angriff vom 7. Dezember.[131]

Das sind die Leute, die für Mehnert Unschuldszertifikate ausstellen. Aber da ist noch anderes. Warum betont Mehnert, daß er nur einen Aufsatz über das Manöver geschrieben hat, warum spricht er immer wieder von „dem Artikel", so als ob es nur diesen einzigen Artikel gäbe. Warum korrigiert er sogar eine Ehrenerklärung der Universität, in der zunächst von dem einen Aufsatz die Rede ist, dann aber aus sprachlicher Schluderei von „seinen Aufsätzen über die Flotte" gesprochen wird – „in Wirklichkeit hatte ich nur einen geschrieben", fügt er sofort hinzu.[132]

Ganz einfach. Seine Argumentation wäre ins Schwimmen geraten, wenn nach dem Überfall auf Pearl Harbor auch noch der andere Artikel bekannt geworden wäre. Der Artikel, der bis heute im Verborgenen blieb, den auch ich erst fand, als ich überlegte, ob nicht doch auch der SD-Freund Wirsing dem Freunde – Goebbels und seinem Schreibverbot mutig trotzend – beistand. Der Artikel, den Mehnerts gewissenhaft erarbeitete Bibliographie 1971 – ja gewiß, da lebte und arbeitete der alte Mehnert-Feind und Goebbels-Scherge Taubert noch – ganz selbstverständlich unterschlug: Er steht im August-Heft von Wirsings *Tat* und heißt „Kampf um Hawaii".[133]

Ein zweiter Bericht vom US-Manöver Problem XIX mit zwei Unterschieden. Der Autor schreibt unter den abgekürzten Initialien „K.M." – aber als Augenzeuge aus dem fernen Honolulu kommt mit diesen Anfangsbuchstaben kein anderer in Frage als der alte *Tat*-Mitarbeiter Klaus Mehnert. Und: Die Information ist wesentlich intensiver und präziser als im Mehnert-Beitrag für die *Geopolitik*. Wenn aber schon dieser Artikel den Verdacht der Spionage gegen ihn erweckte, dann – so mußte sich Mehnert sagen – durfte der noch informativere *Tat*-Beitrag gar nicht erst in seiner Bibliographie erscheinen: Mehnert wäre sonst überführt.

Mit Journalismus für eine kulturpolitische Monatschrift lassen sich

Aufzählungen wie diese nicht mehr rechtfertigen: „Die auf Oahu stationierte Luftwaffe der Armee ist im 18. Flügel zusammengefaßt und besteht aus dem 16. und 19. Jagd-, dem 50. Aufklärungs-, dem 26. Angriffs-, dem 17. Flugstützpunkt- und dem 23., 31. und 72. Bombergeschwader. Das 31. Bombergeschwader ist das jüngste und besteht auf Hawaii erst seit Februar 1938. Rechnet man die Stärke eines Geschwaders mit 12 Flugzeugen, so hat die Armee rund 100 Maschinen auf Oahu." Die Flughäfen und auch mögliche Ausweichflugplätze sind vollständig aufgezählt. Die Versorgungs- und Reparatureinrichtungen ebenfalls. Der Flugplatz Hickam Fields, den Mehnert besonders hervorhebt – er werde „in ein bis zwei Jahren zu einem der größten und bestausgerüsteten Militärflugplätze der USA" ausgebaut –, er wurde 1941 gleich mit der ersten Angriffswelle und zur Sicherheit noch einmal mit der zweiten bombardiert.

Entscheidend aber, hier im *Tat*-Aufsatz unterstreicht Mehnert ganz besonders, daß die Bedeutung von Pearl Harbor „nicht in der bloßen Unterbringung der amerikanischen Flotte, sondern in dem Vorhandensein einer leistungsfähigen Versorgungs- und Reparaturbasis" liege. Dringender Hinweis: „Wie weiße Riesenpilze leuchten die zahlreichen mächtigen Petroleumtanks am Ostufer des Hafens. Für den der argwöhnischen und kriegsbereiten Atmosphäre Europas entstammenden Beobachter ist sowohl das in der grellen südlichen Sonne aufreizende Weiß der Tanks als auch ihre Lage in bequemer Handgranaten-Wurfweite von der Hauptstraße unverständlich." Deutlicher konnte er nicht werden. Eine dritte Angriffswelle der Japaner hatte am 7. Dezember 1941 den klaren Auftrag, die Docks und die Versorgungs- und Reparatureinrichtungen zu vernichten. Es war nicht die Schuld Mehnerts, daß diese dritte Angriffswelle nicht mehr startete, weil der verantwortliche Admiral Chuichi Nagumo die auf den japanischen Flugzeugträgern bereits wieder aufgetankten und mit Bomben und Munition beladenen Maschinen stoppte. Das Risiko war dem Admiral – jetzt da das US-Abwehrfeuer aufgewacht war – viel zu groß. Zweieinhalb Jahre später beging Nagumo bei der US-Invasion der Marianen Harakiri. Die Kritik an ihm hatte nie nachgelassen. Der Überfall, der einen beachtlichen Teil der US-Pazifikflotte vernichtete, war insofern ein Erfolg, weil er die Flottenrüstung der USA um ein Jahr zurückwarf. Doch die Dockanlagen, die Treibstoff- und Versorgungslager wurden kaum getroffen und so hatten die USA sehr schnell wieder die Möglichkeit, Pearl Harbor zu benutzen.[134]

Wären Mehnerts genaue Hinweise beachtet worden – der Krieg im Pazifik wäre 1945 nicht so schnell zu Ende gewesen. Er hätte noch einige Monate länger Schanghai genießen können, sein Eiland im Sturm des Weltkriegs.

Er konnte also wirklich nichts dazu, daß er im Oktober 1945 in Schanghai interniert und dann nach Deutschland abgeschoben wurde. „Kein Jahr Null", überschreibt er zutreffend das 53.Kapitel seiner Erinnerungen, in dem er beschreibt, was am Tag nach seiner Freilassung geschah. „Willkommen im zerstörten und verfemten Vaterland", sagte ein Mann von stämmiger Statur mit kräftigem Händedruck, das Auge drängend und prüfend. „Sie kennen mich nicht", fuhr er fort, aber er kenne ihn, ob er mitarbeiten wolle. Eugen Gerstenmaier, der spätere Bundestagspräsident, machte Klaus Mehnert nach einiger Zeit der Zusammenarbeit im „Hilfswerk der Evangelischen Kirchen in Deutschland" zum Chefredakteur von *Christ und Welt*.[135] SD-Freund Giselher Wirsing saß noch. Er wurde erst später Mehnerts Nachfolger an der Spitze des Christenblattes, als der aufstieg zum unumstrittenen Kremlastrologen und Chinapropheten unserer Republik. Seine Bücher wurden auch von angesehenen Kritikern nicht mehr gelesen, sondern in weihevollen Variationen der Klappentexte und Waschzettel für das Lesepublikum zelebriert. Er war eine Autorität, die sich kenntnisreich einfügte in den Kalten Krieg, die es später aber auch irgendwie schaffte, der Entspannung zwischen Ost und West in gebotenem Abstand hinterherzukeuchen.

Doch gern blieb er dabei auch mal zurück und holte Atem. Zur angemessenen Feier des 50. Jahrestages der Oktoberrevolution bestellte Chefredakteur Mehnert 1967 für das Sonderheft „Erlebter Roter Oktober" seiner Zeitschrift „Osteuropa" freiheitliche Kampf-Pornographie, die das Sterben des von Rotgardisten seiner Stiefel und Reithose beraubten zaristischen Stabskapitäns Oparin schildert:

So lag er halbnackt über den andern, mit seinen schlanken, weißen Beinen, die so viele herrliche Pferde umschlungen...

Wie es bei allen sterbenden Männern der Fall sein soll, regte sich noch einmal seine Mannheit, stand sie steil zwischen seinen Schenkeln auf. Mit einem Aufbrüllen stellte das auch die Menge fest, ein altes Weib aber entriß daraufhin einem Rotgardisten die Pistole, trieb uns mit scheuchenden Armen von dem Sterbenden zurück.

„Jetzt werdet ihr gleich sehen", schrie sie hysterisch in die Menge, „was man mit so was macht! Damit hat er uns, hat er unsere Töchter entehrt, dafür nahm er sich, was ihm nur begegnete! Aber jetzt wird's gleich zu

Ende damit sein, mit diesem jämmerlichen Zahnstocher wird er keine
Offiziersbastarde mehr machen ...«
Aber gerade er doch nie, schrie es in mir, gerade er doch niemals!
Da schoß sie zum ersten Mal, drückte gleich darauf noch einmal ab. Aber
sie schoß beide Male vorbei, die Kugeln gingen in seine Weichen, so daß
kleine rote Sprudel hervorschossen. „Schaut doch hin, wie es sich wehrt,
das geile Männchen, es möchte noch einmal ...«
Jetzt feuerte sie das ganze Magazin leer, erst mit dem letzten Schuß traf
sie, riß es seine Mannheit wie von einer Sense um. Warum mußten sie
gerade ihn zu nur mehr Kreatürlichem, schrie es wieder in mir, gleichsam
zu einem sterbenden Hengst erniedrigen? Mein Vorbild – mein Idol! [137]
Der Verfasser des von Mehnert bestellten Erlebnisberichtes war Spezia-
list für nekrophile Prosa: SS-Obersturmführer und Reichskultursenator
Edwin Erich Dwinger, Roman-Produzent und Kriegsberichterstatter,
von Himmler mit einer Sondervollmacht ausgestattet, über die Operationen der SS hinter der Front zu berichten. Dwingers literarische
Höchstleistung in „Die letzten Reiter": Ein deutscher Aristokrat läßt
eine russische Partisanin ("Flintenweib") gegen ein Honorar von 1000
Mark völlig zu Recht zu Tode peitschen.
Nach Bekanntwerden des Auftrags für Dwinger bekam Mehnert für
seine Lebensleistung zusätzlich zum Kriegsverdienstkreuz des Führers
vom 5.März 1945 am 21.Dezember 1967 das Große Bundesverdienstkreuz von Lübke aus Filbingers Hand.
Im November 1982 besucht Professor Klaus Mehnert die Stätte seines
einstigen Wirkens. Vor der Hawaiischen Historischen Gesellschaft hielt
er einen Vortrag über seinen Aufenthalt von 1937 bis 1941. Titel: „A
German in Hawaii". Vorwürfen eines Journalisten, er habe sich damals
nicht von den Nazis distanziert, begegnete er mit einer Presseerklärung:
Was Hitler den Juden angetan habe, sei „terrible and disgraceful"
gewesen.
„Aber die Wiedervereinigung der Deutschen in Österreich und im
Sudetenland mit Deutschland im Jahre 1938 war von der großen Mehrheit (mit Ausnahme der Kommunisten) ersehnt und von den meisten
europäischen Regierungen als historische Notwendigkeit betrachtet
worden." [138]
Vielleicht nahm sich Mehnert nach diesem historischen Exkurs ein Taxi
und fuhr zum Pearl Harbor. Man kann dort das Denkmal besichtigen,
das über dem versenkten Schlachtschiff „Arizona" errichtet wurde, weil
jeder Versuch scheiterte, die 1177 Toten an Bord zu bergen – zwei
Taucher kamen dabei ums Leben.

Mehnert starb am 2. Januar 1984 im Alter von 77 Jahren. Ein Jahr nach seinem Abschiedsbesuch auf Hawaii, am 8. November 1983, hatte der Todkranke aus Schömberg bei Freudenstadt den Freunden einen Abschiedsbrief geschrieben: „Ich habe sehr gern gelebt, alles Schöne dankbar genossen und das Schwere ohne viel Klagen ertragen, und sterbe als zufriedener Mensch." [139]

Er hat die Opfer von Pearl Harbor um 43 Jahre überlebt.

12. Verrat unter Freunden – Zwei Männer der Tat: Hans Zehrer und Ferdinand Fried

Den beiden Hauptfiguren des *Tat*-Kreises, hatte Carl von Ossietzky schon 1932 ein Denkmal gesetzt:

Jahrelang haben die Ullsteinredakteure Hans Zehrer und Friedrich Zimmermann in der Kochstraße gewirkt, ohne eine seherische Begabung merkbar werden zu lassen. Aber als die große Krise hereinbrach, als die Kurse stürzten, die Märkte verkrachten und das ganze Bankiergewerbe suspekt zu werden begann, da wurde den beiden apokalyptisch zumute. Sie hatten Gesichte und redeten in Zungen, spitze, blaue Sankt-Elms-Flämmchen über der Stirn. So zogen sie in das bekömmliche Seelenklima der Diederichsschen Tat ein, wo Zehrer eine aus reaktionären und sozialistischen Elementen gemischte romantische Staatslehre entwickelte, während Zimmermann, der sich nunmehr Ferdinand Fried nannte, die Autarkie proklamierte und sich in tiefgreifenden Wirtschaftsanalysen sachkundig über das Alter der Aufsichtsräte äußerte. Hier wurde also mit vereinten Kräften das Chaos angesagt, hier wurde Hitler überhitlert und der Nationalsozialismus in eine moderne Bildungssprache übertragen, ohne aber in dieser Verkleidung etwas von seinem natürlichen Charme einzubüßen.[1]

Zehrer allerdings stolperte bei der schwierigen Tätigkeit des Überhitlerns. Am Ende der Weimarer Republik hatte er auf General Kurt von Schleicher und eine Reichswehr-Diktatur gesetzt und Hitler hochmütig in die Reserve verwiesen: „Es würde eine Verkennung seiner Aufgabe sein, wollte er sich und seinen Mythos heute durch die Übernahme eines Amtes gefährden."[2]

Fotografen der *Täglichen Rundschau*, die er erst im August 1932 mit Hilfe von Reichswehr-Geldern für den *Tat*-Kreis vom Christlich-Sozialen Volksdienst übernommen hatte, überraschten Hitler bei seinem heimlichen Liebeswerben um Franz von Papen am 4. Januar 1933 im Hause des Bankiers Schröder. Der Skandal, der daraus noch kurz vor der Machtübergabe entstand, hatte Folgen für Zehrer.

Da half nicht, daß er drei Tage nach dem Geschenk des Ermächtigungsgesetzes Hitler anbetete: „Selten ist der Übergang eines Mannes vom Kampf zur Verantwortung, vom Parteiführer zum Staatsmann so überzeugend vor sich gegangen."[3]

Da half auch nicht, daß er noch eine Woche später gegen eine „goldene Internationale" wettere und sich – „Die Staatsräson kann niemals humanitär sein" – für die „Ausschaltung des jüdischen Einflusses" einsetzte, insbesondere den der Konkurrenz, nämlich „der *Weltbühne* und des *Tagebuches*".[4]

Da half schon gar nicht, daß er im Mai 1933 – „Das Ende der Links-Intelligenz" – anderen nachsagte, was ihn selbst auszeichnete, nämlich „eine gewisse Unsauberkeit und Schmierigkeit der Gesinnung". Und dazu mit dem Fuß ausholte: „Es ist auch heute nicht die Zeit, dem ausgeschalteten Gegner den obligaten Fußtritt zu versetzen." Und dann mit aller Wucht zutrat: „Keiner aber findet den Weg zu der Überzeugung des großen ,Ich klage an!'. Nur wenige sind verzweifelt aus dem Leben gegangen ... Was ist das für ein Geist, der sich der Veranwortung entzieht, was ist das für eine Freiheit, die nicht zu kämpfen wagt ... "[5]

All dies – während sein Gegner Carl von Ossietzky im Konzentrationslager gefoltert wurde – half ihm nicht. Er mußte gehen, zog sich in eine behagliche Innere Emigration nach Kampen auf Sylt zurück, wo er aber unsäglich litt: „Wäre ich heute Jude, ich säße seit 5 Jahren draußen und hätte wahrscheinlich meinen Job. Aber ich bin es nicht." Das schrieb er im Spätherbst 1938 bei einem Ausflug nach Zürich seiner nach London abgereisten jüdischen Frau Margot. Und er fügte hinzu: „ ... aber emigrieren kann ich zunächst nicht, denn das hieße, mich in das jüdische Lager hinüberziehen zu wollen, und da sage ich: nein!"[6] Das Problem löste sich, indem er die Scheidung gegen die Jüdin einreichte. „Mit Rücksicht auf die lange Trennung der Parteien und ihre rassische Verschiedenheit", gab das Landgericht Hamburg vierzehn Tage nach Kriegsbeginn dem Begehren statt.[7]

Doch schon im Dezember 1938 fand er einen lukrativen Job als Lektor und Leiter der Berliner Filiale des Stalling-Verlages, dessen Vorstandsvorsitzender er 1942 nach dem Tod Heinrich Stallings wurde. Dazu mußte er in die Reichsschrifttumskammer aufgenommen werden. Sie ließ durch den SD und die NSDAP-Gauleitung Schleswig-Holstein Nachforschungen über Zehrer anstellen. Das Ergebnis war letztlich positiv. Sachbearbeiter Karl Heinrich Bischoff in einer Aktennotiz: „Als Ergänzung zu den Auskünften des SD als auch der Gauleitung möchte ich darauf hinweisen, daß Zehrer der bekannte Schriftleiter der Zeitschrift *Die Tat* war ... Eine Reihe führender Nationalsozialisten haben die Zeitschrift *Die Tat* schon früher gelesen. Zehrer hat als Mitarbeiter für diese Zeitschrift bedeutende Köpfe wie Giselher Wirsing, Ullmann, Eschmann usw. gewonnen. Ein endgültiges bedingungsloses

Umschwenken zum Nationalsozialismus wird wahrscheinlich ... die jüdische Frau verhindert haben ... "

Da war, was dem Sachbearbeiter wohl entgangen war, Zehrer schon mehr als zwei Monate geschieden. Vielleicht wäre es gar nicht nötig gewesen, denn der Sachbearbeiter kam zu dem Schluß: „Trotzdem wäre es schade, wenn ein so fähiger Kopf wie Zehrer ausgeschaltet oder gar in das gegnerische Lager gedrängt würde ... Ich bin also dafür, ihn unbedingt sich bewähren zu lassen."⁸ Und so geschah es. Zehrer wurde in die Reichsschrifttumskammer aufgenommen.

Aus dieser Inneren Emigration kehrte Zehrer 1945 frisch und ausgeruht zurück. Mit einem – Frucht des süßen Exils – dicken Buch „Der Mensch in dieser Welt", samt Vorwort von Landesbischof D.Dr.Hanns Lilje, der – das war als Kompliment gedacht – Hans Zehrer nach dem zweiten mit Oswald Spengler nach dem ersten Weltkrieg verglich.⁹

Die Chefredaktion der *Welt* – sie war, unvorstellbar nach vierundvierzig real existierenden Jahrgängen dieses Blattes, von der britischen Besatzungsmacht als Gegenstück zur *Times* gedacht – mußte er nach wenigen Wochen wieder abgeben, ein ahnungsloser Besatzungsoffizier hatte ihn bei der Gründung Ende 1945 eingesetzt. Doch Zehrer fand Asyl als Chefredakteur von Landesbischof Liljes *Deutschem Allgemeinem Sonntagsblatt,* und arbeitete in seiner Freizeit am Programm der DRP, der Deutschen Rechts-, bald Deutschen Reichs-Partei, aus der schließlich unsere NPD erstand. Mit einigen Zehrer-Ideen von damals hätte freilich sogar sie noch einige Schwierigkeiten: Monarchie als beste Staatsform, Fahne Schwarz-Weiß-Rot, staatliche Einheit auf dem gesamten „von den Vorfahren ererbten und bebauten deutschen Boden". Der Rest ist bis in die Tiefen der Union noch heute konsensfähig: anstelle der „einseitigen, von Vergeltungsdrang beherrschten Entnazifizierung" eine „objektive Anti-Terrorgesetzgebung."¹⁰

Verständlich. Denn die Briten hatten 1946 schließlich statt Zehrer aus Kampen einen Sozialdemokraten (Rudolf Küstermeier) aus dem KZ zum Chefredakteur der *Welt* ernannt. Axel Springer, der schließlich das Blatt gekauft hatte, übte Wiedergutmachung und setzte 1953 Hans Zehrer wieder in die Chefredaktion. Er war ihm schon längst sein liebster publizistischer Berater geworden. Bei der Gründung des *Hamburger Abendblatts* ebenso, wie bei der Fabrikation von *Bild*, wo der gute Freund als „Hans in Bild" mehr Erfolg hatte als Joseph Goebbels mit seinen Leitartikeln im *Reich*.

Denn wie es weiterging, ist bekannt. Als „der große Journalist, Patriot und Gottsucher"¹¹ im August 1966 von Axel Springer zu Grabe getragen wurde, da stand sein Denkmal schon fünf Jahre. Am 5. August 1961 hatte er geschrieben, daß die steigenden Flüchtlingszahlen der Beweis für das „verlorene Spiel" Walter Ulbrichts seien.[12] Der sah es ein und baute ihm genau eine Woche später die Mauer. Konrad Adenauer hatte gut aufgepaßt. Als Zehrers Verleger in Bonn vorstellig wurde, sagte ihm der Kanzler: „Ja, Herr Springer, und Ihre Zeitungen haben die Mauer doch mitaufgebaut. Jeden Tag hat die Bild-Zeitung triumphierend die Flüchtlingszahlen hinausposaunt. Da mußte der Ulbricht doch was tun."[13] Wenn in diesen Worten ein Vorwurf gesteckt haben sollte, so war er ungerecht. Arbeitete doch Zehrer in engstem Zusammenhang mit Adenauers höchster Dienst-Stelle. „Lieber Axel", schrieb Hans seinem lieben Axel, „ich hatte eben ein längeres Gespräch mit den Gehlen-Leuten, das politisch ganz interessant war. Dabei wurde mir ein Gruß von Gehlen selber bestellt, sowie das ausdrückliche Angebot, er sei jederzeit bereit, uns wieder, wie schon einmal, einen offenen Lagebericht geben zu lassen." Dieser Brief stammt vom 17. Mai 1961. Man stand vor den Abschlußarbeiten. Und Gefahr war auch bald im Verzug. Nachdem sich die USA auf Kuba im April ihre Schweinebucht geholt hatten, gab sich Kennedy Anfang Juni beim Gipfeltreffen in Wien versöhnlerisch gegenüber Chruschtschow. Es stank nach Weltfrieden. Es mußte mehr denn je getan werden. Am 16. Juni 1961 schrieb Zehrer einen Leitartikel über den 17. Juni 1962 – und er ahnte wirklich nicht, wie recht er hatte, als er formulierte: „So wie seine sieben Vorgänger feiern wir den 17. Juni zum letzten Mal! Der 17. Juni 1962 wird ein ganz anderes Gesicht zeigen. Es gehört keine Sehergabe dazu, das vorauszusagen." Und dann legten sie Tag für Tag ihre Balkenüberschriften aufs glimmende Feuer, damit es wieder hell auflodere als Signal der Freiheit der freien Welt. Springers BZ am 13. Juni „Massenflucht", Bild am 9. August „Flüchtlingsstrom", BZ am 10. August „Die Flucht wird zur Lawine", Die Welt am 11. August „Verzweifelte Menschen fliehen aus der Hoffnungslosigkeit". Am 13. August war das Werk vollendet – etwas anders als geplant. In dem Nachruf, den Zehrers engster Gefährte Ferdinand Fried ihm in der Welt schrieb, gibt es zwei bemerkenswerte Sätze. Den ersten muß man dreimal lesen, bevor man ihn nicht innerhalb des Springer-Gebots der Ablehnung aller Extreme von rechts und links versteht, sondern – und so war und ist das letztlich immer gemeint – als klare Parteinahme für Rechtsaußen gegen linke wie liberale Demokraten: „Nach dem Zusammenbruch von 1918 blieb er Soldat, und zwar bei den Gardeschützen, und beteiligte sich an der Unterdrückung des Spartakus-Putsches sowie später auch am Kapp-Putsch in Berlin."

Der nächste Satz war zumindest zur Hälfte die lautere Unwahrheit, und niemand mußte das besser wissen als ihr Autor, Ferdinand Fried. Über *Die Tat* und die *Tägliche Rundschau*, deren Chefredakteur Zehrer war, schreibt Fried: „Im Lauf des Jahres 1933 wurden beide Organe von den Nationalsozialisten verboten."[15]

Die Tat wurde nie verboten, schon gar nicht, seit Hans Zehrer ihre „Führung" im September 1933 in die Hände seines langjährigen Mitarbeiters Giselher Wirsing legte. Sollte der SD etwa sich selbst verbieten? Sie bestand auch 1939 weiter, als sie sich in *Das Zwanzigste Jahrhundert* umbenannte, ja sie verdoppelte sich 1941, als Klaus Mehnert in Schanghai *The XXthCentury* herausgab.

Und die *Tägliche Rundschau*? Als Ferdinand Fried am 25. August 1966 von diesem Verbot durch die Nazis schrieb, war der genaue Sachverhalt seit zwei Jahren bekannt, und es müßte seltsam gewesen sein, wenn er ihn nicht zur Kenntnis genommen hätte. Denn genau im August 1966 lag auf vielen Journalistenschreibtischen unserer Republik die gerade erschienene rororo-Ausgabe von Joseph Wulfs (erstmals 1964 veröffentlichtem) Dokumentationsband „Presse und Funk im Dritten Reich". Und auf Seite 28 konnte Fried nachlesen, was es mit dem Verbot auf sich hatte:

April 1933 erfolgte das erste Verbot der Täglichen Rundschau, das Ausscheiden von Hans Zehrer und meine Betrauung als Hauptschriftleiter der Täglichen Rundschau auf Wunsch der Geheimen Staatspolizei Berlin. Im Juni gab ich diesen Auftrag an die Geheime Staatspolizei zurück, da ich meine Wünsche und die Wünsche der Partei beim Verlag nicht mehr durchsetzen konnte, legte ich mein Amt als Hauptschriftleiter nieder und schied gemeinsam mit meinen Freunden Giselher Wirsing und E.W.Eschmann aus der Täglichen Rundschau völlig aus. Daraufhin wurde die Zeitung völlig verboten.

Inzwischen hatte ich mich dem Reichsführer SS zivil vollständig zur Verfügung gestellt, der mir nun den Auftrag gab, die Hauptschriftleitung der Münchner Neuesten Nachrichten in München zu übernehmen. Juli 1933 erfolgte die Übersiedlung nach München. Eintritt in die SS und in den SD war damals mit Gruppenführer Heydrich bereits verabredet. Lebenslauf und sonstige Angaben wurden damals bereits bei Gruppenführer Heydrich eingeliefert.

Es handelt sich hier um einen handschriftlichen Lebenslauf, unterschrieben von – Friedrich Zimmermann, was, wenn er sich erinnern wollte, sein richtiger Name war. Weil er als Gestapo-Beauftragter keine Lust mehr hatte, die *Tägliche Rundschau* mit ihrer geringen Auflage von rund zehntausend Exemplaren weiterzuführen, wurde das Blatt verboten, und er konnte dafür die auflagenstarken und einflußreichen *Münchner Neuesten Nachrichten* übernehmen, bis er zu noch höheren Aufgaben abberufen wurde und die Chefredaktion Giselher Wirsing überließ. Wie Fried in seinem handschriftlichen Lebenslauf weiter verriet, stand er seit 1930 in „ständige[r] Fühlung", mit der NSDAP. Und dazu hatte er „seit Sommer 1932 ständige Verbindung mit dem Reichsführer-SS Himmler, besonders auch während der Kanzlerschaft Schleicher." Und das bedeutet: während sein Freund Zehrer mit der *Tat* und der *Täglichen Rundschau*, subventioniert mit Reichswehr-Geldern, für Schleicher arbeitete, spionierte Fried für Himmler alles aus. Und das konnte tödlich sein: denn Schleicher, er wurde ja tatsächlich am 30. Juni 1934 mit seiner Frau umgebracht, konspirierte mit dem Strasser-Flügel der NSDAP und mit den Gewerkschaften, weil er eine autoritäre Regierung gegen Hitler bilden wollte. Zehrer, der die Spionage-Tätigkeit des Freundes allerspätestens 1964, sicherlich aber schon sehr viel früher bemerkt haben mußte, hielt Zimmermann, der ihn verriet, trotzdem die Treue, womöglich war alles auch nur – Zehrer überlebte – eine Hiag, eine Hilfsgemeinschaft auf Gegenseitigkeit.

Fried wurde ja auch irgendwie verfolgt, denn sie ließen ihn, wie er in seinem Lebenslauf bedauert, nicht sofort in die Partei und in ihre Schutzstaffel: „Meine Absicht, zur NSDAP und SS überzutreten, bereits eingeleitet durch SS-Führer Kranefuß, wurde durch die Ereignisse seit der Machtergreifung an der Ausführung verhindert; nach der Revolution trat ich vereinbarungsgemäß, besonders auch auf Rat von Reichsminister Dr. Goebbels, nicht mehr in die Partei ein, um ihr von außen dienen zu können."[16]

Und wie er ihr diente. Fried war der Vertrauensmann der SS, der die Entwicklung in den großen Zeitungsverlagen genau beobachtete, und auch, wie bei den *Münchner Neuesten Nachrichten*, selbst eingriff. Erst im September 1934 vollzog Himmler selbst die Aufnahme in die SS, wegen der bisher ruhenden Mitgliedschaft gleich in den Rang eines Obersturmführers. In der *Tat* vom April und vom Juli 1934 hat er zwei bemerkenswerte Aufsätze über „Das Schicksal der Presse" veröffentlicht, indem er auch das Ergebnis seiner eigenen Tätigkeit nicht aussparte: „...ebenso bemerkenswert ist die Entwicklung bei den *Münchner Neuesten Nachrichten*. Der Verlag Knorr und Hirth, der größte süddeutsche Zeitungsverlag, gehört einer Gruppe von Industriellen unter hervorragendem Anteil der Gutehoffnungshütte mit deren Generaldirektor Kommerzienrat Reusch[17]. Man konzentrierte die Aufmerksamkeit in erster Linie auf die Wirtschaftspolitik; die politische und kulturelle Entwicklung wurde weniger beachtet, und es gelang daher einem Kreis von klerikalen, separatistischen und jüdischen Politikern, die Gestaltung der *Münchner Neuesten Nachrichten* zu bestimmen. Dies geschah in einem so bedrohlichen Ausmaß, daß man sich nach der Machtergreifung in Bayern gezwungen sah, von hoher Hand einzugreifen."

Als ausführendes Organ erwähnt Fried den bereits bekannten MNN-Wirtschaftsredakteur Leo Friedrich Hausleiter, die eigene Rolle verschweigt er. Dagegen formuliert er die sicherheitsdienstlichen Aufgaben seines Kollegen Wirsing nahezu im Klartext:

„Die besonders wichtigen Aufgaben der p o l i t i s c h e n S c h r i f t l e i - t u n g, die bei dieser Bauart auch höhere politische Wirkung für den neuen Staat gewinnen, hat Hausleiter in die Hände des den *Tat*-Lesern wohlbekannten D r. G i s e l h e r W i r s i n g gelegt, der hier einen außergewöhnlich kräftigen Ansatzpunkt zur tätigen Auswirkung seiner außenpolitischen Gedankengänge fand: um München als der südlichen Hauptstadt Deutschlands sind besonders starke und bedeutsame Auslandsstellungen aufgebaut, von Prag über Wien, Budapest, Belgrad nach Rom, und nach Zürich, Genf und Paris; um Süddeutschland breitet sich ein Gürtel des Auslandsdeutschtums: Sudetendeutsche und Österreicher, sowie andere deutschsprachige Gebiete wie Schweiz und Elsaß."

Der SS-Obersturmführer in spe entwickelt in seinem Aufsatz eine interessante Medientheorie, die von der Hypothese ausgeht, daß es die wirtschaftliche und nicht die politische Entwicklung gewesen sei, die 1933 die Presse „nach Vereinheitlichung drängte". Das Zeitungswesen sei in sich selbst verfallen: „Dazu kam ein weiterer schlimmer Feind des Zeitungswesens, der nicht mit der Politik zu tun hatte: d e r R u n d - f u n k. Mit bewundernswürdigem Fingerspitzengefühl hat sich der Reichspropagandaminister gerade für diese Einrichtung eingesetzt, indem er sie als besonderes Werkzeug des Nationalsozialismus erklärte. Man ahnt die Entwicklung, wenn man im Stillen vergleicht, daß der Rundfunk im Nationalsozialismus eine ähnliche Rolle spielen kann wie die Zeitung im Liberalismus... D e n n d e r L i b e r a l i s m u s a r b e i - t e t m e h r m i t d e m g e s c h r i e b e n e n, d e r N a t i o n a l s o z i a l i s - m u s a b e r m i t d e m g e s p r o c h e n e n W o r t. Die Rundfunkübertragung von Staatsereignissen und Staatshandlungen, von Reichstagssitzungen, Ansprachen des Führers ... sind Gemeinschaftserlebnisse des ganzen, einigen Volkes, die der Liberalismus seiner Natur nach niemals vermitteln kann."

Dem trage, und da hatte Fried völlig recht, der „ebenfalls von Dr. Goebbels glücklich aufgegriffene Gedanke des Volksempfängers" Rechnung. Sein Ziel, „daß jede deutsche Haushaltung an den Rundfunk angeschlossen ist und einheitlich und geschlossen von der Reichsleitung unterrichtet werden kann."

Eigentlich kam Fried zu dem Ergebnis: „Die Weltanschaung des Nationalsozialismus stellt so sehr eine Ganzheit dar, daß es auf die Dauer keine anderen Gesinnungen und also auch keine anderen Zeitungen neben ihm geben kann."

Und so freute er sich verständlicherweise, daß seine früheren Kollegen von Ullstein und Mosse vertrieben wurden: „Der schlimmste Schwarm der Schreiber war freilich auch hier schnell aufgescheucht und nach Wien, Prag oder Paris geflattert, aber es blieb noch genug, was ängstlich geduckt der Schläge harrte.".

Doch bemerkenswert ist, was er als Aufgabe von Schrift- und Verlagsleitung der *Frankfurter Zeitung* formulierte: „Beide waren betont jüdisch, machten auch keinen Hehl daraus und stellten sich und der Zeitung die gewiß wichtige Aufgabe, zwischen dem vornehmen Judentum und dem neuen nationalsozialistischen Staat zu vermitteln. Dieser erkannte die Aufgabe an und verschonte das Blatt vor Eingriffen, zumal es sich selbst ehrlich um Verständnis bemühte ... Sie (die *Frankfurter Zeitung*) hatte und hat wohl noch bestimmte Vorrechte in der Meinungsäußerung, zumal sie im Auslande sehr angesehen und viel gelesen ist."[18]

Fried, der 1936 zum Sturmbannführer der SS aufstieg, bekam 1938 eine Professur im besetzten Prag zugeteilt. Ein Jahr zuvor hatte er im Blut und Boden Verlag der Reichsbauernstadt Goslar eine wichtige Untersuchung über weniger vornehmes Judentum veröffentlicht: „Der Aufstieg der Juden". Ergebnis: „Kamen die Nordvölker als Krieger mit dem Schwert, um sich schließlich Land für den Pflug zu verschaffen, so versuchten die unterdrückten semitischen Völkerstämme hinterher allmählich das von den Eroberern geschaffene Staatengebilde zu unterhöhlen und zu zersetzen, und ganz entscheidend zu Hilfe kam ihnen dabei ihre Gabe der List und des Betruges, durch die sie das Eroberte langssam wieder abgaunern konnten; gegen die Gewalt des Schwertes setzten sie gewandte Schläue und Überredungskunst und gegen die Arbeit des Pfluges den Schuldschein und den Wucher."

Kurz: „Diese Semiten konnten keinen Staat aufbauen, sondern nur einen Staat zerstören, sie konnten keine Kulturgüter schaffen, sondern nur Kulturgüter stehlen oder vernichten. Sie konnten keine Geschichte machen, sondern nur Geschichte fälschen."[19]

In Zehrers Gefolge zog Ferdinand Fried in die Redaktion der *Welt* ein und übernahm das Ressort Wirtschaftspolitik. „Böses kann er nie getan haben", schrieb die *Welt* am Tage nach seinem Tod. Solchen Nachruf hatte Ferdinand Fried dringend nötig.[20]

13. Immer im Dienst für die Sicherheit – Ein Korrespondentenleben, kurzgefaßt: Heinz Barth

„Gewaltige Telefonrechnungen ließen darauf schließen, daß Barth für seine Beiträge Lobbies und Claquen zusammenstellte, die fabelhaft funktionierten."[1] Kaum jemals hat ein Chefredakteur auf dem Sarg eines Mitarbeiters so sorgfältig abgerechnet wie Herbert Kremp von der *Welt* am Grab seines einstigen Korrespondenten Heinz Barth. Der „Meister der Feder", der „weltgewandte Beobachter der Länder, der Politik und ihrer Akteure" (*Welt*-Todesanzeige[2]) arbeitete seit 1940 für *Das Reich* des Dr.Joseph Goebbels und seit 1949 für *Die Welt*, schon vier Jahre bevor sie Axel Springer gehörte. Reinhard Heydrichs ehemaliger Vertrauter Franz Heinrich Pfeifer, alias Heinrich Orb, notierte nach seiner Flucht vor seinem einstigen Vorgesetzten vom Sicherheitsdienst des Reichsführers SS über den Journalisten: „Heinz Barth, Mitglied des SD-RFSS, der als Auslandskorrespondent so provozierend in Madrid und Burgos auftrat, daß es auch der spanischen Regierung nicht verborgen bleiben konnte, daß sie es mit einem wichtigen Funktionär der deutschen Spionage zu tun hatte."[3]
Und auch Herbert Kremp, der vom Chefredakteur zum Chefkorrespondenten heruntergehobene *Welt*-Mann machte in seinem Nachruf kein Geheimnis aus den besonderen Nebentätigkeiten seines für die *Welt* auch in Washington und Paris tätigen Kollegen. Kremp: „Wo immer er wohnte, mußte der Stil des Arrondissements und des Interieurs mit der Bedeutung des Auftrags harmonieren. Die Créme der Politik war bei ihm zu Gast. Es kann sein, daß in der Villa in Georgetown Komplotte gegen die Entspannungspolitik geschmiedet wurden, die manches mit Politik und einiges weniger mit Journalismus zu tun hatten."[4]
Seinem – von Kremp nicht näher erläuterten – Auftrag ist der „Nestor unserer Zeitung wie des deutschen Journalismus" stets treu geblieben, die *Welt*-Redakteure konnten nie anders, als der „Spannweite unseres Kollegen" ebenso „Respekt" zu bezeugen wie seiner „Handschrift", die „er nie verleugnete".[5]
Ob Barth nun 1941 für Goebbels' *Reich* im „schillernden Tanger", „jüdische Agenten" und andere „unliebsame Elemente" aufspürte und die „endgültige und energische Ausräumung dieses Infektionsherdes"[6] verlangte, oder ob er 1968 für Springers *Welt* das „humanitäre Versagen

des Amerikas Roosevelts"[7] tadelte, weil es zuwenig der auch von Barth mitverfolgten Juden aufnahm – Spannweite beweist das und doch auch die gleiche Handschrift.

Im *Reich* klagte Barth, daß „England, Amerika und die Juden raffiniert Hand in Hand arbeiten", und daß „das Judentum die letzten Energien aus dem französischen Afrika"[8] pumpt; in der *Welt* bewunderte er den „durchschlagenden Erfolg, den die Waffen Israels, früher als es selbst seine Freunde erhofften, erzielt hatten".[9]

Im *Reich* entdeckte er, „völlig entwurzelte Elemente wie de Gaulle" hätten „das Spiel endgültig verloren"[10]; in der *Welt* zeigte er – solange de Gaulle mächtig war – „Bewunderung für seine Erscheinung".[11]

Im *Reich* freute er sich nach Bombenangriffen auf Berlin vom sicheren Spanien aus über die „hartgeschmiedete Reife eines Volkes", das jetzt auch „das Hassen" gelernt habe, in der *Welt* fühlte er sich in Versammlungen Robert Kennedys „an unselige Sportpalast-Zeiten erinnert"; denn „nicht anders wurde dereinst ‚der Volkswille' in die gewünschten Bahnen gelenkt".

Noch im Alter von 77 Jahren half er bei der richtigen Lenkung mit. Damals, 1987, tauchte er ganz überraschend, aber sehr empört als Kritiker eines Buches über „Das Auswärtige Amt im Dritten Reich" des Historikers Hans-Jürgen Döscher auf, dem er beträchtliches Detailwissen geradezu vorwarf. Döscher hatte sich eingehend mit der Durchdringung des Auswärtigen Amtes durch die SS und ihren SD befaßt, und das mißfiel. Barth vermißte – was immer man darunter bei einer nüchternen historischen Untersuchung verstehen mag – „politische Ausgewogenheit". Für Barth war die Studie eine „Anklageschrift", an der er insbesondere den Abdruck von fotokopierten Personalbogen der SS-Diplomaten beanstandete. Barths Verdikt: „üppig dokumentiert", aber mangelnde Unvoreingenommenheit und ohne „erlebte Kenntnis des Themas".[12]

Die freilich hatte er selbst. Zusammen mit seinem SD-Kollegen Paul Schmitz vom *Deutschen Nachrichtenbüro* arbeitete Heinz Barth beispielsweise an einer von AA-Sprecher Paul Karl Schmidt herausgegebenen Kampfschrift über die faschistische „Revolution am Mittelmeer" mit. Schmidt, gleichfalls dem SD verbunden, wollte mit seinem Propagandawerk der Neuordnung Europas durch die Achse dienen, „weil in der Zukunft Europa nur in den faschistischen und nationalsozialistischen Lebensformen wird leben können".[13]

Verständlich, daß dem Mitarbeiter von 1940 noch 1987 ein Buch über die Beziehungen des Auswärtigen Amtes zu SS und SD mißfallen mußte.

Aber auch sonst plädierte er als *Welt*-Korrespondent mehr für Schweigen als für Pressefreiheit. Als die *New York Times* 1971 durch Dokumente enthüllte, wie sehr US-Präsidenten bei der Intervention in Vietnam die Nation betrogen hatten, da definierte Barth sein Berufsethos: „Es ist weit gekommen mit dem Mißbrauch der Pressefreiheit und mit der Dekadenz des journalistischen Berufsethos, wenn Amerikas einflußreichste und geachtetste Tageszeitung in der Verfolgung ihrer politischen Ziele vor dem Geheimnisverrat nicht zurückschreckt." Dieser „Verrat", so brandmarkte Barth die Kollegen, lasse sich „nicht einmal mit einer zwingenden publizistischen Notwendigkeit rechtfertigen". Denn es sei ja nicht neu, sondern insbesondere vom „politischen Flagellantentum" längst „millionenfach und bis zum Erbrechen wiederholt", daß die USA – so formulierte er das – „nicht blind in die Eskalation des Vietnam-Krieges stolperten".[14]

Schweigen war sein oberstes Gebot, wenn es zum Krieg ging. Als 1968 herauskam, daß der angebliche Tonkin-Zwischenfall, mit dem Präsident Johnson die USA 1964 in den Vietnam-Krieg führte, ein Schwindel war, da wehrte Barth ab: „Wozu soll das, dreieinhalb Jahre nach den Ereignissen dienen? Es liefert dem Kommunismus nur eine Propagandamunition."[15]

Herbert Kremp im Nachruf: „Obwohl kaum je, nur gezwungen und ungern, Soldat, war Heinz Barth kein Pazifist. Nie wäre er auf die Idee gekommen, Rüstungen für den Unfrieden verantwortlich zu machen." Barth wußte eben, so Kremp, daß „man Konflikte am besten dadurch beseitigt, daß man als Gewinner aus ihnen hervorgeht". Überschrift: „Heinz Barth – ein Journalist mit Perspektive und Eleganz"[16]

14. Nichts mehr gegen Juden – Mit Globke, Neumann und Jahn eine einzige Arbeitsgemeinschaft demokratischer Kreise: Karl Willy Beer

23. Juni 1945. Berlin liegt in Trümmern. Auf dem Kurfürstendamm trifft Matthias Menzel einen alten Bekannten. Er nennt ihn Hartbeck, beschreibt ihn als „einen Mann, der etwas geworden war im Reiche Hitlers". Zuerst ein „Talent im jungen Aufblühen", und im Laufe der Nazi-Jahre „ein Geschmeichelter und Geehrter". Nun ist er am Ende. Menzel sieht ihn: „Er schlurft durch die Straßen. Es ist nicht viel Mark in ihm geblieben." Menzel fragt: „Wohin treibt er? Wohin treibt es ihn?" Menzel weiß: „Er war gut und stark und innerlich nie ein Mann der Leute von gestern."

Innerlich.

Menzel philosophiert: „So wandelt ein Tag die Menschen. Auf dem Kurfürstendamm trifft man sie alle. Sie sehen jetzt verändert aus, haben keine Krawatten und keine Bügelfalten, knittrige Hosen und schnorren um Zigaretten. Wo unterschlüpfen, wo ein Obdach finden? Sie raunen sich Verhaftungen zu, Gefährdungen, wissen mit der Lage nichts anzufangen und antichambrieren bei ihren Chauffeuren und Stiften. Die Starken von gestern sind die Zitternden von heute geworden."

Hunderttausenden mag es so gehen, überlegt Menzel: „Sie möchten die Mitgliedschaft abschütteln, und wenn dies nicht geht, sie wenigstens durch eine Qualifikation, die heute gilt, wettmachen. Welch armselige Eigenschaften sind die sogenannten politischen Bekenntnisse."[1]

Matthias Menzel schüttelt sich. Was hätte er erst gesagt, wenn er auf dem Kurfürstendamm Willy Beer getroffen hätte, den jungen Journalisten, der als religiöser Sozialist 1933 beim *Berliner Tageblatt* begonnen hatte und als Durchhaltepropagandist im *Reich* und in der *Deutschen Allgemeinen Zeitung* endete. Wo war Willy Beer nur geblieben? Er verschwand immer so schnell und wurde ein anderer, wenn irgendjemand glaubte, ihn treffend beschrieben zu haben.

Ich sah ihn das letzte Mal, als er schon einige Zeit tot war. In der Zeit zwischen Weihnachten und Neujahr 1987, in der Woche, in der man schmutzige Wäsche nicht waschen und schon gar nicht im Freien aufhängen soll. In diesen Still- und Schweignächten, in denen – laut Handwörterbuch des Deutschen Aberglaubens, Band 9, Spalte 981ff –

Geister und Seelen in mannigfachen Gestalten und Verkleidungen erscheinen, in dieser Spukzeit, in der man sich still verhalten muß und keine Tür offen lassen darf, und wer den Teufel sehen will, setzt sich auf eine Kuhhaut. Ich hatte keine und blätterte stattdessen, während ich – was man in dieser Woche auch nicht soll – für den WDR an meinem Beitrag über Werner Höfer arbeitete, in einem Buch, das gerade aus dem Langen-Müller Verlag des dunkelbraunen Fleißner-Imperiums auf meinen Schreibtisch geraten war.

Und da sah ich ihn, nein, nicht den Teufel, überhaupt nicht, ich sah auf einem wahrhaft gespenstischen Foto ein Stück vom Anbeginn unserer Republik, gegenüber der Seite 192, das Gruppenbild: in der Mitte Adenauer im Stresemann mit erhobenen Zeigefinger, er sagt etwas – vier hören ihm zu.

Was er sagt, wissen wir nicht, die Bildunterschrift verrät nur dies: „Gespräch über Schwerpunkte der Öffentlichkeitsarbeit."[2] Doch die Herren, die im Halbkreis um ihn stehen, bilden mit ihm eine unerschütterliche Arbeitsgemeinschaft demokratischer Kreise und diese Herren lassen sich sehr genau beschreiben.

Rechts außen vorn im Bild: Hans Edgar Jahn, Verfasser des Buches „An Adenauers Seite – Sein Berater erinnert sich", in das ich jetzt in den Schweignächten des Jahres 1987 schaue, und Präsident, damals, der Arbeitsgemeinschaft Demokratischer Kreise, der mächtigen Propagandakompanie für unsere Remilitarisierung[3]. Als Student bekam Jahn seine entscheidenden publizistischen Impulse von Emil Dovifat, und er ist auch sonst geistig gut gerüstet für das verantwortungsvolle Amt, das er hier ausfüllt. Denn er wußte schon immer: „Mit der Vernichtung des Bolschewismus wird der letzte große Versuch des Judentums nach Erlangung der Weltherrschaft zerschlagen werden... Noch nach Jahrtausenden aber wird die Menschheit und vor allem die Jugend mit Achtung und Ehrfurcht einen Namen nennen: Adolf Hitler." So endete „Der Steppensturm", Jahns Sachbuch über den „jüdisch-bolschewistischen Imperialismus" aus dem Jahre 1943, das die „ganze Erbärmlichkeit der jüdischen Rassenseele" ausleuchtete und darüber aufklärte, daß es sich bei Sowjetrussen um „Bastarde zwischen Tier und Mensch" handelt, und zwar schon seit den präbolschewistischen Zeiten eines Iwan des Schrecklichen. Jahn: „Iwans Kampf galt vor allem den nordischen Typen... der jüdische Bolschewismus sagte der ganzen nordischen Menschheit, der gesamten Kultur und dem Hüter dieser Kultur, dem deutschen Volk, den Vernichtungskampf an."[4]
Genau zu erkennen ist auf dem Gruppenbild nicht, wohin Präsident und

Kanzler-Berater Jahn blickt. Ob zu Adenauer in der Mitte, oder rechts von ihm – ganz links im Bild – zu Hans Globke, dem noch wichtigeren Berater, der schon vor der Machtübergabe, als Adenauer noch Präsident des Preußischen Staatsrates war, im Innenministerium als Referent für Personenstandsfragen entschied, daß der Familienname der „Kenntlichmachung der blutsmäßigen Zusammenhänge" zu dienen habe. Globke am 23. Dezember 1932 in einer Richtlinie für die Behörden, von deren Veröffentlichung „Abstand zu nehmen" war: „Bestrebungen jüdischer Personen, ihre jüdische Abkunft durch Ablegung oder Änderung ihrer jüdischen Namen zu verschleiern, können daher nicht unterstützt werden. Der Übertritt zum Christentum bildet keinen Grund, den Namen zu ändern..." Konsequent schrieb Globke 1936 den Kommentar zum Gesetz zum Schutze des deutschen Blutes und der deutschen Ehre vom 15. September 1935 und sorgte 1938 dafür, daß Juden zu Erkennungszwecken den zusätzlichen Vornamen Israel oder Sara führen mußten.[5]
Der Dritte auf dem Gruppenbild, rechts neben Globke, mit dem Rücken zu uns: Erich Peter Neumann, der Gemahl und CDU-Bundestagsabgeordnete, den wir schon kennen und der zusammen mit Elisabeth Noelle die richtigen Meinungen aus der Bundesrepublik mit derselben Zuverlässigkeit ausforschte wie einst der SD in seinen „Meldungen aus dem Reich". Antisemit auch er, der nach der Konzentration der „abstoßenden Vielfalt aller jüdischen Typen" im Warschauer Ghetto aufatmete, wenn er sich durch den judenfreien Rest der Stadt bewegte und dort einem Trupp deutscher Soldaten „marschierend und mit klingendem Spiel" begegnete: „Inmitten der Spuren des Krieges eine fast feierliche Szene."[6]
Der vierte auf dem Gruppenbild um Adenauer, als einziger nicht dunkelgewandet, sondern im hellgrauen Zweireiher, blickt – betreten oder sinnend? – zu Boden: er ist es, Karl Willy Beer, streng antikommunistischer Chefredakteur der Westberliner CDU-Zeitung *Der Tag*, Chef des christdemokratischen Theorie-Organs *Die politische Meinung*, in der er an der Hatz gegen „Deutsche Illusionisten" wie den FAZ-Abweichler Paul Sethe teilnimmt.[7]
Den Herrn neben ihm, Hans Edgar Jahn, der sich vorher nur Hans Jahn nannte, so wie er sich selbst nur Willy Beer, könnte er im September 1933 gesehen haben, in Nürnberg, auf dem Reichsparteitag des Sieges. Der persönliche Adjutant des Führers, SA-Obergruppenführer Wilhelm Brückner, hatte den Matrosen Hans Jahn eingeladen, der das goldene HJ-Ehrenabzeichen trug, weil er schon drei Jahre vor der Machtübergabe Mitglied war. Brückner stellte den jungen Jahn dem Führer vor und

versprach Förderung von höchster Stelle, was dann auch in großzügigster Weise mit einem hohen Stipendium für die gesinnungsstarke Hochschule für Politik in Berlin geschah.[8]

Für den jungen Willy Beer, der im Juli 1933 beim *Berliner Tageblatt* seine journalistische Karriere begonnen hatte, war der Auftrag, im September über den Nürnberger Parteitag zu berichten, eher unangenehm. Seine BT-Kollegin Margaret Boveri bestätigt ihm in ihren Memoiren „Wir lügen alle", daß er in diesem Artikel nicht zu weit ging: „Er zeigt Beers Geschick, in der gebotenen Bejahung dessen, was er schildert, doch Fragen aufklingen zu lassen, Reserven anzumelden." Dabei half ihm ein Talent, das ein anderer BT-Kollege, Hans Gerth, so formulierte: „Er war blond, hatte Theologie studiert und kannte sich aus mit Worten, die so klangvoll auf – heit und -keit auslaufen und die, im Brustton der Überzeugung gesagt, ebenso tief wie hohl hallen."[9]

Den Herrn rechts von Adenauer hatte Beer mit Sicherheit nicht gesehen, als er 1935 wieder als BT-Berichterstatter nach Nürnberg, diesmal zum Reichsparteitag der Freiheit kam. Hans Globke hatte keine Anwesenheitspflicht, als das von ihm mitvorbereitete „Gesetz zum Schutz des deutschen Blutes und der deutschen Ehre" verabschiedet wurde. Beer aber entledigte sich seiner Aufgabe wieder mit einigem Geschick: *Selten hat der nationalsozialistische Staat so Schritt gehalten mit den Forderungen, die die Bewegung ihm gestellt hat. Wir verstehen, wie stark hier das bekannte Wort „die Partei befiehlt dem Staat" seine Verwirklichung gefunden hat. Nach der denkwürdigen Reichstagssitzung in Nürnberg wird es keinen Zweifel mehr darüber geben, wie die verschiedenen Proklamationen des Parteikongresses auszudeuten sind. Die Legislative hat schon Stunden nach dem Zeitpunkt eingesetzt, an dem erst die Forderungen von der Rednertribüne des Kongresses erschollen. Von Potsdam nach Nürnberg ist nur ein Weg von zweieinhalb Jahren, aber ein Weg, der alles am Straßenrand zurückläßt, was keinen starken Atem hat. Wenn noch eine Steigerung möglich war, so hatte man in dieser Sitzung den Eindruck, wie stark der Nationalsozialismus sich dem deutschen Volke aufprägt."* [10]

Das war, für die alten Leser des *Berliner Tageblatts* leicht erkennbare, Kritik an den Nazis, die aber in keiner Formulierung nachweisbar war – hier hatte tatsächlich einer zwischen den Zeilen etwas anderes geschrieben als das, was in den Zeilen stand.

BT-Chefredakteur Paul Scheffer schien sich getäuscht zu haben, als er schon im Herbst 1934 nach einer Goebbels-Rüge samt mehrwöchigem Zwangsurlaub für Beer infolge eines mißliebigen Kirchen-Kommentars sagte: „Jungen Pferden fährt man nicht in die Tremse. Das verdirbt sie fürs ganze Leben."[11]

Aber auch der religiöse Sozialist Willy Beer lernte, die Nazis zu lieben, als es gegen den richtigen Feind ging und so muß es nicht Verlegenheit, es mag durchaus Besinnlichkeit gewesen sein, daß der vierte im Gruppenbild mit Adenauer zu Boden blickte.

Als Kriegsberichter Willy Beer in der Propagandakompanie vor Stalingrad bewies er, daß er ebenso dazugehörte, wie sein alter Freund vom *Berliner Tageblatt* Erich Peter Neumann. Jetzt hatte Beer jede Distanz verloren:

Nun ist es wohl gewiß. Von dieser Stadt wird nicht mehr zurückbleiben als das Chaos. Schwer würde der Kampf um Stalingrad sein – das hatten wir alle erwartet. Aber, daß er s o sein würde, das konnte keiner vorausahnen. Viele Heldengänge in diesem an unsterblichen Taten so überreichen Feldzuge werden neben dem Opfergang von Stalingrad nicht bestehen... Die Bolschewisten haben sich in Stalingrad selber abgeurteilt. Aber vor ihrem Ende zeigte sich noch einmal, wie noch wohl nie bisher, zu welcher Selbstvernichtung sie fähig sind. Mit Stalingrad wankt die Sowjetfront. Ein Symbol schwelt in einem unendlichen Ruinenfelde. Und eine Macht hat den entscheidenden Stoß erlitten. Diesen weltgeschichtlichen Dank haben die unvergleichlichen Helden von Stalingrad. Solange sie auch kämpfen müssen, um dieses Monstrum ganz der Gewalt zu entreißen, die nie dämonischere Züge trug als in diesem Kampf um die Stadt." [12]

Das war im Oktober 1942. Als es sich im Januar 1943 herausstellte, wer wirklich den entscheidenden Stoß erlitten hatte, konnte Beer, bevor noch Goebbels zum totalen Krieg aufrief, längst nicht mehr anders:

Der deutsche Mensch in Europa kann nicht mehr anders: Er m u ß geschichtlich denken. Und so weiß er, daß sein Wohl und Wehe in diese geschichtliche Entscheidung unlöslich verwoben wird. Deshalb kämpft er und deshalb weiß er, daß er siegen muß. Es gibt keinen Ausweg, kein Vorbei an der Entscheidung. Es gibt nur noch das Leben für den Sieg. [13]

Am 2.September 1945 schrieb Margaret Boveri in ihr Tagebuch: „Es gab inzwischen den „Fall Beer", der uns Journalisten alle beschäftigte: Willy Beer, einst Innenpolitiker am B.T., später an der DAZ, ein immer größer sich aufblähender Mann, der die Regierungspolitik-Artikel schrieb, Anfang 1945 mit einem Goebbels'schen Schreibverbot bedacht, da er einen zu lahmen Artikel über eine Hitlerrede geschrieben hatte, dann aber auf Grund eines Russengreuelartikels wieder in Gnaden aufgenommen, hatte sich nach der Niederlage zusammen mit [dem späteren

Bundespressechef Paul] Bourdin in der Kulturabteilung des Magistrates Wilmersdorf niedergelassen ... "

Da erschien im Herbst 1945 ein – wie die Boveri meint – „wirklich scheußlicher Hetzartikel" in der kommunistischen *Deutschen Volkszeitung*, der aus Artikeln Beers im März und April 1945 zitierte, „alle nationalsozialistisch und für Durchhalten im Krieg". Die Boveri, ehrlich verärgert: „So ungern ich Beer immer hatte, so leid tut mir das für ihn, aber auch für uns alle als Stand, denn durch dieses törichte, sofortige Sichvordrängen und Geschäftigsein hat er schon mehr Leute als sich selbst diskreditiert. Er mußte natürlich sofort zurücktreten."[14]

Einer hätte bestimmt nicht soviel Mitleid mit Beer gehabt: Matthias Menzel, wir haben ihn fast schon vergessen, den Mann, dem wir zu Beginn dieses Kapitels auf dem Kurfürstendamm begegneten, er, der jetzt armseligen Nazis ihre politischen Bekenntnisse vorhielt. Er war das genaue Gegenteil von Willy Beer.

Weihnachten 1943 schrieb Matthias Menzel in sein Tagebuch:

Ja, um die Wahrheit zu hören, bedarf es heute eines feinen Ohres. Und seltsam – je stumpfer der große Zwang die Masse macht, desto hellhöriger sind die einzelnen geworden. Wie zuckt es im Gesicht meines Nebenmannes, als das Wort „Friede" gesagt wurde. „Friede auf Erden" – aller Inhalt der Weihnacht ist in dieses Wort eingeschlossen. Zu Tausenden, dankbaren Tausenden, wird es gesagt. In dieser Nacht herrscht einmal nicht das kalte, blutige Gesetz der Mächtigen." [15]

Für Willy Beer aber herrscht in dieser Nacht dieses Gesetz. In der Weihnachtsnummer 1943 der *Deutschen Allgemeinen Zeitung* schrieb er:

Das deutsche Volk hat in einer heroischen Weise den Angriff auf seinen Reichtum, auf den Reichtum seiner inneren Kräfte abgewehrt. An allen Fronten draußen und in der Front seiner Städte steht es zum Gegenangriff bereit: in den stillen Stunden des Weihnachtsabends stapelt es hierfür die entscheidende Munition: Sie wird den Waffen, die indessen entstanden, und den Fronten, die unwiderstehliche Kraft der Entscheidung geben. [16]

Am 30.Juli 1944, zehn Tage nach dem gescheiterten Attentat, klagte Matthias Menzel:

Ein harter steifer Wind weht. Und jedes verschleiert andeutende Wort, das gestern noch ohne Folgen verwehte, kostet heute den Kopf: Himmler, der schwarze grimme Schatten, verfinstert nun ganz die Sonne. [17]

Der schwarze grimme Schatten? Doch nur für Feinde des Volkes, nicht aber für Willy Beer. Der hatte die selbstgestellte Leitartikel-Frage „Ein

Polizeistaat?" in der *Deutschen Allgemeinen Zeitung* entschieden verneint, und für gut befunden, was Himmler tat: *Als Schöpfer eines ganz neuartigen Sicherheitssystems, das ebenso hart und konsequent wie schlagkräftig in seinen geheimen und sichtbaren Organen ist, war er zugleich doch auch stets der Befürworter der Anschauung, daß die Polizei der Freund des Volkes zu sein habe.* [18] Und wie verschieden erlebten Beer und Menzel die Russen. „Der sowjetische Mensch" schrieb Beer, „ist wahrhaft die Aufhebung dessen, was Menschenrecht und Menschenwürde ausmacht". Er unterliegt nur der „weltrevolutionären terroristischen Zielsetzung", der eine „ebenso nivellierende geistige Inzucht entspricht". Beer: „Hinter solch düsteren Farben stehen Millionen fahler Gesichter verschiedenster Rassen; sie sind die erbarmenswürdigste, aber auch gefährlichste Masse, die je zusammengeballt wurde, um die Kultur der Menschheit zu Fall zu bringen." Wie froh war Beer, daß er nicht zu denen gehörte: „Als Deutsche, die wir das Gegenprinzip dieser grauen Massenwelt verkörpern, haben wir vor dem Jahrhundert die Aufgabe, sie zu deuten und zu überwinden – im Geist und mit den Waffen." [19]

Ganz anders Matthias Menzel in seinem Tagebuch am 5. Mai 1945 im russisch besetzten Berlin: „Die Männer bis 40 Jahren sollen deportiert werden – ein Gerücht geht um, das deutlich nach gestern riecht. Solch kalte Gleichmacherei liegt gerade dem ausgleichenden, aber dennoch wertenden Bolschewismus nicht. Er hat den Staat der Spezialisten aufgebaut. Und er hat den Geist und seinen Trägern die rechten Funktionen darin zugewiesen. Ich habe viele Intellektuelle in den Jahren nach 1933 mit Bestürzung verkümmern sehen, weil die Methode, sie von sich selber und ihren Fähigkeiten zu isolieren, sie innerlich zerstörte. Das war immer das Finsterste am Nationalsozialismus: Das Konzentrationslager." Und Matthias Menzel überlegte, wie es nun weitergehen solle: „Wir können freilich nicht an 1932 anknüpfen. Es wird solche Versuche geben. Doch sie werden scheitern, sie müssen scheitern. Denn der Russe hat den Krieg beendet – und mit ihm der russische Kommunist. E r hat gesiegt, nicht eine andere oder neue d e u t s c h e Weltanschauung." [20]

Man hätte wirklich gerne gewußt, was Matthias Menzel zu Karl Willy Beer gesagt hätte, wenn er ihm 1945 auf dem Kurfürstendamm begegnet wäre. Das freilich wäre nicht möglich gewesen. Es sei denn, er hätte in einer der wenigen noch heilen Schaufensterscheiben zu ergründen versucht, wer ihm da entgegenkommt, je mehr er sich der Scheibe nähert. Doch er hätte sich nicht erkannt.

Ja, Karl Willy Beer war einmal auch – sehr vorübergehend – Matthias

Menzel. Unter diesem Pseudonym hat er 1946 „Die Stadt ohne Tod" in der Carl Habel Verlagsbuchhandlung veröffentlicht, sein angebliches „Berliner Tagebuch 1943/45". Dieses Tagebuch mußte ihm schon bald viel peinlicher sein als all das, was er im *Reich* des Dr. Josef Goebbels und in den anderen Nazi-Blättern je veröffentlicht hatte. Denn in diesem Tagebuch gab es nur gute Sowjetmenschen, lauter gutmütige, hilfreiche Väterchens S t a l i n , die er am 12.Mai 1945 liebevoll beschreibt:

Unter den Eichen zieht aus der Stadt heraus eine lange Kolonne von Panjewagen. Es sind Trosse. Die Männer darauf mit den zwirbligen Schnurrbärten und den listigen Äuglein sind gemütlich. Auf den Säcken ihrer Last sitzen, ein erstes Mal, Deutsche, Frauen, Kinder und Männer, die ein Stück Weges erspart wissen wollen. Das sind die Russen, wie sie die Erinnerung des ersten Weltkrieges zurückgelassen hat: Männer mit mehr Herz als Willen, mit dem Gemüt des Guten, Treuen und Tapsigen, wie es die großen Geschöpfe der Natur hinter ihren verwegenen Tatzen und zottigen Fellen immer haben."

Und auch die deutschen Kommunisten sind phantastische Leute, wie Menzel alias Beer am 31.Mai 1945 notiert:

Der Bürgermeister hat uns zu einer Schulsitzung zusammengerufen. Ein Vierziger vielleicht, mit Temperament, Humor, Tempo und dem Draufgängertum eines Selfmademannes, hat sich unter uns, Lehrer und Schulbeauftragte gesetzt, spielt nicht Bildung, leitartikelt nicht, sondern hat Anschauungen, die er an die Fachleute weiterreicht. Ein Kommunist, aber von anderer Gerbung als die, die die politische Polemik der letzten Jahrzehnte karikierend beschreibt: ein frischer, ungenierter, ungehemmter Könner ... Er macht Mut ... Er ist Ansporn ... Er tritt als Mann ins Neuland der Führung ... [21]

Das muß es wohl gewesen sein, warum Karl Willy Beer auf dem Gruppenbild um Adenauer als einziger leicht verlegen zu Boden schaut. Er kann Adenauer, er kann Globke, er kann Neumann, er kann Jahn nicht in die Augen sehen, weil er Angst hat, daß einer von ihnen wissen könnte, was er gleich nach 1945 geschrieben hat.

Diese unerträgliche Peinlichkeit, wenn jetzt einer das kleine Büchlein aus seiner Tasche zöge und vorläse, was Matthias Menzel am 1.Mai 1945 über die vier Öffentlichkeitsarbeiter um Adenauer geschrieben hat: „Die Deutschen: man hat es schwer, sich zu ihnen zu zählen: Wie jetzt viele, besonders die, die vorher die braune Uniform trugen und Hosianna schrien, kriechen, winseln, schmeicheln, das ist ohne Scham ... Aus jedem heiligen Gewissen der Deutschen weht heute der Gifthauch der Lüge und des Verbrechens."

An ebendemselbem 1.Mai 1945 hat Matthias Menzel noch eine andere interessante Beobachtung gemacht: rote Fahnen, rote Nelken bei einigen Deutschen. Aber: „Auch die Schamhaften, die Kompromißler zwischen gestern und morgen hatten eine Lösung gefunden: aus einem Villenfenster hing ein roter Teppich, zum Bürsten für die Deutschen, zur Feier für die Russen. Sie trauen noch nicht. Ein Bekenntnis auf Vorschuß, ein Gesinnungsexperiment mit Rückendeckung."[22]
Ach, was hätte Karl Willy Beer in der Arbeitsgemeinschaft seiner demokratischen Kreise darum gegeben, wenn er 1945 nur einen roten Teppich ins Fenster gelegt hätte.

15. Kein Loch im Lebenslauf – Sorge um vorbildlichen Journalismus: Fritz Sänger

Einer fehlt – der vorbildhafte Journalist. Ich hatte ihn vorgesehen, das Kapitel über ihn war fest eingeplant, als ich dieses Buch begann, ich habe lange an ihm festgehalten. Er ist mir ein wenig verlorengegangen, leider. Denn ich schätze Fritz Sänger, den ich, obwohl wir in derselben Stadt wohnten, nie kennengelernt habe, solange er noch lebte.

Weil ich ihn schätze, habe ich nicht lang überlegt, als im April 1989 Wolfgang Moser, der wegen seiner AKW-kritischen Berichterstattung vom flickgepflegten Kohl-Exstaatssekretär und SWF-Intendanten Willibald Hilf entlassene *Report*-Redakteur, den ihm zugedachten Fritz-Sänger-Preis für mutigen Journalismus brüsk ablehnte. Sänger sei, so schrieb Moser drei Tage vor der Preisverleihung an den Vorsitzenden der Jury des Fritz-Sänger-Preises Freimut Duve, ein Mann, der „zehn Jahre lang die Lügen und Täuschungen verbreiten half, die ihm Joseph Goebbels und seine Vasallen in den Stenogrammblock diktiert haben".[1] Ich wußte es besser, und ich widersprach Moser in der *Zeit*.[2] Jetzt während ich dies schreibe, fünf Monate danach, bin ich nicht mehr ganz so sicher, auch wenn ich einige der Vorwürfe Mosers gegen Sänger nach wie vor als maßlos betrachte.

Fritz Sänger, geboren 1901, gestorben 1984, Sozialdemokrat seit 1920, wurde 1933 als Redakteur der „Preußischen Lehrerzeitung" entlassen. 1935 fand er eine neue Anstellung in der Berliner Redaktion der *Frankfurter Zeitung.*

Von nun an saß er – da hat Moser recht – Tag für Tag in der Reichspressekonferenz in Berlin, notierte gewissenhaft die Anordnungen des Propagandaministers für die deutsche Presse und gab sie an seine Redaktion in Frankfurt weiter. Aber er tat mehr. Er bewahrte – obwohl das strikt verboten und strafbar war – seine Notizen sorgfältig in Verstecken auf und wurde, so schrieb ich es in der *Zeit* , und dazu stehe ich noch, „der Kundschafter der Nachwelt im Dritten Reich – unser Spion bei den Nazis".

Denn diese Mitschriften, die heute im Bundesarchiv in Koblenz aufbewahrt werden,[3] – sie sind eine unschätzbare Quelle nicht nur für die Presselenkung im Nazi-Reich.

Sänger-Mitschrift vom 18.Mai 1936: „Die Anordnung, aus Wirtschaft und Statistik nichts mehr zu bringen, außer wenn auch DNB [Deutsches Nachrichtenbüro] darüber berichtet, ist heute in aller Form aufgehoben worden. Es sei auf andere Weise Sorge dafür getragen worden, daß keine Fehler mehr gemacht würden." Nach der Reichspressekonferenz, auf der er dies verkündete, wurde der Sprecher der Reichsregierung, so notierte Fritz Sänger, von den Journalisten umringt, die wissen wollten, warum Tatsachen der Statistik bis dahin nicht veröffentlicht werden durften. Die Antwort lautete: „Aus richtigen Zahlen kann jeder Fachmann auch richtige Folgerungen ziehen." Die Entgegnung eines Journalisten: „Also sind die Zahlen jetzt nicht mehr richtig?" führte zu der Erwiderung: „Sie sind aber zweckmäßig." [4]

Das ist eine nicht nur für Historiker wichtige Information: ab Mai 1936 muß man – stärker als vorher – damit rechnen, daß die Daten des Reichsstatistischen Amtes gefälscht sind, die in „Wirtschaft und Statistik" veröffentlicht wurden.

Doch, so Moser, Sänger sei „nicht nur Zeuge" gewesen, sondern „Teil des Lügensystems". Und er beruft sich zuerst auf eine beachtliche Fehlleistung der sozialdemokratischen Stifter des Fritz-Sänger-Preises. [5]

Fritz Sänger begann, so heißt es in der Dokumentation der Sozialdemokraten zu dem von ihnen verliehenen Preis, „seine journalistische Laufbahn als Redakteur von Lehrerzeitungen. Sie wurde 1933 von den Nationalsozialisten unterbrochen. Im Jahre 1946 wurde er in Hannover Chefredakteur und Herausgeber des von ihm mitbegründeten ,Sozialdemokratischen Pressedienstes'."

Dieser Lebenslauf ist eine Verleumdung. Denn es ist der klassische Lebenslauf der Nazis, die es danach nicht gewesen sein wollen. Zwischen 1933 und 1945 klafft ein Loch. Verständlich, daß Wolfgang Moser mißtrauisch wurde.

Und dann fand er ein Sänger-Zitat aus dem *Neuen Wiener Tageblatt* vom 3. Februar 1945. Da heißt es, Deutschland habe keine Milde zu erwarten und dürfe nicht mit der Nachsicht seiner Gegner rechnen: „Dem gemeinsamen Feind ist der gemeinsame Vernichtungswille gegenüber dem Reich in gleicher Weise zu eigen. Das deutsche Volk aber hat auf alle Feindversprechungen nur eine einzige, dafür aber umso kräftigere Antwort bereit, den kompromißlosen Kampf bis zum letzten." [6]

Ich habe in der *Zeit* dazu geschrieben: „Moser nennt dies eine ,Durchhalteparole'. Darüber kann man streiten. Ein und derselbe Satz aus verschiedenen Mündern hat heute – und hatte für Eingeweihte schon damals – verschiedene Bedeutung. Es ist ein Unterschied, ob man wie Werner Höfer seine journalistische Karriere frohgemut ("Ich war ein aufgewecktes Bürschchen") im Dritten Reich begann, oder ob man aus dem Widerstand herauskam – wie Sänger, der am 20.Juli als Leiter der neuen deutschen Presseagentur vorgesehen war. Aus seinem Mund kann das Zitat die Botschaft verkünden: Es gibt nur noch die bedingungslose Kapitulation. Wer hofft – und das taten viele – er könne auf eine Spaltung der Alliierten setzen, der irrt."

So schrieb ich im April. Inzwischen hat Wolfgang Moser noch mehr Sänger-Zitate aus dem *Neuen Wiener Tageblatt* vorgelegt, die es unwahrscheinlich machen, daß Sänger zwischen den Zeilen andere Botschaften transportieren wollte – sie wären unerkennbar. Am 1. Juni 1944 schrieb Sänger:

Roosevelts immer wieder in die Welt posaunte Phrasen vom angeblichen Kampf für einen dauernden und ,ewigen Frieden', mit denen er die Völker nach jüdischer Art beschwindeln und einzufangen versuchte, führt dieser waschechte Imperialist nun selbst vor aller Welt ad absurdum.

Am 22. Juni 1944 formulierte er, der Krieg mit der Sowjetunion *mußte ausgelöst werden, denn allzufremd stand die sowjetische Staats- und Gesellschaftlehre den Auffassungen und Tatsachen gegenüber, die unsre Zeit und unsre Gegenwart geformt haben und bestimmen. Der Kampf, der im Osten entbrannt ist, wird daher nicht um Landgebiete und nicht um Rohstoffe oder strategische Basen geführt, sondern ist eine grundsätzliche und endgültige Auseinandersetzung zwischen zwei Prinzipien, die nicht nebeneinander leben können ... Die Entscheidung, die Adolf Hitler 1941 zu fällen hatte, als der Angriff schließlich befohlen wurde, war gewiß nicht leicht. Aber unter solchen Voraussetzungen konnte sie nicht anders ausfallen.*

Und am 1.September 1944 schrieb er über den französischen Widerstand und de Gaulle:

Nun er aber selber die Justiz in die Hand nahm, handelt sie nicht anders als die Männer aus dem Gebüsch, aus dem Maquis, die schießen und morden, weil in ihnen der Haß lebendig ist, weil das Trennende, ein hemmungsloser Individualismus, alles Fühlen und Denken beherrscht.

Moser meint dazu: „Fritz Sängers Schreibtischtätertum übertrifft an nazistischem Gedankengut das, was Werner Höfer während der NS-Zeit geschrieben hat, bei weitem."[7]

Das ist falsch. Gewiß, Sängers Sätze sind nicht zu verteidigen. Doch sind nicht Höfers NS-Sätze schlimmer, und zwar nicht nur von ihrem Inhalt her, sondern weil hinter ihnen – so muß es dem Leser erscheinen – ein ganzer Mensch steckt, der mit seinem durchaus eigenen Stil subjektiv glaubwürdig für seine eigene Überzeugung wirbt? Sänger dagegen gibt ohne individuellen Zierrat und ohne intellektuellen Aufwand, die NS-Phrasen wieder, so wie er sie auf der Reichspressekonferenz vorgelegt bekommen hat. Das ist auch schlimm – aber schlimmer als Höfer? Der Unterschied ist nur, daß Fritz Sänger selbst ein Maß an sich gelegt hat, das wir achten müssen. Über seine Tätigkeit für das *Neue Wiener Tageblatt* schrieb er 1978 in seinen Erinnerungen „Verborgene Fäden": „Ich glaube nicht, daß ich heute etwas verleugnen müßte, von dem, was ich geschrieben habe."

So gesehen hat Wolfgang Moser recht. Wenn Sänger keinen der zitierten Sätze verleugnen müßte, in dem Sinne, daß er nach wie vor zu ihnen steht, daß er glaubt, sich ihrer nicht schämen zu müssen, dann wäre er, wie Moser sagt, „Teil des Lügensystems". Aber Moser reißt den Sänger-Satz aus einem größeren Zusammenhang der ihm einen anderen, nicht unbedingt einen besseren Sinn gibt. Der Sänger-Text geht weiter: „Nicht alles was gedruckt wurde, war auch geschrieben worden."[8]

Das aber ist das alte Lied: Sie haben es mir hineingeschrieben. Das macht nichts besser. Wer 33 Jahre abwartet, und dann enthüllt, daß er nicht geschrieben hat, was unter seinem Namen steht, macht sich nicht glaubwürdig. Trotzdem kann man Sänger glauben, daß ihm manches in Wien hineingeschrieben wurde, wo sein Freund Otto Haecker Chefredakteur war, denn er versteht das Hineinschreiben nicht – wie Höfer – als Werk des großen Unbekannten im Goebbelsministerium, sondern als Freundschaftsdienst: „In verständigem Einvernehmen sorgte jeder damals dafür, daß er sich nicht beschmutzte, aber auch, daß die Zeitung erhalten blieb und er selbst."

Ja, so hätten wir's gern, wir Schreibmaschinentäter, die Zeitung erhalten, ohne uns die Hände schmutzig zu machen. Das war unmöglich im Nazireich. Wer mitmachte, machte sich schmutzig. Rudolf Kircher, der „Hauptschriftleiter" der *Frankfurter Zeitung*, stilisierte seinen Weg von einer milden Opposition noch im März 1933 zu einem bedingungslosen Ja, insbesondere zur Außenpolitik des Großdeutschen Reiches, geradezu als einen Opfergang zur Rettung des Blattes. Schmutzige Hände waren nötig, wenn das Blatt weiterbestehen sollte. Die Frage ist nur – sollte es? Wem war damit gedient? Den Nazis – als Alibi fürs Ausland.

Und wem diente das Blatt wirklich? Die alte, die liberale *Frankfurter Zeitung* , war schon vor der Machtübergabe an Hitler von der Interessengemeinschaft Farben weitgehend gleichgeschaltet worden. Seit das Blatt – ab 1929 – vom Geld der IG Farben lebte, wurden linke Redakteure wie Arthur Feiler hinausgedrängt. Kircher selbst hatte als Redaktionsleiter in Berlin den liberalen Bernhard Guttmann abgelöst. Und kaum hatte die IG am 25. Juni 1932 mit Hitler ihren Benzinpakt geschlossen[9], da animierte die *Frankfurter Zeitung* die Nazis zum Mitregieren: sie hätten „die unabweisliche Pflicht, an der staatlichen Verantwortung sich mit zu beteiligen".[10]

Nach der Machtübergabe hatte die IG die *Frankfurter Zeitung* vollends arisiert, Verleger Heinrich Simon mußte emigrieren. Erst 1943, als das Blatt den außenpolitisch völlig isolierten Nazis keinen Dienst mehr tun konnte, ließ Hitler seiner alten Abneigung gegen die „jüdischen Zeitungsvipern" der von Juden längst gesäuberten *Frankfurter Zeitung* freien Lauf, das Blatt wurde doch verboten.

Für Fritz Sänger stellte sich die Frage anders. Er hatte kaum Einfluß darauf, ob die *Frankfurter Zeitung* oder das *Neue Wiener Tageblatt* verboten wurden, sondern nur, ob er gedruckt oder nicht gedruckt wurde. Nicht gedruckt zu werden, war eine Ehre. Andererseits: war es nicht doch wichtig, daß er die Sammlung der Presseanweisungen weiterführte? Mußte er sich nicht dafür die Hände schmutzig machen? Und wann wurde der Preis zu hoch?

Natürlich läßt sich im Nachhinein leichter abwägen als damals. Kircher ging mit seinen großdeutsch-imperialistischen Leitartikeln zu weit, hier vermutlich meinte er nicht einmal, daß er sich schmutzige Hände mache, das war – trotz allem Zynismus, den man ihm nachsagte – eigenes Herzblut, was er verspritzte, wenn er die „Lebenswerte des Abendlandes" gegen Churchill, Roosevelt und den Bolschewismus beschwor.[11] Sänger dagegen benutzte NS-Versatzstücke, um sich zu tarnen. Auch damit machte er sich die Hände schmutzig.

Aber war es in seinem Fall zu vermeiden, daß er es getan hat? Anders wären wir heute kaum im Besitz seiner Mitschriften, die er ausdrücklich zu dem Zweck aufbewahrte, den gigantischen Propagandaapparat der Nazis zu entlarven.

Er hat sich in Gefahr gebracht, indem er die Zeugnisse der Presselenkung aufbewahrte. Und er hat, das erscheint mir genau so wichtig, die zweite Kapitulation, derer sich die Journalisten seiner Generation nach 1945 unterwarfen, nicht vollzogen. Als Konrad Adenauer die *Deutsche Presseagentur* gleichschalten wollte, deren Chefredakteur er war, wehrte er sich, solange er konnte.

Er war ein mutiger Journalist, und deshalb soll es auch weiterhin einen Fritz-Sänger-Preis für mutigen Journalismus geben.

Aber war er ein Vorbild? Die drei zitierten sibyllinischen Sätze in seiner Biographie stehen weit mehr dagegen als seine Alibi-Sätze für die Nazis.

Wer ernsthaft sagt, er könne in einem Nazi-Staat Journalist sein, ohne sich die Hände schmutzig zu machen, der kann für uns – bei allem Respekt, den ich für Fritz Sänger empfinde – darum nicht Vorbild sein, weil er sich Illusionen macht.

Man konnte sich, wenn einem die Nazis überhaupt die Chance ließen, dazu entschließen, weiterzumachen. Aber nur, wenn man wußte, wo die letzte Grenze im ohnedies kaum noch Zumutbaren liegt, wenn man nicht ratenweise kapitulierte.

Ein Soldat, der weiß, daß sein Vaterland im Begriff ist, einen Angriffskrieg zu beginnen, hat die sittliche Pflicht, daran Sabotage zu üben: Hans Oster, der konservative Stabschef des OKW-Amtes Ausland/Abwehr spielte 1939/1940 den Alliierten die deutschen Angriffspläne gegen Holland, Belgien und Dänemark zu.

Ein Journalist, der in einem Staat arbeitet, der dem Verbrechen dient, hat nur noch eine Aufgabe, diesen Staat auszuforschen, für die Nachwelt – wie es Fritz Sänger tat – oder für die Gegner dieses Staates. Rechtfertigen ließ sich Journalismus in einem solchen Staat nur noch als Spionage.

Peinlicherweise haben das viele von uns so verstanden, daß sie für den SD tätig wurden, gegen das eigene Volk und gegen andere Völker. Korrekt hat dagegen Richard Sorge gehandelt, der als Korrespondent der *Frankfurter Zeitung* in Tokio den Aufmarsch der Wehrmacht gegen die Sowjetunion nach Moskau meldete – zu einem Leitartikel, der die Nachteile eines deutschen Krieges gegen die Sowjets erörterte, hatte er 1941 in der *Frankfurter Zeitung* keine Chance. Stalin war zwar dumm genug, Sorges Warnung zu mißachten. Doch als Sorge dann meldete, daß die Japaner die USA und nicht die Sowjetunion angreifen würden, konnte Stalin mit seinen fernöstlichen Reserven den Vormarsch der Deutschen stoppen.

Sorges Spionage hat sicherlich einigen Tausend deutschen Soldaten, die heute als wohldotierte deutsche Kolonialbeamte in Stalingrad oder Wladiwostok sitzen könnten, das Leben gekostet. Sie hat aber Millionen unschuldiger Menschen, die sonst von unserer Wehrmacht und den SD-Sondereinsatzkommandos zusätzlich ausgerottet worden wären, das Leben gerettet. Eine gute journalistische Leistung, auf die die *Frankfurter Zeitung* stolz sein darf.

16. Und hurtig wendet das Wort er zwischen den Zeilen – Sprach-Meister mit vielfach gebrochenem Rückgrat: Karl Korn

Zwei Jahre hatte er als Lecteur d'allemand an der Universität Toulouse gearbeitet. Einen Tag nach dem 30.Juni 1934, an dem die staatstragende NS-Fraktion ihre pseudorevolutionären Kampfgenossen abschlachtete, kam der 26jährige Karl Korn zurück nach Berlin, und dort erlebte er bald einen gewaltigen Aufmarsch der siegreichen Ordnungstruppe: *Zum ersten Male erblickte ich die legendäre SS. Den Grundton meines Eindrucks gab die Furcht ab. Die kompakte Ballung anonymer Kraft und Sturheit, die zum Ausbruch auf Befehl bereite Erstarrung – wo sollte ich in einem System, das solches zuwege brachte, mein Plätzchen finden? Ich fühlte mich bang verloren. Seltsam aber, daß sich in solche Gefühle und blitzschnelle Gedanken so etwas wie Faszination mischte. Nicht als ob ich die tiefgestaffelten, schnurgerade ausgerichteten, bewegungslosen Eisenmänner unter den Stahlhelmen als ein Element von Ordnung empfunden oder gedacht hätte. Eher war es das Bedrohliche, Finstere, Drohende, das mich faszinierte.*[1]

Nein, ein Nazi war Karl Korn nie, aber das Gefühl der Verlorenheit, vor allem aber der Faszination vor der Macht hat ihn lebenslänglich so wenig verlassen wie die Sehnsucht nach dem Plätzchen. „Er wußte immer mehr als ich, kannte alle Intrigen", schrieb Margret Boveri, die 1934 acht Tage vor ihm als Volontärin zum *Berliner Tageblatt* kam.[2]

Zunächst aber zeigte sich Karl Korn aufsässig gegen die Herrschaft. Gegen den für seine Denunziationssucht[3] bekannten Antisemiten und NS-Jungphilosophen Hans Grunsky schrieb Karl Korn eine Rezension, die das Entzücken nicht nur der damals noch verbliebenen jüdischen Leser des Blattes erregt haben muß. Titel von Grunskys Büchlein: „Die Freiheit des Geistes". Korn:

Diese Schrift, die dreißig Seiten umfaßt, ist die Antrittsvorlesung eines jungen nationalsozialistischen Wissenschaftlers, der im vorigen Jahr die vertretungsweise Wahrnehmung des Münchner außerordentlichen Lehrstuhls für Philosophie antrat. Der Leiter des neugegründeten „Reichsinstituts für Geschichte des neuen Deutschlands" Professor Walter Frank, bezeichnet im Vorwort die Schrift als programmatische Einleitung zu den Arbeiten seines Forschungsinstituts.

Das Thema ist verlockend genug. Daß es auf dreißig Seiten nicht ausgeschöpft werden konnte, ist von vornherein klar. Darum fassen wir unser Referat in ein paar Fragen zusammen, auf die wir uns eine Antwort wünschen möchten. Grunsky erläutert an dem Satz „Adolf Hitler gelangte am 30.Januar 1933 an die Macht" seine These, daß richtiges historisches Bedeutungsverstehen nur im Sinngefüge eines größeren Zusammenhangs möglich sei. Eine geschichtliche Wirklichkeit könne nur durch blutsmäßiges Teilhaben an einem solchen Zusammenhang erkannt werden...
Wenn also ein Forscher des Reichsinstituts sich künftig etwa mit Wallenstein beschäftigen sollte, so würde er zu einem abschließenden Werturteil zu kommen suchen. Ist aber der Forscher, der kühn auf ein solches Werturteil lossteuert, darum der Pflicht enthoben, zuvor in Rankes Sinne einmal methodisch die „Blutswelt" in sich auszuschalten, um zu erfahren, wie Wallenstein [Tscheche! O.K.] gedacht, gewollt, gehandelt hat, wie er getrieben wurde, und wie sich Schuld und Recht in seiner zwielichtigen Gestalt vermischen? Zugegeben, daß schon in der Fragestellung, mag sie sich auch noch so interesselos geben, der Forscher enthalten ist. Zugegeben selbst, daß historisches Fragebedürfnis überhaupt immer nur da vorliegt, wo ein Vergangenes (Wallenstein also) auf unsere Gegenwart bezogen werden, auf sie hingedeutet werden soll. Wie aber hat man es zu halten mit jener andern in allen geschichtlichen Fragen enthaltenen Grundneugier: „Wie es denn eigentlich gewesen ist?". Das ist unsere erste Frage.
Sie enthält eine Fülle weiterer Probleme: Kann ein Deutscher, wenn diese Theorie vom geschichtlichen Erkennen zutrifft, Wesen und Ablauf etwa der chinesischen Geschichte zu erkennen versuchen? Wird das Sinnverstehen nicht auf einen bestimmten Ausschnitt der Geschichte eingeengt, wenn nur gleiches Blut einander verstehen und erkennen kann? Wird es nach Grunskys Theorie überhaupt noch „Welt"geschichte geben können?[4]

Wahr, der junge Mann war keck, der sich da im dritten Jahr des Führers an dem frisch etablierten NS-Philosophen vergriff. „Die Marge publizistischer Bewegungsmöglichkeiten, die", so erinnerte sich Korn später, „uns damals verblieb, war verglichen mit dem, was 1938 einsetzte, noch verhältnismäßig breit."[5]

1938 ging er als verantwortlicher Redakteur zur *Neuen Rundschau* im S.Fischer Verlag. Eigentümer Gottfried Bermann hatte, bevor er emigrieren mußte, den traditionsreichen Verlag im Dezember 1936 durch Vermittlung von Bankier Hermann Josef Abs an eine Kommanditgesellschaft mit Philipp Reemtsma und Peter Suhrkamp verkauft. Die *Neue Rundschau* war, wie eine Monographie von Falk Schwarz feststellt, bis Dezember 1937 „ohne Konzessionen an die NS-Literatur"[6] geblieben. Das änderte sich unter Karl Korns Redaktion, er mußte lernen, wie man kapituliert.

Gewiß, da gab es im Jahrgang 1938 eine Artikelserie „Was ist der Mensch", die dem niederländischen Psychologen Frederik J.J. Buytendijk Gelegenheit bot, sich zu der „unersetzbaren Individualität" des Menschen zu bekennen, der „über alle mehr oder weniger naturgegebenen Unterschiede hinweg auch dem Fremden als seinem Bruder in die Augen zu blicken wagt."[7]

Das war einen Monat vor der deutschen Pogromnacht. Karl Korn wollte mit der Artikelserie eine – so schrieb er 21 Jahre später an Falk Schwarz – „versteckte Aktion gegen den Rassismus, gegen die rassistische Anthropologie" zu unternehmen versuchen.[8]

Doch bei der Kriegsvorbereitung gegen alles Fremde war die *Neue Rundschau* dabei. Zwei Monate vor Kriegsbeginn beteiligte sich Korn an der Propaganda gegen Polen mit dem Abdruck eines Beitrags von Ernst Volkmann, der keinen Zweifel ließ, daß die Danzig-Frage friedlich nicht mehr zu lösen sei und der verkündete: „keinen Beamten gibt es mehr in Danzig, dem nicht die Treuepflicht zu Adolf Hitler höchstes Gesetz wäre; die Entjudung ist trotz aller Hilferufe der Betroffenen nach Genf durchgeführt worden... "[9]

Und nach dem Überfall auf Polen druckte er über neun Seiten einen Helden-Gesang vom „Aufbruch zur Schlacht" aus der Feder des – da ist er nun doch, den ich auf Seite 302, Fußnote 23, zu Unrecht verdächtigte – Wolf von Niebelschütz.

Warum? Der Dichter sagt es:

...denn kein Geist hat Ehre,
der nicht, wo Waffen erklirren,
ließe sein friedliches Werk und wähle das ihm gemäße
kälteste Schwert von all den eisigen Klingen... [10]

Als „Hauptschriftleiter" der *Neuen Rundschau* wurde Karl Korn zu Beginn des Krieges mit seinesgleichen zu Goebbels nach Berlin gerufen: „Ich tat einen Blick ins Innere der Macht, der mich tief erschauern ließ. Goebbels redete im Plauderton, betont lässig , ganz feiner Mann, der den Herren Hauptschriftleitern zu schmeicheln schien. Der Tenor seiner Ausführungen lief darauf hinaus, daß das nationalsozialistische Regime in den zurückliegenden Jahren von der Rheinlandbesetzung an lebensgefährliche Risiken eingegangen sei" – diesmal aber sei die deutsche

Rüstungsüberlegenheit so hoch, daß der Waffengang in Kürze hundertprozentigen Sieg bringen werde.[11]

Karl Korn unterschied sich von Joseph Goebbels. Er mußte nicht wissen und wußte ganz offensichtlich auch nicht, daß der eine oder andere seiner Leser sich noch Jahre danach ins Bild setzen konnte, wie auch er das Seine getan hatte, um das lebensgefährliche Risiko herbeiführen zu helfen.

Denn zwei Monate bevor die deutschen Truppen am 1. Oktober 1938 in Teile der Tschechoslowakei einmarschierten, ließ Korn im August-Heft seiner Neuen Rundschau durch Rudolf Alexander Schröder, dem späteren Staatsdichter der Heuß-Zeit, scharrenden Fußes von Hitler den Marschbefehl anfordern: „Die Entscheidung zwischen den nationalen Aspirationen des Tschechentums und den unverjährbaren Rechten der deutschen Besiedlung, Durchdringung und Erschließung der böhmischen Kronländer steht immer noch aus."[12]

Korn über Goebbels: „So hemmungslos die voraufgegangenen ‚glückhaften' Aktionen des ‚größten Feldherrn aller Zeiten' als den schieren Bluff und Schwindel zu entlarven, schien mir der Gipfel des Zynismus."

Unmittelbar daran anschließend fuhr Korn 1975 in seinen Erinnerungen an „ein deutsches Leben" fort:

„Wie konnte man leben, während Menschen, die Bürger des Landes waren, durch Gesetze zu Parias gemacht wurden? Konnte es sein, daß man vom Elend der Verfolgten unberührt blieb? Die mit dem gräßlich abgegriffenen Verwaltungswort so benannte Judenfrage spitzte sich für jeden, der jene Jahre erwachsen und bewußt erlebt hat, auf die zentrale Gewissensfrage zu."[13]

Ja, wie konnte man da leben? Der 32jährige Karl Korn konnte, indem er 1940 als Feuilleton-Chef in das vom NSDAP-Pressezar Max Amann neugegründete und wohldotierte *Reich* ging und die Leitartikel des Zynikers, der ihn erschauern ließ, mit einem mehr und zuweilen weniger kulturellen Umfeld versah. Das muß man verstehen, denn seine bisherige Arbeit an der *Neuen Rundschau* hatte ihn, wie er noch 1975 beklagte, „frustriert", weil „Suhrkamp es nicht lassen konnte, mich zu bevormunden".[14]

Davon frei widmete er sich im Goebbels-*Reich* der so benannten Judenfrage, indem er etwas tat, was er als 68jähriger Memoiren-Schreiber dann ganz vergessen hatte: Er würdigt in derselben Nummer des *Reichs*, in der er auch einen Beitrag „Über die Liebenswürdigkeit" veröffentlichte, die „historische Objektivität" des Veit-Harlan-Filmes „Jud Süß". Derselbe Karl Korn, der am 9. Februar 1936 im *Berliner Tageblatt* den

Rassismus des NS-Philosphen Grunsky verspottete, schrieb am 29.September 1940 im *Reich:*

Die fremde Rasse drang in das Gefüge des deutschen Wirtschaftskörpers ein und gelangte zu Einfluß und Macht… Mit dem gleichen Augenblick aber, wo die aus den orientalischen Bezirken des alten römischen Reiches stammenden Juden ans Licht drangen, brach der uralte Haß der sozial Deklassierten, die Rachelust einer Unterwelt, die das Sendungsbewußtsein des „auserwählten" Volkes in talmudischen Nihilismus verkehrt hatte, auf und überflutete die brüchig gewordene Welt des alten Deutschen Reiches der Mitte. Damals beginnt der Jude sich im Gehäuse des Reiches einzunisten. Er lebt seine Machtgier, die Jahrhunderte niedergehalten war, aus und nimmt Rache für mehr als ein Jahrtausend des Fluches.

Der Hofjude Süß Oppenheimer, das erkannte Karl Korn, führte mit der „Sucht des Emporkömmlings" die Sache seines „unseligen Volkes" und sei es – „durch ein Vernichtungswerk". Korn schrieb das vor Auschwitz, er ist voll Bewunderung für die „schauspielerische Leistung" – Distanz zwischen den Zeilen oder Staunen darüber, daß ein Arier diesen Abgrund zu durchmessen vermag? – des Jud-Süß-Darstellers Ferdinand Marian:

Wie der dunkeläugige, glatte, schlanke Mann die Bartlöckchen abschert und um die blonde Frau giert, wie er vom Herzog Demütigungen einsteckt und gleich wieder vorprescht, wenn dieser unförmige Fleischkloß neue Lüste begehrt und sich dann hilflos an den Juden wendet, wie er Triumphe einheimst und, als er dann genug Macht hat und sich fest genug im Sattel weiß, brutal droht, wie er grausam seinen Widersachern ins Auge schaut, sich ihnen körperlich nähert und sie den Haß uralter Rachsucht fühlen läßt![15]

Es war erstaunlich, daß Karl Korn 1975 in seinem 315 Seiten starken „deutschen Leben" dieser Rezension sich nicht erinnerte. Sie war immerhin drei Jahre zuvor Gegenstand vergleichender Studien. Die spätere *Zeit*-Redakteurin Erika Martens kam in ihrer Monographie „Zum Beispiel *Das Reich* – Zur Phänomenologie der Presse im totalitären Regime" zu einem bemerkenswerten Ergebnis. Sie verglich drei „Jud-Süß"-Rezensionen: von Carl Linfert (später *WDR*) in der *Frankfurter Zeitung* , von Gerhart Starke (später Intendant des *Deutschlandfunks* und Chefredakteur der *Welt*) in der *Deutschen Allgemeinen Zeitung*. Und die von Karl Korn. Ergebnis: Bei Linfert Distanzierung „von einer auf den rassischen Bereich eingeengten Sicht des Bösen", er vermeidet „die einseitig antisemitische Polemik". Starke wie Korn beschränken sich dagegen „ganz auf die Ebene antisemitischer Auseinandersetzung". Martens-Resümee: „Der Vergleich zeigt, daß sich Korn hier weniger hätte exponieren können."[16] Daß in den Unwägbarkeiten des NS-Staates auch ein starkes antisemitisches Bekenntnis nicht immer weiterhalf, mußte Karl Korn wenige Wochen danach erfahren. Unschuldsvoll hatte er in einem ganzseitigen bewundernden Beitrag über eine der üblichen Ausstellungen im Münchner Haus der „deutschen Kunst" einem einzigen Bild „verbrauchte malerische Technik"zugeschrieben.[17] Das erregte – davon später – allerhöchstes Mißfallen des ranghöchsten Anstreichers. Über die Konsequenzen gibt es in verschiedenen Chroniken verschiedene Darstellungen.

Korns kundiger Nachfolger im *FAZ*-Herausgeben, Joachim Fest, schrieb mit dem ihm eigenen Mut zur vereinfachten Geschichte, daß sein Vorgänger „einer Kunstkritik wegen Berufsverbot erhielt und Soldat wurde".[18] Auf der Schutzklappe von Korns Erinnerungen „Lange Lehrzeit – Ein deutsches Leben", die laut Fest „zu den ergiebigen Memoiren" über „jene Jahre" zählen, heißt es: „Mai bis Oktober 1940 Feuilletonredakteur an der neugegründeten Wochenzeitung *Das Reich*. Anschließend Berufsverbot und Einberufung zum Wehrdienst." Sein „deutsches Leben" selbst geht auf der letzten Seite 315 zu Ende mit dem durch männliche Schlichtheit beeindruckenden Satz: „Am 1.April 1941 wurde ich zum Wehrdienst einberufen."

Doch Karl Korn – das muß man anerkennen – war klug genug, deswegen nicht gleich an die gefährliche Front zu gehen. Er lehrte vielmehr wenige Kluge, wie man dorthin geht. Hans Dieter Müller in seinem „Facsimile-Querschnitt durch *Das Reich* über das Berufsverbot und seine Folgen: „...mußte Korn auf einen Anruf des Reichspressechefs Dietrich aus dem Führerhauptquartier ,sofort nach Hause gehen', bis zur Zerstreuung des allerhöchsten Unmuts möglichst auch ,verreisen', ohne daß jemals eine formelle Kündigung oder Entlassung ausgesprochen worden wäre. Das Gehalt wurde weitergezahlt, bis sich Korn, nach einigen Monaten des ,Verreisens' [er machte Urlaub im Allgäu] überdrüssig, eine neue Stellung in der Bildungsarbeit des OKH suchte. Die Streichung von der Schriftleiterliste verhinderte [der Amann-Stellvertreter] Rienhardt."[19] Und Erika Martens ergänzt in ihrer *Reich*-Monographie: „Bis Kriegsende arbeitete Korn in der Abteilung ,Tornisterschriften' des OKH." Und neben dieser schönen Arbeit für das Oberkommando des Heeres schrieb Korn von 1944 an wieder für *Das Reich*.[20] 1949 wurde er für Schöngeistiges zuständiger Mitherausgeber der

Frankfurter Allgemeinen Zeitung. 1952 schrieb er – das Buch wurde berühmt, er konnte, wenn er wollte und sich Zeit nahm, intelligent sein – „Sprache in der verwalteten Welt". Theodor W. Adorno rühmte die „unerschrockene" Sprachdiagnose, die für ihn über Karl Kraus hinausführte: „Das ist nicht länger, was die von Karl Kraus demaskierte (Sprache) wesentlich noch war, das ebenso prompte wie verwahrloste Geschwätz des Vermittlers und seiner Kumpane im Betrieb der öffentlichen Meinung. Sondern der Unterschied von Unmittelbarkeit und Vermittlung, von der Rede der Menschen und dem Jargon des Betriebs, ist liquidiert; falsche Einheit von Subjekt und Objekt ist erreicht, Hohngelächter auf die reale Versöhnung, die versäumt ward . . . "[21]

Das Buch war die Zusammenfassung zahlreicher Sprachglossen in der *Frankfurter Allgemeinen,* in denen sich Korn auch über die Sprache der Gau- und Kreisleiter mokierte, beispielsweise über „das Paket Gedankengut", in dem solche Scheußlichkeiten steckten wie der „Wehrgedanke", der „Volkstumsgedanke" und der „Rassegedanke".

Doch im Dienste des Rassegedankens, dem er im Sprachbuch absagte, ließ Karl Korn zugleich Stil und Verstand verwahrlosen, als er in seinem Reisebuch „Faust ging nach Amerika" bei der Behandlung dessen, was er in Fortsetzung einer nicht mehr erlaubten anderen Frage mit einem nicht weniger gräßlich abgegriffenen Verwaltungswort „die Negerfrage" nennt, auf drei hintereinanderfolgenden Seiten fünfmal die Redefigur des Obers im Ausfluglokal benutzt, praktisch sei der Fisch grätenfrei – aber am Ende ist man erstickt.

Fünfmal Korn praktisch aus 54 zusammenhängenden Zeilen:

. . . Chikago, das eine sehr selbstbewußte und durch die Industriearbeit praktisch *so gut wie gleichberechtigte Negerschaft hat . . .*

. . . aufschlußreich, daß die Staaten, in denen es praktisch *schon lange keine Rechtsbenachteiligung der Neger mehr gibt, doch die Wohngemeinschaft mit den Negern bis heute meiden.*

. . . nicht ohne Grund spielt Tennessees in polnischem Auswanderermilieu angesiedelte Tragödie ‚Endstation Sehnsucht' praktisch in einem Negerviertel . . .

Die Neger suchen über gelernte, technisch-industrielle Berufe praktisch *zur Gleichberechtigung zu kommen. Ihre Gegner in diesem Felde sind nicht nur Arbeitgeber, sondern auch die betrieblichen und örtlichen Gewerkschaften, das heißt* praktisch *die weißen Arbeiter.*

So darf man sich nicht wundern, daß für Korn, der praktisch jede Woche seine Füße wäscht, der Anblick einer schwarzen Frau zur Begegnung mit einem Wesen anderer Art wird:

Die Beine sind überlang und wie aus dem Zeichenbüro des Advertising schmal. Das lockere Haar duftet Blumenchemie, und das Wesen badet vielleicht jeden Tag. Aber das Weiße der Augen! Wie fremd es aus dem schwarzen, chemisch zurechtgemachten Gesicht starrt! Schwarze mit weißen Augäpfeln dürften praktisch nicht erlaubt sein. Oder so formuliert es Korn, daß „die Gesamtlage äußerst kompliziert und praktisch unüberschaubar" sei zwischen „Weißen und Negern"[22] Es gab noch eine andere Gesamtlage, denen sich das Kulturmonument der *Frankfurter Allgemeinen* widmete. Ende 1965 verhängte die NDR-Intendanz Zensur über die Satire-Sendung „Hallo Nachbarn". Die „Lach- und Schießgesellschaft" mit Sammy Drechsel und die Berliner „Stachelschweine" mit Wolfgang Neuß antworteten mit einem Boykott gegen den NDR. Karl Korn verteidigte die Intendanz:

... Kabarettisten haben öffentliche Narrenfreiheit, weil sie öffentliche Narren sind. Herren haben Narren legal ertragen und nicht selten sogar gefördert. Denn Herrschaft drückt, und Druck sucht sich Ventile. Hoffen wir, daß unsere Herren sich richtig verhalten, nämlich gelassen. Aber es gibt auch für Narren Grenzen. Wir meinen nicht die eines legal fragwürdigen und schwer definierbaren Anstandes. Wir meinen die Grenzen der Kompetenz. Weil das Fernsehkabarett „Hallo Nachbarn" einmal seine Weisheit nicht los wurde, drohen die anderen solidarisch mit Streik. Streik des politischen Kabaretts? Daß wir nicht lachen! Da machen sich nun gar die Narren lächerlich. Herr Sammy Drechsel macht nicht mehr mit? Herr Wolfgang Neuss macht nicht mehr mit? Die Stachelschweine sind kollektiv solidarisch? Ei nun, liebe Narren, laßt es eben bleiben! Narren, die aus der Rolle fallen, sind nicht mehr komisch. Wenn Leutchen, die durch ihr keckes Mundwerk ergötzen, sich selber strafen wollen, wer wird sie daran hindern?[23]

Obwohl ich zu dieser Zeit schon seit nahezu drei Jahren im Satire-Blatt *Pardon* arbeitete, hatte ich mich noch nie am damaligen Kultur-Papst Karl Korn vergriffen. Und auch jetzt dachte ich bei aller Solidarität mit meinen Satiriker-Kollegen nicht daran, in den Chor schneller Empörung und leichtfertigen Spottes einzustimmen, der sich gegen die Glosse erhob, in der, wie ich die *Pardon*-Leser belehrte, die Summe eines ganzen Journalistenlebens steckte. Ich beschrieb, wie er sich damals das Rückgrat brach, sich selbst Wirbel um Wirbel knickte bis hin zur vollelastischen Anpassung. Vor allem aber erinnerte ich daran, daß er seit 1940 das Verhältnis von Herr und Narr, von Herrschaft und Kritik gar nicht anders sehen konnte. Damals hatte er im *Reich* anläßlich einer Aufführung der Antigone von Sophokles in vorauseilendem Gehorsam die Partei des Kreon ergriffen, obwohl doch Hitler vier Jahre später nach dem 20. Juli trotz allen Wütens nicht die Beerdigung der hingerichteten Attentäter untersagte (- viele wurden anonym verscharrt). Doch Korn bekannte sich – um nur nichts falsch zu machen und ohne jede Not – zum Prinzip Kreons, der Antigone die Beerdigung ihres im Kampf gegen die Stadt gefallenen Bruders verbietet. Korn im *Reich: Kreon, König und Tyrann von Theben, ist die Inkarnation von Macht und Herrschaft. Er und sein Wille sind der Staat, Kreon beruft sich auf das Urgesetz des Staates, daß Ordnung sein müsse und daß der Staat seine Feinde vernichten, sie auslöschen müsse aus der Gemeinschaft des Staates... Nichts hätte den Griechen ferner gelegen... als Zweifel an dem Wesen des Staates, der Macht ist. Was Kreon in geradezu modern anmutenden Formulierungen über Freund und Feind aus der Sicht des Staates sagt, war für die „politisch" denkenden Athener unbezweifelte Gewißheit.*[24] Ich erinnerte daran, wie munter er im Nachfolgeorgan *FAZ* sein keckes Mundwerk wetzt, er habe dort in dasselbe sogar schon einmal das Wort „Sch..." genommen (natürlich mit den obligaten Punkten), so ausgelassen sei unser Narr zuweilen. Und ich appellierte an meine Leser: „Karl Korn – dafür stehe ich ein – , hat das Recht, andere Narren zur Ordnung zu rufen, wenn sie aus ihrer Rolle fallen und nicht Ventile der Herrschaft sein wollen. Wer so wie er als Spaßmacher der unterschiedlichsten Herren auftrat, der darf auf andere mit dem Finger zeigen, die nicht Narren des jeweiligen Herrn sein wollen. Wir alle sollten Mitleid zeigen für den armen Karl Korn, der seit Jahren mit geschientem Rückgrat leben muß. In seiner Lage sieht man nun einmal aufrecht Gehende ungern. Sie gehören nicht in die Welt seiner Vorstellungskraft. Verständlich also, daß er allen ein gebrochenes Rückgrat wünscht."[25] Dann, das muß ich gestehen, vernachlässigte ich vier Jahre lang Karl Korn. Erst als er sich öffentliche Vorwürfe zuzog, weil er – was sonst hätte er tun sollen? – mithalf, seinen Miterausgeber Jürgen Tern zu entfernen, der an abweichender Meinung erkrankt war, da erhob ich – inzwischen beim *Spiegel* – wieder meine Stimme, um Verständnis zu wecken für den armen K.K.:

Ende letzten Jahres erfuhr Karl Korn, für Feinsinn zuständiger Miterausgeber der „Frankfurter Allgemeinen", eine „Wiederbegegnung mit der grandiosen, harten, unbarmherzigen Sprache und Welt der Psalmen". Auf einem für 50 Mark erworbenen Foliopergament aus dem 17. Jahrhundert las er die Beschwörung: „Übergib nicht die Seelen derer, die dir vertrauen, den wilden Tieren..."
Doch schon ein halbes Jahr später übergab ihnen Karl Korns entschei-

dende Stimme den ahnungslosen Herausgeber-Kollegen Jürgen Tern. Korns eigene sensible Seele nahm Schaden an der Tat. Bis ans Lebensende werde er an dieser Entscheidung herumtragen, klagte er vor „FAZ"-Redakteuren.

„FAZ"-Lesern tat sich der empfindsame Herausgeber 18 Tage nach Terns Liquidierung im Gleichnis kund: „Dieser Tage mußten wir den jungen Kirschbaum verloren geben." An der „wenig beachteten" Rückseite des Stammes, die „der Mauer zugekehrt" war, habe sich nämlich „eine krebsige Geschwulst" gebildet – der Leser weiß: Kollege Tern war, vom Sethe-Geschwür angesteckt, an der neuen Ostpolitik erkrankt. Korn über sich: „Schließlich hieb der Hausherr den jungen Stamm um." Leicht fiel dies dem Hausherrn nicht, freilich – es mußte sein.

Karl Korn liebt nun einmal in schweren Zeiten das Gespräch über Bäume. Der reiche Erfahrungsschatz seines Journalistenlebens hat ihn gelehrt, sich auch heute noch in das unvermeidlich Scheinende zu fügen und seine intellektuellen Vorbehalte – die er immer hat – zwischen die Zeilen zu legen, wo sie der geübte Korn-Leser herauspicken mag. Damals, in den ersten Jahren des Dritten Reiches, übte er sich in einer listigen Sklavensprache, die als Einverständnis wie als Kritik verstanden werden durfte. So, wenn er 1937 im „Berliner Tageblatt" schrieb: „Der Führer kündigte einen unerbittlichen Säuberungskrieg an. Es wird fürderhin in Deutschland kein Künstler mehr das Recht haben, sich forciert infantilistisch oder primitiv-archaisierend zu geben. Maler, die ohne Beziehung zum Volk, das ihre Bilder verstehen soll, Grün wie Rot und Gelb als Blau ansehen, werden nicht mehr geduldet werden."

Dieser verstellten Sprache gedachte er sich auch zu bedienen, als er 1940 im NS-Organ „Das Reich" hinter den Goebbels-Leitartikeln als Ressortleiter das kulturelle Leben ausrichten durfte. Es ging nicht gut. Er zog sich allerhöchsten Unmut zu, als er im August 1940 in einem Bericht über eine Kunstausstellung einem Bild „verbrauchte malerische Technik" attestierte, das dem Führer gefallen hatte. Von nun an schrieb Karl Korn nicht mehr zwischen den Zeilen – er verschwand hinter ihnen.

Sechs Wochen später schrieb er die „Jud Süß"-Rezension, in der er die „historische Objektivität" des Pogrom-Films würdigte. [Hier irrte ich 1970: die „Jud-Süß"-Rezension vom September 1940 war nicht – wie ich suggerierte – als Wiedergutmachung für den Fehltritt bei der Kunstausstellung vom August zu erklären. Denn dieser Fehltritt wurde als solcher erst im Oktober bemerkt, als der Führer das Bild mit der verbrauchten malerischen Technik dem Gauleiter von München zur Hochzeit schenkte].

Zwischen-den-Zeilen-Geschriebenes fand später nur noch Karl Korn selbst: „Wenn ich 1940 schrieb, die Judenfrage sei innerlich bewältigt, so war das alles, was ich dawider vorbringen konnte, um zu verhüten, daß man damals mit diesem Film die sogenannte Judenfrage im Volk wieder aufrühren wollte."

Karl Korn hat sich nie wieder erholt. Nach dem Krieg flüchtete er in die Philosophie Arnold Gehlens, der – bequeme Weisheit für Korn – das Individuum von den Institutionen „konsumiert" sehen möchte. Gelegentlich noch bricht für den armen Karl Korn die im „Arbeitsprozeß verkümmerte Natur elementar durch", etwa in der „Region des reinen Spaßes", wie sie ihm ein Vico Torriani verkörpert. Kabarettisten dagegen, wie Wolfgang Neuß, mag er weniger, weil sie „aus der Rolle fallen", wenn sie sich weigern, nur „Ventil" der „Herrschaft" zu sein.

Karl Korn ist seit 1940 nicht mehr aus der Rolle gefallen. Er ist Ventil der Herrschaft geblieben – vielleicht hat er noch nicht einmal so richtig begriffen, daß sich die Herrschaft seither ein wenig geändert hat. Seine Herrschaft wollte, daß Jürgen Tern beseitigt werde. Nun gut, so half er mit, den Baum zu fällen, und schuf sich zugleich zwischen den Zeilen des Feuilletons ein Ventil für die böse Tat. Denn so schrieb Korn, aus dem „verbliebenen Stumpf" haben sich jetzt „frische Kirschblätter" gebildet, die ihm „schöner, frischer, jünger" scheinen als alle Blätter zuvor.

Doch, mag er sich auch der Aufmüpfigkeit junger „FAZ"-Redakteure erfreuen – eines ist sicher: Wenn die Herrschaft will, wird Karl Korn auch die nachwachsenden Stämme fällen und anschließend wieder Tränen vergießen.[26]

So schrieb ich, und so erschien es am 29.Juni 1970 im *Spiegel*. Wie immer, wenn Karl Korn eine Glosse schreiben muß, dauerte es seine Zeit.[27] Der Assuandamm war inzwischen fertig geworden, Bundeskanzler Brandt hatte eine Audienz bei Papst Paul VI. hinter sich gebracht, Portugals Diktator Salazar war endlich zur Hölle gefahren, und am Suez-Kanal gab es den langerwarteten Waffenstillstand zwischen Israel und Ägypten – da war es dem FAZ-Feuilletonchef doch noch gelungen. Ich hatte am Morgen des 18.August die *Frankfurter Allgemeine* nicht gelesen, per Rohrpost kam der Ausschnitt aus dem elftem Stock zu mir herunter in die sechste Etage, versehen mit den völlig korrekten Anmerkungen von Verlagsdirektor Hans Detlev Becker.

Die Schmähmaschine

Bei Homer hieß der Mann Thersites. Er gab dem Typ des vorlauten, feig grausamen, großmäuligen Schwätzers den Namen. Thersites ist der Lästerer und Schmäher von Charakter und Profession. Er verlästert den Agamemnon und erhält von Odysseus Prügel. Thersites ist gehemmt aggressiv. Der toten Amazonenkönigin stößt er mit dem Speer ins Auge. Er verleumdet auch den Achill und muß es büßen. Schmähen und verleumden, übel nachreden und hämisch aus Naivität begangene Fehler der Unbefangenen ausschreien — das Gewerbe ist alt. Neu daran ist, daß es in der industriellen Epoche zu einer Industrie geworden ist. Schmähung wurde zum Spezialismus — und Spezialorgane haben ihre Schmähsparten und Schandmaulkolumnisten. Das gesellschaftliche Grundmuster ist seit dem Prototyp Thersites geblieben. Was auffällt, ist eigentlich zunächst nur die ins Vielfache übersetzte Realisierung mit technischen Mitteln. Man weiß, wie die Thersites heute heißen. Wer es sich leisten kann, geht zur Tagesordnung über. Anderen wird das Leben vergiftet. Einiges an der Erscheinung allerdings scheint neu. Mit der gewerbsmäßigen Ausgestaltung geht der Rückgang der Achillesnaturen parallel. Auch Odysseus kann es sich kaum mehr leisten, dem Thersites aufs Maul zu schlagen. Das wiederum hat seinen Grund in der aus der Antike nicht bekannten Tarnung der Lästerspezialisten. Sie tarnen sich mit Demokratie, und nicht wenige fallen darauf herein. Lästern wird als demokratisches Reinigungsunternehmen ausgegeben. Man hat die Sache zur Institution gemacht und dadurch abgesichert. Weh jedem, der sich die Freiheit nimmt, unbefangen Meinung zu äußern. Vielleicht gar sich zu widersprechen, wie es die Dialektik der Lebensprozesse mit sich bringt. Weh ihm. Die spitzfindigen Meinungsarchivare, als die sich die Thersitesnaturen der unterschiedlichsten Couleur tarnen, kennen keinen Pardon. Sie sind die Inquisitionsbüttel der Epoche. In den legendären Zeiten, als Fortschritt und Fortschrittlichkeit noch was kosteten, also noch nicht zum alleinseligmachenden Köhlerglauben degeneriert waren, kehrte sich das Lästern noch gegen Macht und Mächte. Heute jagt der Inquisitionsknecht, der Unterstützung des auf Progressivität getrimmten mächtigen Durchschnitts gewiß, die letzten Querköpfe, die noch hier und da den Kopf aus dem Loch strecken. Eines haben die modernen mit dem alten Thersites immer noch gemein und werden es behalten: die Feigheit. Sobald einer kommt, der es ihnen gibt, vertrauen sie sich feige ihrer Apparatur an. Die Gegenmeinung wird nicht in die Computer gefüttert. So läuft die Schmähmaschine monoton. Man merkt's und wendet sich ab. Die Kost schmeckt nicht mehr.

K. K...

Das Fragezeichen meines Direktors war auch das meine. Wann nur, wann bevor er diese Glosse schrieb, hatte der letzte Querkopf, der sein Haupt aus dem *FAZ*-Loch steckte, es mir gegeben? Ich dachte zurück, so weit ich konnte.

17. Ja, ich bin es, Thersites! Unverschämter Geist des Widerspruchs und der Verneinung: Der unbekannte Journalist

Das ist nun gut dreitausend Jahre her. Wir – Agamemnon, Achilles, Karl Korn und ich, der von allen als Thersites angesprochen wurde, wir lagen mit der großgriechischen Wehrmacht vor Troja, doch die Stimmung der Truppe war schlecht, sie begann zu meutern.

Karl Korn, der sich, wie wir seit dem 18. August 1970 wissen, hinter dem Decknamen Odysseus verbarg, ließ sich Agamemnons schweren Generalfeldmarschallstab geben und prügelte damit auf die aufsässigen Soldaten ein:

Welchen lärmenden Mann des niedrigen Pöbels er antraf,
Diesen schlug sein Zepter, und diesen straft' er mit Worten:
„Still du! rühre dich nicht und höre Befehle von andern,
Welche tapferer sind; unkriegerisch bist du und feige,
Wirst für nichts in der Schlacht, für nichts im Rate gerechnet.
Werdet ihr alle zugleich allhier, ihr Griechen, befehlen?
Vieler Herrschaft taugt nicht im Kriege! Einer sei Feldherr,
Einer König, welchem der göttliche Sohn des verschlagnen
Kronos Zepter und Rechte gegeben, damit er herrsche!"

Kriegsberichterstatter Homer hat das etwas kompliziert und allzu versfüßig formuliert – er wollte sagen, daß Karl Korn, dieser Odysseus, auf die murrende Truppe einschlug und den Standpunkt der Obersten Heeresleitung allen klarmachte: sie sollten sich gefälligst nicht als wehrunwürdig erweisen, demokratische Sperenzchen finden hier nicht statt, kommandieren kann nur einer: Agamemnon, der Führer Großgriechenlands. Und so beruhigt Karl Korn den Aufruhr.

Also durchgeht er waltend das Heer; sie eilen nun wieder
Zur Versammlung hinauf zu ihren Gezelten und Schiffen;
Rauschend wie das Wasser des wogendonnernden Meeres,
Wenn am Gestade sich bricht die Flut, der Ozean hallet.

Mich faßte die Wut, als ich merkte, wie leicht es Odysseus fiel, die Unzufriedenheit der Soldaten zu besänftigen. Es schien sinnlos zu sein, den Leuten zu sagen, wie wahnsinnig ihr Krieg war, ich erreichte nur eines: Unser Frontberichterstatter Homer strafte mich – und ich bin sicher, im direkten Auftrag des Peleiden Achilles und des Laertiaden Odysseus – für Jahrtausende mit Häßlichkeit.

Alle hatten sich wieder gelagert und saßen nun ruhig.
Nur Thersites, welcher von törichter Unverschämtheit
Aufschwoll, murrete viel mit ungebührlichen Reden.
Seine Sitte war, immer zu widerstreben den Feldherrn,
Und die höhnischlächelnden Lippen troffen von Tadel.
Häßlich war er vor allen im ganzen Heere der Griechen,
Schielend, hinkend mit einem Fuße; die buckligen Schultern
Drängten sich vor und engten die Brust, der spitzige Scheitel
War mit dünnen und weichlichen Haaren sparsam besäet.
Peleus Sohn und den Sohn des Laertes' haßt' er am meisten,
Diese lästert' er oft. Nun schnarrt er aus heiserer Kehle
Gegen den göttlichen Agamemnon schmählichen Vorwurf.
Sein Geschrei erregte den Zorn der edlen Achaier;
Ja, ich Thersites, machte die Herrschaften wild, weil ich ihnen damals
sagte und weil ich – selbst wenn ich in der Vorstellung der Welt noch
hundertmal häßlicher werde – nie aufhören werde, es zu sagen, daß ihre
Feldherrn Betrüger sind: es geht ihnen nur um eines, Beute zu machen.
Ich, der feige Thersites, habe es Agamemnon, dem Sohn des Atreus, vor
dem versammelten Heer ins Gesicht geschleudert, und das wenigstens,
was ich sagte, hat Homer in seinem Bericht nicht unterschlagen:
O Atreide, was klagst du noch, und wessen bedarfst du?
Starren nicht Deine Gezelte von Erz, und sind nicht erlesne
Weiber in deinen Gezelten, die wir Achaier, sooft wir
Eine Stadt eroberten, dir vor allen erkoren?
Dürstest du auch nach Gold, daß dir aus Ilions Mauern
Einer der rossebezähmenden Troer zur Lösung des Sohnes
Bringe, den ich oder vielleicht ein anderer gefangen,
Oder ein jugendlich Weib, mit ihr der Wollust zu pflegen,
Daß du für dich allein es behaltest?
Nicht Ruhm und Ehre, Gold und Weiber, das war ihre Devise – und wir
mußten für dieses Feldherren-Pack, das sich in dreitausend Jahren nie
verändert hat, bluten, mußten verrecken für sie. Ich sagte es ihnen:
Traun, es geziemet
Nicht dem Führer, die Söhne der Griechen in Unglück zu leiten
Kaum hatte ich so gesprochen, da sah ich Karl Korn, den Odysseus, auf
mich zustürzen, Agamemnons Szepter schwingend wie eine Wurfkeule.
Eilends preßte ich heraus, was ich gegen Agamemnon zu sagen hatte:
Laßt uns schiffen zurück, und dieser müsse versuchen
Wie er aus Ilion Beute sich hol'; auf daß er erkenne,
Ob auch unser Arm ihm kräftigen Beistand verliehen!

Da stand Karl Korn schon vor mir, bebend vor Zorn, als hätte ich ihm und nicht Agamemnon die Beute nehmen wollen. Odysseus schnaubte:

Schweig! enthalte dich, törichter Schwätzer, mit Fürsten
zu streiten!
Denn von allen, die mit den Atreiden gen Ilion zogen,
Ist nicht einer schlechter als du! Ich rate dir, schmähe
Nicht die Könige, nenne sie nicht und schweig von der Heimfahrt;
Denn wir wissen noch nicht, welch Ende die Sache gewinnet,
Ob wir mit Glück oder Unglück jetzt ins Vaterland zögen.
Agamemnon, den Sohn des Atreus, den Hirten der Völker,
Schilt nicht mehr, vorwerfend, daß ihm der Danaer Helden
Viele Gaben gegeben, du unbesonnener Lästrer!

Was dann geschah – Homer formulierte es so, ich will nichts hinzufügen, diese Szene hat sich in der dreitausendjährigen Geschichte des Abendlands mit wechselnden Personen stets aufs neue wiederholt:

Sprach's und schlug mit dem Szepter ihm Rücken und Schultern;
da schmiegte
Sich Thersites, und Tränen entstürzten den schielenden Augen;
Eine Strieme mit stockendem Blut entschwoll dem Rücken
Unter dem goldnen Szepter; er setzte sich nieder und bebte,
Häßlicher durch den Schmerz und wischte vom Auge die Träne.
Des erfreuten sich alle und winkten sich lachend, so sehr sie
Auch bekümmert waren, und einer sagte zu anderen:
„Traun! Odysseus ist reich an edlen Taten! Im Kriegsrat
Ist er berühmt, berühmt als Feldherr Heere zu ordnen;
Aber von allem, was er getan, ist dennoch das beste,
Daß er die schmähende Zunge des lästernden Schwätzers
geschweiget... [1]

Mich schweigen, mich zum Verstummen bringen – das ist ihre Lieblingsbeschäftigung. Und das Volk, das ich warnte, verhöhnte mich und jubelte Karl Korn und den Feldherren zu, die mich blutig schlugen. Nicht immer überlebte ich es, wie bei Homer. In den Kyklischen Epen, der Aithiopis, machen sie ganze Arbeit: Achill erschlägt mich und anschließend übernimmt Karl Korn, als Odysseus, als Berater für Wehrgeistige Kriegführung, die Rechtfertigung meiner Ermordung.[2]
Ja, es war ein glänzender Sieg, den die Propagandakompanien des Agamemnon über mich errangen: weil ich, Thersites, meine Stimme gegen den Krieg erhob, zum Ungehorsam gegen die Feldherren, die Könige aufrief, zur Desertion, weil ich enthüllte, daß es nur um Gold

ging und nicht um Ehre, darum haben sie mich zum häßlichsten aller Menschen ernannt. Es ist ihnen gelungen, mich unschädlich zu machen. Ihre Propaganda – sie war gut gemacht, sie hat alle tief beindruckt –, diese Propaganda wirkte drei Jahrtausende lang, sie wirkt noch heute. 1948, als es jeder wissen mußte, wie recht Thersites hat, ertönte aus Einsiedeln in der neutralen Schweiz unbeirrt die alte Propaganda als Stimme des Literarhistorikers August Rüegg:

So ist z.B. die Figur des Thersites, dieses ekelhaften Kritikers der achaiischen Heeresversammlung, dieses Lästermauls, dieser Giftkröte, die nichts anderes kann, als alles Große, das ihr unter die Augen kommt, anzugeifern und herunterzureißen, geradezu eine Vorstudie zu dem berühmten Shakespeareschen „Richard III.", dem Theatervirtuosen teuflischer Bosheit, der sich aus seiner Not, d.h. aus seiner Häßlichkeit eine Tugend macht, und zum Mephisto, dem dämonischen Geist des Widerspruchs und der Verneinung. Wie bei Richard III., so ist bei Thersites die physische Häßlichkeit sein Schicksal, die Unterlage und Quelle seiner psychischen Gemeinheit, seine treibende Kraft. Unvergeßlich, typisch für alle Zeiten ist schon seine äußere Erscheinung: der verwachsene Knirps mit dem Buckel, den krummen Beinen, dem hinkenden Gang und dem glatzigen Schädel, der nur mit spärlichem Flaum bewachsen ist. Da sitzt er inmitten der Krieger in der Volksversammlung, schnellt bei jeder häßlichen Gelegenheit in die Höhe, reißt sein Maul weit auf und keift und zankt mit kreischender Stimme, was das Zeug hält. Mit Vorliebe liest er sich die stattlichsten und mächtigsten der Könige als Zielscheiben seiner Angriffe aus. Er sieht an ihnen nur Gemeines und macht sich einen Sport daraus, durch Unverschämtheit und böse Witze die Masse des niedrigen Volkes zum Lachen zu bringen.[3]

Hat denn wirklich keiner bis heute gemerkt, daß alles, was bei Homer über mich steht, nur Propaganda ist? Doch, einer, William Shakepeare. Aber wer kennt schon *Troilus und Cressida*? Karl Korn kaum. Und er muß auch nicht wissen, daß Wolfgang Neuß, der von ihm Geschmähte, in dieser Shakespeare-Komödie einmal den Thersites spielte.[4]

Ich, Thersites, und ich, Otto Köhler – die Gleichung des Karl Korn ist schmeichelhaft, aber sie geht nicht auf. Ja, dieser Thersites wäre ich gern gewesen. Seine Feigheit war Mut, seine Schmähsucht verkündete Wahrheit, sein Nein zum Krieg war ein Ja zum Leben.

Aber ich habe nicht das Recht, mir den Schuh anzuziehen, den Karl Korn so freundlich für mich geschustert hat, er ist zu groß. Der feige, der schändliche, der häßliche Thersites zu sein, dazu gehört soviel Unerschrockenheit, ich weiß nicht, ob ich sie aufbrächte.

Trotzdem. Wir Journalisten müssen an ihm und von ihm lernen. Und da gibt es viel, sehr viel zu begreifen. Als ich in einer kleinen Journalisten-runde fragte, wie wir es denn halten sollen mit Thersites, ob er vielleicht sogar unser Leitbild sein könnte, meinte eine sehr fortschrittliche Kollegin: Aber er ist doch auch wirklich häßlich, ich weiß nicht, ob ich mich mit dem identifizieren würde: keifend, verwachsen, hinkend und Flaum auf der Glatze ...

So wirkt Propaganda. Propaganda, die ohne aktive Beihilfe von uns Journalisten nicht möglich wäre. Kein Mensch in unserem Jahrtausend hat Thersites je gesehen. Aber meine kritische Kollegin, alternativen Gedankengängen mehr als zugeneigt, glaubt, was die von Agamemnon bezahlte Propagandakompanie vor dreitausend Jahren gegen den rebellischen Thersites geschrieben hat.

Es ist übrigens die gleiche Beschreibung, die der Stürmer-Verlag des Julius Streicher für die Juden erfand:

Und krumme Rücken, breite Latschen –
Man sieht sie ja noch heut so datschen
Mit Hängemaul und Nasenzinken
Und wutverzerrtem Augenblinken!

So stand es in dem „Bilderbuch für Groß und Klein" mit dem Titel „Trau keinem Fuchs auf grüner Heid und keinem Jud bei seinem Eid", das zugleich verkündete „Ohne Lösung der Judenfrage keine Erlösung der Menschheit."[5]

Das ist das erste, was wir lernen. Es muß nicht wahr sein, daß Thersites mißgestaltet aussah. Er kann ein attraktiver junger Mann gewesen sein, mit angenehmer Stimme. Propaganda macht, wenn es verlangt wird, aus einer Engelsgestalt den Satan persönlich mit Pferdefuß und Hörnern.

Aber, zweitens, selbst wenn er tatsächlich schielte und hinkte, bucklige Schultern hatte und kaum noch Haare, wenn seine Stimme mißtönend war – warum sollte er darum ein schlechter Mensch sein?

Je gerader die Nase, umso sittlicher der Mensch, je krummer, desto verworfener?

Das ist die eine Seite – Thersites als Opfer der Mächtigen. Er stellt uns Journalisten eine doppelte Aufgabe. Wir müssen enthüllen, daß Thersites nicht häßlich, nicht verwachsen, nicht glatzköpfig ist, und wir dürfen nicht in die Falle tappen, die uns diese Propaganda auch stellt: daß ein Thersites, der tatsächlich häßlich, verwachsen und glatzköpfig wäre, darum auch moralisch minderwertig sein sollte.

Und die andere Seite – Thersites als Leitbild für uns Journalisten? Darauf kommen wir noch.

1975 hat Karl Korn in seinen Memoiren der inzwischen aus dem *Spiegel* entfernten Schmähmaschine noch einmal geantwortet: „Wer über Sklavensprache, Konzessionen und Tarnmanöver aburteilt, müßte, um zu einem ausgewogenen Urteil zu kommen, das Ganze ins Auge fassen." Ja, das Ganze. Zum Ganzen gehört, daß Karl Korn Veit Harlans filmischen Pogrom-Aufruf „Jud Süß" im *Reich* wegen seiner „historischen Objektivität" würdigte. Die beiden fürchterlichsten Sätze aus dieser Besprechung, habe ich noch nicht zitiert. Über „den winselnden Jud Süß" schrieb Karl Korn: „Der Elende weiß nicht stolz zu sterben. Für nichts vermag kein Mensch anständig zu sterben."
In diesen beiden Sätzen zwischen deren Zeilen nichts steckt als das, was sie sagen, ist alles ausgesprochen: Juden vermögen nicht stolz zu sterben. Der wahre Mensch stirbt mit Anstand für etwas, damals hieß es für Führer und Vaterland. Die Folgerung, die daraus zu ziehen war: Wer nicht stolz zu sterben versteht, dem braucht man das Geschenk des individuellen Todes nicht zu erweisen. Man kann ihn vernichten wie Müll. Am Ende steht für die Elenden, die nicht stolz zu sterben vermögen: Auschwitz.
Der Weg ist kurz aus der Feingeistigkeit des *Reiches* zu den Todesfabriken, die deutscher Erfindergeist im fernen Oswiecim errichtete, dem einzigen polnischen Ort, dessen deutscher Name nie vergessen wird.
Angesichts dieses Satzes über den winselnden Juden, der nicht anständig zu sterben weiß, wirkt alles, was Korn über seine Resistenz gegen die Nazis vorzubringen hat, peinigend und peinlich zugleich:
Wir haben die braune Literatur nur widerwillig und als unvermeidliches Übel zur Kenntnis genommen, wir haben wie die Buchverlage viel Ausländisches hereingeholt, das durch die Maschen ging. Wir haben andere Lebensvorstellungen formuliert, andere Freuden und Leiden artikuliert, andere Musik gespielt und gehört. Die Unterdrückung ist nicht einmal im Kriege vollständig gelungen, als die Machthaber keine Rücksicht mehr nehmen zu müssen glaubten... Wir haben gelebt, oft voll Bitterkeit, oft leichtfertig und vergessend, oft gleichgültig und abgestumpft, aber uns doch immer wieder aufraffend. Es hat nicht ausgereicht, um die Schrecken und die Greuel zu verhindern. Vor diesem Ende versagt alles.
Alles versagte, der eigene Widerstand reichte nicht aus, bitter war es auch für uns – aber kein Wort über diese beiden und manche anderen Sätze, die nicht mangelnder Widerstand waren, nicht Versagen, sondern aktive Beihilfe. Da hört jede „Ratio des Weitermachens" auf, da läßt sich von der „Wahrung nicht-nationalsozialistischer Geistestraditionen" nur

reden, wenn man zusammen mit Karl Korn seine „Jud-Süß"-Rezension verschweigt.[6]

Aber dieses Schweigen ist noch heute die Forderung des Tages. Gerade erst hat dies Korns einstiger FAZ-Redaktionskollege, der Frankfurter Intendant Günther Rühle verlangt, der ihm zum 80. Geburtstag den mehrere Falschinformationen enthaltenden Satz schenkte über „die Verführung in den Glanzjournalismus von Goebbels' Renommierblatt *Das Reich*, aus dem die Engseher ihm noch immer jene ‚Süß'-Kritik vorhalten, wiewohl diese fatale Zeit für den clubistisch geprägten Korn nach einem halben Jahr mit Schreibverbot und Einberufung zum Kriegsdienst endete"[7] (- 1944 schrieb der vom Berufsverbot Getroffene im *Reich* als „Schreiber von Beruf" aus der heimatlichen Etappe Plaudereien über „Stil als Serienfabrikat"[8])

Die „Jud-Süß"-Rezension wäre doch längst vergessen, wenn Karl Korn sie in seinem Erinnerungsband, der doch so programmatisch den Untertitel „Ein deutsches Leben" trägt, nicht unterschlagen hätte.

Damit muß er sich abfinden auch im achtzigsten und einundachzigsten Lebensjahr: Erinnerung wird solange abgefordert, solange er sie verweigert. Das ist Pflicht – den Opfern gegenüber.

Aber er hat ja recht: ein deutsches Leben der Männer seiner Generation – das schließt das Schweigen ein über so viele Verbrechen, warum nicht auch über diesen publizierten Antisemitismus eines Journalisten, der selber kaum Antisemit war. Und der doch – wie der Vergleich der drei Jud-Süß-Rezensionen (Seite 264) in den drei bürgerlich-intellektuellen Leitorganen der Nazi-Zeit ergab – den schärfsten Judenhaß verfocht. Gerade dieser Vergleich zeigte, daß ein Journalist mit etwas Mut, Sprachkraft und Verstand meist doch noch einen Weg sah, dem uneingeschränkten Bekenntnis zur Unmenschlichkeit zu entgehen.

Und dies gerade beim *Reich*, das ja 1940 dazu geschaffen wurde, an der langen Leine zu gehen. Diese lange Leine für die Redakteure war von Hitlers einstigem Feldwebel, dem Reichsleiter Presse Max Amann, von vornherein eingeplant. Er wollte mit seiner Neugründung ein Blatt schaffen, das in der Gestaltung „formal ansprechend und zugleich sachlich korrekt und" – das war ein Fußtritt für die gesamte restliche Presse – „phrasenlos sein" sollte. Dafür konnte man, wie der NS-Pressezar wußte, kaum Nazi-Journalisten brauchen. Die neue Wochenzeitung sollte, das war Amanns Ziel, „nicht eine unter vielen Zeitungen und Zeitschriften, sondern sie soll die führende große politische deutsche Wochenzeitung sein, die das Deutsche Reich für In- und Ausland gleich wirksam und eindringlich publizistisch repräsentiert."

Dafür wurden die *Reich*-Journalisten privilegiert. Reichsleiter Amann: „Neben einer stärkeren Auswertung ausländischen Nachrichtenmaterials, das aus taktischen Gründen in der Tagespresse nicht gebracht werden kann, ist... die Erschließung von Sonderinformationen aus deutschen Quellen notwendig, die in den Tagszeitungen ebenfalls nicht voll zur Geltung kommen können. Als Zeitung braucht das neue Organ Nachrichten, und der besondere Charakter der in ihr enthaltenen Nachrichten soll ihr von Woche zu Woche aufs neue den Reiz des Spannungsmomentes verleihen, der sie dem Interessierten in die Hand zwingt."[9] Darum auch waren die Redakteure von den „Tagesparolen" des Reichspressechefs befreit. „*Das Reich* sieht die Welt von hoher Warte", warben 1940 Plakate von den Litfaßsäulen. Auf dem ersten Höhepunkt der deutschen Siege sollte die neugegründete Wochenzeitung das deutsche Herrschaftsblatt für Europa und schließlich die ganzen Welt sein.

Dieser Herrschaftsjournalismus von hoher Warte vertrug sich nicht mit dem Phrasengeplärr eines *Völkischen Beobachters*, insofern waren Sollübererfüllungen wie Korns „Jud-Süß"-Rezension nicht nur nicht nötig, sondern fast schon schädlich.

Denn wichtig war nur eines, die außenpolitischen Interessen des Deutschen Imperiums zu vertreten. Das allerdings bedeutete ein unbedingtes Bekenntnis zum Deutschen Krieg, hier durfte sich kein Feinsinn zwischen den Zeilen austoben. Hier gab es nur eines: bekennen. Das fiel freilich diesen bürgerlichen Nicht-Nazis, die von der Partei in die Redaktion geholt wurden, überhaupt nicht schwer. Keiner von ihnen wollte Thersites sein, der die Feldherrn schmäht und das Heer auffordert, nach Hause zu gehen.

Hans Dieter Müller 1964 in seiner Einleitung zum Faksimile-Band *Das Reich*: „Der Krieg ist ein Gott. Seine metaphysische Herkunft wird von den meisten Artikelschreibern nicht bezweifelt. Auf diese Herkunft zieht sich auch zurück, wer der vulgären Mythologisierung – der Krieg als Endkampf gegen die jüdisch-bolschewistische Weltverschwörung, als säkularisierte Eschatologie, als Ratschluß der Vorsehung nicht folgen will. Schließlich ist es der ‚reine', der ‚totale Krieg': ‚der Weg zu sich selbst'."[10]

Und so beschreibt Walter Henkels, der spätere Bonner Hofchronist der *Frankfurter Allgemeinen Zeitung*, am 7. März 1943 im *Reich* die „Runen des Krieges". Er vergleicht zwei Fotos. Sie sind seinem Artikel vorangestellt und zeigen uns die Verwandlung eines 29jährigen Menschen mit noch etwas leerem glattem Gesicht in eine 30jährige Killermaschine mit einem Ritterkreuz um den Hals, das Gesicht gealtert, brutalisiert, verwüstet. Doch für Henkels ist dies die Apotheose eines Stuka-Fliegers:

Keine Falten zeigt dieses erste Bild, kein Bogen spannt sich über der Stirn. Zwar strömt das Bild Männlichkeit aus, aber doch liegt noch eine helle Jugend über dem Gesicht...

Das zweite Bild ist an dem Tage aufgenommen, da der fünfhundertste Einsatz geflogen wurde. Hinter der Energie, mit der das Gesicht geladen ist, der Tatbereitschaft, die es ausströmt, der Spannung, die es verrät, den körperlichen und seelischen Strapazen, die unverkennbar sind, ist ein solches Maß kämpferischer Leidenschaft sichtbar, daß man fast sagen könnte, dieser Mensch sei unseren Begriffen schon entrückt.

Wie oft hat dieses Gesicht den Tod vor Augen gehabt: wie oft hat ihn der schweigende Gefährte am Rockzipfel gefaßt! Aber das hat seine Leidenschaft und Besessenheit, wie es scheint, nicht angefochten.

Das Gesicht war wie ein Gebirge von Falten und Schründen. Und mit einem bemerkten wir, daß er in einem Jahre um viele, viele Jahre gealtert und reifer geworden war...

Der Hauptmann mit seinen Männern ist dann noch viele Male geflogen, ohne Unterlaß hat er sich mit seinen Bomben und Bordwaffen auf die feindlichen Linien gestürzt, immerzu gehämmert, immerzu... Niemand fragt nach dem Verhängnis, das sie greifen wollte. Sechshundert Einsätze und noch einige mehr hat der Kühne geflogen. Sechshundertmal, wo ihm jeder Flug den Tod verhieß. Dann ist er gefallen. Irgendwo im Osten liegt das Grab des Hauptmanns. Der Führer verlieh ihm das Eichenlaub zum Ritterkreuz des Eisernen Kreuzes.[11]

Das ist kriminelle Zeitungs-Prosa, aber ganz in dem Stil, der von den *Reich*-Journalisten erwartet wurde. Ein Mann, der in über 600 „Einsätzen" einige Tausend von Menschen in den Tod gehämmert haben muß, fliegt verklärt in die Ewigkeit – die Menschen, die ihm zum Opfer fielen – sie kommen nicht vor, sie haben keinen Tod – sie gleichen den Juden Karl Korns, die nicht anständig zu sterben verstehen.

Es ist ja nicht der tausendfache Mord, den dieser Stuka-Kommandeur über die Menschen bringt, – der ist es nicht, der sein Gesicht entstellt, es ist die damit verbundene Anstrengung beim Töten. Er ist das einzige Opfer – das Morden ist für ihn eine elende Schinderei: Mordsarbeit – das Wort kam damals in Schwange. Daß er dann endlich selbst dabei umkam, auch das war ein Opfer für den Führer, der mit seinem Eichenlaub alles zudeckte.

Und wenn er nicht für den Führer gefallen wäre, weil er ihn haßte? Wenn er nur für seinen Eid oder die Vorstellung eines wie auch immer gearteten Vaterlandes sein Leben zur Vernichtung anderer Leben aufs Spiel gesetzt hätte?

Gerade auch für solche Gewissenshubereien war *Das Reich* da. Karl Korn hat das Nötige verfaßt, in einem Artikel über Ernst Jünger. Es ist ein Schlüsseltext, der zeigt, wie wichtig dieses Blatt für Goebbels und die Nazis war, und ein Text zugleich, dem es Korn kräftig zwischen die Zeilen geschrieben hat:

Unser Jahrhundert, das auf so mancherlei Wegen die Tiefe des Seins in der Gefahr wiederzugewinnen sucht, jene Tiefe, die das humanitäre Krämerjahrhundert im Fortschrittstaumel preisgegeben hatte, hat in Jünger einen Wünschelrutengänger hervorgebracht, einen ahnungsvoll Wissenden, der mit den Kräften der Tiefe in Verbindung steht.

Humanitär – ein Wort, das uns heute der Große Duden als „auf die Linderung menschlicher Not bedacht" definiert –, das hatte für Karl Korn, wie schon die Zusammenstellung mit Krämerjahrhundert beweist, einen anderen Sinn. Meyers Lexikon definiert das dazugehörige Hauptwort Humanität als „Leugnung aller rassischen und völkischen Unterschiede unter gleichzeitiger Anbetung einer unterschiedslosen ‚Menschheit', Vorliebe für das Schwache, Kranke ja oft für das Verbrecherische bei gleichzeitigem Mißtrauen gegen das Arteigene, Starke, Heldische, Schöpferische... In dieser Beziehung wird volkstümlich das Wort H[umanitäts]duselei gebraucht, um die H[umanität], das heißt die sog. ‚humanitären Ideale', in ihrer leben- und artbedrohenden Gefährlichkeit zu entlarven und zu kennzeichnen."[12] Es handelt sich hier allerdings um die Auflage von 1938, aber sie hilft uns verstehen, was Karl Korn meinte. In der gegen die Humanität wiedergewonnenen Tiefe des Seins, die Karl Korn mit Ernst Jünger ergründet, gibt es nur eines, das Opfer:

Das Opfer hat eine seltsame Verfassung, es ist zwar immer so, daß es für etwas gebracht wird; aber es stellt sich, sieht man näher zu, heraus, daß der Rang dessen, dem ein Opfer gilt, für den Rang des Opfers gleichgültig ist.[13]

Was hier zwischen den Zeilen steht, ist dies: Mag Hitler auch ein Verbrecher sein, laßt euch deshalb nicht dabei stören, für ihn zu sterben, eurem Opfer allein gebührt Größe. Goebbels konnte die Nazis erreichen, die fanatischen und fast immer auch die lauen – aber nicht die Bürger in ihrer Reserve. Das war die Aufgabe der *Reich*-Redakteure. Gerade darum war *Das Reich* „Goebbels liebstes Kind", wie der OKW-Sprecher Martin H. Sommerfeldt verriet. „Seine Propagierung in Deutschland war ein Kinderspiel für die Abteilung Propaganda..."[14]

Das Reich war kriegswichtig, die Intelligenz, das Niveau seiner Redakteure nicht minder. Heinrich Böll, der an sich eine Schwäche für Karl Korn besaß, hatte das vielleicht am besten begriffen: „Ich habe das Reich vielleicht drei-, viermal gelesen, notgedrungen, weil nichts anderes zur Hand war, und ich habe diese Zeitung gehaßt: nicht weil sie dumm, sondern weil sie so intelligent gemacht war."[15]

Das Reich war die Vollendung des NS-Journalismus, perfekt gemacht vorwiegend von Nicht-Nationalsozialisten. Vom klugen Odysseus, der mit dem Szepter dazwischenfuhr, als die Stimmung der Truppe sank. Einen Thersites gab es im *Reich* nicht, natürlich nicht. Oder wissen wir von einem einzigen bekannten Journalisten, der von den Nazis umgebracht wurde für das, was er im Dritten Reich gegen Hitler und seinen Krieg schrieb? Ich will das nicht beklagen – woher nähme ich das Recht? Es ist kein Vorwurf, es ist eine Feststellung, die allerdings den Sinn hat, die wuchernden Widerstandslegenden ein wenig zurechtzustutzen.

Natürlich gab es die vielen unbekannten sozialdemokratischen, sozialistischen und kommunistischen Redakteure, deren Zeitungen sofort nach der Machtübergabe verboten wurden. Viele von ihnen wurden in den KZs umgebracht – aber sie hatten nach dem Reichstagsbrand gar nicht mehr die Chance gehabt, ihre Stimme gegen Hitler zu erheben. Es gab Fritz Gerlich, den Herausgeber der katholischen Wochenschrift *Der gerade Weg*, den die Nazis 1934 im KZ Dachau ermordeten – keines der großen Lexika der Nachkriegszeit nennt seinen Namen, der Brockhaus nicht, der Meyer und nicht einmal der katholische Herder, doch umgebracht auch er für das, was er vor 1933 gegen die Nazis schrieb.

Und Carl von Ossietzky? Er war das Opfer derer, die ihn zuerst ins Gefängnis brachten, der Reichswehrkamarilla und ihrer Minister-Kreaturen in der Weimarer Republik. Daß er unter den Nazis sterben mußte, hat sie nicht gestört. Denn sie haben ihm seine *Weltbühne* auch danach nie verziehen: „Sie war ein Organ zur wöchentlichen Beleidigung des deutschen Volkes." Das schrieb 1966 unter dem SS-Hauptsturmführer a.D. Horst Mahnke als Chefredakteur der Rechtsaußenkolumnist Winfried Martini in der Springer-Illustrierten *Kristall*, die einst vom *Weltbühnen*-Mitarbeiter Axel Eggebrecht mit ganz anderen Absichten gegründet worden war. Ossietzky hat die Pläne der schwarzen Reichswehr publik gemacht, er hat den Tucholsky-Satz gedruckt „Soldaten sind Mörder." Ossietzky war Thersites. Aber er war der Thersites der Weimarer Republik, auch wenn die Nazis es waren, die seine Exekution zu Ende führten.

Die Jagd auf Thersites wird fortgesetzt. Umgebracht wird er vorerst nicht mehr. Unschädlich würden sie ihn aber immer noch gern machen.

Ein Agent des Agamemnon namens Lorenz Niegel hat als von uns frei gewählter Abgeordneter des Deutschen Bundestages am 12. Juli 1989 der Staatsanwaltschaft beim Landgericht Köln geschrieben:

In der Fernsehsendung „Monitor", am Dienstag, den 11.7.1989 wurde zunächst eine Veröffentlichung von Deserteuren und der Fahnenflucht gebracht. Im Anschluß daran hat der sogenannte Moderator, ein Herr Bednarz vom WDR, öffentlich aufgefordert, daß beim nächsten Krieg die deutschen Soldaten sofort Fahnenflucht begehen bzw. desertieren sollten.

Das ist nach meiner Meinung eine öffentliche Aufforderung zu einer Straftat gemäß § 111 Strafgesetzbuch, gegen § 16 Wehrstrafgesetz zu verstoßen. Auch in unserer demokratischen Bundeswehr ist Fahnenflucht strafbar. Die Aufforderung Bednarz' ist nach meiner Meinung eine Aufforderung an die Soldaten der Bundeswehr, unsere Verteidigungsbereitschaft zu untergraben. Mit der Pressefreiheit sind die Ausführungen Bednarz, eine Straftat zu begehen, nicht gedeckt. Ich stelle aus den dargelegten Gründen Strafantrag gegen Bednarz.[16]

Der genaue Wortlaut der Moderation war etwas anders, als es Niegel angibt. Bednarz sagte:

Erlauben Sie mir ein Gedankenspiel: Was wäre eigentlich passiert, wenn am 1. September 1939 oder am 21. Juni 1941, dem Tag des deutschen Überfalls auf die Sowjetunion, Millionen deutscher Soldaten desertiert wären?

Das Schlimmste, das hätte passieren können: Deutschland wäre besiegt worden, hätte bedingungslos kapitulieren müssen, die Russen wären in Berlin einmarschiert... Genau das, was 4 Jahre später passierte.

Der Unterschied: Millionen Menschen wären am Leben geblieben, unendliches Leid wäre Deutschland und den anderen Ländern Europas erspart geblieben.

Ich persönlich kann nur hoffen, daß – sollte jemals wieder in Europa ein Krieg ausbrechen – möglichst viele Soldaten desertieren. Möglichst am ersten Tag, in der ersten Stunde.[17]

Mir sind beide Texte recht, der den Bednarz wirklich sprach, aber mehr noch der, den ihm Niegel in den Mund legte. Hauptsache, es wird desertiert. Daß es der deutsche Soldat zuerst tut, ist die einzige Pflicht und Schuldigkeit, die ihm geblieben ist angesichts der Verbrechen, die er in zwei Kriegen dieses Jahrhunderts über unsere Welt gebracht hat (– die sowjetischen Deserteure in Afghanistan werden, während ich dies schreibe, vom Präsidium des Obersten Sowjet amnestiert)[18].

Der Niegel-Text verdient seiner zusätzlichen Klarheit wegen den Vorzug, denn die Staatsanwaltschaft Bonn hat sich auf den Standpunkt gestellt, Bednarz habe insofern noch nicht „die Reizschwelle zum strafbaren Handeln" überschritten, weil er die „Fahnenflucht" – welch ein Wort: was soll man sonst mit Fahnen machen, als sie fliehen? – „lediglich befürwortet, nicht jedoch dazu aufgefordert" habe.[19]

Wir haben unser Thema nicht verlassen, auch wenn wir über Desertion in der Bundesrepublik reden. Die Remilitarisierung war die Todsünde unserer scheinbar neuen Republik. Nicht, weil wieder Gestalten in deutschen Uniformen auf unseren Straßen herumliefen. Die Wiederbewaffnung machte aus dem Versuch, einen neuen demokratischen Staat auf deutschem Boden aufzubauen, den Nachfolgestaat des NS-Regimes. Sie stellte die Kontinuität her. Wo Hitlers Generale wieder gebraucht wurden, gab es keinen Richter, keinen Arzt, keinen Professor, keinen Beamten und keinen Journalisten, der nicht auch wiederverwendungsfähig gewesen wäre. Sie alle schufen unseren Staat. Und es war eine große Stunde, als im Jahre 1966 der NS-Rundfunk-Propagandist Kurt Georg Kiesinger dem Emigranten Willy Brandt die Hand zur Versöhnung, ja zur Mitregierung reichte. Der Preis war das Schweigen. Das Schweigen über die Vergangenheit.

Aber noch einmal Thersites. Es gab ihn doch im Dritten Reich. Sie haben ihn justizförmig umgebracht.

Weil er öffentlich den Willen des deutschen Volkes zur wehrhaften Selbstbehauptung zu lähmen oder zu zersetzen gesucht hat.

Weil er vorsätzlich unwahre Behauptungen über die Stimmung der Bevölkerung aufgestellt hat.

Weil er gehässige Äußerungen über den Führer, die Reichsregierung und die deutsche Presse- und Propaganda-Politik gemacht hat.

Thersites wurde gehängt. Am 7. September 1943. Wie Tausende vor ihm und Tausende nach ihm.

Doch Thersites war kein Journalist. Er war Künstler, ein begnadeter Pianist: Karlrobert Kreiten.

Es war unser bundesdeutscher Allsonntagsjournalist Werner Höfer, der dem Thersites damals nachrief, daß ihm recht geschehen sei.

18. Nachwort

Wir haben uns mit den Biographien von mehr als einem Dutzend Journalisten unter Hitler beschäftigt, die meisten von ihnen sind tot, andere sind alte Männer – es geht mir nicht darum, sie anzuklagen. Ich bin kein Richter und ich bin froh, daß ich es nicht sein muß. Es geht auch nicht um die Vergangenheit. Es geht um unsere Gegenwart, die nicht verstehen kann, wer sie nicht auch – und in unserem Land vor allem – aus der Vergangenheit erklärt.

Aus Würzburg, wo ich vor drei Jahrzehnten in der Studentenvollversammlung der Universität einen, natürlich abgelehnten, Mißbilligungsantrag gegen meinen einst tiefbraunen und damals klerikofaschistischen Kultusminister und Grundgesetzkommentator Theodor Maunz[1] einbrachte, aus diesem mir wohlbekannten Würzburg schickte mir ein Leser zu meinem Höfer-Artikel in der *Zeit* ein Thomas-Mann-Zitat aus dem Jahr 1945:

... Was ist es mit der über und über schuldigen intellektuellen Schicht, die zum Nationalsozialismus stand und ihn bediente? Mit den Philosophastern, die ihm den Weg bereiteten und ihn ideologisch unterbauten? Mit den Geopolitikern, Kriegsgeographen, Rasse- und Wehr-Professoren, den Richtern, die wissentlich das Recht beugten, indem sie Nazi-Recht sprachen? Den Ärzten, die Russen, Polen und Juden vivisezierten? Den Journalisten der Nazi-Presse, den Zeitschriften-Herausgebern, die zwölf Jahre lang das Volk mit den verderblichsten geistigen Drogen fütterten und verdarben? Sind die keine Kriegsverbrecher? Sind sie vielleicht nicht die strafbarsten? [2]

Ja, was war mit ihnen? Nichts, was sollte schon gewesen sein. Die Professoren machten weiter, allenfalls erfuhren ihre Lehrbücher – siehe Dovifat – wieder eine neue Auflage. Nur die allerschlimmsten Nazi-Gelehrten bekamen den Titel „Professor z.Wv" – Professor zur Wiederverwendung. Und so geschah es auch, es sei denn, sie hatten inzwischen weit interessantere Positionen errungen, wie der NS-Historiker Ernst Anrich als Leiter der Wissenschaftlichen Buchgemeinschaft in Darmstadt. Oder der NS-Pädagoge Wilhelm Hehlmann als Chefredakteur der Brockhaus Enzyklopädie.

Und die Nazi-Richter – hat sich auch nur ein einziger nachweisen lassen, daß er das Recht gebeugt hätte? Keiner. Wer sich auf der freiheitlich-demokratischen Grundordnung etwas unbehaglich fühlte, weil seine

Robe zuviel Blutflecken hatte, durfte sich vorzeitig pensionieren lassen, aber nur, wenn er wirklich wollte. Welche Zukunft Freisler vor sich gehabt hätte, wäre er 1945 nicht verunglückt, das haben wir amtlich. Die Ärzte? Ein paar wurden vom US-Militärgericht in Nürnberg verurteilt. Soweit sie nicht rechtzeitig gehängt wurden, waren sie schnell wieder auf freiem Fuß. Manchmal kleckerte noch bis in unsere Tage ein Euthanasie-Strafverfahren hinterher – aber da gab es nur Ablaß-Strafen, wir diskutieren den Gnadentod für Menschen schon wieder ganz seriös, sogar in der *Zeit*. Und manchmal wird er auch schon wieder praktiziert.

Blieben wir Journalisten. Der einzige von uns, der im Nürnberger Hauptkriegsverbrecherprozeß angeklagt wurde, Hans Fritzsche, Chef-Kommentator und Leiter der Abteilung Rundfunk im Propagandaministerium, bekam seinen Freispruch und schrieb schon 1948 in der Schweiz die Memoiren seiner Unschuld ("Hier spricht Hans Fritzsche"). Ein brutaler Schreibtischtäter wie Paul Karl Schmidt avancierte in Nürnberg zum gefälligen Zeugen der Anklage und erzählte dort, seine Droh- und Einschüchterungs-Pressekonferenzen   für   Auslandskorrespondenten seien kein Weisungsinstrument gewesen, sondern „ein informatorisches Instrument, das in liberalem Sinn aufgezogen war"[3]. Reichspressechef Otto Dietrich bekam in einem der Nürnberger Nachfolgeprozesse sieben Jahre, mußte aber nur eines absitzen. Es gab noch ein paar Entnazifizierungsverfahren gegen einige wenige Vertreter der Parteipresse. Aber von den bürgerlichen Journalisten, die alles mitmachten, ist keinem etwas geschehen.

Schlimmer noch. Zu Beginn dieses Buches habe ich wiederholt, was ich schon Anfang 1988 im WDR und in der *Zeit* sagte: „Ja wir Journalisten, deren Beruf es ist, den Mund aufzumachen, wir sind es, die hartnäckig über unsere Vergangenheit schweigen wie keine andere Berufsgruppe im Land."

Untersuchungen über Presse und Journalismus im NS-Staat gab es viele, Memoiren von Journalisten nicht weniger, aber nicht die Auseinandersetzung mit dem eigenen Berufsstand, wie Mitscherlich sie schon sehr früh und sehr einsam für die Ärzteschaft leistete.

Immerhin, im Frühjahr 1989 erschien ein Buch „Journalismus im Dritten Reich" von dem Zeithistoriker Norbert Frei und dem Journalisten Johannes Schmitz, das mit dem Zitat von Thomas Mann beginnt, aber es sofort in Frage stellt und am Ende ein Versprechen ablegt. Zwar wolle man die Spannbreite der im Dritten Reich realexistierenden Publizistik anschaulich werden lassen und werde deshalb nicht nur Zeitungen und Zeitschriften beim Namen nennen, „sondern auch Menschen".

„Doch" – das ist eine klare Zusage, die wir schon von Paul Carell (Seite 106) kennen – „geht es nicht um tatsächliche oder vermeintliche – und in jedem Fall verspätete – ‚Enthüllungen'".[4]
In der Woche, in der ich dies las, alarmierte der Geschäftsführer des Karstadt-Warenhauses in der Hamburger Osterstraße – schräg gegenüber der konkret-Redaktion – die Polizei. Einige Karstadt-Kunden benahmen sich schlecht. Sie entfernten noch an Ort und Stelle die Verpackung der von ihnen gekauften Waren und wollten die Hüllen liegen lassen. „Das wird alles von unseren Kameras aufgenommen und dem Staatsschutz übergeben!" So sprach der Karstadt-Geschäftsführer zu seinen bösen Kunden, und er handelte richtig. Das Wirtschaftssystem und die Gesellschaftsordnung, die Karstadt vertritt, können ohne Verpackung nicht existieren, wer auf die Hülle verzichten will, verläßt unsere Grundordnung. Enthüllt wird nicht. Im Warenhaus nicht und auch nicht anderswo.
Ich weiß nicht, ob eine „Enthüllung" mit Gänsefüßen etwas anderes ist als eine Enthüllung ohne. So oder so: wenn ein Journalist und ein Historiker, beide kaum über dreißig, artig versprechen, sie wollten auch wirklich nichts enthüllen, dann sind sie ohne Zweifel schon in jungen Jahren vorbildliche Bürger des freiheitlichsten Staates, den es je auf deutschem Boden gab. Das steht über jeder Berufspflicht.
Und was heißt Berufspflicht? Schließlich gab es schon immer neben den Historikern und Journalisten, die wissen wollen, wie es eigentlich gewesen ist und was wirklich geschieht, andere mit anderen Aufgaben. Sie haben andere Berufspflichten und für sie besteht ohne Zweifel ein höherer gesellschaftlicher Bedarf. Sie haben Fragen, wie sie Thomas Mann 1945 stellte, zurückzuweisen. Er habe „vielleicht" selbst gemeint, sich zu sehr in Rage geschrieben zu haben, mutmaßen sie, „vielleicht" aber seien ihm auch „tiefere Zweifel" gekommen.
Der Kronzeuge ist ausgeschaltet, und damit die Frage nach der Verantwortung oder gar Schuld der Journalisten im Hitler-Staat; sie prüfen jetzt, „wie unterschiedlich tief man" – hier ist es wieder das Entlastungswort für alles und jeden – „sich verstricken konnte".
Gleichwohl, ich empfehle jedem, der mein Buch gelesen hat, auch das Buch von Norbert Frei und Johannes Schmitz zu studieren. Zunächst aus einem ganz sachlichen Grund. Mein Thema war das Verhalten meiner Berufskollegen im NS-Staat und danach. Ich habe dabei die Schilderung der Institutionen der Presse und ihrer Lenkungsmechanismen vernachlässigt. Aufbauend auf der umfangreichen Literatur zu diesem Thema bieten Frei und Schmitz einen nützlichen Überblick. Sie

beschreiben – auch das kommt bei mir zu kurz – die führenden Zeitungen und Zeitschriften des Dritten Reiches, nicht zuletzt allerdings aufgrund der Memoiren der Beteiligten. Das gilt insbesondere für die kurzen Journalisten-Porträts (Margret Boveri, Werner Höfer, Ursula von Kardorff, Rudolf Kircher, Otto Knab, Jürgen Petersen, Hans Schwarz van Berk, Giselher Wirsing). Porträts, die sicherlich mehr Verständnis zeigen als ich aufbringen konnte und vor allem eine andere Auffassung von den Pflichten eines Journalisten.

Mir ist das Vertrauen zu Journalisten-Memoiren im Laufe meiner Arbeit abhanden gekommen. Eine aber gab es, die die Wahrheit sagte, unter den Journalisten, die damals weitermachten: Margret Boveri, als sie ihren Erinnerungen den Titel gab „Wir lügen alle".

Anmerkungen

1. Werner Höfer (Seite 7–20)

[1] *Frankfurter Rundschau* 15.2.1985 – die Witwe Roland Freislers erhielt jahrlang vom Bayerischen Landesversorgungsamt eine Zusatzrente dafür, daß ihr Mann nach 1945 „in seinem erlernten oder in einem anderen Beruf weitergearbeitet hätte".

[2] Die *Kritische Chronik* im WDR III war jahrzehntelang eine Gemeinschaftssendung von WDR und NDR und so meine einzige Möglichkeit, Hörer im Hamburger Raum zu erreichen, seit eine Intervention der Konrad-Adenauer-Stiftung 1980 den NDR-Intendanten Friedrich Wilhelm Räuker veranlaßte, über mich eine Arbeitseinschränkung zu verhängen, die ein Arbeitsverbot zu nennen nach Auffassung des NDR unzulässig wäre (Siehe Seite xxx). Dann klinkte sich der NDR Mitte der Achtziger Jahre aus der Übertragung aus. Im April 1989 stellte der WDR die *Kritische Chronik* ein, weil der WDR III fortan sonntags vom NDR I um 18.30 das *Echo des Tages* übernahm. Da zwischen 19.00 Uhr und 19.30 Uhr nur eine halbe Stunde Musik hätte gesendet werden können, das Dritte Programm also zu wortlastig geworden wäre, mußte die *Kritische Chronik* – ein klarer Fall von Sachzwang – gestrichen werden. Es gibt jetzt zwischen 19.05 Uhr und 20.00 hervorragende Kammermusik, die den Beifall aller staatstragenden Parteien im Rundfunkrat zu finden geeignet ist.

[3] Sendemanuskript Otto Köhler WDR III, *Kritische Chronik* 3.1.1988, 19.30 – 20.00 Uhr

[4] Henkels41,7f+25ff

[5] Henkels63,198

[6] Eick42,6+8+10

[7] *Frankfurter Allgemeine Zeitung* 24.4.1984

[8] *Frankfurter Allgemeine Zeitung* 7.5.1980

[9] Nannen43,16+25

[10] Aus Platzgründen wurde die *Zeit* -Fassung (15.1.1988, S.33) gegenüber der Funk-Fassung (3.1.1988 im WDR 3) unwesentlich gekürzt

[11] Gerd Schmutzler; Leserbrief an *Die Zeit*, zitiert nach Lambart88,256

[12] Selbstverständlich nahm Blüm – wie meist, wenn er etwas Richtiges sagt – mit Bedauern seine Äußerung zurück, nachdem Gerhard Rose, prominentes CDU-Mitglied in Obernkirchen und Generalarzt a.D. der Wehrmacht, Blüms Ausschluß aus der Partei, der CDU, gefordert hatte (Die Welt 5.10.1978). Rose handelte in berechtigtem Interesse: er hatte sich im KZ Buchenwald durch SS-Sturmbannführer Dr.Ding Menschenversuche mit tödlichem Ausgang machen lassen (Mitscherlich/Mielke81/60,100f). Seine lebenslängliche Freiheitsstrafe wurde reichlich vorzeitig abgebrochen, so daß er im freiheitlichsten Staat, den es je auf deutschem Boden gab „für seine hygienische und wissenschaftliche Arbeit während des Zweiten Weltkriegs" mit der „Paul-Schürmann-Medaille" geehrt werden konnte. .

[13] Werner Höfers Ehrenerklärung aus dem Jahre 1962, zitiert nach: Lambart88,134

[14] *Playboy*, Februar 1977, zitiert nach Lambart88,146

[15] Hamburger Abendblatt 8.1.1988

[16] Presseerklärung Werner Höfer, im Wortlaut: *Frankfurter Rundschau* 19.12.1988

[17] *BZ am Mittag* 1.9.1942

[18] *Der Deutsche Baumeister* 1942

[19] *12 Uhr Blatt* 5.10.1943

[20] Schmidt-Scheeder77,406f
[21] Boelcke69,253
[22] BoberachXIII,5127
[23] *Deutsche Allgemeine Zeitung* 13.4.1943
[24] *12 Uhr Blatt* 13.4.1943
[25] BoberachXV,5790
[26] BoberachXV,5811-14
[27] *Bremer Nachrichten* 30.9.43
[28] *12 Uhr Blatt* , 20.9.1943
[29] Abel68,13
[30] *Das Reich* 20.6.1943
[31] BoberachXVII,6640ff
[32] Hölsken84,109 unter Zitierung von R55/559 Reichsministerium für Volksaufklärung und Propaganda, „Was ist V1?", Zeitspiegel-Gespräch zwischen Werner Höfer und Dr. Toni Maus, S.134, S.137
[33] *Das Reich* 13.8.1944
[34] Dieser letzte Satz war mit dem Hinweis darauf, daß es sich ursprünglich um einen WDR-Beitrag handle, in besonders großen Buchstaben meinem *Zeit*-Artikel vorangestellt worden. Trotzdem gab es Schwierigkeiten beim Lesen. Werner Höfer am Schluß der großen ZDF-Diskussion am 14.Januar 1988: „Das Interessanteste, was ich gelesen habe im Zusammenhang mit meinem Fall – Fall im doppelten Sinne verstanden –, war von dem Otto Köhler. Das war ein Beitrag für den WDR – der ist heute in der *Zeit* abgedruckt . . . *Es fehlt nur der letzte Satz . . .* "
Zum Ausgleich dafür meinte der FDP-Fraktionsvorsitzende Achim Rohde in der Höfer-Debatte des nordrheinwestfälischen Landtags: „Und wenn ich mir die letzte Ausgabe der *Zeit* ansehe mit den Ausführungen von Köhler über die Tätigkeit all der Journalisten, die in der Zeitschrift *Das Reich* geschrieben haben, dann wäre es sicherlich die ganz besondere Verpflichtung des Haussenders *WDR* gewesen, sich mit diesem ganzen Komplex Journalisten im Dritten Reich auseinanderzusetzten – eine journalistische Chance, die verpaßt worden ist."
[35] *Der Spiegel* 14.12.1987, S.
[36] *Frankfurter Allgemeine Zeitung* 28.11.1987

2. Emil Dovofat (Seite 21–39)

[1] Pool79,117+87+94+97
[2] Benedikt86,11+5f
[3] Dovifat44II,18
[4] Mitschrift vom 26.2.1959 und Der Spiegel vom 18.3.1959, S.70
[5] Der Spiegel 18.2.1959, S.65
[6] Benedikt86,90 mit Zitat eines Dovifat-Briefes vom 28.2.1968 an Löffler (gemeint ist vermutlich der Stuttgarter Presserechtler Martin Löffler)
[7] Dovifat37,69+10+142+140+145+143
[8] Goebbels87III,209
[9] d'Ester33,394
[10] Münster30,540
[11] Münster38,4

[12] Benedikt86,1-17+186f+138+15

[13] Sywottek76,44

[14] Bossle54,15-17

[15] gemeint war Erich Kubys Bericht „Das Mädchen Rosemarie" über die Geschäftsbeziehungen der Edeldirne Rosemarie Nitribitt zu führenden Männern unserer Wirtschaft

[16] Der sowjetische Schriftsteller Ilja Ehrenburg war wegen seiner wirklichen und angeblichen Aufrufe gegen die deutschen Aggressoren von 1941 für die Rechtspresse der verhaßteste Sowjetmensch – „bolschewistischer Mordbrenner" in der *Deutschen Wochen-Zeitung* und „größter Mörder" in der *Deutschen Soldaten-Zeitung und National-Zeitung*

[17] Rettet die Freiheit – Gründungskongress am 20.2.1959 in Köln (Protokoll-Broschüre ohne Jahr und ohne Ort) S.6+52+56+83

[18] *Konkret*-Sonderausgabe 4/1958, S.3

[19] *Konkret* 2/1959, S.III, auszugsweise *Der Spiegel* 14.1.1959

[20] *Konkret* 2/1959, die Titelseite besteht aus den Presse-Schlagzeilen zum Kongreß, allerdings ohne Quellenangabe.

[21] Benedikt86,185ff

[22] *Der Spiegel* 23.8.1961, S.23

[23] Rettet die Freiheit – Gründungskongress am 20.2.1959 in Köln (Protokoll-Broschüre ohne Jahr und ohne Ort) S.83

[24] Mitschrift vom 28.2.1961

[25] Benedikt86,194 mit Zitat eines Dovifat-Briefes vom 16.12.1966 an Albertz (gemeint ist vermutlich der Regierende Bürgermeister Heinrich Albertz)

[26] Benedikt86,22 – Adenauer konnte, selbst wenn er es wegen der unfreundlichen Einschätzung seiner Redekunst je war, dem Altmeister wirklich nicht böse sein, denn inzwischen war längst auch im Spiegel (11.3.1959) erschienen, was Dovifat über Adenauers Vorzüge in seiner Vorlesung verlautbart hatte: „Der Bundeskanzler, wenn er gut gelaunt ist und ruhig – er kann auch schlecht gelaunt sein –, ist ausgezeichnet. Ja, man würde als Laie sagen, eine echte Schönheit."

[27] Die Auflagenzählung beginnt erst mit Dovifat 37b, nicht mit Dovifat 31.

[28] Dovifat31I,105

[29] Dovifat37I,19

[30] Münsterischer Anzeiger 4.10.1933, zit. nach Wulf66c/63,77f

[31] Dovifat59,41

[32] Dovifat44I,57; Dovifat55I,50

[33] Dovifat44I,51

[34] Dovifat an Spranger, 16.7.1945, zit.n. Benedikt86,38 – von persönlichen Opfern Dovifats im NS-Staat wurde – außer seiner auf einem Mißverständnis beruhenden zweimonatigen Versetzung in den Ruhestand 1934 – nichts bekannt. Seine Jahres-Bezüge steigerten sich von 1933 10.890 Mark auf 1943 14.400 Mark (Benedikt86,132). Allerdings verlor er beim Überfall auf die Sowjetunion seinen Sohn Claus, was er subjektiv als „Opfer" empfunden haben muß – doch dieser Tod gehört zu den unvermeidlichen Spesen von Dovifats Extra-Einnahmen für militärpropagandistische Fortbildungskurse

[35] Benedikt86,62

[36] Dovifat44II,70

[37] Dovifat62II,63

[38] Dovifat62II,63; Dovifat 67II,66; Dovifat76II, 80

[39] Dovifat62I,111f

[40] Dovifat44I,117f

[41] *Zeitungswissenschaft*, 1940, Seite 259

[42] Thelen53,434ff – Thelen fügt hinzu, er habe „später noch ein Handschreiben aus Berlin" erhalten, „von Dovifat oder Heide, ich erinnere mich nicht mehr genau an den Schwindel,

der die Stadt Köln 15 Millionen gekostet hat." Das Handschreiben konnte nur von Dovifat sein, Heide kam erst 1933 von Hannover nach Berlin.
Eine vernichtende Kritik der PRESSA findet sich in der *Weltbühne* 24.Jg. 3.Juli 1928, S.47ff
[43] Benedikt86,200f
[44] Longerich87,140 – Die Annahme von Boveri65,547 und Boveri77,268, daß Bömer Dovifat verdrängt habe, ist falsch (Benedikt86,13+131ff)

3. Elisabeth Noelle-Neumann (Seite 40–69)

[1] *Deutsche Zeitung* 13.2.1962
[2] Hamburger Medientage '81 – Ein Parlament für Informationsfreiheit, Wort-Protokoll 11.6.1981, S.255-258 – Am folgenden Tag meldete sich zum Abschluß der Parlamentssitzung für Informationsfreiheit der scheidende Vorsitzende, Spiegel-Verlagsdirektor Hans Detlev Becker, zu Wort, verkündete seine Sorgen betreffs Gewerkschaftsarbeit von Journalisten und sagte: „Aber wir können hier nicht hingehen und mit solchen Methoden, wie das gestern mit Elisabeth Noelle-Neumann geschehen ist, hier miteinander umgehen. Und wenn das eintreten soll, dann bitte ich meine Herren Nachfolger, keine Medientage mehr zu veranstalten" (S.706).
Zwei Jahre später, während der Sitzungen des nächsten Parlaments für Informationsfreiheit im Oktober 1983, verkündete SWF-Intendant Willibald Hilf, daß Franz Alt „in der Zeit, in der sich die Meinungsbildung in dieser Frage" – gemeint war die Stationierung zusätzlicher Massenvernichtungsmittel in der Bundesrepublik – „vollzieht, von der Moderation entbunden wird", und zwar wegen der – wie Hilf weiter sagte – „starken Parteiname von Franz Alt für die Friedensbewegung und gegen den NATO-Doppelbeschluß".
Ich brachte im Arbeitskreis Medien und Politik des Parlaments für Informationsfreiheit diesen Antrag ein: „Wir protestieren gegen die Absetzung von Franz Alt als Moderator des ARD-Magazins Report. Wir erblicken in dieser Selbstdisziplinierung der ARD einen neuen Angriff auf die Meinungsfreiheit im öffentlich-rechtlichen Rundfunk. Die Maßregelung eines der CDU angehörenden Journalisten zeigt, daß Kritiker der geplanten Atomraketenstationierung in unserem Land schon jetzt mundtot gemacht werden sollen." Darauf erklärte der Geschäftsführer des Parlaments für Informationsfreiheit Walther von Schultzendorff vom Spiegel-Verlag: „Die Medientage – diese ganze Institution – sind aufs äußerste gefährdet. Ich kann von Ihnen nicht verlangen, daß Sie nachvollziehen, was das bedeutet. Ich kann Ihnen auch nicht im einzelnen erklären – im Einzelgespräch gern, aber nicht im Plenum –, woran es liegt. Aber ich kann Ihnen sagen, daß sie gefährdet sind. Und wenn wir jetzt anfangen, Resolutionen zu fassen, wird die Gefährdung größer. In dem Fall Alt sind wir uns einig, ich bin mit Herrn Köhler völlig einig, wir kennen uns lange genug. Nur, eine Resolution gibt es nicht, sonst finden keine Medientage mehr statt." (Hamburger Medientage '83 – Ein Parlament für Informationsfreiheit. Dokumentation Hamburg 1984. S.89ff u S.94).
Eine Abstimmung fand nicht statt. Allerdings sammelten Axel Eggebrecht und Inge Stolten draußen vor der Tür zum Parlament für Informationsfreiheit Unterschriften unter die Resolution, die es drinnen nicht geben durfte. Mehr als zwei Drittel der Anwesenden unterzeichneten den Protest. Das genügte. Ein Parlament für Informationsfreiheit hat es seither nie wieder gegeben.
[3] NDR

4 *Das Reich* 2.Jg. 9.3.1941

5 NDR

6 *Das Reich* 2.Jg. 8.6.1941

7 Noelle40,89+63

8 Noelle40,133f – Goebbels in einer Rede vor der ausländischen Presse vom 6.April 1934 von Noelle zitiert nach List, Fritz: Die Tageszeitung als publizistische Führungsmittel unter besonderer Berücksichtigung der Reichweite und der Grenzen ihrer Wirkung. Würzburg-Aumühle 1939, S.72.

9 Noelle,40,133f – Goebbels am 15.März 1934, von Noelle zitiert nach Dovifat, Emil: Zeitungslehre. 2.Auflage, Berlin-Leipzig 1937, Bd.I, S.101f. Die Goebbels-Sätze finden sich in späteren Auflagen der „Zeitungslehre" – nach 1945 – von Dovifat in eine ihm wesentlich unangenehmere Umgebung gerückt: „Genau so ist es heute in den totalitären Ländern und der sowjetisch besetzten Zone Deutschlands" 4.Auflage 1962, S.100; 5.Auflage 1967, S.110. Goebbels selbst meinte an dem erwähnten Tag in seinem Tagebuch: „Ich spreche zum erstenmal vor der Pressekonferenz. Entwickle die Richtlinien einer neuen, modernen Zeitungspolitik. Auch hier muß gründlich aufgeräumt werden. Viele von denen, die hier sitzen, um öffentliche Meinung zu machen, sind dazu gänzlich ungeeignet. Ich werde sie sehr bald ausmerzen." Goebbels87II,393

10 Neumann54,19 – diese Untersuchung über „Erinnerung" an „Das Dritte Reich" wurde, laut Hinweis auf Seite 17, schon im Oktober 1948 abgeschlossen.

11 Gegendarstellung von Prof.Dr.E.Noelle-Neumann, Institut für Demoskopie Allensbach, in *tageszeitung* Nr.1847 vom 2.5.1986, Hamburg-Ausgabe S.16. – Dem erwähnten *Schwarzen Korps* hatte sie ihrerseits – do, ut des – Gutes getan, indem sie dieses engagiert antisemitische Denunziationsorgan („'Weiße Juden' in der Wissenschaft", „Judenfrechheit sondergleichen" Heiber68,116+129), als Zeitschrift bezeichnete, die in Deutschland das erfüllt, was Josef Pulitzer in den USA von der Presse fordert: „Eine tüchtige, ganz dem öffentlichen Interesse gewidmete Presse mit der Fähigkeit, das Recht zu erkennen und zu tun, kann die öffentliche Tüchtigkeit wachhalten, ohne die eine Volksregierung Schmach und Schatten ist" Noelle40,86 mit Fußnote153.
Nebenbei – und darauf kommt es nun schon gar nicht mehr an: Gunter d'Alquén war der Chefredakteur – Hauptschriftleiter nannte man sowtwas damals – vom *Schwarzen Korps* und nicht, wie Elisabeth Noelle gegendarstellt, Hans Schwarz van Berk. Aber der hatte als Obergruppenführer über die schöne schwarze SS-Uniform, war zeitweise Chefredakteur des *Angriff* und genoß das ganz besondere Vertrauen von Goebbels. Sehr hübsch aber ist das „Denazification certificate", das die Publizistik-Professorin ihrer Gegendarstellung im Faksimile beifügte. Danach trägt sie, laut Anweisung des Staatskommissars für Politische Säuberung vom 12.Juli 1950 in Freiburg, die classification „Unbelastet". Wobei man nicht übersehen darf: „This classification corresponden[ts] to ‚NICHT BETROFFEN" in the American Zone, and „ENTLASTED" in the British Zone." Sauber.

12 Neumann54,29

13 Handwörterbuch80,323

14 Bungard79,130

15 Neumann54,29

16 Daimler-Benz-Buch87,103-123; Köhler86,199-214

17 Neumann54,22

18 Domarus62I,71f+68

19 Noelle68,36ff

20 NDR III Fernsehsendung Jutta Ehmke über *Das Reich* am 26. 5. 1981

21 Oven49I,16f

22 *Deutscher Anzeiger* 12.6.1981

23 so in der erwähnten „Gegendarstellung", siehe Fußnote 11

293

[24] *Frankfurter Rundschau* 6.11.1986

[25] 9.Wewelsflether Gespräch 27.2.1987. Tonbandmitschnitt des Verfassers. – Björn Engholm übrigens konnte seines Demoskopengeldes für die Zigarettenumfrage nicht froh werden. Er wurde so schwer nikotinsüchtig, daß er auch als Ministerpräsident den Landeskindern vom Fernsehschirm herab regelmäßig seine Drogenabhängigkeit vorführt.

[26] Institut für Demoskopie Allensbach. 18seitiges Schreiben über „Forschungsprojekt: Mehr über die Arbeitslosen wissen". Am 11.Februar 1986 unterzeichnet von Prof. Dr. E. Noelle-Neumann. Fotokopie im Archiv des Verfassers.

[27] – in einem anderen Fall tat sie es. Elisabeth Noelle-Neumann am 9.11.1984 in der SFB-Talkshow der ARD-Nordkette: „. . . daß wir uns für die Finanzierung der Grundlagenforschung immer und laufend an die Industrie wenden . . . Ich habe gerade neulich gesagt: Ich wende mich bestimmt demnächst auch wieder an Flick . . . Es ist doch nicht so, daß man von Flick zum Beispiel für eine gute Untersuchung kein Geld erbitten dürfte, oder?"

[28] Schwartz, Rolf Dietrich: „Allensbacher überraschen Arbeitslose", in: Frankfurter Rundschau 6.11.1986

[29] Noelle76,524-527

4. Joachim Fernau (Seite 58–69)

[1] Fernau52,259

[2] Semmler47,46

[3] *Völkischer Beobachter* 30.8.1944, S.3

[4] Studnitz85,224

[5] Kardorff62,188

[6] Wulf66c/64,385f – Schraubendreher Fritzsche, der beim Kriegsverbrecherprozeß in Nürnberg aus nicht einsichtigen Gründen freigesprochen wurde, behauptete in seinen Memoiren: „Schon den Anklagereden war zu entnehmen, daß man ganz einfach folgert: Warum haben die Deutschen so lange gekämpft: Weil man ihnen Wunderwaffen versprach, die angeblich auch die verzweifeltste Lage mit einem Schlage ändern würden. Wer hat dieses Versprechen gegeben? Die Propaganda. Wer ist der Vertreter der Propaganda auf der Anklagebank? Nun der bin ich. Den Vorwurf der Wunderwaffen-Lügen empfinde ich als besonders schmerzlich, weil ich meine, daß er mich besonders unverdient trifft. Einst verzichtete ich auf die billigen publizistischen Lorbeeren, die mit den landesüblichen, geheimnisvollen Andeutungen von neuen Waffen im Kriege zu verdienen waren. Ich griff mitten in die Dornen, indem ich immer wieder den Satz predigte, daß es keine Waffe gebe, die für uns den Sieg erkämpfe, und daß wir nicht wie Nora auf das Wunderbare warten dürfen." (Fritzsche48,223)

[7] Schmidt-Scheeder77,418f

[8] *Die Zeit* 3.2.1967

[9] *Die Zeit* 24.2.1967

[10] Semmler47,192

[11] Fernau52,148f

[12] Fernau52,150f – Zwölf Jahre zuvor, 1940, mitten im Nazi-Reich, beschrieb Rudolf Pechels *Deutsche Rundschau* den Staat Friedrich II. und meinte damit auch, aber ganz anders als Fernau 1952, Hitlers Reich: „Kein Staat ist mehr als Fabrik verwaltet worden, als Preußen, seit Friedrich Wilhelm I. Tode. So nötig vielleicht eine solche maschinistische Administration zur physischen Gesundheit, Stärkung und Gewandheit des Staates sein

mag, so geht doch der Staat, wenn er bloß auf diese Art behandelt wird, im wesentlichen darüber zugrunde." Diese Kritik am Hitler-Staat kommt in zweifacher Tarnung daher. Da auch Friedrich II., bekanntlich „der Große", sakrosankt war, wurde sein Staat als das Preußen nach seines Vaters Friedrich Wilhelm I. Tod umschrieben. (*Deutsche Rundschau* Dezember 1940, S.117f)

[13] Fernau52,160f – Fernau-Epigone Fest: „Tatsächlich war er in einem wohl beispiellosen Grade alles aus sich selbst und alles in einem: Lehrer seines selbst, Organisator einer Partei und Schöpfer ihrer Ideologie, Taktiker und demagogische Heilsgestalt, Führer, Staatsmann und, während eines Jahrzehnts, Bewegungszentrum der Welt." Fest „zögert" nur deshalb „Hitler ‚groß' zu nennen", weil der doch auch „ein unangenehmer Mensch" war (Fest73,18ff).

[14] Fernau66,97

[15] *Deutsche Wochenzeitung* , Hannover 8.Jg. 28.10.1966

[16] Fernau52,247

[17] Fernau52,248-261

[18] Mohler74,246

[19] *Nation Europa* 39. Jg. Heft 2, S.64 (Nachruf); Heft 5/6, S.2 (Anzeige für alle dreizehn zur Zeit lieferbaren Fernau-Titel) – *Nation Europa* wurde von dem ehemaligen SS-Sturmbannführer und Chef der „Bandenbekämpfung" im Führerhauptquartier Arthur Ehrhardt, dem Verfasser von „Die 6-Millionen-Legende", gegründet; Gesellschafter war der stellvertretende Reichspressechef a.D. Helmut Sündermann alias Heinrich Sanden; Herausgeber und verantwortlicher „Schriftleiter" ist heute der Rechtsextremist Peter Dehoust; der Nationalzeitungs-Verleger Gerhard Frey hielt zumindest zeitweise Anteile an *Nation Europa*. Und da schließt sich der Kreis: Fernau-Verleger Herbert Fleißner, der Chef des Verlagsimperiums Ullstein-Langen-Müller, unterhält beste Beziehungen zu Frey – er hat ihm seine Vertriebenenblätter verkauft (Jäger88,77f)

[20] Die Welt, 1.12.1988

[21] *Völkischer Beobachter* 30.8.1944, S.3

5. Ivar Lissner (Seite 70–90)

[1] *Der Spiegel* 14.12.1970, S.70ff

[2] Lissner70,96+128ff+97f+107+136+146f

[3] Lissner35,8+13+87+34+25+69f

[4] Lissner37,304+57+44+47+51+45+73f – Das 1937 erschienene Buch „Ein Mann hört den Herzschlag der Welt" ist lediglich eine Sonderausgabe von „Völker und Kontinente" (1936) für die „Deutsche Hausbücherei" der Hanseatischen Verlagsanstalt. Nur ein Nachwort, in dem Lissner sein „scharfes Hinsehen bestätigt" wird, ist dazugekommen. 1938 wird allerdings eine Neuauflage von „Völker und Kontinente" erscheinen, die merkwürdig angereichert ist. Ein neues Kapitel „Die tiefste Wahrheit des Pazifik" beschäftigt sich mit „Gästen, die immer wiederkommen", „Wesen aus Fleisch und Blut, das sich immer nähren und vermehren will", Boten der Todesgöttin, die Pest bringen, Schwarze Pocken „und zahllose unerklärliche Krankheiten fernster Weltecken." Eine unheimliche furchterregende Beschreibung der Ratten (Lissner: „Ich habe ihren Weg über die Welt verfolgt"), wie sie 1940 bestürzend ähnlich in dem Hippler/Taubert-Film „Der ewige Jude" für antisemitische Zwecke benutzt wird. Lissner38,286ff

[5] Prof. em. Dr. Bürger-Prinz: Betr. Dr. Ivar Lissner, 6.5.1969

[6] Lissner70,60
[7] Domarus63II,1747
[8] Der Spiegel 14.12.1970, S.76
[9] Lissner70,146f
[10] Angriff 30.7.1939
[11] Meyers Lexikon. Achte Auflage, Band 7. Leipzig 1939, Spalte 954
[12] Angriff 22. 7. 1938
[13] Deakin65,221f, Lissner70,285f, Lissner75,232ff
[14] zit.nach Lissner75,237
[15] Lissner75,246
[16] AA-Archiv, Admiral Canaris Memorandum an die deutschen Sicherheitsbehörden vom 31.Mai 1943, zit.nach Deakin65,345
[17] Deakin65,344
[18] Deakin65,54
[19] Lissner75,256f
[20] Lissner70,7
[21] Nordwestdeutsche Hefte 1.Jg. Heft 1, S.3. 1946; auch Schüddekopf80,51
[22] Nordwestdeutsche Hefte 1.Jg. Heft 1, S.22 1946.
[23] Peter von Zahn am 13.April 1971 in Bunte : „Wenn in Deutschland die radikale Linke an die Macht gelangt, darüber hat jeder seine eigene Vorstellung. In Kiel kann man Ende April diese Vorstellungen an der Realität nachprüfen – gesetzt den Fall, es käme durch einen Wahlsieg der SPD ihr Landesvorsitzender Jochen Steffen auf den Stuhl des Ministerpräsidenten. Das wäre so etwas wie vor einem halben Jahr im südamerikanischen Santiago die Machtübernahme durch den Marxisten Allende. Ein gewaltloser Umsturz. Schleswig-Holstein, das Chile der Bundesrepublik."
[24] Kristall 4.Jg Nr.19. Hamburg 1949. S.6f – Kristall erscheint vierzehntägig ohne Datumsangabe und setzt die Jahrgangszählung der Nordwestdeutschen Hefte fort.
[25] Lissner75,240f+245
[26] Kristall 4.Jg Nr.22, S.6f und 5.Jg. Nr.8
[27] Kristall 5.Jg Nr 18, S.10f – Später fand der Fürst eine standesgemäße Stellung als Pressechef von Daimler-Benz – Abtragung einer selbstverständlichen Dankesschuld: der Führer hatte noch als frisch gescheiterter kleiner Revolutionär seinen Benz-Wagen aus der Zelle in Landsberg bestellt. Daimler87,111
[28] Kristall 5.Jg. Nr.19
[29] Kristall 5.Jg. Nr.10, S.2
[30] Kristall 5.Jg. Nr.9, S.2
[31] Kristall 5.Jg. Nr.10, S.3
[32] Goebbels87IV,503
[33] Goebbels87IV,711+708 – Wolfgang Liebeneiner, der Regisseur dieser kunstvoll inszenierten und erfolgreichen Aufforderung zum Massenmord an „lebensunwertem Leben" macht nach 1945 unbehindert, wenn auch mit neuen Akzenten weiter ("Liebe 47", „Des Lebens Überfluß").
[34] Kristall 5.Jg Nr.11, S.11
[35] zit.nach Wulf66b/64,393 Auch Liebeneiner selbst wollte am 10.Februar 1965 in einem Leserbrief an den Spiegel kein Mord-Regisseur gewesen sein: „... könnte Ihre Formulierung den Eindruck erwecken, ich hätte mit meinem Euthanasiefilm Morde propagiert. Mein Film handelt aber ausschließlich von der Euthanasie auf Verlangen eines Kranken." Er berief sich in diesem Zusammenhang auf eine von ihm vermutete Ethik der Neandertaler: „Das Problem der Euthanasie ist so alt wie die Medizin selbst, wenn nicht älter..."
[36] zit.nach Wulf66b/64,393f
[37] Kristall 5.Jg. Nr.11

[38] *Kristall* 5.Jg. S.11f
[39] Boberach84IX,3175
[40] Boberach84IX,3178
[41] *Kristall* 5.Jg.1950 Nr.26
[42] Brief Ivar Lissner an F.W.Deakin 16.1.1966 zu Deakin65,340-344; Canaris war in Wirklichkeit mit der „Koordination aller geheimdienstlichen und militärischen Aktionen zur Verschleierung des deutschen Aufmarsches gegen Rußland beauftragt" (Höhne76,433)
[43] Lissner67,121+610f+617
[44] *Kristall* 5.Jg.1950 Nr.20, S.20ff

6. Paul Carell (Seite 91–118)

[1] Springer71,152 – wie und mit wem söhnen sich deutsche Juden aus?
[2] Alexander Rost „Das verratene, verlorene Heer – Der Bericht über den hoffnungslosen Krieg in Rußland", in *Die Zeit* 25.11.1966, S.XIII. – Rost nannte in seinem nahezu ganzseitigen Jubel-Beitrag das Carell-Werk ein Buch „zum Nach- und Miterleben", es zeige den Krieg „wie über Kimme und Korn des Karabiners", wobei nach Ansicht dieses Rezensenten „kein Zweifel daran gelassen" wird, daß „Mut (wie immer er auch geäußert wurde) besser und, wenn man so will" – er will – „vernünftiger als Feigheit war".
[3] *Das Historisch Politische Buch*, Göttingen 12.Jg 1964, S.148f – Inzwischen habe ich mir die Zeitschrift angesehen und bemerkt, daß es sich zumindest 1964 bei diesem Organ einer sogenannten „Ranke-Gesellschaft – Vereinigung für Geschichte im öffentlichen Leben" weniger um ein wissenschaftliches Rezensionsblatt als vielmehr um ein propagandistisches Unternehmen zur Untersuchung einer für diese Historiker offenen „Kriegsschuldfrage von 1939"(S.242) handelte. Als „Schriftleiter" – wie man das dort auch nennt – zeichnete der SA-Bauernkriegsspezialist Günther Franz. Mitherausgeber waren der NS-Theoretiker des „totalen Staats" Ernst Forsthoff, der Kolonialhistoriker ("Deutsches Blut in aller Welt") Rein, der sich bis 1945 zu Recht nur Adolf und danach lieber Gustav Adolf nannte (Kürschners Deutscher Gelehrten-Kalender 1941/42 und 1961), der bekannte Helmut Schelsky, der Orientalist Berthold Spuler, der schon in Alfred Rosenbergs „Weltkampf" über die „Judenfrage in Geschichte und Gegenwart" aufklärte, der Osthistoriker und Bewahrer rassischer Erbwerte Reinhard Wittram und Otto Brunner und Wilhelm Schüssler, die beide in einem engen Verhältnis zu Walter Franks NS-Institut für die Geschichte des Neuen Deutschland standen.
[4] Ullstein-Anzeige, in: *Der Spiegel* 6.3.1967, S.10
[5] Streit78,41
[6] Walter Warlimont über Paul Carell: „Unternehmen Barbarossa",in: *Der Spiegel* 1.7.1964, S.74f
[7] Milger88,238
[8] Wistrich83,219
[9] Mansfeld67,72
[10] Longerich87,113
[11] Jacobsen79II,342
[12] Studnitz75,263
[13] Jahrbuch41,212f
[14] Longerich87
[15] Studnitz85,194

[16] Shirer86,359

[17] Wassiltschikow87,200

[18] Fredborg43,20-25 – ich danke Barbro Eberan ("Wer war an Hitler schuld?", 1983) für die Übersetzung aus dem Schwedischen.

[19] Sommerfeldt52,67

[20] Wistrich83,52 – Dietrich55,102 beruft sich darauf, auf der Pressekonferenz nur das wiedergegeben zu haben, was ihm Hitler aufgetragen und Jodl abgesegnet habe

[21] Gesprächsprotokoll Schmidts für Ribbentrop vom 15.8.1942, AA Handakten Schmidt 3, 940-947, zitiert nach Longerich87,240

[22] Kordt50,320

[23] Longerich87,289 unter Zitierung von HA Schmidt 18, Brunhoff an Frau von Ribbentrop, 13.12.40

[24] Longerich87,287 unter Zitierung vonAA, HA Schmidt 18, Arbeitsbericht Februar 1941

[25] Herzstein78,166, Longerich87,261

[26] Aus den Berichten über „die violett und purpur blühende Pflanze der klösterlichen Unsittlichkeit" eine Kostprobe über die „vom Vatikan selbst" gedeckten Verbrechen: „... aus dieser trübgeilen Atmosphäre erwuchs in diesem Monat ein grauenvoller Lustmord, geboren aus dem Geiste der verrotteten Klostermoral: ein siebzehneinhalb Jahre alter, durch und durch verdorbener angehender Priester ermordet bestialisch einen dreizehnjährigen Knaben unter dem Bild des gekreuzigten Christus , sein Opfer mißbrauchend, kreuzigend und schließlich mit zahllosen Messerstichen die Wundmale des Christus nachahmend, es schrecklich zerfleischend. Kein Schrei der Empörung durchhallte den deutschen Episkopat." [Volk und Reich 13.Jg Heft 7 1937, S.495] – Der Titel von Springers berühmter Rede gegen die Sogenannte ist poetisch höherstehend: „Kein Aufschrei geht durch unser Vaterland" [Springer80,25]. Paul Karl Schmidt kannte Volk und Reich und Paul Karl Schmidt beriet Axel Springer.

[27] Longerich87,268-74

[28] Moll86,381f

[29] PA Presseabteilung Nr.56 Moll86,365, Longerich87,264

[30] Moll86,365

[31] Moll86,399 FN261

[32] Moll86,371f+376

[33] Longerich87,265ff

[34] Kahn78,170

[35] Schmidts „Allgemeine Thesen für unsere Auslandspropaganda in Europa" verlangten: „1.Beseitigung des Bolschewismus, 2.Beseitigung des Judentums (geborene Anarchisten), 3.Ausschaltung Englands und Roosevelts, der Zuhälter des Bolschewismus. [undatierte Aufzeichnung Schmidt um Ende 1941, nach Longerich87,88]

[36] Longerich87,265ff

[37] Bonjour70-5,233f

[38] Der Spiegel 10.4.1967

[39] Hilberg82,694

[40] PA Bonn, AA, Abt. Inland IIg, Akten betr. Geschäftsgang. Grundsatzfragen 1940-1945, unpag.; Ausarbeitung über Aufgaben der Kulturpolitischen Abt. des AA von SS.Brigadeführer Walter Stahlecker vom 30.11.1940; zit. nach Scheel80,73

[41] Jäckel/Rohwer85,17

[42] Hilberg82,212

[43] Döscher87,249

[44] Simpson88,147

[45] Döscher87,254

[46] Staatsarchiv Nürnberg NG-2424

298

[47] *Kristall* Jg.7 Nr.22 1952, S.1 – Es wäre unfair nicht zu verraten, daß Lassie auf dem Titel für den Roman „Lassie kehrt zurück" bellte. Inhalt laut *Kristall* : „Eine Episode aus dem Leben eines mutigen Hundes. Etwas Starkes und Schönes liegt in diesem neuen Kristall-Roman, der sich an unser besseres Ich wendet... Sie war eine Hündin und ihre Regungen hätten sich keineswegs mit jenen vergleichen lassen, die der Mensch in Worten ausdrücken könnte. In ihr herrschte nur eine Empfindung und in ihrem Körper wuchs der Wunsch klarer und klarer. Der Zeitsinn spornte ihr Hirn und ihre Muskeln an. Und plötzlich wußte Lassie, was sie wollte. Jetzt wußte sie, was sie wollte. (Fortsetzung folgt)" [*Kristall* Jg.7, Nr.19 1952,S.602]

[48] *Kristall* Jg.7 Nr.25 1952, S.1+803f

[49] Longerich87,154f

[50] *Kristall* Jg.7 Nr.25 1952, S.806

[51] *Kristall* Jg.7 Nr.26 1952, S.853

[52] Shirer84/86,359

[53] Diese Meinung schien Goebbels zu vertreten, als er am 10.April 1940 zum Überfall auf Norwegen und Dänemark in sein Tagebuch schrieb: „Bei beiden Aktionen Prop. Kompanien eingesetzt... Die Welt ist wie vom Donner gerührt... Die Aktion wird einmal als die tollkühnste Frechheit in die Geschichte eingehen. Unsere Presse kommt groß heraus, groß aufgemacht mit besten Kommentaren. Man sieht, die Journalisten arbeiten mit Liebe daran." GoebbelsIV,104f

[54] *Kristall* Jg.8 Nr.1 1953 S.10f

[55] *Kristall* Jg.8 Nr.2 1953 S.44

[56] *Kristall* Jg.13 Nr.2 1958 S.16

[57] *Kristall* Jg.14 Nr.16, S.1

[58] Springer80,385

[59] *Hamburger Echo* 3.und 6.8.1959

[60] *Frankfurter Rundschau* 25.8.1959

[61] Bundesarchiv Koblenz R58 Reichssicherheitshauptamt

[62] Document Center Berlin SS-Personal-Akte Paul Karl Schmidt, auch Döscher87,192

[63] Döscher87,192 – Six, der nach seiner frühzeitigen Entlassung aus dem Kriegsverbrechergefängnis als Porsche-Vertreter getarnt für unseren Bundesnachrichtendienst unsere freiheitlichdemokratische Grundordnung schützte, hatte sich im NS-Staat als hochkultivierter Mann erwiesen: das Niederbrennen der Synagogen am 9.November 1938 betrachtete er als eine Schande und einen Skandal. Nicht aber die Massenerschießungen von Juden, derentwegen er verurteilt wurde, weil diese Morde auf Führerbefehl ausgeführt wurden, allerdings räumte er später ein, die Exekution von Frauen und Kindern sei beklagenswert gewesen. [TrialsIV,523] In Krummhübel, wohin Teile des Auswärtigen Amt evakuiert worden waren, erklärte Six während einer Konferenz mit Judenvernichtungs-Spezialisten im April 1944, die physische Ausrottung der Ostjuden, würde dem Judentum seine biologischen Reserven rauben. Die jüdische Frage müßte nicht nur in Deutschland, sondern international geregelt werden. [Trials-IV-525]. Laut Tagebuch der Marie ("Missie") Wassiltschikow hielten sich auch Schmidt und Studnitz im April in Krummhübel auf [Wassiltschikow85,200+206]

[64] IMT-38,21 und Institut für Zeitgeschichte MA-1300/3, 0341-0514 zit. nach Moll86,398 FN 236

[65] offiziell ab *Kristall* Nr.18 1960 – Fünf Jahre später stieg der fachkundige SS-Hauptsturmführer zum Über-Chefredakteur des Springer-Konzerns auf – im Dienstgrad rangleich etwa einem SS-Obergruppenführer. Mahnke kommandierte als Chef des „Politischen Büros" – Dienstsitz im 12.Stock unmittelbar neben den Räumen des Verlegers selbst – den Redaktionellen Beirat. Das war die Versammlung der wichtigen Chefredakteure des Hauses, die sich wöchentlich einmal mit dem Verlagsherrn und seinen Beratern

traf zwecks Entgegennahme neuer Anweisungen und, gegebenenfalls, zum respektvollen Vortrag eventueller Eigen-Meinungen – mehr dazu: Müller68,253f

[66] *Kristall* Jg.8 1953, Nr.3. S.74

[67] Gregoric43,99-129 – der Autor, im Hauptberuf als Direktor der Tageszeitung *Vreme* tätig, schildert sehr anschaulich und verständnisvoll, mit welch bestrickender Höflichkeit Schmidt als Polit-Erpresser arbeitet. Wir befinden uns in der Zeit vor dem schon fest geplanten deutschen Überfall auf Griechenland, – und Gregoric hat ein erstes Gespräch mit Schmidt im Auslandspresseclub in der Fasanenstraße: „Dr. Schmidt und ich saßen eines Abends in den tiefen ledernen Sesseln am Kamin. Die Unterhaltung drehte sich um das Problem der Organisation des Friedens im Südosten. ‚In Jugoslawien meint man', sagte ich, ‚daß man Deutschland in politischer und wirtschaftlicher Hinsicht weit entgegengekommen wäre. Die deutsche Eindringung in die Wirtschaft trifft in Jugoslawien auf kein Hindernis...' Dr.Schmidt beugte sich vor und lächelte leicht: ‚Wir haben nicht das Gefühl, daß Jugoslawien mit uns ist... Wir bemerken, daß in Jugoslawien unbehindert Kräfte am Werk sind, die einer näheren Zusammenarbeit zwischen Deutschland und Jugoslawien unbedingt feindlich entgegenstehen... Es handelt sich jetzt um die Organisation des Südostens.' Aus den Worten Dr. Schmidts konnte ich entnehmen, daß in der bevorstehenden Periode – vielleicht schon in Wochen – Ereignisse von großer Wichtigkeit und Bedeutung eintreten konnten. Wenn Jugoslawien diese Ereignisse in seiner jetzigen ungeklärten Haltung erwartete, mußte es die schlimmsten Folgen für sich befürchten." (S.100f)

[68] Akten zur Deutschen Auswärtigen Politik, Bd.12/1 S.72

[69] *Kristall* Jg.8 1953, Nr.6. S.176f

[70] Akten zur Deutschen Auswärtigen Politik, Bd.11 S.991

[71] *Kristall* Jg.8 Nr.9 1953, S.210

[72] MGFA-IV,1053

[73] Carell63,80-93

[74] Erst 1978 erschien das 446-Seiten-Werk des jungen Historikers Christian Streit „Keine Kameraden – Die Wehrmacht und die sowjetischen Kriegsgefangenen", das darüber aufklärte, wie 3,3 von 5,7 Millionen sowjetischer Kriegsgefangener in deutschen Händen durch Hunger und Mord umkamen – vorher kannten wir nichts anderes als das Los der deutschen Kriegsgefangenen in sowjetischen Händen, von denen auch viele starben, aber fast nur, weil sie den Hunger und die Not, mit denen teilen mußten, deren Land sie überfallen und verwüstet hatten.
Drei Jahre später gab es erst das 688-Seiten-Buch über die Massenmord-Aktionen der Sipo- und SD-Einsatzgruppen im Osten und ihre kameradschaftliche Zusammenarbeit mit der Wehrmacht: „Die Truppe des Weltanschauungskrieges" von Helmut Krausnick und Hans-Heinrich Wilhelm.
Und 1983 erst erschien das grundlegende 1172-Seiten-Werk des Militärgeschichtlichen Forschungsamtes in Freiburg „Der Angriff auf die Sowjetunion" als Band 4 der Reihe „Das Deutsche Reich und der Zweite Weltkrieg". Es enthält zwar einen dubiosen Beitrag des Präventivkrieg-Theoretikers Joachim Hoffmann, zeichnet sich aber im übrigen durch ein hohes Bemühen um Objektivität aus und verschweigt nicht die von der Wehrmacht begangenen Verbrechen. Alle drei Veröffentlichungen erschienen in der eher konservativen Deutschen Verlags-Anstalt in Stuttgart, die beiden ersten herausgegeben vom Institut für Zeitgeschichte.

[75] *Kristall* Jg.20 Nr.xxx 1965, S.

[76] Carell/Böddeker80,80-84

[77] *Norddeutsche Rundschau* 21.11.1970

[78] *Norddeutsche Rundschau* 28.6.1969

[79] *Norddeutsche Rundschau* 20.2.71

[80] *Frankfurter Allgemeine Zeitung* 7.7.1964

[81] *Frankfurter Allgemeine Zeitung*

[82] Akten zur Deutschen Auswärtigen Politik Band 13,2, S.739f – Gewährsmann des Führers für die Echtheit des falschen Testaments war Professor Schüssler – es kommt immer alles wieder zusammen: wir kennen den Herrn aus Fußnote 3 (Seite 297)

7. Kurt Georg Kiesinger (Seite 119–134)

[1] Köhler69

[2] *Der Spiegel* 28.Juli 1969, Seite 28

[3] Kiesinger89,169

[4] Kiesinger89,165

[5] Kiesinger89,172

[6] Kiesinger89,173ff

[7] Kiesinger89,236

[8] Kiesinger89,314

[9] Kiesinger89,315

[10] Es war nicht der *Spiegel*, es war der damalige *Spiegel*-Redakteur und spätere Regierungs-Sprecher Conrad Ahlers, der Kiesinger das erwähnte Papier zu Entlastungszwecken übergab. Conny – wie er genannt wurde – war ein tragischer Irrtum. Von Beruf Fallschirmjäger, wurde er in der folgenden militärlosen Zeit Pressereferent in Bonn, fand nicht mehr zurück, sondern geriet in den Journalismus und irgendwie – als Stellvertreter – in die Chefredaktion des *Spiegel*. Der zivilen Heldenrolle, die ihm Franz Josef Strauß durch die Entführung aus Spanien während der *Spiegel*-Affäre 1962 zugedacht hatte, war Ahlers auf Dauer nicht gewachsen. Fortan war sein Streben darauf gerichtet, die Mächtigen im Staat mit dem Blatt, dem er zu dienen glaubte, zu versöhnen. Ich habe ein Vorurteil gegen ihn: Kaum war ich Ende 1966 *Spiegel*-Kolumnist geworden, da wollte er eine Kolumne aus dem Blatt werfen, gegen die nicht einmal *Spiegel*-Chefredakteur Claus Jacobi – er ist verdientermaßen als Bild-Redaktionsdirektor geendet – etwas hatte. Ahlers mißfiel, daß ich Heinrich Lübke und Axel Springer wegen ihrer Propaganda für die Große Koalition unter Kurt Georg Kiesinger kritisierte – *Der Spiegel* 21.11.1966, Seite 185. Keinen Monat später war dieser Kollege Stellvertretender Regierungssprecher der Großen Koalition.

Später fand Ahlers eine angemessene Betätigung als Chefredakteur der maroden *Hamburger Morgenpost*, wurde dann aber als Chefredakteur der *Wirtschaftswoche* berufen, die zugrundezurichten ihm mißlang.

[11] Beim Springer-Konzern wurde die Einhaltung dieses Abkommens noch 1977 angemahnt, als im konzerneigenen Ullstein-Verlag Willi A. Boelckes umfangreiche wissenschaftliche Untersuchung über „Die Macht des Radios" erschien, in der versäumt wurde, die Rolle Kiesingers in der Rundfunkpolitischen Abteilung des Auswärtigen Amtes zu unterschlagen. Die frisch gedruckte zweite Auflage des Boelcke-Werkes verschwand im Verlagskeller.

[12] Kiesinger89,215

[13] Kiesinger89,237

[14] Faksimile bei Klarsfeld69,89

[15] GoebbelsIV,441

[16] AA, Büro Staatssekretär Auslandspropaganda. Bd.1.PAA. Bonn, zitiert nach Boelcke77,85 und Longerich87,133

[17] Kiesinger89,228
[18] So will es die Vaterländische Legende – in Wirklichkeit kam Hindenburg in seinem Salonwagen beinahe zu spät an die Front, um den Sieg an sein Revers zu stecken, vgl Köhler86,98f
[19] Dietrich55,130
[20] Kiesinger89,228f
[21] Kordt50,320f
[22] GoebbelsIV,415-419 – Boelcke77,90 geht davon aus, daß die Schlacht im Funkhaus von Ende November 1940 ("erneute Exmittierung") die Reprise einer Schlacht sei, die schon einmal im Juni 1939 im Funkhaus stattgefunden habe. Boelcke irrt. Vermutlich hat er Kordt50,320 falsch verstanden, der auf derselben Seite in anderem Zusammenhang vom Juli 1939 spricht, die Schlacht selbst aber keinem Datum zuordnet. Dank Boelcke77,90 irrt auch Diller80,320, der sich auf ihn beruft.
Kiesinger, der es ja erfahren haben müßte, erwähnt nicht, daß es vor seiner Zeit genau den gleichen Zwischenfall schon einmal im Funkhaus gegeben habe. Selbst wenn man Kiesinger und seinem selektionswütigen Gedächtnis nicht glauben mag, so verdient Goebbels Vertrauen. Zwar ist das Goebbels-Tagebuch aus der Zeit vom 30.Mai bis zum 10.Oktober 1939 verschollen. Doch der Reichslügenmeister, der sich in seinem Tagebuch keine Gelegenheit entgehen läßt, alte Geschichten neu aufzuwärmen, berichtet im Dezember 1940 so, als handele es sich um eine völlig neue Frechheit Ribbentrops in der ansonsten gewohnten Folge der Auseinandersetzungen.
[23] Das schon geschriebene, vorzüglich gelungene Kapitel „Geh'n wir Brunnen vergiften in Griechenland – Kiesingers Dichter: Wolf von Niebelschütz" habe ich am 22. Mai 1989 ganz schnell wieder aus meinem Computer gelöscht. Es problematisierte hinreißend das uralte Verhältnis von Geist und Macht, den vielleicht tragischen Konflikt des Poeten mit dem Zwangssystem, in das er sich schreibend verstrickt hatte: der Dichter wird zum Täter. Ich verglich seine Propaganda-Texte für Kiesinger mit seinem Meisterwerk, dem Barockroman „Der Blaue Kammerherr", der von so unterschiedlichen Temperamenten und Kritikern wie Walter Boehlich 1955 ("überragt die gesamte Elendsliteratur durch seine Schönheit; Poesie und Kunstfertigkeit") und Eckart Klessmann 1980 ("der bezauberndste Roman, der in Deutschland in den letzten vierzig Jahren geschrieben wurde") hochgerühmt wurde. Ich wies darauf hin, wo der intrigante Kammerherr Don Giovanni de Legua dem Niebelschütz-Vorgesetzten Kurt Georg Kiesinger gleichen könnte, und wo er sich – in seinem Wissen um die Kunst verantwortungsvoller Staatsführung – von ihm unterscheidet. Ich entdeckte in dem imaginären, im Mittelmeer gelegenen Inselreich Myrrha jenes Hellas, gegen das der Dichter sein Propaganda-Machwerk schrieb. Ich analysierte diese Texte, bemerkte wohl den Sprachverfall, der sich in dem Dichter abgespielt hatte, aber irgendwo – das war unverkennbar – blieb doch auch die Handschrift des Künstlers erhalten.
Das schleunigst vernichtete Niebelschütz-Kapitel war ohne Zweifel das interessanteste, tiefgründigste, überzeugendste und bestgeschriebene Stück dieses ganzen Buches. Es hatte nur einen kleinen Fehler. Im Register von Boelcke77,700 hatte ich herausgefunden, daß der Kiesinger-Gehilfe von Niebelschütz den Vornamen Wolf trage. Da der Vorname in den Quellen ungenannt blieb, rief ich Professor Boelcke an und fragte, ob es tatsächlich den 1960 früh verstorbene Dichter des „Blauen Kammerherrn" sei. Ja, sagte er, das sei gewiß. Und außerdem sei ja der Name von Niebelschütz nicht gerade häufig. Ich recherchierte und schrieb. Monika, mit der ich verheiratet bin, holte mir Niebelschütz-Werke aus der Bibliothek und verursachte dabei einen kleinen Autounfall – danach ließ sie sich noch die Geldbörse mit 137,80 Mark stehlen – und ich schrieb weiter und recherchierte weiter und fand zuallerletzt noch heraus, wo die Witwe lebt. Obwohl das eigentlich nicht mehr nötig war – schließlich wußte ich genug, und das Kapitel war fertiggeschrieben –, rief ich sie an.

Ilse von Niebelschütz war erstaunt. Ihr Mann, der Dichter, war während des ganzen Krieges Besatzungssoldat in Frankreich. Mit Kiesinger nein, mit dem hatte er nie etwas zu tun. Es war der Bruder, Götz von Niebelschütz, zeitweise Presse-Attaché in Athen, der die Sende-Texte des Kiesinger-Radio Patris geschrieben hatte. Wir – der Autor, seine Gemahlin und die Leser – danken Herrn Professor Boelcke für die Unvermeidlichkeit dieser Fußnote.

[24] Kiesinger89,237

[25] Kiesinger89,234

[26] GoebbelsIV,557

[27] MGFA4,910

[28] Kultpol. Rundfunk. Ges. Rühle Nr.2. Teil 2. PAA Bonn – zitiert allerdings nach: Boelcke77,251

[29] Krausnick81,187

[30] Simpson88,201

[31] Streit78,189

[32] IMT25,307f, Herbert85,266ff

[33] Streit78,186

[34] Kiesinger89,240ff

[35] Goebbels2,751

[36] Boveri65,596

[37] Kiesinger89,240

[38] im Faksimile bei Klarsfeld69,146-149

[39] Kiesinger89,253f

[40] Faksimile bei Klarsfeld69,141

[41] Picker63,267f – Der Führer konnte sorgfältig differenzieren und vergaß darum nicht darauf hinzuweisen, daß dies selbstverständlich nur für das Ausland gelte. Nicht aber für das eigene Volk, dem man immer wieder „eine eindeutige Bewertung der Tatsachen" nahebringen müsse. Er empfehle daher, in unserem eigenen Nachrichtendienst immer wieder vom „Säufer Churchill" und vom „Verbrecher Roosevelt" zu sprechen.

[42] Kiesinger89,268

8. Hans-Georg Studnitz (Seite 135–152)

[1] Studnitz75,10

[2] Außenpolitik 4.Jg 1953, S.658

[3] *Kristall* 4.Jg. Nr.23 1949, S.3f

[4] *Außenpolitik* 4.Jg 1953, S.363-371

[5] Studnitz75,15+343+18

[6] Studnitz63/85,106

[7] Studnitz63/85,7; *Berlin – Rom – Tokio* 3.Jg. 1941 Nr.4, S.17+18 – nicht unerwähnt darf bleiben, wie Studnitz – Seite 48 – auf dem Rückflug bei einer Zwischenlandung die französische Hauptstadt und ihre Bewohner beschreibt: „Die Pariser schämen sich noch immer ein bißchen, sie schämen sich, daß die Deutschen keine Barbaren sind, sondern wahrscheinlich die zivilisiertesten Soldaten, die Paris jemals betreten haben. Die Anwesenheit der deutschen Truppen macht die Pariser noch immer ein wenig nachdenklich. Nicht über das nationale Unglück Frankreichs, an dem sie gewiß ihren Teil tragen, aber über die Tatsache, daß diese Besatzung so gar nicht den Vorstellungen entspricht, die man davon

hatte. Sie bedeutet keine Härte, keine Herausforderung, keinen Stein des Anstoßes. Diese Soldaten sind so gute Europäer, wie die Franzosen sich selbst dünkten. Ihr Auftreten gibt auch solchen, die es möchten, keinen Anlaß zur Kritik. Die deutschen Soldaten sind – dieser sehr heimliche Gedanke überfällt die Pariser immer wieder – keine schlechte Reklame für das Europa, das der ‚Nazismus' eigentlich zugrunde richten sollte. Der Krieg, ja den wünscht man sich bald zu Ende. Aber nicht, weil man die deutschen Soldaten aus Paris weghaben möchte" .

[8] *Christ und Welt* 15.5.1964, S.3

[9] Studnitz75,82 – und wie Hitler über den Rundfunk verfügte, von der ersten Stunde an! Der Fackelzug zur Reichskanzlei am Abend des 30.Januar 1933 wurde life im Rundfunk übertragen und Goebbels notierte am selben Tag: „Ich spreche im Rundfunk. Über alle deutschen Sender." (GoebbelsII,358)

[10] Heinrich Orb, dessen Identität lange ungeklärt war, wird im Vorwort seines Buches als ein Mann geschildert, der „mit Himmler, Heydrich und ähnlichen Gestalten zusammenarbeitete", bis zur „Stunde seines ‚Damaskus'". Der Historiker Hans-Jürgen Döscher, der sich in Besitz des Nachlasses befindet, identifiziert ihn als den in Bad Orb geborenen Franz Heinrich Pfeifer. Pfeifer betrieb ein inoffizielles Büro für Heydrich, floh 1936 in die Schweiz und wurde dort für kirchliche Organisationen tätig. Unter den von Studnitz zitierten Namen ordnet Orb dem SD des Reichsführers SS zu: Heinz Barth *Deutsche Allgemeine Zeitung, Das Reich*, Martin Bethke *Das Reich*. Roland Krug von Nidda *Das Reich*. Zur Abwehr von Canaris rechnet er Hans E. Friedrich *DAZ*, Fritz von Globig *DAZ, Das Reich*, Petra Vermehren *Das Reich*. Zum „Büro Ribbentrop" zählt er Kurt Stutterheim *Berliner Tageblatt*, Max Clauss *DAZ, Das Reich*. Allgemein als Spione beschuldigt er Carl Heinz Petersen, Carlos Graf Pückler *DAZ*. Nicht erwähnt in der Studnitz-Wiedergabe der Orb-Aufzählung von SD-Agenten ist u. a. Dr. Paul Schmitz (siehe Seite 172 Wirsing), dessen Tätigkeit für den SD keine Zweifel verträgt. [Orb45, 15+373]

[11] Studnitz75,253f

[12] Longerich87,51

[13] Jacobsen59,113+119

[14] Studnitz75,254

[15] Putlitz60,223f+257

[16] Studnitz75,253-259

[17] Es handelt sich um einen „Heinrich-von-Kleist-Preis", der Bezug nehmen soll auf den gleichnamigen Dichter. Der Preis wurde Studnitz 1966 vom „Bund der Vertriebenen" für Verdienste um mutmaßlich deutschen Boden verliehen. BdV-Präsident Wenzel Jaksch bei der Übergabe: „Ich ehre einen Mann, der mit der Feder für eine gute Sache kämpft" (*Welt am Sonntag* 28.8.1966)

[18] Hans-Georg von Studnitz: Europa und die amerikanische Zivilisation, in: *Berlin – Rom – Tokio* 3.Jg. Oktober 1941, Nr.10, S.11

[19] *Berliner Lokal-Anzeiger* 14.11.1941

[20] *Außenpolitik* 12.Jg. 1961 S.741

[21] *Welt am Sonntag* 24.9.1967, Seite 6

[22] Studnitz64,109

[23] *Criticón* Nr.6, 1971

[24] *Criticón* Nr.46, März/April 1978, S.87f

[25] *Die Zeit* 29.7.1954

[26] Tüngel in der *Zeit* vom 27.3.1952: „Heckenschützen gegen Bonn – Das Auswärtige Amt in Bonn wird wieder einmal stark angegriffen. Begonnen wurde die Kampagne durch die *Frankfurter Rundschau*, die von amerikanischer Seite mit 1,6 Millionen Pressegeldern dotiert ist. Fortgesetzt hat sie die *Neue Zeitung*, ein amerikanisches Journal, das in

München erscheint. Dieses Organ bezog daraufhin vom amerikanischen Hohen Kommissar eine scharfe Rüge und mußte sich entschuldigen. Nunmehr begann der Bayerische Rundfunk einen neuen Angriff. Er liegt in der amerikanischen Besatzungszone. Was also steckt hinter diesen Angriffen?

Es gibt in der amerikanischen Verwaltung in Frankfurt am Main eine kleine Clique Fellowtraveller, von demi-vierges, Halbjungfrauen, wie Arthur Koestler sie genannt hat. Sie hat enge Verbindungen zu deutschen Zeitungen, besonders zu solchen, die sich bürgerlich gebärden, unter deren Lizenzträgern sich aber gleichfalls ehemalige Kommunisten befinden. Der amerikanische Hohe Kommissar John J. McCloy ist den Mitgliedern dieser Gruppe gegenüber offenbar ebenso machtlos wie das State Department in Washington." [Dem kommunistischen Lizenzträger und Mitherausgeber der *Frankfurter Rundschau* Emil Carlebach war bereits im September 1947 von der im IG-Farben-Gebäude residierenden US-Verwaltung in Frankfurt die Lizenz entzogen worden. Er hat darüber ein sehr informatives Buch geschrieben: „Zensur ohne Schere – Die Gründerjahre der *Frankfurter Rundschau* 1945/47. Ein unbekanntes Kapitel Nachkriegsgeschichte. Frankfurt 1985]

[27] Studnitz75,299
[28] Studnitz75,289ff
[29] *Die Zeit* 6.5.1948
[30] Tüngel58,356 – er zitiert hier einen seiner *Zeit* -Artikel
[31] IMT-I,137ff+156
[32] IMT-II,17+38
[33] Tüngel58,356f – er zitiert hier einen seiner *Zeit* -Artikel
[34] *Berlin – Rom – Tokio* 3.Jg Januar 1941, S.15.
[35] Studnitz75,300f
[36] *Die Zeit* 5.2.1948
[37] Studnitz75,262
[38] Longerich87,260 unter Berufung auf Befragung von Studnitz
[39] *** (das ist wechselweise Paul Karl Schmidt oder Hans-Georg von Studnitz): Der Berliner Kongreß 1941, in *Berlin – Rom – Tokio* 3.Jg, Heft 12, Dezember 1941. Dieser Artikel beginnt mit einer Analyse der britischen Politik ("Der sensible hysterische Trinker in London... setzte..die Vernichtung der europäischen Geschichte und Gesittung in sein Spiel...") setzt sich kritisch mit der „Maschine des internationalen, überstaatlichen Bolschewismus und all seine[r] Kanonen des Judentums, der Freimaurerei und der Plutokratie" auseinander und gelangt dann zu den zitierten Desinfektions-Aufgaben der deutsch-japanischen Waffenbrüderschaft.
[40] Hans-Georg von Studnitz: Japans Außenpolitische Wende, in: *Berlin – Rom – Tokio* 3.Jg. Januar 1941, S.15
[41] *** : Die Überwindung zweier Irrtümer, S.2 und Hans-Georg von Studnitz: Europa und die amerikanische Zivilisation, S.11f von *Berlin – Rom – Tokio* 3.Jg. Oktober 1941
[42] Kordt47,323ff

9. Willi Geiger (Seite 153–163)

[1] Geiger62,35

[2] Geiger41,6+8

[3] Geiger41,9 unter Zitierung einer Goebbels-Rede auf dem ersten Pressetag 18.11.1934

[4] Geiger41,34+39f+IX+58+62

[5] Kramer84,79

[6] *Deutsche National-Zeitung* 1.6.1984

[7] Hannover82,62f – dort auch der Urteilstenor: „Die Reinheit und Sauberkeit der Jugend zu wahren, ist daher oberste Pflicht eines jeden Volksgenossen. Wer dagegen angeht, verletzt nicht allein den betreffenden Menschen, sondern versündigt sich darüberhinaus auch an dem gesamten deutschen Volke." Ein anderes der von Geiger beantragten Todesurteile betraf den Gastarbeiter J. S. in Röslau, der gegen sechs bis acht Burschen, die grundlos auf ihn einprügelten, das Taschenmesser zog. Geiger legte auch hier Wert darauf, daß das mörderische Urteil bekannt wurde. Mit Schreiben vom 15.April 1942 (SG40/42 4) teilte Ankläger Geiger der Gendarmerie in Röslau mit, daß die beigefügten Plakate mit dem Todesurteil öffentlich anzuschlagen seien (Sepp Beranek: Verbrecher in Richterroben, 1941 und 1981, in: Frankenpost/Selber Tagblatt 23.10.1981)

[8] *Der Spiegel* 20.Jg. Nr32, 1.8.19.66, S.25

[9] Interpress 175/062 Nr.181 / 20.Juli 1966, Hamburg

[10] Munzinger-Archiv 26.8.1967 – Lieferung 34/67

[11] Kramer88,111

[12] Geiger77,480

[13] Bundesverfassungsgericht 2 BvL 13/73 vom 22.5.1975, S.5

[14] Geiger41,38f mit Zitat aus der Goebbels-Rede vor der Presse vom 4.10.1933

[15] Geiger41,39

[16] Bundesverfassungsgericht 2 BvL 13/73 vom 22.5.1975, S.32

[17] *Der Spiegel* 29.Jg.Nr.32, 4.8.1975

[18] Bundesverfassungsgericht 2 BvL 13/73 vom 22.5.1975, S.47+17+18

[19] Geiger41,18

[20] Geiger41,8

[21] Bundesverfassungsgericht Band 39, S.347 – Unter Hinweis auf seine Eigenschaft als Bundesverfassungsrichter erklärte Geiger 1962 vor der Arbeitsgemeinschaft selbständiger Unternehmer, die „Frage, ob die Verfassung selbst eine bestimmte Gestalt unserer Wirtschaft" fordere, sei „zu bejahen". Er interpretiert das so: „Die Grundrechte gelten auch für den wirtschaftenden Menschen. Deshalb ist ein Wirtschaftssystem, das die Initiative des Unternehmers ausschaltet oder lähmt ... nicht nur moralisch anfechtbar, sondern rechtswidrig." Gewisse Formen des wirtschaftlichen Mitbestimmungsrechts („daß der Eigentümer... nicht mehr allein über sein Eigentum zu bestimmen vermag") hält er dagegen für „verfassungsrechtlich äußerst problematisch". Ebenfalls in seiner Eigenschaft als Verfassungsrichter dekretierte Geiger: „Unsere Verfassung postuliert die Pflicht, möglichst viele Bürger in diesem Sinne zu Kapitalisten zu machen", nämlich „in dem Sinn des Bürgers, der sich seines redlich erworbenen Besitzes erfreut". In diesem Zusammenhang bekennt er sich sogar zu der Rechtsauffassung, es sei ausgeschlossen, daß der Staat „die Zulassung zu bestimmten Berufen... derart reglementiert, daß es nicht mehr in der Macht des einzelnen liegt, sich Zugang zu ihnen zu verschaffen". (Geiger62,94f+79+87+89+86)

[22] Geiger-Mitschrift des Autors nach Tonband vom 28.4.1984 – Fünf Jahre später, am 20. Mai 1989, trat Geiger plötzlich unter Berufung auf das Grundgesetz für das ungeschmä-

lerte Recht auf Leben, auf Gesundheit, auf Menschenwürde, ja sogar für die Gleichheit aller Menschen ein. Jedenfalls der ungeborenen, „vom Augenblick der Verschmelzung von menschlicher Samen- und Eizelle an". Geiger benutzt auch bei dieser Gelegenheit den mit seiner Kampfschrift für die Ungleichheit der Menschen erworbenen Doktor-Titel (Frankfurter Allgemeine Zeitung 20.5.1989, S.9)

10. Giselher Wirsing (Seite 164–189)

[1] *Stuttgarter Zeitung* 11. 3. 68
[2] Goebbels48,118
[3] Wirsing51,130+138
[4] *Der Spiegel* 24.4.1967, S.71
[5] „Wie überall, so ist auch das Judentum in den Vereinigten Staaten unfähig, aus den Fehlern zu lernen, die es in anderen Ländern gemacht hat. Es überspannt auch hier den Bogen, und es läßt sich voraussehen, daß er eines Tages brechen wird. Wann und wie, kann niemand vorhersagen. Aber darin stimmen alle ernstzunehmenden Beobachter Amerikas überein – unter vier Augen auch sonst ganz gegensätzlich denkende Amerikaner – daß es dazu kommen wird. Die jüdische Vorherrschaft, die sich aus der Krise des Amerikanismus ergeben hat, ist viel zu offen und viel zu triumphierend, als daß sie nicht schließlich wie in beinahe allen europäischen Ländern den Umschwung selbst herbeiführen und den allgemeinen Haß auf sich ziehen müßte. Noch unsere Generation wird Zeuge dieses Schauspiels sein, wenn nicht alle Zeichen trügen. Gewisse Auflösungstendenzen schreiten jetzt mit größerer Beschleunigung fort. Das Judentum wirkt dabei, wie überall, wo es zeitweise die Herrschaft an sich gerissen hat, als Katalysator. Es beschleunigt den Vorgang, bleibt aber selbst in seiner Substanz unberührt. Diese Unfähigkeit des jüdischen Elements zur substanziellen Wandlung muß immer wieder zu seiner gewaltsamen Ausscheidung führen, sobald die Katalyse vollendet ist und der neue Stoff sich gebildet hat."(Wirsing42,427)
[6] Klaus Mehnert: Giselher Wirsing – Zum sechzigsten Geburtstag, in: *Christ und Welt*, 14.4.1967, S.2
[7] *Die Tat*, 25.Jg. Heft 6, September 1933, S.512
[8] Giselher Wirsing: Ist Deutschland Weltmacht? in: *Die Tat*, 25.Jg. Heft 1, April 1933, S.46
[9] Giselher Wirsing: Richtung Ost-Südost! *Die Tat*, 22.Jg. Heft 8, November 1930, S.645
[10] Giselher Wirsing: Ist Deutschland Weltmacht? in: *Die Tat*, 25.Jg. Heft 1, April 1933, S.32ff
[11] Poliakov59,477
[12] Lorant 85/35,18
[13] *Der Spiegel* 6.Jg., 30.4.1952, S.31ff
[14] Wortprotokoll der „Panorama"-Sendung im *Stern* vom 27.2.1962, Zitat auf S.140
[15] *Christ und Welt* 2.3.1962
[16] Lang82,34
[17] Meyers Lexikon, Achter Band 1928, Spalte 951, einzige Eintragung unter diesem Stichwort: „ *Nachrichtendienst* (Hochwassermeldedienst),s. Hochwasser (Sp.1634)"
Meyers Lexikon, Achter Band 1940, Spalte 38 unter demselben Stichwort: „*Nachrichtendienst*, Meldungen über Zeitereignisse an Zeitungen u. sonstige Interessenten. Hauptträger des N. sind Rundfunk, Nachrichten- u. Korrespondenz-Büros. auch Nachrichtenwesen. – Der milit. N. sammelt milit. Nachrichten über fremde Staaten mit Hilfe von Presse,

Militärattachés, Gesandtschaften, Kundschaftern, Agenten und Spionen, die im Generalstab verarbeitet werden."

[18] Lang82,35

[19] Aschenauer80,80 – Diese teilweise sicherlich zu Recht Eichmann zugeschriebenen
Aufzeichnungen erschienen im Druffel-Verlag des ehemaligen stellvertretenden Reichspressechefs Helmut Sündermann, weil man Eichmann „die Gelegenheit zur Verteidigung
seiner Sache nicht versagen sollte. Dies ist ein Anliegen". Rechtsanwalt Rudolf Aschenauer
wurde vom Verlag als „fachkundiger Herausgeber" gewonnen, da er als „Verteidiger
unserer Soldaten vor alliierten Tribunalen und deutschen Gerichten, vielfach auch mit sog.
Judenprozessen befaßt" war. Verlag und Herausgeber bestätigen sich für die Edition von
„Ich, Adolf Eichmann" eine „ernste Sorge um die geschichtliche Wahrheit" und fragen
zusammen mit Jesus Christus „Wer wirft jetzt den ersten Stein?" (Seite 14f).

[20] Wirsing38,10

[21] Dokument CXXXIV-13 Centre de Documentation Juive Contemporaine, Paris, zitiert
nach Poliakov59,477

[22] Lang82,34+43

[23] *Christ und Welt* 2.3.1962

[24] Grobba67,109

[25] Orb45,373f

[26] Wirsing38,155f und 39,155f

[27] *Die Tat*, 29.Jg., November 1937, S.559f

[28] Wirsing39,14

[29] *Die Tat*, 30.Jg., Dezember 1938, S.635

[30] Lang82,45

[31] Faksimile des Briefes in Lang82, nichtpaginierter Dokumententeil

[32] Heiber66,1079-1083

[33] *Völkischer Beobachter* 28.3.1941

[34] Wirsing40,100

[35] GoebbelsIV,120

[36] Boelcke66,325

[37] *Münchner Neueste Nachrichten* 20.4.1940

[38] In seiner Dankrede ("Südafrika – Kampfziel für ein selektives Weltgewissen") setzte sich
Höpker für „das zum Paria abgestempelte" Apartheid-Land ein (Deutschlandstiftung e.V.:
Festschrift zur Verleihung der Konrad-Adenauer-Preise 1988, S.22ff). Die Laudatio hielt
der *Mut*-Mitarbeiterr Prof.Dr. Heinz-Dietrich Ortlieb (SPD, NSDAP, nach 1945 wieder
SPD), der in seiner Amtszeit als Direktor des HWWA-Institutes für Wirtschaftsforschung
in Hamburg ebendasselbe in eine Südafrika-Lobby verwandelt hatte.

[39] Krieg42,3-9

[40] Giselher Wirsing: Roosevelts dritte Illusion, in *Signal* 3.Jg. 1.Februar-Heft 1943

[41] Dollinger69,13

[42] Giselher Wirsing: Die Saat für den dritten Weltkrieg, in: *Signal*, Mai-Heft 1943

[43] Wirsing44,8+136+145f

[44] Hentig62,322+370f

[45] Simpson88,95ff

[46] Hentig62,371

[47] *Der Spiegel* 6.Jg., 30.4.1952, S.31ff

[48] Die Texte der Sendungen wurden in Hammerschmidt56 gedruckt, außerdem veröffentlichte Mansfeld Reportagen-Serien über die Renazifizierung des Auswärtigen Amtes 1951
in der *Frankfurter Rundschau*

[49] Mansfeld67,172-175

[50] Giselher Wirsing: ... auch am Ersten Weltkrieg schuld? in: *Christ und Welt*, 8.5.1964, S.17f
[51] *Der Spiegel*, 18.Jg. 17.6.1964 S.39
[52] Giselher Wirsing: Der Bauchredner, in: *Christ und Welt*, 10.7.64
[53] Wirsing42,17
[54] Wirsing44,97
[55] Crowe07,681
[56] Giselher Wirsing: Sir Edward Grey und die Gegenwart, in *Die Tat* 29.Jg. Juni 1937,152f
[57] Giselher Wirsing: Ist der Vietkong unter uns? in: *Christ und Welt*, 9.2.1968, S.1.
[58] Mansfeld67,175
[59] *Der Spiegel*, 21.Jg., 22.5.1967, S.20
[60] *Der Spiegel*, 18.Jg., 17.6.1964, S.40
[61] *Christ und Welt* 2.4.1971
[62] Wirsing75,434

11. Klaus Mehnert (Seite 190–232)

[1] Mehnert81,434. Mehnert, der zunächst nur – seit 1. Januar 1956 – im *Deutschen Adelsblatt*, das in der DDR nicht abonniert werden konnte, eine monatliche Kolumne „Zum Zeitgeschehen" schrieb, war seit Sendebeginn des ZDF am 1.April 1962 alle vier Wochen am Samstag zwischen 21.30-21.40 Uhr (seit 1969 unregelmäßig sonntags zwischen 12.50 und 13.00 Uhr) in „Fragen zur Zeit" zu sehen und im *Deutschlandfunk* seit dessen Gründung am 1. Januar 1962 jeden ersten Sonntag des Monats zwischen 18.05 und 18.15 Uhr unter dem allumfassenden Titel „Deutschland und die Welt" zu hören. Am Sonntag, den 4. Dezember 1966 konnten Mehnerts Brüder und Schwestern in der Zone aus seinem Munde dies vernehmen: „Um es ganz offen zu sagen – mir schien, bei allen Bedenken, von allen drei Lösungen die große Koalition die relativ beste zu sein. Und hätte ich daran gezweifelt, so hätte mich sicher das Drängen von Walter Ulbricht zur Bildung der Kleinstkoalition in Bonn, also zum Zusammengehen der SPD mit der FDP zum Anhänger der großen Koalition gemacht." (eigene Aufzeichnung vom Tonband O.K.)
[2] Mehnert67,379 – Bitten um mehr Krieg waren seine Leidenschaft. Beim Einmarsch der Sowjets in Afghanistan Weihnachten 1979, schrieb Mehnert in *Bild* die Besetzung Äthiopens auf seinen Wunschzettel an die NATO (*Der Spiegel*, 7.1.1980, Seite 73).
[3] Mehnert81,10
[4] Mehnert81,54
[5] Mehnert81,89
[6] Mehnert81,188
[7] Mehnert33,542
[8] Böttcher71,10+190f. Unverfängliche *Tat*-Beiträge Mehnerts über „Sowjetwitz und Sowjetbüro" (Oktober 1934) oder über „Die Leiden des jungen Werther in Rußland" (Januar 1935) sind mit äußerster Gewissenhaftigkeit in der Bibliographie verzeichnet
[9] Mehnert81,106
[10] Mehnert81,110 und 202 – Das entsprach – wenn man Ribbentrop einmal glauben darf – noch nach dem Überfall auf die Sowjetunion auch Hitlers Anschauungen: „Vor und auch nach Ausbruch des Rußlandkrieges war er der Meinung, daß auch hinter der kommunistischen Bedrohung im Osten das internationale Judentum stehe und daß es Stalin zu der

Absicht getrieben habe, Deutschland durch einen kombinierten Angriff von Ost und West zu besiegen und zu bolschewisieren." (Ribbentrop53,273f)

[11] Mehnert51,75

[12] Mehnert81,118f

[13] Poliakov59,57

[14] Mehnert81,119

[15] Mehnert81,225-228

[16] Mehnert83,59ff

[17] Mehnert83,56

[18] Mehnert73,8

[19] *Stuttgarter Zeitung* 22.12.1967

[20] Mehnert81,224f

[21] Mehnert67,273

[22] Mehnert81,187

[23] Greife36,14+56f

[24] Mehnert81,187

[25] Laqueur65,178f; Jacobsen68,453

[26] Mehnert81,203

[27] *Christ und Welt*, 14.4.1967, S.2

[28] Mehnert81,203

[29] Schreieder50,401f

[30] Höhne67,229+266

[31] Mehnert81,266

[32] Döscher87,136

[33] Poliakov59,478

[34] Mehnert81,203

[35] Mehnert81,435 schreibt, er sei „im Herbst 1934 ein[en] Monat bei der Gestapo in München" gewesen. Tatsächlich war er wohl zwischen Mitte August und Mitte Oktober in Deutschland – zwischen diesen beiden Zeitpunkten sind keine aus Moskau gezeichneten Artikel belegt.

[36] Mehnert82,112+153+222+228+236+287+293

[37] Mehnert82,325-345. Dieser Archivband mit der Sammlung von Mehnerts Berichten aus der Sowjetunion enthält zwar neben den Faksimiles der gedruckten Artikel auch ein Fülle anderer maschinenschriftlicher Manuskripte. Diese anderen vor 1982 unveröffentlichten Typoskripte haben Reportagecharakter, waren also zur Veröffentlichung bestimmt – im Gegensatz zu dem nüchtern und penibel ausgearbeiten Bericht über Kasachstan, der wie ein Fremdkörper in der Artikel-Sammlung wirkt. Es mag verblüffen, daß Mehnert dieses Dokument, das ihn belasten könnte, in den Archivband aufgenommen hat; andererseits aber war er bei der Zusammenstellung dieses Bandes so unachtsam, daß er auf der Seite 395 erkennbar das Werk einer fremden Autorin unter seine eigenen Erzeugnisse aufnahm.

[38] Besymenski68,245

[39] Mehnert82,75

[40] Mehnert82, Vorwort Blatt 5

[41] Sänger75,102 – Zeitweise durfte in NS-Deutschland nicht einmal selbständig aus der Zeitschrift „Wirtschaft und Statistik" zitiert werden, die die Ergebnisse des Reichsstatistischen Amtes publizierte (siehe Seite 255).

[42] Mehnert81,209

[43] Mehnert82,376-397

[44] Mehnert81,211 – In den Jahrgängen 1936 und 1937 der „Deutschen Presse", der Zeitschrift des Reichsverbandes der Deutschen Presse, ist eine Löschung Mehnerts aus der

Schriftleiterliste nicht verzeichnet, obwohl solche Löschungen dort üblicherweise registriert wurden.

45 Mehnert81,211-214
46 Mehnert81,215f
47 Schöller58,777
48 Jacobsen79-I,1
49 Jacobsen79-I,353
50 Schweizer Lexikon, Zürich 1948. Siebter Band, Spalte 1379f
51 Bonjour70-V,257+242
52 Jacobsen79-I,223
53 Jacobsen79-I,364
54 Haushofer28,38
55 Haushofer41,180
56 Jacobsen79-I,224 – Diese Quelle hat allerdings für den von mir wiedergegebenen Tatbestand die Sichtweise des Sympathisanten: „Wie die meisten seiner Freunde und Kameraden hatte Hess der Zusammenbruch des Deutschen Reiches, der einst so stolzen Nation, innerlich tief erschüttert. Sie, die für die *Ehre der Flagge* [kursiv im Original] gekämpft, im Dreck und Schlamm die Hölle der Materialschlachten erlebt und durchlitten hatten, konnten einfach nicht begreifen, daß ihr jahrelanges mühevolles Ringen umsonst gewesen sein sollte. Sie, die nunmehr zur enttäuschten und verbitterten Kriegsgeneration zählten, – und von denen anfangs so mancher mit dem Gedanken *gespielt* [kursiv von mir O.K.] haben mochte, sich durch eine Kugel in den Kopf dem irdischen Dasein zu entziehen –, kehrten in die Heimat zurück in der Hoffnung, das Schicksal vielleicht doch noch zu wenden" – und so fortgeschrieben über den Schicksalswendevize im dreißigsten Jahr der zweiten deutschen Republik von dem angesehenen Historiker Hans-Adolf Jacobsen.
57 Matern78,102
58 Jacobsen79-I,225. – Dieselbe Quelle schildert diesen Tatbestand so: „Die *zunehmende Seelenverwandtschaft* [kursiv im Original] und Männerkameradschaft zwischen ihm und Karl Haushofer führten am 4. 7. 1920 zu dem vertraulichen 'Du', als sie gemeinsam auf dem Hartschimmelhof ein besinnliches Wochenende verbrachten*. Fraglos hat Hess in dem Älteren mehr und mehr den geistigen Mentor, das Vorbild und den von ihm gewünschten Vatertyp gesehen... Entscheidender aber war, daß Haushofer für ihn der *Prof. Wachsmuth* war, d.h. jener von Walter Flex in seiner Schrift *Wolf Eschenlohr* erfundene greise Kantforscher und Hochschullehrer, der den jungen Kriegsfreiwilligen W.E., Erlanger Arminenfuchs und Jungbursche, wie ein Sohn liebte und der diesen gelehrt hatte, daß die Hingabe an das eigene Volk die höchste Erfüllung, Freiheit, Ehre und Vaterlandsliebe das schönste Gut im Leben eines Mannes bedeuteten."
* Eine Jacobsen-Fußnote verweist an dieser Stelle auf das Haushofer-Gedicht „Zum 4.Juli 1920" mit dem Titel „Meinem jungen Freund Rudolf Hess". Es lautet – und ich bin der Meinung, daß die Wiedergabe des Gedichts tatsächlich der Wissenschaft dient – in der von Jacobsen gekürzten Fassung so:

Du hast – mit Deinen Augen, festlich hell –
verschloss'ne Thore nochmal aufgestrahlt!
Wie sich in abenddunkler Landschaft malt
ein Sonnenuntergang in einem Quell...
– In einem Quell, der hell und klar und jung
Gewisset hat, daß er zum Morgen rinnt,
und einer neuen Sonne Bild gewinnt
auch nach der tiefen Sonnwend Dämmerung.-

... So nehm ich Deiner Freundschaft edlen Wert
aus Deinen starken, tapfern Händen an,-
vom Schimmer letzten Glücks für mich verklärt,
als eines Freunds' Vermächtnis, kriegsverjährt:
Ein Fühlen, schwer mit Worten klar getan,
wie den Empfänger Deine Gabe ehrt!

[59] Jacobsen79-I,225 – Diese Quelle ist im Verfassen dithyrambischer Hymnen auf anerkannte Kriegsverbrecher unerschöpflich. Also – und das reicht jetzt – noch ein letzter
Original-Jacobsen, der beweist, daß es schon sieben Jahre vor Hillgruber und dem
Historikerstreit bewährte – und sogar einen ziemlich hohen – Hoheitsträger der NSDAP
gab: „Karl Haushofer schätzte bei Rudolf Hess vor allem den Wagemut, den Tatendrang,
wenn auch eher in Form des *stillen, rettenden Zugriffs*, [kursiv im Original] weniger in der
'lauten, sichtbaren Gebärde', die innere Heiterkeit und Freudigkeit der Seele, die schier
unwandelbare Treue, den Mann der aufmerksam zuhören konnte, dem freilich der Sinn
nicht nur für die *Erhaltung des eigenen Lebens* [kursiv im Original] zu fehlen schien,
sondern auch für den Erwerb ... In Rudolf Hess fand er einen aufmerksamen Schüler, den
er formen und wissenschaftlich ausbilden konnte als Voraussetzung für die Bewährung im
politischen Kampf."
[60] Matern78,110f
[61] Walsh46,25
[62] Jacobsen68,195 – In Haushofers Nachlaß (BA Koblenz HC 927a, zitiert nach
Matern78,119) befindet sich auch seine Äußerung: „...aus Tarnungsgründen bin ich,
obwohl maßgebenden Persönlichkeiten der NSDAP seit 1919 nahestehend und wohlbekannt, nicht PG, wohl aber bei den Stellen, mit denen ich zusammenarbeitete, entsprechend eingeführt."
[63] vgl. dazu die von Klaus Gotto herausgegebene Reinigungsschrift der Konrad-Adenauer-
Stiftung „Der Staatssekretär Adenauers – Persönlichkeit und politisches Wirken Hans
Globkes" Stuttgart 1980 in Gänze (- Vf. weigert sich bei obszönen Schriften die Stellen
anzugeben)
[64] Jacobsen79-II,6 – Jacobsen klassifiziert den Vater von Martha Haushofer Georg Ludwig
Mayer-Doss als „reinrassige[n] Juden von der sephardischen Linie". Er legt ein Schreiben
des regelmäßig bei Haushofers verkehrenden Führer-Stellvertreters Rudolf Heß vom
17.Dezember 1921 vor, das eine vollkommene Absolution für die blutsmäßige Zusammen-
setzung seiner Gastgeberin enthält: „Ihr Herr Gemahl erzählte mir vor Monaten, ich
glaube in Ihrem Auftrag, daß Sie ebensowenig wie andere Sterbliche überzeugt sind, völlig
ungemengtes Blut in Ihren Adern zu führen; im Gegenteil stände wohl fest, daß einstmals
ein fremder Spitzer mit hereingekommen wäre. Nun bin ich nur die eine große Bitte,
hochverehrte gnädige Frau, halten Sie mich nicht für so beschränkt, als daß ich annähme, es
gäbe überhaupt in deutschen Landen noch viel 'unbedingt Rasserein'. Wenn letztere allein
deutsche Staatsbürger abgeben sollten, könnte man das Reich vielleicht aus einigen
Bauernfamilien aufzuzüchten versuchen, und der größte Teil völkischer Kämpfer dürfte
auf der Seite stehen, wohl einschließlich meiner Wenigkeit. Andererseits weiß ich, daß
sogar aus direkten Blutsmischungen die besten Deutschen stammen können, wobei ich an
[den Eisner-Mörder O.K] Graf Arco denke. Nein, gnädige Frau, ich und meine Kampfgenossen treten auf gegen diejenigen, welche meiner Überzeugung nach vorsätzlich, das Volk
geistig verseuchen (Politik, Theater, Kino, 'Kunst') ... "
[65] Hitler25,318+723f
[66] Mehnert81,216
[67] Jacobsen68,221 Jacobsen79II,206ff

[68] IMT-VII,150 Dokument 837 PS in dem „nicht zur Veröffentlichung" bestimmten Heß-Brief vom 3.2.1939

[69] Jacobsen68,237 Höhne67,256

[70] Mehnert81,216f

[71] Wirsing42,8

[72] Wirsing43,8

[73] Für die pünktliche „Übertragung des Ereignisses X nach Japan" – gemeint ist die Kriegserklärung Hitlers an die USA am 11.Dezember 1941 – sorgte rechtzeitig vorher in Gesprächen mit der Japanischen Botschaft der nachmalige Rechtsnachfolger Kurt Georg Kiesinger als stellvertretender Leiter der Abteilung Rundfunk im Auswärtigen Amt. – Klarsfeld69,123

[74] Haushofer-Schüler Fochler-Hauke erarbeitete später den Fischer-Weltalmanach, dessen erste Jahrgänge mit rassistischen Untertönen durchsetzt sind

[75] Haushofer33,25. Allerdings erblickte Haushofer im Wahlsieg Roosevelts 1932 den Sieg eines wie auch immer gearteten „Nationalsozialismus" – doch er erkannte seinen Irrtum schnell.

[76] Die Zeitschrift für Geopolitik zeigte im Juniheft 1937 auf Seite 482 die 1936 in zweiter verbesserter Neuauflage erschienene Geopolitische Weltkarte an

[77] Jacobsen79-I,495

[78] Mehnert81,217

[79] Zeitschrift für Geopolitik 14.Jg. 1937, S.48

[80] Mehnert81,217

[81] Kleist68,134

[82] Mehnert81,217 – Nur bei uns geht nicht alles so glatt. Irgendetwas stimmt nicht – wie fast immer bei Mehnert. Die Frage ist nur was. Ende März 1937 will er von Berlin aus den Freund Wirsing in München aufgesucht haben. Anschließend – ob Stunden oder Tage später bleibt offen – sei er zum General in die Kolberger Straße gegangen. Der aber war vom 9.März bis 8.April auf einer Italienreise (Jacobsen79-I,476+315). Danach könnte Mehnert, wenn er so lange in München geblieben wäre, frühestens am 9.April seine Aufwartung beim General gemacht haben. Anschließend will er auch noch den Vorsitzenden des Pressegerichts aufgesucht haben und ihm gesagt haben, er werde jetzt noch drei Wochen warten. Wenn sich bis dahin nichts tue, fahre er ab nach Hawaii (Mehnert81,217). Er müßte aber ganz schnell nach Berlin zurückgefahren sein, denn schon in der Nacht vom 11. zum 12.April verließ er mit der Fähre nach Trelleborg Deutschland. Tagsüber am 11.April war er mit der Mutter und den Brüdern in Steinrode/Uckermark zusammen (Mehnert81,217 Mehnert83,9+12). Bleibt also nur der 10.April für seine Begegnung mit Peter Kleist, der ihm geraten haben soll, schnell zu verschwinden. Doch Mehnert formuliert – fast im Märchenton: „Einmal, unter den Linden, stieß ich auf Peter Kleist" – so als ob einige Zeit seit dem Besuch bei General Haushofer vergangen gewesen sei (Mehnert81,217). Wahrscheinlichste Erklärung: Mehnert war schon vor dem 9.März bei Haushofer, hatte seinen Auftrag für Hawaii entgegengenommen und Ende März gab ihm sein SD-Freund Wirsing nur noch letzte Anweisungen.

[83] Mehnert83,17

[84] Mehnert83,27 – später, als Botschafter in Bukarest machte Killinger in Konkurrenz zu Eichmann (SA gegen SS) seinem ungewöhnlichen Namen solch grauenhafte Ehre, daß er sich 1944 bei Herannahen der Roten Armee vorsichtshalber gleich selbst eine Kugel durch den Kopf jagte (Hilberg82,534ff,580)

[85] Prange82,310 Farago67b,127

[86] Höhne76,236

[87] Jacobsen79-I,475

[88] Farago67b,77+127

[89] Prange82,310+763

[90] Farago67a,145 – Die deutsche Ausgabe mit einem Vorwort von Ribbentrops Chefpropagandisten Paul Karl Schmidt alias Paul Carell (siehe Seite 91) ist teilweise eine Fälschung. Der Ullstein- Verlag, in dem sie im selben Jahr erschien wie das Original, hat jeden Hinweis auf den Röchling-Konzern ausgemerzt. Es ist nur noch von „einem Industriekonzern" die Rede, der aber namenlos bleibt (Farago67b,127)

[91] Jacobsen79-I,51+592

[92] Farago67b,128

[93] Mehnert81,219

[94] Mehnert83,28

[95] Mehnert38a,566

[96] Mehnert83,33

[97] Thomas74,5

[98] Mehnert83,50

[99] Mehnert81,234

[100] Mehnert81,240f

[101] Mehnert83,63

[102] Mehnert81,245

[103] Mehnert83,405

[104] HaushoferA37,652f

[105] IMT-XXXIII,169-179

[106] IMT-X,475ff – Albrecht Haushofer war für Ribbentrop auch ein unentbehrlicher Informationsdienst drinnen. Lange bevor er 1938 Außenminister wurde, ja noch bevor die Dienststelle Ribbentrop dem Auswärtigen Amt Konkurrenz machte, kannte er Albrecht Haushofer „aus enger Zusammenarbeit" (Laack-Michel74,337). Am 2.März 1938, einen Monat nachdem er selbst von Hitler zum Außenminister ernannt worden war, bekam Ribbentrop von Albrecht Haushofer einen ausführlichen Bericht über die „nationalsozialistische Gesinnung" der Diplomaten im Auswärtigen Amt (Jacobsen79-II, 342ff)

[107] Laack-Michel74,164 – Das will viel heißen, denn schon am 19.Januar 1937 berichtete Albrecht dem Vater von dem wohltuenden Eindruck, den der Führer am 7.12.1936 auf ihn gemacht habe, als er ihm über seine Geheimaktivitäten in der Tschechoslowakei Bericht erstattete: „Persönlich war er reizend", schrieb Albrecht dem Vater, „er hat zugehört und kluge Zwischenfragen gestellt. Das Endergebnis war erfreulich." Immer wieder falle ihm an Hitler „der starke Einsatz von 'common sense' im englischen Sinn" auf. Jacobsen79-I,348 irrt wieder einmal, wenn er entgegen Jacobsen79-II,311 diese Äußerungen auf die Unterredung am 16.11.1937 nach der Rückkehr aus Japan bezieht.

[108] Jacobsen79-II,415

[109] Haushofer24,215, ebenso 3.ergänzte Auflage 1938,171.

[110] Laack-Michel74,160

[111] Haushofer42,24f

[112] Farago67b,80f

[113] *Zeitschrift für Geopolitik* 15.Jahrgang 1938 S.45+115+432

[114] Mehnert38a,444f

[115] Mehnert83,69f

[116] Mehnert83,76

[117] Mehnert81,248

[118] Mehnert83,157

[119] Mehnert81,222f

[120] Mehnert83,157f

[121] Mehnert83,159

[122] Mehnert81,256ff

[123] Mehnert81,257 – Mehnert irrt ein wenig. Seine Schuhe waren am 7.Dezember, einem Sonntagmorgen, in der bekannten Qualität geputzt. Wegen der Datumsgrenze knapp westlich von Hawaii, schrieb man in Peking bereits Montag, den 8.Dezember, als am Sonntag, den 7.Dezember, die Bomben auf Pearl Harbor fielen.

[124] Mehnert83,405

[125] Mehnert83,37f

[126] Mehnert83,86 schreibt Kranz – gemeint ist Carl Cranz (geb.1.1.1896) seit 1933 Schriftleiter, 1939 Stellvertretender Hauptschriftleiter des „Völkischen Beobachter", 1941 Pressechef von Ostminister Alfred Rosenberg

[127] Mehnert83,85ff

[128] Mehnert83,453

[129] Mehnert81,214

[130] Mehnert81,244

[131] Farago67,136

[132] Mehnert83,407

[133] Mehnert38b,298-307

[134] Herde80,412f

[135] Mehnert81,306ff

[136] entfällt

[137] Osteuropa 1967,624

[138] Mehnert83,375

[139] Mehnert86,398

12. Hans Zehrer und Ferdinand Fried (Seite 233–241)

[1] Thomas Murner (= Carl von Ossietzky): Zehrer und Fried, in: *Die Weltbühne* , 28 Jg. 22.11.1932, S.771

[2] zitiert nach Fußnote 1, S.772

[3] *Tägliche Rundschau*, 26.3.1933, zitiert nach Demant71,116

[4] *Tägliche Rundschau*, 2.4.1933, zitiert nach Demant71,117

[5] *Die Tat*, 25.Jg, Heft 2, Mai 1933, s.170f

[6] zitiert nach Demant71,141 – die Datierung des Briefes ist widersprüchlich. In der Fußnote heißt es „Brief Zehrers an Margot Zehrer vom 5.10.1938", im Text aber: „Als er im November 1938 für einige Tage in Zürich war, schrieb er...". Ob vor oder nach der Pogromnacht vom 9.November 1938 – das bleibt unklar.

[7] Urteil des Landgerichts Hamburg vom 14.9.1939, AZ 10 R.185/39, zitiert nach Demant71,141f

[8] Akten-Notiz K.H.Bischoff über Hans Zehrer, 24.11.1939 – Bischoff war nicht, wie Demant meint, der Präsident (das war Hanns Johst), sondern der zuständige Sachbearbeiter der Reichsschrifttumskammer. Er ist 1941 als Arisierer des Zsolnay-Verlages hervorgetreten.

[9] Zehrer48,9

[10] Jenke61,56

[11] Springer71,288

[12] *Die Welt* 5.6.1961

[13] *Der Spiegel* 24.Jg. 19.1.1970, S.21

[14] *Die Welt* 16.6.1961
[15] *Die Welt* 25.8.1966
[16] Wulf66c/64,28
[17] Paul Reusch versuchte schon nach seinem Arrangement mit Hitler vom 19.März 1932 die *Münchner Neuesten Nachrichten* und die anderen Blätter des Verlages Knorr & Hirth gleichzuschalten, indem er die Weisung gab, sie hätten sich jedes „sachlich ungerechtfertigten und persönlichen Angriffs gegen Hitler und gegen einzelne nationalsozialistische Führer" während der Kampagne zur Reichspräsidentenwahl zu enthalten [Koszyk72,79f].
[18] Ferdinand Fried: Das Schicksal der Presse – Eine Erscheinungsform des Liberalismus, in: *Die Tat* 26 Jg. Heft 1 April 1934, S. 1-19
[19] Fried37,11
[20] *Die Welt* 11.7.1967

13. Heinz Barth (Seite 242–244)

[1] Herbert Kremp: Heinz Barth – ein Journalist mit Perspektive und Eleganz, in *Die Welt* 30.12.1988
[2] *Die Welt*, 30.12.1988
[3] Orb45,372
[4] wie Fußnote 1
[5] *Die Welt*, 15.10.1970
[6] *Das Reich*, 19.10.1941
[7] *Die Welt*, 23.12.1968
[8] *Das Reich*, 19.10.1941
[9] *Die Welt*, 8.6.1967
[10] *Das Reich*, 9.4.1944
[11] *Die Welt*, 6.11.1965
[12] *Die Welt* 16.4.1987
[13] Schmidt40,7
[14] *Die Welt*, 23.6.1971
[15] *Die Welt*, 5.3.1968
[16] wie Fußnote 1

14. Karl Willy Beer (Seite 245–253)

[1] Menzel46,234f+228f
[2] Jahn87,nach192
[3] Die von Adenauers Staatssekretär Otto Lenz 1951 gegründete und von dessen Nachfolger Hans Globke kontrollierte Arbeitsgemeinschaft Demokratischer Kreise (ADK) legte mit Hilfe von journalistischen Beratern vorwiegend aus den NS-Propaganda-Kompanien ein dichtes Volksaufklärungsnetz über unser Land. Aus dem Reptilienfonds des Bundeskanzleramtes gespeist, führte die ADK von 1951 bis 1963 über 50.000 Propaganda-Veranstaltungen durch. 1963 hatte die Arbeitsgemeinschaft Demokratischer Kreise 104.000

Mitarbeiter, darunter viele alte Nazi-Offiziere und ungetarnte Rechtsextremisten wie den ehemaligen NSDAP-Funktionär Franz Kewer von der neonazistischen Sozialistischen Reichspartei (SRP). Hauptziel dieser Arbeitsgemeinschaft Demokratischer Kreise war es, die Remilitarisierung in der Bundesrepublik durchzusetzen und jede Opposition zu diffamieren. Das geschah mit viel Erfolg. Präsident Jahn erinnert sich heute noch gern an „Verse, die Freude und Ärger bereiteten", wie diese:

Wer meckert gegen Adenauer?
Wem fehlt zur Politik der Kopf
Wer ist in allen Dingen schlauer?
Wer trägt den alten Marxschen Zopf?

Wer bindet seinen Stahlhelm fester
und tut, als wär er Pazifist?
Wer hat die KPD zur Schwester
und stimmt mit ihr, wenn's nötig ist?

Oder jenen „Tagesablauf der SPD-Fraktion":

Sie kämpfen gegen die Regierung.
Sie kämpfen gegen Hinz und Kunz.
Sie kämpfen gegen Wirtschaftsführung
und gegen jeden Plan des Bund's.

Sie kämpfen gegen die und jene.
Sie kämpfen gegen das Amt Blank.
Sie kämpfen gegen Straßburg-Pläne
und gegen Deutschlandlied-Gesang.
[Jahn87,244f]
1979 für die CDU ins Europa-Parlament gewählt, mußte Jahn, nach einer *Stern*-Veröffentlichung über sein altes Buch, sein Mandat zurückgeben. Neu für seine Partei waren die alten Töne nicht, denn schon 1956 hatte er sich im alten Geist vor Offizieren der Bundeswehr über eine Unausbleiblichkeit der Auseinandersetzung mit der Sowjetunion und die mangelnde Angriffslust der USA geäußert: „Eine schlechtere Politik als Eisenhower hätte auch ein anderer nicht machen können. Er verhinderte stets die Sprache der Waffen."

[4] Jahn43,368+363f
[5] Strecker61,23f+99+72+130
[6] *Das Reich* , 9.3.41. (unter dem Pseudonym Hubert Neun)
[7] *Die politische Meinung* 1.Jg. Dezember 1956, S.8ff
[8] *Der Stern* , Nr.22 1979
[9] Boveri65,184f – der Beer-Bericht vom Nürnberger Parteitag aus dem *Berliner Tageblatt* vom 5.9.1933 ist in Boveri65,203-206 nachgedruckt.
[10] *Berliner Tageblatt* , 16.3.1935, zitiert nach Boveri65,290f
[11] Boveri65,549
[12] *Das Reich* 11.10.1942
[13] *Das Reich* 24.1.1943
[14] Boveri68,302
[15] Menzel46,35f
[16] *Deutsche Allgemeine Zeitung* 25.12.1943
[17] Menzel46,68
[18] *Deutsche Allgemeine Zeitung* 28.1.1944

[19] *Das Reich* 4.4.1943
[20] Menzel46,197f
[21] Menzel46,212+226f
[22] Menzel46,190ff

15. Fritz Sänger (Seite 254–259)

[1] Wolfgang Moser an Freimut Duve, 4.4.1989
[2] Otto Köhler: Ein ganz Mutiger auf Profilsuche, in: *Die Zeit* 14.4.1989
[3] Bundesarchiv Koblenz Sammlung Sänger ZSg 102
[4] Sänger75,105
[5] Die Geschichte des Fritz-Sänger-Preises für mutigen Journalismus ist eine Geschichte sozialdemokratischer Peinlichkeiten. „Es darf nicht der Eindruck entstehen", sagte Fritz Sänger 1981 in seiner Dankrede an seine Partei für die Stiftung des Preises mit seinem Namen, es dürfe nicht der Eindruck entstehen, „daß unser Tun heute, indem wir eine Stiftung zur Förderung mutiger journalistischer Arbeit errichten, ein Feigenblatt über eine Blöße decken wolle."
Ein Feigenblatt allein reichte längst nicht mehr aus. Denn die Stiftung des Fritz-Sänger-Preis für mutigen Journalismus war nur Ersatzhandlung für das, was feiger Parlamentarismus nicht zustande brachte. Fritz Sänger konnte nichts dazu. Er hatte zusammen mit einigen politischen Freunden schon 1964 als SPD-Bundestagsabgeordneter einen Entwurf für ein Presserechtsrahmengesetz zum Schutz eines unabhängigen Journalismus erarbeitet. Bei der FDP gab es einen Entwurf aus dem gleichen Geist. Die parlamentarische Mehrheit der sozialliberalen Koalition hätte 1969 nach ihrem Regierungsantritt das Gesetz nur noch verabschieden müssen. Aber irgendwie ging das nicht. Fritz Sänger war geneigt, von einer „Tragödie" zu sprechen, aber er sagte auch, was zu tun sei: „Es kommt auf die Überwindung von heimlichen Kräften an, solchen, die außerhalb der parlamentarischen Arbeit Reformen wirkungsvoll zu unterwühlen wissen. Es kommt auch darauf an, daß Rücksichtnahmen auf sogenannte ‚relevante' Kräfte einen Schein sachlichen Rechtes vortäuschen können, dem sich ein Parlament oder eine Mehrheit darin zu beugen bereit scheint, weil das bequemer sein und politische Handelsgeschäfte erleichtern kann."
Und Fritz Sänger sagte: „Ich habe mir jedenfalls vorgenommen, nicht eher abzutreten, bevor nicht das Gesetz über die Freiheit der journalistischen Arbeit mit Mehrheit über die Bühne des Bundestages gebracht wurde." [Sänger85,282ff]
Das sagte er 1981. Jetzt ist er tot, die sozialliberale Koalition ist es auch – nichts aber ist toter als das Presserechtsrahmengesetz, das wir im Zeichen der Neuen Medien dringender denn je bräuchten.
[6] *Neues Wiener Tageblatt* 3.2.1945, zitiert nach Moser – an der Richtigkeit des Zitats kann kein Zweifel bestehen, da es von der Fritz-Sänger-Stiftung überprüft wurde
[7] Wolfgang Moser: Offener Brief an den Vorsitzenden der Sozialdemokratischen Partei Deutschlands, Dr.Hans-Jochen Vogel, Mannheim im Juli 1989 – hier auch die obigen drei Zitate aus dem *Neuen Wiener Tageblatt*
[8] Sänger78,50
[9] vgl. Köhler86,194-214 – Vf. bittet zwei Schlampigkeiten zu korrigieren: auf Seite 194 muß es Hermann und nicht Heinrich Hummel heißen und auf Seite 195 Arthur und nicht Ernst Feiler!
[10] *Frankfurter Zeitung* 2.8.1932
[11] *Frankfurter Zeitung* 29.6.1941

16. Karl Korn (Seite 260–271)

[1] Korn75,217
[2] Boveri77,234
[3] Hans Grunsky war enger Mitarbeiter des NS-Oberhistorikers Walter Frank. Seine Denunziationsbriefe bedecken viele Seiten in Helmut Heibers 1274-Seiten-Werk über „Walter Frank und sein Reichsinstitut für Geschichte des neuen Deutschland"(Stuttgart 1967), allerdings geht aus diesem Mammutwerk auch hervor, wie leicht Karl Korn im Falle einer Verfolgung durch Grunsky und Frank Hilfe bei deren Intimfeind, dem NS-Chefphilosophen und Reichsleiter Alfred Rosenberg hätte finden können. Dies freilich wird er damals kaum gewußt haben.
[4] Berliner Tageblatt, 9.2.1936, zitiert nach Boveri65,526
[5] Korn75,247
[6] Schwarz72,1419
[7] Neue Rundschau 49.Jg. Bd.2, 1938 Oktober-Heft, S.337
[8] Schwarz72,1423 mit Auszug aus einem Schreiben Karl Korns vom 20.10.1969
[9] Neue Rundschau 50.Jg. Bd.2, 1939 Juli-Heft, S.19
[10] Neue Rundschau 50.Jg. Bd.2, 1939 November-Heft, S.369
[11] Korn75,291f
[12] Neue Rundschau 49.Jg. Bd.2, 1938 August-Heft S.118
[13] Korn75,292
[14] Korn75,298
[15] Das Reich Nr.19, 29.9.1940, S.18
[16] Martens72,138
[17] Das Reich Nr.13, 18.8.1940, S.19
[18] Frankfurter Allgemeine Zeitung 20.5.1988 (J.F.:Karl Korn 80)
[19] Müller64,14
[20] Martens72,135+243
[21] Korn59/62,1 (dort Zitat der Adorno-Kritik)
[22] Korn58, 127ff+124
[23] Frankfurter Allgemeine Zeitung 3.1.1966
[24] Das Reich Nr.16, 8.9.1940
[25] Pardon 5.Jahr Februar 1966, S.10
[26] Der Spiegel 29.6.1970, S.74
[27] Der streng konservative FAZ-Kritiker Rudolf Krämer-Badoni, der 1962 in seinem Schlüsselroman „Bewegliche Ziele" dieses Betriebsgeheimnis der Frankfurter Allgemeinen um die schwere Hand des Feuilleton-Chefs „Kanzel" beim Glossenschreiben ausgeplaudert hatte, mußte danach zur Welt wechseln.

17. Thersites (Seite 272–284)

[1] Homer, Ilias, Zweiter Gesang, aus den Versen 198 bis 275. Fischer Bücherei, Exempla Classica Nr.45. Frankfurt 1961, S.33ff
[2] Kullmann60,305f
[3] Rüegg48,20
[4] Karl Korn, dieser Kulturchef, wußte nicht einmal, daß die Geschichte, die er mir unter

Berufung auf Homer anhängte (Seite 271), ich hätte – weil „gehemmt aggressiv" – der toten Amazonenkönigin mit dem Speer ins Auge gestoßen, mit keinem Wort bei Homer steht. Die sexuellen Perversionen des von Korn propagandistisch betreuten Achilles sind bekannt, seine Nekrophilie ist sprichwörtlich: er hat die Penthesilea erschlagen und als sie tot war, da liebte er sie, plötzlich. Und dann – so steht es nicht bei Homer, sondern in einer noch fragwürdigeren Quelle – hätte ich, Thersites, ihr das Auge ausgestoßen. Odysseus, der sich noch in unserem Jahrtausend so merkwürdig für das Weiße im Auge von Negerinnen interessiert und es als Fremdkörper entfernen möchte (Seite xxx), sollte mit solchen Bemerkungen vorsichtiger sein. Die Kriminalpolizei in Eltville könnte sich heute noch dafür interessieren, wer da in Wirklichkeit was mit dem Auge der toten Penthesilea anstellte.

[5] IMT-38,130

[6] Frei/Schmitz89,130

[7] Günther Rühle: Karl Korn zum Achtzigsten, in *Die Zeit*, 20.5.1988, S.62 – was eine „clubistische Prägung" ist, vermag ich auch nicht zu erklären; allerdings erinnert der Große Duden daran, daß das englische Wort „club" eigentlich Keule oder Knüppel bedeutet – das Szepter, mit dem Odysseus auf Thersites einprügelte?

[8] *Das Reich* Nr.1, 2.1.1944, S.11

[9] Max Ammann am 30.Juni 1940 an Professor Gerdy Troost, die Frau von Hitlers Lieblingsarchitekten Paul Ludwig Troost, zitiert nach Wulf66c/64,159ff

[10] Müller64,15

[11] *Das Reich* Nr.10, 7.3.1943, Faksimile auch Müller64,138f

[12] Meyers Lexikon, Fünfter Band, Leipzig 1938, Spalte 1505

[13] *Das Reich* Nr.11, 4.8.1940

[14] Sommerfeldt52,60

[15] *Die Zeit* 16.3.1962, S.9

[16] Schreiben Lorenz Niegel vom 12.7.1989 aus dem Bonner Bundeshaus an die Staatsanwaltschaft Köln.

[17] Sendemanuskript „Deserteure: Abschaum oder Opfer", Monitor WDR Köln 11.7.1989 S.5f

[18] *Frankfurter Rundschau* 18.8.1989

[19] *Frankfurter Rundschau* 29.8.1989

18. Nachwort (Seite 285–288)

[1] „Verklagen Sie mich, Herr Kultusminister!" – Würzburger Philosophiestudent erhebt schwere Vorwürfe gegen bayrischen Staatsminister, *Frankfurter Rundschau*, 27.2.1958

[2] Leserbrief Thomas Goll, in *Die Zeit*, 12.2.1988 unter Zitierung von Mann86,825f

[3] NG 3590 Aussage Paul Karl Schmidt, Institut für Zeitgeschichte, München

[4] Frei89,8f

Literaturverzeichnis

Abel68 – Abel, Karl-Dietrich: Presselenkung im NS-Staat. Berlin 1968.
ADAP Akten zur Deutschen Auswärtigen Politik. Serie D. 1937-1941, 13 Bände, Göttingen 1950-1070
Aronson66 – Aronson, Shlomo: Heydrich und die Anfänge des SD und der Gestapo. Berlin 1966
Aschenauer80 – Aschenauer, Rudolf (Hg): Ich, Adolf Eichmann. Leoni 1980.
Benedikt86 – Benedikt, Klaus-Ulrich: Emil Dovifat. Ein katholischer Hochschullehrer und Publizist.
   Mainz 1986
Besymenski68 – Besymenski, Lew: Sonderakte „Barbarossa". Dokumente, Darstellung, Deutung.
   Stuttgart 1968
Boberach84 – Boberach, Heinz (Hg): Meldungen aus dem Reich 1938- 1945 – Die geheimen Lagebe-
   richte des Sicherheitsdienstes der SS. Bd. I-XVII, Herrsching 1984
Boelcke66 – Boelcke, Willi A: Kriegspropaganda 1939-1941. Geheime Ministerkonferenzen im Reichs-
   propagandaministerium. Stuttgart 1966
Boelcke69 – Boelcke, Willi A.: Deutschlands Rüstung im Zweiten Weltkrieg. Hitlers Konferenzen mit
   Albert Speer 1942-1945.
Boelcke77 – Boelcke, Willi A.: Die Macht des Radios. Weltpolitik und Auslandsrundfunk 1924-1976.
   Frankfurt 1977
Bonjour70 – Bonjour, Edgar: Geschichte der Schweizerischen Neutralität, Bd.V: 1939-1945. Basel 1971
Bossle54 – Lothar Bossle: Dollfuß lebt noch. Hinter den Kulissen der „Abendländischen Aktion", in:
   Klarer Kurs, Januar 1954
Boveri65 – Boveri, Margret: Wir lügen alle. Eine Hauptstadtzeitung unter Hitler. Olten 1965
Boveri68 – Boveri, Margret: Tage des Überlebens. Berlin 1945. München 1968
Boveri77 – Boveri, Margret: Verzweigungen. Eine Autobiographie. München 1977
Böttcher71 – Böttcher, Winfried u a. (Hg): Das große Dreieck. Washington, Moskau, Peking. Stuttgart
   1971
Bungard79 – Bungard, Walter: Experimentelle Forschung in der Sozialpsychologie, in: Die Psychologie
   des 20.Jahrhunderts, Band VIII, Zürich 1979
Carell/Böddeker80 – Carell, Paul / Böddeker, Günter: Die Gefangenen. Leben und Überleben
   deutscher Soldaten hinter Stacheldraht. Frankfurt 1980
Carell60 – Carell, Paul: Sie kommen! Der deutsche Bericht über die Invasion und die 80tägige Schlacht
   um Frankreich. Oldenburg 1960
Carell63 – Carell, Paul: Unternehmen Barbarossa. Frankfurt 1963
Carell67 – Carell, Paul: Unternehmen Barbarossa im Bild. Berlin 1967
Carlebach85 – Carlebach, Emil: Zensur ohne Schere – Die Gründerjahre der *Frankfurter Rundschau*
   1945/47. Ein unbekanntes Kapitel Nachkriegsgeschichte. Frankfurt 1985
Daimler-Benz-Buch87 – Das Daimler-Benz-Buch. Ein Rüstungskonzern im „Tausendjährigen Reich".
   Herausgegeben von der Hamburger Stiftung für Sozialgeschichte des 20.Jahrhunderts. Nördlingen
   1987
Deakin65 – Deakin, F.W. und Storry, G.R: Richard Sorge. Die Geschichte eines großen Doppelspiels.
   München 1965
Demant71 – Demant, Ebbo: Hans Zehrer als politischer Publizist. Mainz 1971
Dietrich55 – Dietrich, Otto: Zwölf Jahre mit Hitler. Erinnerungen des ehemaligen Reichspressechefs.
   München 1955
Diller80 – Diller, Ansgar: Rundfunkpolitik im Dritten Reich. München 1980
Dollinger69 – Dollinger, Hans: Faksimile-Querschnitt Signal. München 1969
Domarus62I – Domarus, Max: Hitler: Reden und Proklamationen, Band I: 1932-1938. Würzburg
   1962Domarus63II Domarus, Max: Hitler: Reden und Proklamationen, Band II: 1939-1945.
   Würzburg 1963
Dovifat31 – Dovifat, Emil: Zeitungswissenschaft. Bd.1/2. Berlin 1931
Dovifat37a – Dovifat, Emil: Rede und Redner. Ihr Wesen und ihre politische Macht. Leipzig 1937.
Dovifat37b – Dovifat, Emil: Zeitungslehre. Bd.1/2. Berlin 1937, 1. Auflage
Dovifat44 – Dovifat, Emil: Zeitungslehre. Bd.1/2. Berlin 1940, 2. Auflage
Dovifat62 – Dovifat, Emil: Zeitungslehre. Bd.1/2. Berlin 1962, 4.Auflage
Dovifat67 – Dovifat, Emil: Zeitungslehre. Bd.1/2. Berlin 1967, 5.Auflage
Dovifat76 – Dovifat, Emil: Zeitungslehre. Bd.1/2. Berlin 1976, 6.Auflage

Dovifat59 – Dovifat, Emil: Pressefreiheit und Schutz der Ehre und er Intimsphäre, in: Universitätstage 1959. Veröffentlichung der Freien Universität Berlin. o.O. u.o.J. S.36-46

Döscher87 – Döscher, Hans-Jürgen: Das Auswärtige Amt im Dritten Reich. Diplomatie im Schatten der „Endlösung". Berlin 1987

Eick42 – Eick, Jürgen: Panzerspähtrupp überfällig. Berlin 1942

d'Ester33 – d'Ester, Karl: Rede zur Eröffnung des Kriegsmuseums auf Schloß Rodenstein. In: Zeitungs-Verlag34.Jg. 17.6.1933

Farago67a – Farago, Ladislas: The Broken Seal. The Story of „Operation Magic" and the Pearl Harbor Disaster. London 1967Farago67b – Farago, Ladislas: Codebrecher am Werk. Trotzdem kam es zu Pearl Harbor. Vorwort von Paul Carell. Berlin 1967

Fernau52 – Fernau, Joachim: „Deutschland, Deutschland über alles..." Von Arminius bis Adenauer. Oldenburg 1952 [10.Auflage 1966]

Fernau66 – Fernau, Joachim: Disteln für Hagen. München 1966

Fest73 – Hitler. Eine Biographie. Berlin 1973

Fredborg43 -Fredborg, Arvid: Bakom Stalvallen. Stockholm 1943.

Frei/Schmitz89 – Frei, Norbert / Schmitz, Johannes: Journalismus im Dritten Reich. München 1989

Fried37 – Fried, Ferdinand: Der Aufstieg der Juden. Goslar 1937

Geiger41 – Geiger, Willi: Die Rechtsstellung des Schriftleiters. Darmstadt 1941

Geiger62a – Geiger, Willi: Gewissen, Ideologie, Widerstand, Konformismus. Grundfragen des Rechts. München 1962

Geiger62b – Geiger, Willi / Eckhardt, Walter u a.: Unternehmer-Forderungen an eine neue Wirtschafts- und Finanzverfassung. Köln 1962

Geiger77 – Geiger, Willi: Kollegialität und Habitus der Richter des Bundesverfassungsgerichts als Bedingung des optimalen Funktionierens des BVerfG, in: Europäische Grundrechte 4.Jg. 1977, S.479-481

Goebbels48 – Goebbels, Joseph: Tagebücher aus den Jahren 1942/43 mit anderen Dokumenten, hg. von Louis P. Lochner, Zürich 1948

Goebbels87 – Die Tagebücher von Joseph Goebbels. Sämtliche Fragmente, hg. von Elke Fröhlich, Bd. I-IV. München 1987

Gregoric43 – Gregoric, Danilo: So endete Jugoslawien. Leipzig 1943

Greife36 – Greife, Hermann: Sowjetforschung. Versuch einer nationalsozialistischen Grundlegung der Erforschung des Marxismus und der Sowjetunion. Berlin 1936

Grobba67 – Grobba, Fritz: Männer und Mächte im Orient. 25 Jahre diplomatischer Tätigkeit im Orient. Göttingen 1967.

Handwörterbuch80 – Handwörterbuch der Psychologie, hg. von Roland Ansanger und Gerd Wenninger. Weinheim 1980

Hannover82 – Hannover, Heinrich / Wallraff, Günter: Die unheimliche Republik. Politische Verfolgung in der Bundesrepublik. Hamburg 1982

Haushofer24 – Geopolitik des Pazifischen Ozeans. München 1924

Haushofer33 – Haushofer Karl: Der nationalsozialistische Gedanke in der Welt. München 1933

Haushofer41 – Haushofer Karl: Japan baut sein Reich. Berlin 1941

Heiber66 – Heiber, Helmut: Walter Frank und sein Reichsinstitut für Geschichte des neuen Deutschland. Stuttgart 1966.

Henkels43 – Henkels, Walter: 38 Mann stürmen Vichy. Berlin 1943

Henkels63 – Henkels, Walter: 99 Bonner Köpfe. Düsseldorf 1963

Hentig62 – Hentig, Werner Otto von: Mein Leben – eine Dienstreise. Göttingen 1962.

Herbert85 – Herbert, Ulrich: Fremdarbeiter. Politik und Praxis des „Ausländer-Einsatzes" in der Kriegswirtschaft des Dritten Reiches. Berlin 1985

Herde80 – Herde, Peter: Pearl Harbor, 7.Dezember 1941. Darmstadt 1980

Herzstein79 – Herzstein, Robert Edwin: The War that Hitler Won. London 1979

Hilberg82 – Hilberg, Raul: Die Vernichtung der europäischen Juden. Die Gesamtgeschichte des Holocaust. Berlin 1982

Hitler34 – Hitler, Adolf: Mein Kampf. Zwei Bände in einem Band. 107.-111. Auflage 1934

Homer61, Ilias, Exempla Classica Nr.45. Frankfurt 1961

Höhne67/84 – Höhne, Heinz: Der Orden unter dem Totenkopf. Die Geschichte der SS. Gütersloh 1967. Neuauflage München 1984

Höhne76 – Canaris. Patriot im Zwielicht. München 1976

Hölsken84 – Hölsken, Heinz Dieter: Die V-Waffen – Entstehung – Propaganda – Kriegseinsatz. Stuttgart 1984

IMT – Internationaler Militärgerichtshof: Der Prozeß gegen die Hauptkriegsverbrecher. Nürnberg 1949 Bd.I-XIIL. Nachdruck Bd.I-XXIV München 1984.

Jacobsen59 – Jacobsen, Hans Adolf: 1939-1945 – Der Zweite Weltkrieg in Chroniken und Dokumenten. Darmstadt 1959

Jacobsen68 – Jacobsen, Hans Adolf: Nationalsozialistische Außenpolitik. 1933-1938. Frankfurt 1968

Jacobsen79 – Jacobsen Hans Adolf: Karl Haushofer – Leben und Werk. Bd. I/II Boppard 1979

Jahn43 – Jahn, Hans: Der Steppensturm. Der jüdisch-bolschewistische Imperialismus. Dresden 1943

Jahn87 – Jahn, Hans Edgar: An Adenauers Seite. Sein Berater erinnert sich. München 1987

Jäckel/Rohwer85 – Jäckel, Eberhard/Rohwer, Jürgen (Hg): Der Mord an den Juden im Zweiten Weltkrieg. Entschlußbildung und Verwirklichung. Stuttgart 1985

Jenke61 – Jenke, Manfred: Verschwörung von rechts? Berlin 1961

Kahn78 – Kahn, David: Hitler's Spies. German Military Intelligence in World War II. London 1978

Kardorff62 – Kardorff, Ursula von: Berliner Aufzeichnungen aus den Jahren 1942 bis 1945. München 1962

Kiesinger89 – Dunkel und helle Jahre. Erinnerungen 1904-1958. Stuttgart. 1989

Klarsfeld69 – Klarsfeld, Beate: Die Geschichte des PG 2.633.930 Kiesinger. Dokumentation mit einem Vorwort von Heinrich Böll. Darmstadt 1969

Kleist68 – Kleist, Peter: Aufbruch und Sturz des 3.Reiches. Auch Du warst dabei. Göttingen 1968

Köhler69 – Köhler, Otto (Hg): Ich wollte ein deutscher Dichter werden. Kiesingers Worte an die Nation. Hamburg 1969

Köhler86 – Köhler, Otto: ... und heute die ganze Welt. Die Geschichte der IG Farben und ihrer Väter. Hamburg 1986

Kordt47 – Kordt, Erich: Wahn und Wirklichkeit. Stuttgart 1947

Kordt50 – Kordt, Erich: Nicht aus den Akten ... Stuttgart 1950

Korn58 – Korn, Karl: Faust ging nach Amerika. Freiburg 1958

Korn75 – Korn, Karl: Lange Lehrzeit. Ein deutsches Leben. Frankfurt/M 1975

Koszyk72 – Koszyk, Kurt: Paul Reusch und die *Münchner Neuesten Nachrichten*. Zum Problem Industrie und Presse in der Endphase der Weimarer Republik, in: *Vierteljahreshefte für Zeitgeschichte*. Jg.20 1972, S.75-103

Kramer84 – Kramer, Helmut: Die Aufarbeitung des Faschismus durch die Nachkriegsjustiz in der Bundesrepublik Deutschland, in: Fangmann, Helmut D. / Paech, Norman (Hg): Recht, Justiz und Faschismus. Köln 1984

Kramer88 – Kramer, Helmut: Entlastung als System. Zur strafrechtlichen Aufarbeitung der Justiz- und Verwaltungsverbrechen des Dritten Reiches, in: Bennhold, Martin: Spuren des Unrechts. Köln 1988

Krausnick81 – Krausnick, Helmut / Wilhelm, Hans-Heinrich: Die Truppe des Weltanschauungskriegs. Die Einsatzgruppen der Sicherheitspolizei und des SD 1938-1942

Kullmann60 – Kullmann, Wolfgang: Die Quellen des Odysseus. Wiesbaden 1960

Laack-Michel74 – Laack-Michel, U: Albrecht Haushofer und der Nationalsozialismus. Stuttgart 1974

Lambart88 – Lambart, Friedrich (Hg): Tod eines Pianisten. Karlrobert Kreiten und der Fall Werner Höfer. Berlin 1988

Lang82 – Lang, Jochen von: Das Eichmann-Protokoll. Tonbandaufzeichnungne der israelischen Verhöre. Berlin 1982

Laqueur65 – Laqueur, Walter: Russia and Germany. London 1965

Lissner35 – Lissner, Ivar: Blick nach draußen. Hamburg 1935

Lissner37 – Lissner, Ivar: Ein Mann hört den Herzschlag der Welt. Hamburg 1937

Lissner38 – Lissner, Ivar: Völker und Kontinente. Hamburg 1936/38

Lissner66/67 – Lissner,Ivar: Wir sind das Abendland. Olten 1966. 2.Auflage 1967

Lissner70 – Lissner,Ivar: Vergessen, aber nicht vergeben. Frankfurt 1970

Lissner75 – Lissner,Ivar: Mein gefährlicher Weg. München 1975 (Neuausgabe von Lissner70 mit einem Nachwort von Heinz Höhne)

Longerich87 – Longerich, Peter: Propagandisten im Krieg. Die Presseabteilung des Auswärtigen Amtes unter Ribbentrop. München 1987

Lorant85/35 – Lorant, Stefan: Ich war Hitlers Gefangener. Ein Tagebuch 1933. München 1985

Mansfeld67 – Mansfeld, Michael: Bonn Koblenzer Straße. München 1967.

Martens72 – Martens, Erika: Zum Beispiel Das Reich. Köln 1972

Matern78 – Matern, Rainer: Karl Haushofer und seine Geopolitik in den Jahren der Weimarer Republik und des Dritten Reiches. Karlsruhe 1978

Mehnert33 – Mehnert, Klaus: Die große Pause: Die Sowjetunion im Spätsommer 1933, in: Die Tat. Jena 25.Jg. Oktober 1933, S.530-543

Mehnert38 – M., K.: Kampf um Hawaii, in: Die Tat. Jena 30.Jg. August 1938. S.298-307

Mehnert51 – Mehnert, Klaus: Weltrevolution durch Weltgeschichte. Die Geschichtslehre des Stalinismus, in: Schriftenreihe der Deutschen Europa-Akademie, Heft 9. Kitzingen am Main 1951

Mehnert67 – Mehnert, Klaus: Der deutsche Standort. Stuttgart 1967

Mehnert81 – Mehnert, Klaus: Ein Deutscher in der Welt. Erinnerungen 1906- 1981. Stuttgart 1981

Mehnert82 – Mehnert, Klaus: Berichte aus der Sowjetunion 1925,1929-1936. Archivband I, ohne Ort, (1982)

Mehnert83 – Mehnert, Klaus: Ein Deutscher auf Hawaii. 1936-1941. Archivband II. Stuttgart 1983

Menzel46 – Menzel, Matthias (= Karl Willy Beer): Die Stadt ohne Tod. Berliner Tagebuch 1943/45. Berlin 1946

MGFA-IV – Militärgeschichtliches Forschungsamt (Hg): Das Deutsche Reich und der Zweite Weltkrieg, Bd. IV: Der Angriff auf die Sowjetunion. Stuttgart 1983

Milger88 – Milger, Peter: Die Kreuzzüge. Krieg im Namen Gottes. München 1988

Mitscherlich/Mielke60/49 – Mitscherlich, Alexander / Mielke, Fred: Medizin ohne Menschlichkeit. Dokumente des Nürnberger Ärzteprozesses. Heidelberg 1949, hier Taschenbuchausgabe Frankfurt 1960

Mohler74 – Mohler, Armin: Von rechts gesehen. Stuttgart 1974

Moll86 – Moll, Martin: Signal. Die NS-Auslandsillustrierte und ihre Propaganda für Hitlers „Neues Europa", in: Publizistik 31.Jg. 1986. S.357-400

Müller64 – Müller, Hans Dieter (Hg): Facsimile Querschnitt durch Das Reich. München 1964

Müller68 – Müller, Hans Dieter: Der Springer-Konzern. München 1968

Münster33 – Münster, Hans A.: Zeitung und Zeitungswissenschaft im neuen Staat, in: Zeitungs-Verlag, Jg.34, 19.8.1933

Münster38 – Münster, Hans A.: Der Wille zu überzeugen – ein germanischer Wesenszug in der Volksführung des neuen Staates. Leipzig 2.Auflage 1938.

Nannen43 – Nannen, Henri: Störungsfeuer von „M 17". Ein Flaksoldat besteht seine Feuerprobe. Berlin 1943

Neumann54 – Neumann, Erich Peter/ Noelle, Elisabeth: Antworten. Politik im Kraftfeld der öffentlichen Meinung. Allensbach 1954

Noelle40 – Noelle, Elisabeth: Amerikanische Massenbefragungen über Politik und Presse. Limburg 1940

Noelle76 – Noelle-Neumann: Die Verklärung. Adenauer und die öffentliche Meinung 1949 bis 1976, in: Konrad Adenauer und seine Zeit, hg. von Dieter Blumenwitz u.a. Stuttgart 1976. S.523-554

Orb45 – Orb, Heinrich [= Pfeifer, Franz Heinrich]: Nationalsozialismus. Dreizehn Jahre Machtrausch. Olten 1945

Oven49 – Oven, Wilfried v: Mit Goebbels bis zum Ende. Bd.I/II. Buenos Aires 1949. 2.Auflage 1950

Picker63 – Picker, Henry (Hrg): Hitler Tischgespräche im Führerhauptquartier 1941-1942, hg.von Pery Ernst Schramm nach den Aufzeichnungen von Henry Picker. Stuttgart 1963

Poliakov59 – Poliakov, Léon / Wulf, Josef: Das Dritte Reich und seine Denker. Berlin 1959

Pool79 – Pool, James und Suzanne: Hitlers Wegbereiter zur Macht. München 1979

Prange82 – Prange, Gordon W.: At Down we Slept. The Untold Story of Pearl Harbor, London 1982

Putlitz60 – Putlitz, Wolfgang Hans Edler Herr zu: Unterwegs nach Deutschland. Berlin 1960.

Ribbentrop53 – Ribbentrop, Joachim v: Zwischen London und Moskau. Erinnerungen und letzte Aufzeichnungen. Leoni 1953

Rüegg48 – Rüegg, August: Kunst und Menschlichkeit Homers. Einsiedel 1948

Sänger75 – Sänger, Fritz: Politik der Täuschungen. Mißbrauch der Presse im Dritten Reich. Weisungen, Informationen, Notizen 1933-1939. Wien 1975

Sänger78 – Sänger, Fritz: Verborgene Fäden. Erinnerungen und Bemerkungen eines Journalisten. Bonn 1978

Sänger85 – Sänger, Fritz: Der Freiheit dienen. Kritische Kommentare zum Zeitgeschehen. Göttingen 1985

324

Scheel80 – Scheel, Klaus: Die faschistische deutsche Kriegspropaganda in den besetzten Ländern Südosteuropas, in: Jahrbuch für Geschichte der sozialistischen Länder Europas. Band 24,1 1980.

Schmidt40 – Schmidt, Paul Karl (Hrg) Revolution im Mittelmeer. Berlin 1940

Schmidt-Scheeder77 – Schmidt-Scheeder, Georg: Reporter der Hölle. Die Propagandakompanien im 2.Weltkrieg. Stuttgart 1977

Schöller58 – Schöller, Peter: Geopolitik, in: Staatslexikon, hg. von der Görres-Gesellschaft. Bd.3, Freiburg 1959. Spalte 776-780

Schreieder50 – Schreieder, Josef: Das war das England-Spiel. München 1950

Schwarz72 – Schwarz,Falk : Literarisches Zeitgespräch im Dritten Reich, dargestellt an der Zitschrift *Neue Rundschau*, Sonderdruck aus: Archiv f Geschichte des Buchwesens, Bd 12. Frankfurt 1972

Semmler47 – Semmler (=Semler), R: Goebbels. London 1947

Shirer86 – Shirer, William L: Das Jahrzehnt des Unheils. Meine Erlebnisse und Erfahrung in Deutschland und Europa. 1930-1940. München 1986 (auch Taschenbuch München 1989)

Simpson88 – Simpson, Christopher: Der amerikanische Bumerang – NS-Kriegsverbrecher im Sold der USA. Wien 1988

Sommerfeldt52 – Sommerfeldt, Martin H.: Das Oberkommando der Wehrmacht gibt bekannt. ein Augenzeugenbericht des Auslandssprechers des OKW. Frankfurt 1952

Springer71 – Springer, Axel: Von Berlin aus gesehen. Zeugnisse eines engagierten Deutschen. Stuttgart 1971

Springer80 – Springer, Axel: Aus Sorge um Deutschland. Zeugnisse eines engagierten Berliners. Stuttgart 1980

Strecker61 – Strecker, Reinhard-M: Dr.Hans Globke. Aktenauszüge, Dokumente. Hamburg 1961

Streit78 – Streit, Christian: Keine Kameraden. Die Wehrmacht und die die sowjetischen Kriegsgefangenen 1941 – 1945. Stuttgart 1978

Studnitz63 – Studnitz, Hans Georg von: Als Berlin brannte. Tagebuch der Jahre 1943-1945. Stuttgart 1963 (Taschenbuch Bergisch-Gladbach 1985)

Studnitz75 – Studnitz, Hans Georg von: Seitensprünge. Erlebnisse und Begegnungen 1907-1970. Stuttgart 1975.

Studnitz85 – Studnitz, Hans Georg von: Menschen aus meiner Welt. Frankfurt 1985

Sywottek76 – Sywottek, Jutta: Mobilmachung für den totalen Krieg. Die propagandistische Vorbereitung der deutschen Bevölkerung auf den Zweiten Weltkrieg. Opladen 1976.

Thelen53 – Thelen, Albert Vigoleis: Die Insel des Zweiten Gesichts. Aus den angewandten Erinnerungen des Vigoleis. Düsseldorf 1953

Thomas74 – Thomas, J.N.: The Institute of Pacific Relations. Seattle 1974

TrialsIV – Trials of War Criminals. Vol IV. The Einsatzgruppen Case / The RuSHA Case. Washington 1950

Tüngel58 – Tüngel, Richard / Berndorff, Hans Rudolf: Auf dem Bauche sollst du kriechen. Deutschland unter den Besatzungsmächten. Hamburg 1958.

Walsh46 – Walsh, Edmund A.: Wahre anstatt falsche Geopolitik in Deutschland. Frankfurt 1946

Walsh48 – Walsh, Edmund A.: Total Power. A Footnote to History. New York 1948. A1949/1565

Wassiltschikow87 – Wassiltschikow, Marie: Die Berliner Tagebücher der Marie Wassiltschikow. Berlin 1987

Wirsing38 – Wirsing, Giselher: Engländer, Juden, Araber in Palästina. Jena 1938

Wirsing40 – Wirsing, Giselher: Hundert Familien beherrschen das Empire. München oJ.

Wirsing42a – Wirsing, Giselher: Der maßlose Kontinent. Jena 1942.

Wirsing42b – Wirsing, Giselher: Der Krieg 1939/41 in Karten. München 1942

Wirsing43, siehe Wirsing42a. Vierte Auflage

Wirsing44a – Vindex (d.i. Wirsing, Giselher): Die Politik des Ölflecks. Der Sowjetimperialismus im Zweiten Weltkrieg. Berlin 1944

Wirsing44b Wirsing, Giselher: Das Zeitalter des Ikaros. Jena 1944.

Wirsing51 – Wirsing, Giselher: Schritt aus dem Nichts. Köln 1951

Wirsing75 – Wirsing, Giselher: Der abwendbare Untergang. Die Herausforderung an Menschen und Mächte. Düsseldorf 1975

Wistrich83 – Wistrich, Robert: Wer war wer im Dritten Reich. München 1983

Wulf66a/63 Wulf, Josef: Literatur und Dichtung im Dritten Reich. Eine Dokumentation. Reinbek 1966 Taschenbuch (Original Gütersloh 1963)

Wulf66b/64 Wulf, Josef: Theater und Film im Dritten Reich. Eine Dokumentation. Reinbek 1966
Taschenbuch (Original Gütersloh 1964)
Wulf66c/64 Wulf, Josef: Presse und Funk im Dritten Reich. Eine Dokumentation. Reinbek 1966
Taschenbuch (Original Gütersloh 1964)
Zehrer48 – Zehrer, Hans: Der Mensch in dieser Welt. Hamburg 1948

Personenregister

Abs, Hermann Josef 28, 261
Adenauer, Konrad 9, 21, 23, 30, 32, 38, 56, 105, 190, 236, 246f., 252, 258, 291 316
Adorno, Theodor W. 266
Ahlers, Conrad 132, 301
Albrecht, Ernst 82
Alexander I. ("der Große") 88
d'Alqun, Gunter 293
Alt, Franz 292
Altenburg, Günther 138
Amann, Max 34, 263, 278f.
Anrich, Ernst 285
Arco auf Valley, Anton von 312
Arnemann, George 226f.
Aschenauer, Rudolf 308
Aschmann, Gottfried 95f.
Augstein, Rudolf 93, 184, 187ff.
Augustus Octavianus 89
Baels, Lilian 140
Bandera, Stepan 130
Barth, Heinz 137, 242-244, 304
Barzel, Rainer 27
Becker, Hans Detlev 270, 292
Bednarz, Klaus 283f.
Beer, Karl Willy 245-253
Behrends, Hermann 212
Beisner (SS-Sturmbannführer) 113
Benedikt, Klaus Ulrich 26, 31, 34, 39
Bermann, Gottfried 261
Bernhard, Georg 154
Bethke, Martin 137, 304
Bischoff, Karl Heinrich 234, 315
Bismarck, Otto von 120, 142
Blank, Theodor 12
Blüm, Norbert 12, 289
Boeddeker, Günter 115
Boehlich, Walter 302
Boelcke, Willi A. 15, 301, 302
Böll, Heinrich 282
Bömer, Karl 39, 291
Börne, Ludwig 35, 37
Bourdin, Paul 250
Boveri, Margaret 131, 248ff., 260, 288
Brandel, Dr. 40
Brandt, Willy 124, 137, 270, 284
Braun, Wernher von 106
Brentano, Margherita von 116
Brückner, Wilhelm 247
Brunner, Otto 297
Buchanan (Commander) 226f.
Buchheim, Hans 119
Bürger-Prinz, Hans 75f
Butting, Otto 139
Buytendijk, Frederik J.J. 262

Canaris, Wilhelm 78-81, 88, 140, 203, 216, 222, 297
Carell, Paul siehe Paul Karl Schmidt
Carlebach, Emil 305
Carr, Denzel 227f.
Casanova, Giacomo Girolamo 89
Castro, Fidel 29
Chaplin, Charlie 141
Chlodwig 67f.
Chruschtschow, Nikita 30, 236
Churchill, Winston 62f.98, 108, 258, 303
Clauss, Max 137
Columbus, Christoph 89
Cranz, Carl 226, 315
Crome, Werner 83
Crowe, Eyre 185ff.
Cube, Walter 182
Cvetkovic, Dragisa 113
Danwitz, Ludwig von 9
Deakin, F.W. 88
Dehoust, Peter 295
Denecke (Reichspropagandaamt) 85
Diehl, Günter 57
Dietl, Eduard 108
Dietrich, Otto 96ff., 101, 126, 211, 265, 286
Dietrich, Sepp 140
Ding-Schuler, E. 289
Diogenes 89
Dörries, Ernst Otto 132
Döscher, Hans-Jürgen 105, 243, 304
Dovifat, Claus 26, 291
Dovifat, Emil 21-39, 41f., 246, 285, 291, 293
Drechsler, Werner 116
Dwinger, Edwin Erich 231
Dutschke, Rudi 21, 164, 187
Duve, Freimut 254
Eberan, Barbro 298
Eberhard, Fritz 37f.
Eggebrecht, Axel 82f., 87, 89, 106, 282, 292
Ehmke, Jutta 49
Ehrenburg, Ilja 28, 291
Ehrhardt, Arthur 295
Ehrt, Adolf 199f., 205
Eichmann, Adolf 169ff., 173f., 211, 308
Eick, Jürgen 10, 12
Elisabeth Petrowna 65f.
Elser, Johann Georg 201
Enghien, Herzog von 165
Engholm, Björn 52, 55, 294
Epp, Waldemar 103f.
Erhard, Ludwig 46
Eschmann, Ernst Wilhelm 173, 234, 237
d'Ester, Karl 24, 31
Esterer, Inge 109

Etzdorf, Hasso von 129
Fauzi ed-Din el Kaukji 173
Feiler, Arthur 258
Fernau, Joachim 58-69, 295
Fest, Joachim 66, 265, 295
Filbinger, Hans 28, 161, 199, 231
Findeisen (Funksachverständiger) 220
Fischer, Fritz 136, 184
Fischinger, Helmuth 165
Fleißner, Herbert 295
Flex, Walter 311
Flick, Friedrich Karl 294
Fochler-Hauke, Gustav 214, 313
Ford, Henry 21, 132
Forsthoff, Ernst 297
Franco, Francisco 93, 137
Frank, Anne 140
Frank, Walter 71, 260, 297, 319
Franz, Günther 297
Fredborg, Arvid 97f.
Frei, Norbert 286f.
Freisler, Roland 7, 286
Frey, Gerhard 50, 215, 295
Fried, Ferdinand 168f, 233-241
Friedrich, Hans E. 304
Friedrich I. („Barbarossa") 68, 94
Friedrich II. („der Große") 66ff., 138, 294f.
Fritsch, Werner von 201
Fritzsche, Hans 63, 96f., 118, 133, 286, 294
Furtwängler, Wilhelm 125
Gaulle, Charles de 243, 256
Gaus, Friedrich 148-151
Gehlen, Arnold, 270
Gehlen, Reinhard 180, 215, 236
Geiger, Willi 153-163, 306f
Geldner, Anton 109
Gerlich, Fritz 282
Gerstenmaier, Eugen 230
Gerth, Hans 248
Globig, Fritz von 138, 304
Globke, Hans 14, 28, 153, 161, 210, 247f., 252,
    312, 316
Goebbels, Joseph 8, 14, 17f., 24, 39, 43ff., 49ff.,
    56, 58ff., 64f., 85ff., 96, 98f., 101, 103, 108,
    125ff., 130f., 133, 154, 164f., 175, 178, 181,
    185, 193, 198ff., 204, 215, 228, 235, 238, 240,
    242, 249, 252, 262f., 269, 281, 293, 299, 302,
    304
Göring, Hermann 143, 193, 199ff.,
Gorbatschow, Michail 57
Gradl, Johann Baptist 25
Grau, Karl Friedrich 28
Graevenitz, Hans von 130
Gregoric, Danilo 113, 300
Greife, Hermann 199f, 205
Grimm, Ruth von 120
Grobba, Fritz 172

Grosse, Karl Friedrich 99
Gruber, Walter 113
Grunsky, Hans 260f., 264, 319
Güde, Max 156
Guderian, Heinz 112, 114
Guttmann, Bernhard 258
Gwinner, Arthur von 21
Hacha, Emil 195f
Hack, Friedrich Wilhelm 217
Haecker, Otto 257
Hagen, Herbert 170
Hall, Stephan King 107
Hallgarten, George W. 136
Hammerschmidt, Helmut 182
Harlan, Veit 263, 277
Härtle, Heinrich 215
Haushofer, Albrecht 95, 211, 216, 220ff., 314
Haushofer, Karl 206-215, 217, 221-224, 311-314
Haushofer, Martha 207f, 312
Hausleiter, Leo Friedrich 169, 239
Heck, Bruno 161
Hehlmann, Wilhelm 285
Heide, Walter 26
Heine, Fritz 144
Heine, Heinrich 35, 37
Heinemann, Gustav 190
Heldt, Carola 108f
Henkel, Frau 95
Henkels, Walter 10, 12, 279f.
Hentig, Werner Otto von 180f
Henlein, Konrad 107
Heß, Rudolf 207-211, 220, 311f
Heß, Rüdiger 209
Hewel, Walther 102
Heydrich, Reinhardt 145, 168, 180, 200ff., 212,
    222, 237, 304
Heydte, Friedrich August von der 27
Hilf, Willibald 254, 292
Hilger, Gustav 105
Himmler, Heinrich 51, 104, 111, 127, 132, 168,
    200, 216, 231, 238, 250f., 304
Hindenburg, Paul von 120, 125, 302
Hippler, Fritz 175, 295
Hirsch, Martin 159
Hirschfeld, Robert siehe Lissner, Robert
Hitler, Adolf 14, 21, 24, 41, 45f., 49, 51, 58, 61,
    65-68, 71f., 76f., 80f.,
    87, 90, 94, 96, 102, 104, 107, 112ff., 118, 121f.,
    126f., 129f., 133, 142, 149
    151, 164-167, 193-199, 202, 204, 207-210, 212,
    219, 221, 231, 233, 238, 246f.,
    256ff, 261ff., 278, 281f., 285, 295, 303f., 309, 313f.
Höfer, Werner 7-20, 246, 255ff., 284f., 288, 290
Hoffmann, Joachim 300
Höhne, Heinz 79, 81
Homer 272, 274
Höpker, Wolfgang 176, 308

Horthy, Mikls 101
Hoth, Hermann 114
Hoetzsch, Otto 191f.
Huber, Franz Josef 201
Ibn Saud 172
Imad ad-Din 94
Jäckel, Eberhard 119
Jacobi, Claus 301
Jacobsen, Hans-Adolf 311f.
Jaksch, Wenzel 304
Jahn, Hans Edgar 246f., 252
Jannings, Emil 175
Jesus, genannt Christus 88, 308, 316f.
Johnson, Lyndon B. 244
Joliot-Curie, Frdric 84
Jünger, Ernst 281
Kanin (Prinz) 209, 221
Karajan, Herbert von 125
Kardorff, Ursula von 63, 288
Karl I. 67f.
Keitel, Wilhelm 76
Keller, Werner 89
Kennan, George 105
Kennedy, John F. 21, 236
Kennedy, Robert 243
Kerr, Alfred 154
Kessel, Albrecht von 105
Kewer, Franz 316
Kiesinger, Kurt-Georg 14, 47f., 56, 119-134, 164,
   183, 187, 284, 302, 313
Kießling, Paul siehe Schmidt, Paul Karl
Killinger, Manfred 216, 222, 313
Kircher, Rudolf 102, 257f., 288
Klein, Hans 39
Kleist, Ewald von 112, 216
Kleist, Peter 215, 313
Klessmann, Eackart 302
Knab, Otto 288
Kohl, Helmut 29, 55f.,
Köhler, Monika 212, 303
Köhler, Otto 12, 119, 275, 290, 292,
Kordt, Erich 99, 126f., 151
Korn, Karl 260-282, 319f
Kowarski, Lew 84
Krämer-Badoni, Rudolf 319
Kranefuß, Fritz 238
Kraus, Karl 266
Krausnick, Helmut 300
Kreiten, Karlrobert 7, 11f., 17, 19, 284
Kremp, Herbert 242, 244
Krug von Nidda, Roland 138, 304
Krupp, Alfried 145ff.
Krupp, Gustav 146
Kuby, Erich 28, 30, 290
Kühn, Friedel 216
Kühn, Julius Otto 216ff.
Kundt, Hans 211

Küstermeier, Rudolf 235
Langour, Fritz 109
Lasalle, Ferdinand 24
Laufer, Heinz 27
Leers, Johannes von 194
Lehr, Albert Maria 41
Lenz, Otto 316
Leopold III. 140
Liebeneiner, Wolfgang 85ff., 296
Likus, Rudolf 107, 118
Lilje, Hanns 235
Linfert, Carl 264
Lissner, Ivar 70-90, 111, 205
Lissner, Robert 75, 79,
Ljuschkow, Genrich Samailowitsch 78
Lübke, Heinrich 108, 231, 301
Longerich, Peter 96, 99, 102
Loomis, Charles 219
Lorenz, Werner 212
Luther, Angela 21
Mahler, Horst 117
Maier, Richard 199
Makowski, Alfred 120
Mahnke, Horst 111, 115, 169, 182, 282, 299f.
Mann, Thomas 285, 287
Mansfeld, Michael 182ff., 188
Manstein, Erich von 112, 114
Marian, Ferdinand 264
Martens, Erika 264f.
Martini, Winfried 282
Maunz, Theodor 285
Mayer-Doss, Georg-Ludwig
McCloy, John 305
Mehnert, Enid 204, 216, 218, 224f.
Mehnert, Klaus 81, 166, 168, 180, 190-232, 237,
   309ff.
Meisinger, Josef 80f.
Mende, Erich 10
Menningen, Walter 9
Menzel, Matthias siehe Beer, Karl Willy
Menzel, Walter 31
Metzger, Ludwig 63
Mickiewicz, Adam 191
Mitscherlich, Alexander 286
Mohler, Armin 86
du Mont, Madeleine 85
Morimura (Vizekonsul) 228
Morrison of Lambeth, Herbert Stanley 62
Moser, Wolfgang 254-257
Mossdorf, Otto 227
Müller, Hans Dieter 265, 279
Müller-Marein, Josef 9, 12,
Münster, Hans 24f.
Mushatoji, Kintomo 217
Mussolini, Benito 21, 84, 102, 167
Mussolini, Rachele 84
Mutsuhito (Kaiser) 209

Nagumo, Chuichi 229
Nannen, Henri 11, 169, 171f.
Napoleon Bonaparte 67f., 71, 89, 118, 129, 165
Nashimoto (Prinz) 209
Naumann, Ernst 110
Neumann, Erich Peter (= Hubert Neun) 42, 44ff., 247, 249, 252
Neun, Hubert siehe Neumann, Erich Peter
Neurath, Konstantin von 95
Neuß, Wolfgang 270, 275
Niebelschütz, Götz von 128, 303
Niebelschütz, Ilse von 303
Niebelschütz, Wolf von 262, 302f.
Niegel, Lorenz 283f.
Niehaus(-Lissner), Ruth75, 81
Noelle, Ernst 42
Noelle-Neumann, Elisabeth 39-57, 102, 247, 292ff.
Norden, Albert 13
Northe, Heinrich 217
Nostitz, Helene von 120
Nostitz, Oswalt von 120
Oberländer, Theodor 130, 211
Ogawa, Kanji 217f.
Orb Heinrich (= Franz Heinrich Pfeifer)137, 172, 242, 304
Ortlieb, Heinz-Dietrich 308
Oshima, Hiroshi 149, 151, 216f.,
Ossietzky, Carl von 233f., 282
Oster, Hans 259
Ott, Eugen 78, 80f.
Oven, Wilfred von 50
Pabst, Joachim (Jean) Pierre 109, 110f.
Papen, Franz von 233
Paul VI. 270
Paulus 89
Pechel, Rudolf 294
Peter I. ("der Große") 118
Petersen, Carl Heinz 138, 304
Petersen, Jürgen 288
Pettingill, Aldan 218
Pfeifer, Franz Heinrich siehe Orb, Heinrich
Philipp II.89
Picker, Henry 133
Piepenbrock, Hans 203
Plato 53, 89
Poliakov, Lon 171
Posadowski-Wehner, Arthur von 120
Pückler, Carlos 138, 304
Pulitzer, Josef 293
Putlitz, Wolfgang Gans Edler von 139
Quisling, Vidkun 175
Raeder, Erich 108
Ranke, Leopold 261
Räuker, Friedrich Wilhelm 82, 161, 289
Raumer, Hermann von 216
Reemtsma, Philipp 262

Reichert, Franz 170f.
Rein, (Gustav) Adolf, 297
Remarque, Erich Maria 108ff.
Rthy, Prinzessin von 140
Reusch, Paul 238, 316
Rexin, Manfred 29
Rhein, Eduard 83
Ribbentrop, Annelies 99
Ribbentrop, Joachim von 81, 95ff., 99ff., 107, 110, 124-127, 133, 143, 148, 151, 165, 181, 200, 211, 216f., 220f., 302, 309
Riemeck, Renate 31
Rienhardt, Rolf 265
Rilke, Rainer Maria 140
Ritgen, von 170
Ritterhaus, Emil 42
Robichon, Jacques 92
Rodin, Auguste 120
Röchling, Hermann 217
Rohde, Achim 290
Röhl, Klaus Rainer 29
Röhm, Ernst 194, 199
Rondholz, Eberhard 7f.
Roosevelt, Franklin Delano 65, 98, 103, 132, 141f., 150f., 164, 178, 198, 213, 243, 256, 258, 303
Rose, Gerhard 289
Rosenberg, Alfred 143, 174f., 193, 200, 215, 297
Rost, Alexander 92, 297
Rüegg, August 275
Rühle, Günther 278
Rundstedt, Karl 112
Ryan, Cornelius 92
Sagner, Fred 26
Salazar, Antnio de Oliveira 27, 270
Salter, Ernst J. 28
Sänger, Fritz 97, 254-259, 318
Sauckel, Fritz 44
Schaper, Fritz 42
Scheffer, Paul 131, 248
Schellenberg, Walter 140
Schelsky, Helmut 297
Scheurig, Horst 117
Schinckel, Max 136
Schirmeister, Moritz Augustus von 49
Schiwy, Peter 82
Schleicher, Kurt von 233, 238
Schmeling, Max 131, 141
Schmidt, Helmut 30
Schmidt, Paul Karl (= Dr. Paul Kießling, P.C. Holm, Paul Karell, Paul Carell, Vocator) 39, 89-118, 136f., 141, 145, 149, 182, 243, 286, 298ff, 305, 313
Schmidt, Paul Otto 96
Schmidt-Scheeder, Georg 15, 64
Schmitz, Johannes 286f.
Schmitz, Paul 172, 243, 304

Schmutzler, Gerd 12
Schreieder, Joseph 201
Schröder. Kurt Freiherr von 233
Schröder, Rudolf Alexander 263
Schulenburg, Dieter von der 138
Schultze-Bernett, Walter 139
Schultzendorff, Walter von 292
Schulz, Gerhard 119
Schüssler, Wilhelm 297, 301
Schütz, Waldemar 67
Schwarz, Falk 262
Schwarz van Berk, Hans 44, 288, 293
Schwarzer, Erich 131
Semler, Rudolf 65
Sethe, Paul 247, 269
Shakespeare, William 14, 275
Shawcross, Hartley 146
Shirer, William, L 97, 107
Sieburg, Friedrich 72, 138
Silbermann, Alphons 44
Simon, Heinrich 258
Simowitsch (General) 112
Six, Franz Alfred 102, 111, 169, 299
Sommerfeldt Martin H. 98, 281
Sophokles 267
Sorge, Richard 78-81, 88, 259
Speer, Albert 15, 17f.,
Spengler, Oswald 235
Spranger, Eduard 34
Sprenger, Jakob 175
Springer, Axel Caesar 83, 91f., 109, 111, 142, 212, 235f., 242, 298, 301
Spuler Berthold 297
Stahlecker, Walter 104, 111
Stalin, Jossif Wissarionowitsch 62, 78, 87, 115, 193f, 252, 259, 309
Stalling, Heinrich 234
Starke, Gerhard 264
Stauß, Emil Georg 167
Steffen, Jochen 296
Stolten, Inge 41, 50, 292
Storry, G.R. 88
Strasser, Gregor 201
Straßer, Otto 167, 199f
Strauß, Franz Josef 27, 30, 301
Streicher, Julius 143, 276
Streit, Christian 300
Stresemann, Gustav 96
Student, Kurt 113
Studnitz, Hans-Georg von 63, 84, 96f., 135-152, 299, 303ff
Studnitz, Thassilo von 135
Stürmer, Michael 206
Stutterheim, Kurt von 138, 304
Suhrkamp, Peter 262f.
Sündermann, Helmut 308
Taubert, Eberhard 27, 199f, 205, 228, 295

Tern, Jürgen 268ff.
Thelen, Albert Vigoleis 38
Torriani, Vico 270
Trevelyan, Georg Macauly 186
Trott zu Solz, Adam von 224
Tucholsky, Kurt 282
Tüngel, Richard 143, 145ff., 305
Ulbricht, Walter 29, 142, 236, 309
Ullmann, Hermann 234
Urach, Albrecht Fürst von 84, 149
Veesenmayer, Edmund 105, 211
Vermehren, Petra W. 138, 304
Vockel, Heinrich 21
Vogt, Wolfgang 55
Volkmann, Ernst 262
Wagner, Adolf 44
Wallenstein, Albrecht von 261
Wapnewski, Peter 19, 58, 64f.,
Warlimont, Walter 93f.
Wassiltschikow, Marie 98
Weidling (General) 115
Welk, Ehm 204
Wendt, Herbert 89
Wieser, Harald 19
Wilhelm, Hans-Heinrich
Wille, Ulrich 207f.
Wirsing, Giselher 101, 138, 149-189, 192, 200f., 203, 206, 212ff., 224f., 228, 230, 234, 237ff., 288, 307f., 313
Wirsing, Sibylle 167
Wittram, reinhard 297
Wohlers, Dr. 38
Wulf, Josef 171, 237
Yendo (Admiral) 208
Yokoi, Tadao 217
Yoshikawa, Takeo 228
Zahn, Peter von 83, 296
Zankl, Hans Ludwig 37
Zech-Burkersroda, Julius von 139f.
Zehrer, Hans 166, 167, 192, 233-241
Zehrer, Margot 234
Zimmermann, Ferdinand Friedrich siehe Ferdinand Fried
Zischka, Anton 89

Bernt Engelmann

Richter zwischen Recht und Macht

Die unsichtbare Tradition Band I
Ein Beitrag zur Geschichte der deutschen Strafjustiz
1779 bis 1918
384 Seiten, Leinen mit Schutzumschlag
ISBN 3-7609-1228-2

Bernt Engelmann nimmt sich die deutsche Strafjustiz vor. Sorgfältig recherchierte und dokumentierte Beispiele beweisen, daß die Richterschaft einstmals mit oft erstaunlichem Mut gegen die Willkür der Mächtigen Front machte. Erst Bismarck verwandelte die Justiz in ein stramm kaisertreues, entschieden antidemokratisches „Reserveoffizierskorps im Talar". Er begründete damit eine „unsichtbare Tradition", die bis heute fortwirkt.

Der erste Band umfaßt die Zeitspanne von 1779, als der „Alte Fritz" das Recht zu beugen versuchte, bis zum November 1918, als das Kaiserreich zusammenbrach, die kaiserliche Justiz aber intakt in den Dienst der ihr verhaßten Weimarer Republik trat.

Pahl-Rugenstein

Bernt Engelmann

Rechtsverfall, Justizterror und das schwere Erbe

Die unsichtbare Tradition Band II
Ein Beitrag zur Geschichte der deutschen Strafjustiz
1919 bis heute
399 Seiten, Leinen mit Schutzumschlag
ISBN 3-7609-1229-X

Bernt Engelmann schildert im zweiten Band seiner Geschichte der deutschen Strafjustiz, wie der Rechtsverfall in der Weimarer Republik und das Zusammenspiel einer konservativen Richterschaft mit den Ultrarechten einen nahtlosen und scheinbar legalen Übergang zur Diktatur, zum blutigen Terror und zum millionenfachen Massenmord ermöglicht haben. Dabei würdigt er endlich auch eine Gruppe bislang vergessener Opfer des NS-Wahns, nämlich die erst 1922 zum Richteramt zugelassenen Frauen, die 1933 – wie die politisch Mißliebigen und die „Nichtarier" – Berufsverbot erhielten. Am Beispiel eines Dutzends exemplarischer Lebensläufe zeigt Engelmann, wie die personelle Kontinuität der Justiz als schwere Hypothek in die Bundesrepublik übernommen wurde und die UNSICHTBARE TRADITION bis heute fortwirkt.

Pahl-Rugenstein

Blätter für deutsche und internationale Politik

Die auflagenstärkste und meistabonnierte politisch-wissenschaftliche Monatszeitschrift in deutscher Sprache. Sie bietet Analysen, Meinungen, Dokumente, Chroniken. Unentbehrlich in den aktuellen Auseinandersetzungen um Alternativen und Weichenstellungen für die 90er Jahre.

Themen der letzten Hefte u. a.:

Mythen und Realitäten des Münchner Abkommens · Der deutsch-amerikanische Dauerstreit über die atomare Verfügungsgewalt · Gläserne Bürger für einen undurchsichtigen Staat · Aspekte der Historikerdebatte: die Entsorgung der NS-Vergangenheit · Beweiszwang für die Opfer, Freispruch für die Täter · Testfall Golf · Die Grünen: Eine linksradikale Partei der Mitte? · Eiszeit auf dem Arbeitsmarkt · Politik mit und gegen AIDS · Wege zur Aussöhnung mit der Sowjetunion · Zukunftsszenarien der Gewerkschaften · Frontstaatsdämmerung · Der Fall Barbarossa: Es geschah Schlimmeres, als wir wissen wollen · Streit um die NATO-Strategie · 40 Jahre Bundesrepublik: Anstöße zur Bewältigung einer „Erfolgsgeschichte" · SPD/SED: Kultur des politischen Streits · Der Reaganismus ist ausgereizt · Ozonloch und Klimabeeinflussung · Bonn-Paris: Der Erbfeind als Ersatzfreund · Amerikanisch-sowjetische Annäherung und regionale Konflikte · Stalinismus als politisches System

In den letzten Heften schrieben u. a.

Elmar Altvater · Egon Bahr · Ulrich Beck · Angelika Beer · Karl Bonhoeffer · Andreas von Bülow · Frank Deppe · Hans-Peter Dürr · Valentin Falin · Olaf Feldmann · Iring Fetscher · Georg Fülberth · Katrin Fuchs · Heinz Galinski · Diethelm Gohl · Wilhelm Hankel · Selig S. Harrison · Mechtild Jansen · Hubert Kleinert · Arno Klönne · Verena Krieger · Reinhard Kühnl · Annette Kuhn · Dieter S. Lutz · Alfred Mechtersheimer · Meinhard Miegel · Hans Mommsen · Bahman Nirumand · Helmut Ridder · Karin Roth · Karl Heinz Roth · Sergej Salygin · Kurt Scharf · Hermann Scheer · Walter Schütze · Susanne Schunter-Kleemann · Hermann Otto Solms · Christian Streit · Bernd-Jürgen Wendt · Karl-Georg Zinn

Zum Kennenlernen:

für **DM 10,–** (Vorauskasse: Verrechnungsscheck, bar oder in Briefmarken) erhalten Sie **2 Monate lang die „Blätter"** (Einzelheftpreis DM 9,–). Die Lieferung wird nur fortgesetzt, wenn Sie es ausdrücklich wünschen.

Schreiben Sie uns oder rufen Sie an: „Blätter"-Service für Leserinnen und Leser, Gottesweg 54, 5000 Köln 51, Telefon (02 21) 360 02 38